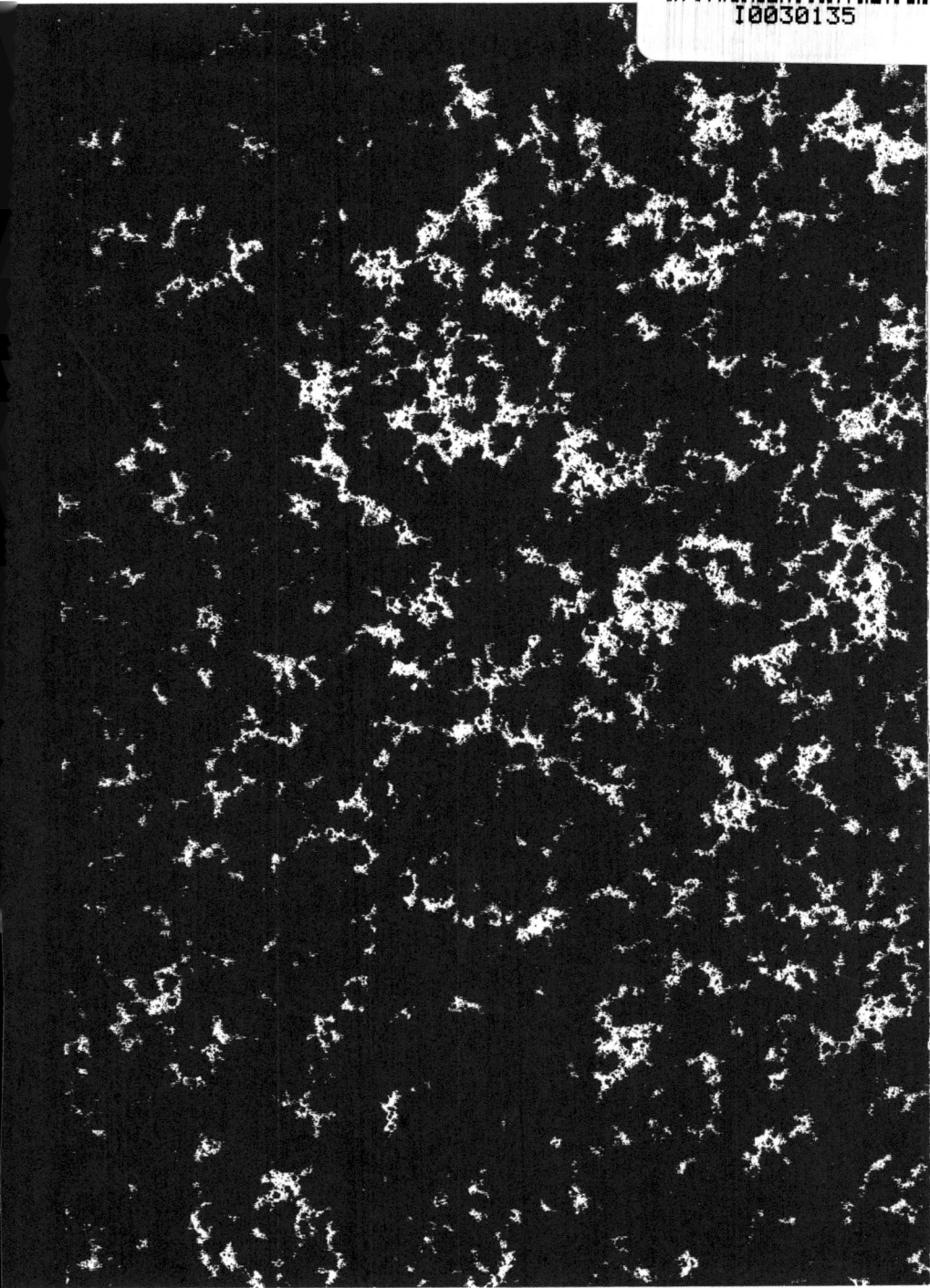

ENREGISTREMENT ET HYPOTHÈQUES.

EXPLICATION DE QUELQUES ABRÉVIATIONS

Cass. . . . .   Arrêt de la Cour de cassation.
Inst. . . . .   Instruction de l'Administration de l'Enregistrement.
Dél. . . . .   Délibération   —   —
Sol. . . . .   Solution   —   —
D. M. F. . . . .   Décision du ministre des finances.
L. . . . .   Loi.
R. G. . . . .   Répertoire général de M. Garnier.
R. P. . . . .   Répertoire périodique   —
D. N. . . . .   Dictionnaire du Notariat.
J. N. . . . .   Journal des Notaires.
Garnier. . . . .   Répertoire Général.
Champ. et Rig. . . . .   Championnière et Rigaud. Traité des droits d'enregistrement et supplément
Dalloz. . . . .   Jurisprudence générale, v° *Enregistrement*.

Paris. — Imprimerie de E. DONNAUD, rue Cassette, 9.

ENREGISTREMENT ET HYPOTHÈQUES

RÉSUMÉ GÉNÉRAL

DE LA

DOCTRINE ET DE LA JURISPRUDENCE

PRÉSENTANT SUR UN PLAN NOUVEAU

L'ANALYSE RAISONNÉE DE TOUTES LES DÉCISIONS, JUGEMENTS OU ARRÊTS
INTERVENUS JUSQU'À CE JOUR EN MATIÈRE D'ENREGISTREMENT, DE DROITS DE MUTATIONS
PAR DÉCÈS, DE DROITS D'HYPOTHÈQUES, ETC.

(Extrait du *Traité pratique et Formulaire général du Notariat*, par MM. DEPRÉNOIS et VAVASSEUR.)

PARIS

DELAMOTTE, ADMINISTRATEUR DU RÉPERTOIRE DE L'ENREGISTREMENT, PAR M. D. GARNIER

9, RUE CHRISTINE, 9

1867

TROISIÈME PARTIE

DROIT FISCAL

(ENREGISTREMENT ET HYPOTHÈQUES.)

CHAPITRE PREMIER.

DE LA FORMALITÉ DE L'ENREGISTREMENT.

6116. 1. *Nature et effets de l'enregistrement.* L'enregistrement consiste dans la transcription ou dans l'analyse sur un registre d'un acte ou d'une déclaration (1).

6117. Cette formalité a un double but : 1° constituer la perception d'un impôt dans l'intérêt de l'État ; 2° rendre un service public aux contractants et aux tiers (2).

6118. Considéré comme service public, l'enregistrement a, en général, pour but d'assurer l'existence de l'acte, car sa transcription ou son analyse fait foi qu'il a été présenté à la formalité le jour même de l'enregistrement (3) ; et les mentions émanées des agents de la régie dans l'exercice de leurs fonctions forment des actes authentiques relativement à ce qu'elles constatent (4).

6119. Mais les extraits des transcriptions ou analyses faites par ces préposés ne sauraient avoir aucune authenticité quant à la sincérité des actes en eux-mêmes. Ils n'ont aucun effet pour les actes privés, et peuvent seulement servir de commencement de preuve, dans certains cas, pour établir l'existence d'actes authentiques (5).

6120. L'enregistrement produit même des résultats différents selon les actes auxquels il s'applique. Ainsi, par rapport aux actes privés, il est l'un des moyens énoncés par l'art. 1328 C. N., pour donner à l'acte une date certaine contre les tiers (6), *supra n° 3422.* Par rapport aux actes notariés, il n'a plus pour objet, comme sous la loi du 5-19 déc. 1790, d'assurer l'authenticité de l'acte et d'en constater la date, il sert uniquement à en attester l'existence et à en compléter l'authenticité (7).

6121. Le défaut d'enregistrement d'un acte notarié dans les délais ne prive donc nullement l'acte de son effet, sauf l'amende contre le notaire, *infra n° 6195* ; et spécialement, bien qu'un acte constitutif d'hypothèque n'ait pas été enregistré, l'hypothèque n'en est pas moins valable du jour même de l'acte (8).

6122. II. *Accomplissement matériel de la formalité.* Le receveur se borne à analyser les actes

---

(1) Dict. des droits d'enreg., 2ᵉ éd. *Enreg.*; Merlin, *Rep.*, *eod. verb.*; Laferrière, *Droit adm.*, 3ᵉ édit., II, p. 226; Garnier, *Rép. gén.*, 5753.

(2) Champ. et Rigaud, n° 25 ; Pont et Rodière, *Cont. de mariage*, I, 176; Dict. de l'enreg., 21.

(3) Cass., 2 oct. 1810; Garnier, 10844; Cass., 23 déc. 1835; Garnier, 2825; Rouen, 28 août 1845; Oloron, 7 mai 1846; Seine, 4 fév. 1852 ; Garn. R. G., 10844; Marseille, 23 juill. 1863; R. P., 1846.

(4) Toullier, VIII, 54.

(5) C. N., 1335; Marcadé, *art. 1336*; Boileux, *id.*; Aubry et

Rau, 3ᵉ édit., VI, p. 418; Duranton, XIII, 255; Metz, 9 mars 1833; Aix. 21 fév. 1840; Grenoble, 5 juill. 1845.

(6) Laferrière, *loc. cit.*, p. 229. Voyez Cass., 17 fév. 1858; R. P. 1035.

(7) Favard. *Acte not.*, § 1, n° 3 ; Roll.. *ibid.*, n° 11 ; Champ. et Rig., IV. 3841 ; Troplong, *Hyp.*, II, 507 ; Teste, *Encyclop. du droit, acte notarié*, n° 34; Gilbert, *Cod. civ. annoté, 1317*, 17; Cass., 23 janv. 1810; Bourges, 17 mai 1827; *Secùs*, Merlin, *Enreg.*, § 4; Grenier, *Hyp.*, I, 17.

(8) Troplong, *loc. cit.*; Toulouse, 12 déc. 1835.

notariés, tous les actes sous seings privés unilatéraux, et ceux des actes sous seings privés synallagmatiques qui sont annexés à un acte notarié enregistré en même temps ou qui sont régulièrement déposés en l'étude (1). Il doit transcrire entièrement les autres actes sous seings privés synallagmatiques.

6123. Les bureaux d'enregistrement doivent être ouverts tous les jours, excepté les dimanches et fêtes, quatre heures le matin et quatre heures le soir. Et une affiche extérieure doit indiquer les heures de la séance (*Loi 27 mai 1791, art. 11*) (1). Par suite, si le bureau est ouvert de 8 heures du matin à 4 heures du soir, le receveur est obligé d'arrêter ses registres après l'expiration de ce temps, et tout acte présenté à la formalité postérieurement ne peut être enregistré que le lendemain (2).

6124. Mais quand un acte contenant tous les éléments utiles à la perception est présenté dans le cours de la séance, le receveur doit l'enregistrer immédiatement (*Loi 22 frim. an 7, art. 56*). Il doit concilier ses travaux avec l'urgence qui peut exister pour l'enregistrement de l'acte (3).

6125. L'officier public a le droit d'attendre dans le bureau que l'acte soit enregistré et d'assister à l'exécution de la formalité (4). Si le préposé refusait ou négligeait d'enregistrer l'acte, le notaire devrait faire constater le refus ou la négligence; car, à défaut de cette justification légale, le tribunal ne pourrait, quelles que soient les excuses alléguées, se dispenser de condamner l'officier public au payement du double droit ou de l'amende (5).

6126. Les receveurs ont cependant la faculté de conserver l'acte notarié pendant 24 heures, quand il est fait en brevet et qu'il contient des renseignements utiles à la découverte de droits célés. La loi du 22 frim. an 7, art. 56, leur accorde ce délai pour en faire tirer une collation authentique, si le notaire refuse de certifier conforme au brevet la copie tirée par le receveur (6).

6127. III. *Relation d'enregistrement.* La quittance de l'enregistrement doit être mise sur l'acte enregistré. Le receveur y exprime en toutes lettres la date de l'enregistrement, le folio du registre, le numéro et la somme des droits perçus (*Loi 22 frim. an 7, art. 57*). Lorsque l'acte renferme plusieurs dispositions opérant chacune un droit particulier, le receveur les indique sommairement dans sa quittance, et y énonce distinctement la quotité de chaque droit perçu, à peine d'une amende de 10 fr. (aujourd'hui 5 fr., *Loi 16 juin 1824, art. 10*) pour chaque omission (*ibid.*).

6128. Les receveurs doivent exprimer séparément le montant du décime par franc, distinguer les droits simples des droits en sus ou amendes, et indiquer la nature de la contravention pour laquelle ils appliquent une peine. Relativement aux adjudications en détail d'immeubles, il leur est enjoint d'énoncer distinctement le droit perçu sur chaque lot au lieu de le faire simplement dans une note marginale (7). S'il s'agit d'un acte notarié en double minute, la mention sur l'une des minutes doit énoncer qu'elle est mise par duplicata (8).

6129. Quand le receveur ne trouve pas de place sur l'acte pour écrire sa relation, il est autorisé à ajouter une feuille de timbre, et à s'en faire rembourser le prix (9).

6130. IV. *Communication des registres. Recherches.* Les registres sur lesquels les actes sont enregistrés ne sont pas publics. Il n'y a pas lieu de leur appliquer l'art. 853 C. pr., qui autorise les dépositaires des registres publics à en délivrer des extraits à tous requérants sans autorisation de justice (10). Lorsque ces extraits ne sont pas demandés par quelqu'une des parties contractantes ou leurs ayants cause, les receveurs ne peuvent les délivrer que sur une ordonnance du juge de paix (*Loi 22 frim. an 7, art. 58*).

6131. Ces extraits peuvent être écrits sur du timbre de toute dimension, et on peut en placer plusieurs à la suite les uns des autres sur la même feuille (11).

6132. Il est payé aux receveurs un franc pour recherche par chaque année indiquée, et 50 centimes

---

(1) Inst. du 28 fév. 1839.
(2) Déc. min. fin., 1er juill. 1816 et 9 mars 1839 ; Inst., 730.
(3) Cass., 28 fév. 1838, R. G., 4398; Déc. min.-fin., 15 janv. 1834, Inst , 1166, § 18 et 1458, n° 3 ; CONTRA, Champ. et Rig., IV, 2799
(4) Garnier, n° 227.
(5) Opinion du Journ. des not., 9104 et du Journ. de l'enreg., 13415, § 1 ; CONF., Jonzac, 5 juin 1838 ; J. N., 40072; Rép. gén., 227. Cass., 20 mai 1807, 3 oct. 1810 ; Poitiers, 20 mars 1850; R. G., 4408 ; Cass., 23 déc. 1835. Voir J. N., 9104, 9134 et 9444; Domfront, 26 janv. 1846; J. N., 12592; Condom, 7 août 1845; R. G., 743·

(6) Cass., 13 août 1833, Rép. gén., 4148· Voir pour la procédure à suivre en cas de collation, Inst. Régie, 30 déc. 1833, n° 1446, § 2; Trib. Chinon, 21 juin 1862; J. N., 17519.
(7) Circul. de la régie du 11 prairial an 7, n° 1574 ; Inst., n° 1393 ; Rép. gén., 10586.
(8) Inst., n° 400, § 4.
(9) Sol, 25 fév. 1832; R. G., 10587.
(10) Déc. min. just. et fin., 13 juin 1809 ; Inst., 496, n° 64 ; R. G., 10511. (11) Circul. rég., n° 1709; Delib. 1er fév. 1839; Inst. 1590, § 16 ; J. N., 10287 : R. G., 6509.

pour chaque extrait, outre le papier timbré (*Loi 22 frim. an 7, art. 58*). Si la recherche s'applique à plusieurs actes enregistrés *sur le même registre* dans une série d'années indiquées, le receveur ne peut demander autant de droits de 1 franc qu'il y a d'actes enregistrés multipliés par le nombre d'années. Il n'est dû que 1 franc par année (1).

CHAPITRE DEUXIÈME.

DE L'EXEMPTION D'ENREGISTREMENT.

SOMMAIRE

6133. I. *Principe général.* La loi du 22 frim. an 7 ne contient point de disposition générale pour assujettir expressément à la formalité de l'enregistrement tous les actes notariés (2). Mais ce principe est implicitement renfermé dans les titres 1, 2 et 3. Il forme même l'une des bases essentielles de la législation fiscale (3). Aussi est-ce seulement par exception que certains actes notariés sont affranchis de la formalité.

6134. II. *Actes imparfaits.* Lorsque l'acte est imparfait faute de signature de la partie qui s'oblige en cas d'acte unilatéral, ou de l'une des parties en cas de convention synallagmatique, il est frappé d'une nullité absolue (4). On ne peut donc en exiger l'enregistrement (5), à moins que le projet d'acte ne soit produit en justice (6), mais dans ce cas il n'est dû que le droit fixe.

6135. Si l'acte, étant revêtu de la signature des parties ou de la déclaration qu'elles ne savent ou ne peuvent signer, ne l'est pas de celle du notaire ou des témoins instrumentaires, il vaut seulement comme acte sous seing privé, *supra n° 3409*, et ne tombe pas conséquemment sous l'application des règles relatives à l'enregistrement des actes notariés (7).

---

(1) Garnier, R. G., 10122.
(2) Une déclaration de cette nature avait été faite dans l'art. 4 de la loi du 5-19 déc. 1790.
(3) Cass., 13 juill. 1847 ; J. N., 13-88 ; R. G., 3280. Voir Dict. not., *Endos*, n° 38.
(4) Paris, 24 juill. 1820 ; Metz, 24 fév. 1834 ; Cass., 20 juill. 1832 ; Grenoble, 15 nov. 1834, *supra, n°* 408 *et suiv.*
(5) Champ. et Rig. 457 ; Garnier, R. G., 517 ; Cass. de Belgique, 2 avril 1833 ; Rép. du Journ. du palais, *Enreg.* 1015 ; Cass., 8 janv. 1866 ; R. P., 2222 ; J. N., 18135 ; Napoléon-Vendée, 23 août 1865 ; J. N., 18518.
(6) Dict. de l'enreg., *Projet,* n° 3 : Rép. du Journal du palais, *Enreg.*, n° 663.

(7) Dalloz, n° 5003 ; Champ. et Rig., 463 ; Cass., 2 nov. 1807 ; Décis., 18 mars et 12 oct. 1818, 7 oct. 1823 ; Délib. rég., 7 pluv. an 7 et 22 mars 1823 ; Cass. Belgique, 2 avril 1833 : Seine, 20 mars 1833 ; Brioude, 31 déc 1838 ; Cambrai, 30 juin 1841, Paris, 28 août 1841, R. G., 518 ; Civray 18 juill. 1845 ; Cass., 25 mars 1834 ; J. N., 355, 4079, 7421, 8040, 8296, 8429, 10033, 10428, 12499, 12962, 13202 ; Lourdes, 43 mars 1855 ; Châteauroux, 10 août 1857 ; R. P., 579, 925 ; CONTRA, Roll., I, p 487, n° 28 et 29 ; Garnier, Rép. gén., 518, Seine, 2 mars 1831 ; Colmar, 21 avril 1812 ; Nîmes, 14 fév. 1813 ; C. Bourges, 29 avril 1823 ; Saint-Flour, 17 août 1847 ; J. N, 813, 1145, 4823, 7424, 13202 ; Délib. rég., 22 vent. an 13, 3 niv. an 14 et 26 sept. 1815 ; Inst., 203 ; Rodez, 17 déc. 1846 ; Loches, 22 avril 1858 R. G.. 518 ; Seine, 17 fév. 1853 ; R. P., 17.

6136. Il faut assimiler à l'acte imparfait pour défaut de signature des parties l'acte relatif aux communes, ou aux établissements publics, qui est soumis à l'approbation de l'autorité, *supra n° 55*, et auquel cette approbation est refusée. Cet acte demeure à l'état de projet et il est dispensé de l'enregistrement (1).

6137. Mais l'acte qui tire son imperfection soit de l'incompétence ou de l'incapacité du notaire, soit d'un défaut de forme, doit être considéré, pour l'enregistrement, comme un acte parfait (2).

6138. III. *Exemptions diverses.* Sont exempts de l'enregistrement les certificats de propriété à produire au payeur : 1° lorsqu'il s'agit de toucher des pensions et secours par des veuves et orphelins de militaires (3) ; 2° ou des arrérages de pension dus par le trésor aux héritiers du pensionnaire (4) ; 3° ou des fonds versés dans les caisses d'épargne (5) ; et 4° généralement les certificats de toute nature relatifs à des sommes dues par l'État, les départements ou les communes à titre de pension, rémunération ou secours (6) ; les actes de notoriété relatifs à l'indemnité de Saint-Domingue (7).

6139. La même exemption s'applique aux certificats de vie relatifs aux rentes et pensions qui suivent, pourvu que leur destination soit énoncée dans le corps de l'acte : 1° caisse Lafarge (8) ; 2° caisse des employés et artisans (9) ; 3° tontine perpétuelle d'amortissement et autres dont les extinctions profitent à l'État (10) ; 4° pensions de la liste civile (11) ; 5° caisse des invalides de la guerre, de la marine, des hospices et autres établissements publics (12) ; 6° rentes et pensions viagères sur l'État (13) ; 7° pensions de retraite sur les fonds des divers ministères, directions et administrations publiques (14) ; 8° employés en non activité pour être payés de l'indemnité qu'on leur accorde jusqu'à leur remplacement (15) ; 9° pensions, traitements et gratifications sur la Légion d'honneur (16).

6140. Il n'y a pas lieu de faire enregistrer les déclarations de grossesse, sauf à soumettre à la formalité les expéditions qui en seraient délivrées (17).

6141. Sont aussi dispensés de l'enregistrement les actes de dépôt des répertoires ou des signature et paraphe des notaires (18), les délibérations de la chambre des notaires (19), et les légalisations des signatures d'officiers publics. (*Loi 22 frim. an 7, art. 70, § 3, n° 11*).

6142. *Effets de l'authenticité sur quelques actes.* De ce que certains actes sont en eux-mêmes dispensés de l'enregistrement par un texte formel de la loi, il ne s'ensuit pas que si ces actes sont rédigés devant notaires, ils continuent à être affranchis de la formalité. Ainsi les transferts des inscriptions sur le grand-livre de la dette publique et les quittances des intérêts qui en sont payés sont exemptés de l'enregistrement, en thèse générale, par l'art. 70, § 3, n° 3 de la loi du 22 frim. an 7. Cependant si ces quittances ou cessions font l'objet d'un acte notarié, cet acte doit être enregistré, au droit fixe, dans les délais ordinaires (20).

6143. Jugé également que la dispense d'enregistrement accordée par l'art. 70, § 3, n° 15, de la loi de frimaire, aux endossements des effets négociables, ne s'applique pas aux endossements faits devant notaires ; ces derniers sont soumis à l'enregistrement dans le délai habituel (21).

6144. Il en est de même des polices d'assurances maritimes reçues par le notaire dans la forme d'un acte de son ministère (22), et qui ne sont en elles-mêmes soumises à l'enregistrement que dans le cas d'usage en justice (*Loi 16 juin 1824, art. 5*).

(1) Dél. 19 avril 1844 ; Perigueux, 29 déc. 1843; J. N., 12008, 12031 ; Champ. et Rig. Suppl., 949 ; Dalloz. v° *Enreg.* 4073 ; Garnier, Rép. gén. 241 et 524.
(2) Inst. rég., 263 ; Garnier, R. G., 521.
(3) D. M. F., 15 janv. 1823; Inst., 1073 ; J. N., 4335; R. G., 2530.
(4) D. M. F., 13 nov. 1842 ; Inst., 1679 ; J. N., 11482 ; R. G., 2530.
(5) Strasbourg, 1er déc. 1857 ; R. P. 270; Cass., 9 mars 1859 ; R. P. 1170.
(6) D. M. F., 13 nov. 1847, 30 mars 1848; Inst., 1814, § 5 ; J. N., 13433; R. G. 2530.
(7) Dict. not., *Notoriété*, n° 123.
(8) D. M. F., 6 oct. 1812, Inst., 604 ; J. N., 930.
(9) D. M. F., 10 janv. 1817 ; R. G., 2553.
(10) D. M. F., 8 fév. 1822 ; Inst., 604 et 612; J. N., 4028.
(11) D. M. F., 17 fév. 1817 ; Inst., 709; R. G., 2555.
(12) D. M. F., 7 mars 1818 et 28 fév. 1822.
(13) Décret, 21 août 1806; Inst., 604 ; R. G., 2557.

(14) D. M. F., 17 avril 1822 ; Inst., 1031, n° 5, et 1206 ; R. G., 2558.
(15) D. M. F., 31 oct. 1817 ; J. N., 2331 ; R. G., 2559.
(16) D. M. F., 11 et 22 août 1817 et 28 fév. 1820; Inst., 1189, 9; J. N., 2400 ; R. G., 2563.
(17) Déc. 28 juin 1808 et 20 fév. 1818; Inst., 390 ; R. G., 607.
(18) D. M. F., des 24 et 30 juin 1812 ; Inst., 590 ; id. du 17 oct. 1821 ; Inst. 1008 ; R. G., 601, 2.
(19) Dalloz, 4928 ; arrêté du 2 niv. an 12; Ord. 4 janv. 1843, art. 20; Inst., 608 et 1058 ; R. G., 2629 et 2632.
(20) Déc. min. fin., 18 août 1820 ; Rép. gén. du Journal du palais. *Enreg.*, n° 825.
(21) Cass., 13 juill. 1847; J. N., 13088; Inst., 1796, 9; R. G., 3280; CONTRA, Vendôme. 27 juin 1840; Nevers, 16 fév. 1846; Montélimart, 7 août 1847 ; J. N., 14594, 12646, 13088, 13122.
(22) Cass., 7 fév. 1833 ; D. M. F., 25 oct. 1822 ; Inst., 173, 8 ; R. G., 716; Inst., 1136, 5 ; Dict. not., *Assur.*, 302.

CHAPITRE TROISIÈME.

DES DÉLAIS D'ENREGISTREMENT.

SOMMAIRE

6145. I. *Indication et calcul des délais.* Les délais pour faire enregistrer les actes publics sont, suivant l'art. 20 de la loi du 22 frim. an 7, de 10 jours pour les actes des notaires qui résident dans la commune où le bureau d'enregistrement est établi, et de 15 jours pour ceux des notaires qui n'y résident pas.

6146. Les délais précédents s'appliquent en se conformant à l'art. 11 de la loi du 27 mai 1791, qui a réglé le temps pendant lequel les bureaux d'enregistrement doivent être, chaque jour, ouverts au public, et non pas d'après la jurisprudence civile qui entend par jour un espace de 24 heures.

6147. C'est pourquoi un notaire encourt l'amende de retard, quand il présente son acte à l'enregistrement le dernier jour du délai, après l'heure de la clôture du bureau, quoique cette heure ne soit pas celle dont nous parlons ci-dessus, ni même celle que l'art. 1037 C. pr. fixe pour la fin du jour (1).

6148. Le jour à partir duquel le délai commence à courir ne doit pas être compté dans le délai (*Loi 22 frim. an 7, art. 25*). Mais le jour de l'échéance est compris dans le terme. Ainsi un acte notarié du 4 juin doit être présenté à l'enregistrement au plus tard le 14 du même mois, avant la clôture du bureau, si le notaire est dans la résidence du receveur (2). Néanmoins, lorsque le délai expire un dimanche ou un jour de fête légale (3), ce jour n'est pas compté (*Loi 22 frim. an 7, art. 25*).

6149. Quand un acte reçu en double minute a été enregistré sur l'une d'elles, il n'y a aucun délai pour présenter l'autre à la formalité ; ce n'est qu'une mesure d'ordre sans sanction légale (4).

---

(1) Cass., 28 fév. 1838; Gien, 11 nov. 1840; Troyes, 23 août 1849; R. G., 4398.
(2) Inst. rég., 19 ; Cass., 1er fruct. an 8; R. G., 4402.
(3) Ascension, Assomption, la Toussaint, Noël, le premier jan-

vier. Loi 20 germ. an 10; Avis du conseil d'État, 13 mars 1810; Inst., 499 ; R. G., 6673.
(4) J. N., 8581 ; Champ. et Rig. 3904; Garnier, R. G., 708 : Sol., 27 août 1841 ; R. G., *loc. cit.*

6150. II. *Actes reçus pour un tiers ou d'après délégation.* L'acte reçu par un notaire en vertu de la délégation du tribunal n'en conserve pas moins son caractère d'acte notarié. Il est soumis à l'enregistrement dans les 10 ou 15 jours, et non pas dans le délai accordé aux greffiers (1). Il en est de même de la vente mobilière qu'un notaire ferait pour un commissaire-priseur auquel il remettrait sa minute (2).

6151. C'est le notaire suppléé par un de ses confrères qui doit faire enregistrer l'acte reçu en son nom. Par conséquent, si le notaire suppléé réside hors de la commune où est situé le bureau, et ou demeure le notaire suppléant lui-même, le délai d'enregistrement est de 15 jours (3).

6152. III. *Effets négociables.* Les lettres de change, les billets à ordre ou autres effets négociables passés devant notaire, doivent être enregistrés dans les délais prescrits pour les actes notariés (4). Ce principe s'applique aux endossements et aux polices d'assurances maritimes.

6153. Les actes de protêt faits par les notaires doivent être enregistrés dans le même délai que ceux qui sont faits par les huissiers (5) *(Loi 24 mai 1834, art. 23).*

6154. IV. *Actes à vacations.* Les actes qui ne peuvent être consommés dans une même séance doivent être enregistrés dans les délais fixés pour chaque vacation. Le délai court de la date du procès-verbal de chaque vacation, et non de la date de la dernière de ces vacations (6).

6155. V. *Actes à plusieurs dates.* Lorsqu'un acte est rédigé à plusieurs dates, le délai pour l'enregistrement court du jour où il s'est formé un lien de droit entre quelques-unes des parties par leurs signatures, et où la convention qui s'y rapporte est devenue parfaite (7). L'administration n'a pas à rechercher à quelle époque le notaire a signé, car cette signature confère l'authenticité à l'acte entier, aussi bien en ce qui touche les premières dates qu'en ce qui est relatif aux autres (8). Jugé même, sur ce dernier point, que c'est à la date où l'acte a été rendu parfait par la signature des parties essentielles à la convention, que le notaire est *censé* avoir signé lui-même (9).

6156. Les actes unilatéraux consentis par une seule personne ne comportent pas l'usage des doubles dates. Ils doivent être enregistrés dans le délai de la première. Ce principe est spécialement applicable aux acceptations (10), et aux quittances données par plusieurs personnes (11). Un transport de créances consenti à diverses dates au profit de plusieurs cessionnaires non coïntéressés doit être enregistré dans le délai de la première (12).

6157. Si une vente est faite par un mari et sa femme à diverses dates, et si l'intervention de la femme a été exigée pour la validité ou la garantie de la vente, le délai d'enregistrement court seulement du jour de cette intervention, quoiqu'elle ait eu lieu à la dernière date (13) : de même si un bail consenti au profit d'un mari et d'une femme *solidairement* n'a été signé par la femme qu'à la dernière date (14).

6158. Néanmoins quand la vente a eu lieu par le mari, sauf ratification de la femme, et que la femme signe l'acte postérieurement, le contrat doit être enregistré dans les 10 ou 15 jours de la première date (15); même règle si à la première date l'acquéreur et le vendeur ont signé l'acte, et que la seconde se rapporte seulement à la signature d'un délégataire du prix de vente (16), ou d'un garant solidaire des vendeurs (17).

6159. C'est d'ailleurs dans les énonciations de l'acte ou dans les circonstances qui l'accompagnent, qu'il faut rechercher quand l'acte est devenu parfait (18).

6160. VI. *Actes des communes.* Lorsque les actes concernant les biens des communes et des éta--

---

(1) D. M. F., 2 juin 1807, Inst., 366, 1 ; le Havre, 17 fév. 1848; R. G., 1202; J. N., 1066, 4274, 13563.
(2) D. M. F., 5 fév. 1834; J. N-, 8311 et 8366; R. G., 747.
(3) Sol., 22 avril, 1847; R. G., 745.
(4) Cass. 10 fév. 1834; Inst., 1458, 3; 28 janv. 1835; Inst., 1490, 5; 29 juin 1835; Inst., 1498, 1; R. G., 5279 et 5281 CONTRA, Auch., 24 mars 1830; Lectoure, 19 juill., 1833; Libourne, 2 août 1834; Dalloz, *Enreg.* n° 4310.
(5) Quatre jours, d'après l'art. 20 de la loi du 22 frim. an 7.
(6) D. M. F., 12 therm. an 12, Inst., 290; R. G., 7678; D. M. F., 19 frim. an 14; Inst., 296; Cass., 11 sept. 1811.
(7) D. M. F., 27 avril et 9 mai 1809; Inst., 432, 3; J. N., 1109; R. G., 522.
(8) Cass., 20 juill. 1832; J. N., 14718; Inst., 1967, 1; R. G., 522, 5.
(9) Saint-Flour, 17 août 1847; Blois, 18 déc. 1832; J. N., 13202, 14928; R. G., 522; CONTRA, Champ. et Rig., 5992, *du Contrôleur.*

(10) Garnier, R. G., 522.
(11) Garnier, R. G., 522; Loches, 22 août 1853; Lyon, 22 juill. 1854; Vendôme, 26 janv. 1856; Rép. G., *loc. cit.,* et Rép. pér., 307 et 599.
(12) Garnier, R. G., 522, 4; Seine, 30 juill. 1859; Cass., 21 janv. 1861; Rep. pér., 1444; J. N., 16701, 17033.
(13) Cass., 17 janv. 1860; Rép. pér., 1273; J. N., 16777; CONTRA, Dreux, 3 fév. 1841; Blois, 13 fév. 1856; R. G., 522; Rep. pér., 604. Voir Soissons, 18 juin 1856 et Schiestadt, 10 déc. 1850; R. P., 797.
(14) Civray, 18 juill. 1845; J. N., 12199; R. G., 522.
(15) Montargis, 26 mars 1844; R. G., 522; Champ. et Rig., *Suppl.,* 947.
(16) Montluçon, 14 juin 1849; Cass., 20 juill. 1832; J. N., 14718; Inst., 1967 § 1; R. G., 523, 5.
(17) Cass., 17 nov. 1862; R. P., 1758; J. N., 17034.
(18) Montluçon, 14 avril 1846; R. G., *loc. cit.,* Cosne, 20 avril 1850; R. G., 522, 1; Cass., 17 nov. 1862; Rep. pér., 1758.

blissements publics sont sujets à l'approbation de l'autorité supérieure, le délai pour l'enregistrement ne court que du jour de la remise par le maire au notaire de l'arrêté d'approbation du préfet. Le délai est même, par exception, de 20 jours, d'après l'art. 78 de la loi du 15 mai 1818 (1). Ces règles s'appliquent également aux baux des biens d'hospices ou bureaux de bienfaisance (2).

6161. On considérait autrefois, à cet égard, que les actes de vente ou d'acquisition de biens communaux étaient sujets à l'approbation (3). Mais le conseil d'Etat a reconnu que les contrats de l'espèce, passés après l'accomplissement des formalités prescrites, constituaient des actes de droit civil parfaits en eux-mêmes sans l'approbation de l'autorité (4). Il a été décidé par suite que le délai d'enregistrement doit partir de la date même de l'acte (5).

6162. Du reste, les baux, transactions, et marchés de fournitures, demeurent toujours soumis aux anciennes règles, car ces actes sont expressément assujettis à l'approbation par la loi du 18 juillet 1837, art. 47 et 49, et par l'ordonnance du 14 novembre 1837.

6163. VII. *Testaments*. Les testaments déposés chez les notaires ou par eux reçus doivent être enregistrés dans les trois mois du décès des testateurs, à la diligence des héritiers, donataires, légataires ou exécuteurs testamentaires (*Loi 22 frim. an 7, art. 21*).

6164. Il est défendu aux receveurs d'admettre ces actes à la formalité du vivant du testateur, à moins d'une réquisition expresse de sa part (6). Ces préposés n'ont pas, par conséquent, le droit d'exiger l'ouverture des testaments mystiques (7), à moins qu'ils ne prouvent que les testateurs sont décédés depuis plus de trois mois (8).

6165. Les actes de suscription des testaments mystiques ne sont également sujets à l'enregistrement que dans les trois mois du décès (9); il en est de même des révocations notariées (10).

6166. En requérant l'enregistrement d'un testament, le notaire n'est pas obligé de représenter un certificat d'existence du testateur s'il est vivant, ou l'acte de décès s'il est mort. Sa déclaration suffit, sauf vérification (11).

6167. Le délai pour l'enregistrement des testaments des militaires en activité, décédés hors de France ou hors de leur département, court seulement à partir de l'inscription du décès sur les registres de l'état civil de sa commune (12).

6168. Quand les testaments sont remis au notaire après le décès, et font l'objet d'un acte de dépôt régulier en l'étude, ils doivent être enregistrés en même temps que ce dernier acte (13). Si le notaire a reçu le testament des mains du président et ne rédige pas d'acte de dépôt, le délai ordinaire de trois mois est applicable (14).

6169. Au reste, et sauf le cas de dépôt constaté par un acte rédigé après le décès, les notaires ne sont pas responsables vis-à-vis de la Régie du défaut d'enregistrement; l'action du trésor doit être exclusivement dirigée contre les parties.

6170. Les donations entre époux sont soumises aux règles précédentes quand elles doivent être assimilées aux testaments (15).

6171. Il n'est pas nécessaire de faire enregistrer les testaments révoqués ou suivis de répudiation ; mais si on les présente à la formalité, et que ce soit après le délai légal, le droit en sus n'est pas dû (16).

6172. VIII. *Actes sous seing privé*. Les actes sous seing privé portant transmission de propriété, ou d'usufruit de biens immeubles et les baux à ferme ou à loyer, sous-baux, cessions et subrogations de baux, et les engagements, aussi sous seing privé, de biens de même nature, doivent être enregistrés

---

(1) D. M. F., 4 août 1838, J. N., 10156; Inst., 1577, 6; D. M. F., 22 janv. 1855; Inst., 2025, 2; R. G., 240; Inst., 2315;'R. pér., 2217.

(2) Garnier, R. G., 740.

(3) Inst., 1577, 6.

(4) Avis du conseil d'Etat du 12 juin 1863; *id*., du 3 juill. 1864; Rép. pér., 1927, 4092.

(5) Garnier, Rép. pér., 1927, 2217; D. M. F., 25 mars 1865; Inst., 2315; J. N., 18360.

(6) Inst., 432. 3; Dél., 28 juin, 4 juill. 1839; R. G., 13510.

(7) Inst., 1200, 14.

(8) Dél., 26 vend. an 8 et 17 déc. 1882 ; Rép. du Journal du palais, *Enreg.*, 1055; ce dernier point est même très-contestable.

(9) Dél., 12 germ. an 13, Inst., 290. 73; R. G., 13505.

(10) Délib., 14 niv. an 13; R. G., 13509.

(11) D. M. F., 16 nov. 1812; R. G., 13507.

(12) D. M. F., 29 janv. 1811; Sol., 17 oct. 1882; R. G., 13502.

(13) Inst., 359; Cass., 14 juill. 1823.

(14) D. M. F., 24 sept. 1807; Garnier, R. G., 13504; contra, Cass., 17 avril 1849; Inst., 1844, 2; R. G., *loc. cit.*

(15) D. M. F., 26 mars 1838; Dél., 9 et 21 mai, 14 août, 3 sept. 1838; Cass., 22 janv. 1838.

(16) D. N., v° *Test.*, 833; Garnier, R. G., n° 13513, 3; Chaumont, 29 nov. 1864; J. N., 18169; R. P., 2033.

dans les trois mois de leur date. Pour ceux de ces actes qui sont passés en pays étranger ou dans les îles et colonies françaises où l'enregistrement n'aurait pas encore été établi, le délai est de six mois, s'ils sont faits en Europe, d'une année si c'est en Amérique, et de deux années si c'est en Asie ou en Afrique (*Loi 22 frim. an* 7, *art.* 22). Il n'y a point de délai de rigueur pour l'enregistrement de tous autres actes sous seing privé, que ceux qui viennent d'être mentionnés ; mais il ne peut en être fait aucun usage, soit par acte public, soit en justice ou devant toute autre autorité constituée qu'ils n'aient été préalablement enregistrés (*Loi 22 frim. an* 7, *art.* 25).

6173. Selon l'art. 38 de la loi du 22 frim. an 7, à défaut d'enregistrement dans le délai légal, des actes qui y sont assujettis, il est perçu un double droit à titre d'amende. Cette amende n'est pas personnelle aux contrevenants, mais peut être réclamée à leurs héritiers (1). Si l'acte sous seing privé contient des dispositions dont les unes sont assujetties à la formalité dans le délai légal, tandis que les autres n'y sont pas soumises, le droit en sus ne peut être perçu que sur ces premières si l'acte est tardivement enregistré (2).

CHAPITRE QUATRIÈME.

DES BUREAUX OU LES ACTES DOIVENT ÊTRE ENREGISTRES.

SOMMAIRE

6174. Les actes sous seing privé peuvent être enregistrés dans tous les bureaux indistinctement ; ceux qui sont annexés aux minutes doivent l'être par les receveurs des actes des notaires (3) ; mais les notaires ne peuvent faire enregistrer leurs actes qu'au bureau dans l'arrondissement duquel ils résident légalement (4) (*Loi 22 frim. an* 7, *art.* 26).

6175. L'acte reçu par un notaire, pour un confrère qu'il supplée, doit être enregistré au bureau de la résidence de ce dernier (5). Mais si le notaire a été commis par justice pour recevoir des actes au nom d'un confrère décédé, et les remettre ensuite au successeur du défunt, ces actes sont soumis à la formalité au bureau de la résidence du notaire commis (6).

6176. Les notaires qui résident dans les villes où il y a une cour impériale, peuvent faire enregistrer leurs inventaires aux bureaux des lieux où ils ont instrumenté, à condition de soumettre la séance de clôture à la formalité au bureau de leur résidence dans les quinze jours de sa date (7).

6177. Les actes passés en double minute s'enregistrent sur la première et sur la deuxième minute au bureau de la résidence de chacun des notaires qui ont instrumenté, et les droits sont acquittés par

---

(1) Av. C. d'État, 3 fév. 1810; Cass., 18 nov. 1835, 470, Inst., 1513, § 5.
(2) Seine, 6 brum. an 12; Dél., 26 niv. an 12, 13 brum. an 13; Inst., 290, 1 ; Versailles, 24 août 1849 ; R. G., 973.
(3) D. M. F., 17 janv. 1857; Inst., 2090; R. P., 794.
(4) Dél., 23 frim. an 11 ; R. G., 608.
(5) D. M. F., et J. (sans date), Inst., 11 nov. 1819, 909; R. G., 699.
(6) Dél., 14 déc. 1839; R. G., 699, 1.
(7) D. M. F., 12 therm. an 12; Inst., 290, § 32; R. G., 700.

le plus ancien, quand tous deux demeurent dans l'arrondissement du même bureau ou que la résidence de chacun d'eux est étrangère au bureau dans le ressort duquel l'acte a été passé. Mais si l'un des notaires demeure seul dans ce ressort, c'est à lui à effectuer le payement (1). Quand les parties ont désigné celui des deux notaires qui sera tenu d'acquitter les droits, c'est au bureau de la résidence de ce notaire que le versement en est fait (2).

6178. Les ventes publiques de meubles doivent être enregistrées au bureau où la déclaration préalable a été reçue (3) (*Loi 22 pluv. an 7, art. 6*). Mais on a décidé qu'il n'y avait aucune contravention de la part du notaire à présenter son procès-verbal à la formalité au bureau de sa résidence (4).

CHAPITRE CINQUIÈME.

DES OBLIGATIONS DU NOTAIRE.

SOMMAIRE

(1) D. M. F., 16 août 1818; Inst., 100, § 1 ; Garnier, Rép. gén., 701 ; Champ. et Rig. 3904.
(2) D. M. F., 12 déc. 1832; J. N., 7910; Inst., 1422, § 11 ; R. C., 704, § 2.
(3) Circul. rég., 1498 et 1807.
(4) Sol., 20 août 1835; R. C., 702, § 2.

SECTION 6. — MENTION DE LA RELATION D'ENREGISTREMENT.

Fausse mention d'enregistrement. 6246 à 6250.
Acte public, 6247.
Acte sous seing privé annexé ou déposé, 6249.

Mode de transcription littérale de la relation. 6248.

SECTION 7. — RÉPERTOIRE.

Renvoi, 6251.

SECTION I. — PAYEMENT DES DROITS.

6179. I. *Versement immédiat.* Les droits des actes à enregistrer doivent être payés par les notaires pour les actes passés devant eux (*Loi 22 frim. an 7, art. 29*). On ne peut en différer le payement sous le prétexte de contestation sur la quotité ni pour quelque autre motif (*id. art. 28*), à peine de s'exposer à l'amende de retard (1).

6180. Cette obligation de versement immédiat s'applique d'ailleurs non-seulement aux droits simples, mais encore aux droits en sus et amendes, exigibles pour des contraventions que renferment les actes à enregistrer (2).

6181. Mais on ne saurait forcer le notaire à avancer les droits des conventions, dont la preuve peut se tirer de circonstances étrangères à l'acte, et dont cet acte ne forme pas le titre : par exemple des mutations secrètes d'immeubles (3) ou des réalisations de crédit (4).

6182. Le notaire ne peut se prévaloir de la non-consignation des fonds entre ses mains par les parties, pour suspendre l'apposition de sa signature sur l'acte, et le soustraire ainsi à l'enregistrement (5), lors même qu'il serait commis par justice (6). Il ne peut se dispenser de verser les droits, en faisant offre de les acquitter suivant le règlement à intervenir après l'enregistrement (7), lors même que les offres seraient suffisantes (8).

6183. Il ne serait pas fondé, non plus, à imputer en payement ou en compensation des droits, les prêts ou avances personnels faits au receveur (9).

6184. II. *Responsabilité.* Lorsque les notaires agissent en conséquence d'actes sous seing privé, ou passés en pays étranger, non enregistrés, ou bien qu'ils les annexent à leurs actes, l'art. 42 de la loi du 22 frim. an 7 les déclare responsables des droits. Mais ils ne peuvent être contraints au payement que quand l'administration s'est inutilement adressée à la partie (10).

6185. Cette responsabilité n'existe même pas quand le notaire a pu annexer l'acte ou agir en conséquence sans commettre de contravention (11).

6186. III. *Suppléments de droits.* Les notaires ne sont tenus au versement des droits que pour les actes à enregistrer; d'où il suit que les suppléments de droits reconnus exigibles après l'accomplissement de la formalité doivent être réclamés aux parties (12).

6187. IV. *Décès ou remplacement du notaire.* En cas de décès ou d'insolvabilité du notaire, le recouvrement des droits simples des actes non enregistrés doit être suivi sur les parties (13) et subsidiairement sur les héritiers du notaire défunt (14). Quant aux droits en sus et amendes, ils ne sont à la charge des héritiers que si un jugement en a prononcé la condamnation du vivant du notaire, ou si ce dernier a souscrit une obligation (15).

---

(1) Nérac, 29 déc. 1837; R. G., 726, § 4; Cass., 17 nov. 1862; Rép. pér., 1758; Seine, 28 déc. 1863; R. P., 1934.
(2) Inst., 1423; Cass., 17 nov. 1862; J. N., 17594; R. P., 1758; CONTRA, Champ. et Rig., 3920.
(3) Dél., 11 fév. 1834; J. N., 8400 ; Inst., 1458, § 5; Dél., 6 oct. 1845; Rép. G., 733, 1.
(4) Garnier, Rép. G., *loc. cit.*
(5) Dalloz, *Enreg.*, n° 5003 ; Colmar, 21 avril 1812; Bourges, 29 avril 1823; Saint-Flour, 17 août, 1847; J. N., 4145, 4823, 13202.
(6) Le Havre, 17 fév. 1848; J. N., 13384 ; Garnier, R. G., 725.
(7) Guingamp, 5 fév. 1850; R. G., 732.
(8) Garnier, R. G., *loc. cit.*; Seine, 28 déc. 1863; R. P., 1934.
(9) Cass., 26 mai 1807 ; R. G., 730.
(10) Dalloz, n° 5107; Champ. et Rigaud, n° 3924 ; Cass., 3 juill. 1811; Thionville, 17 mars 1841; Chaumont, 1er août 1844; Seine,

5 mai 1846; Meude, 13 mai 1863 ; J. N., 10954, 11200, 11425, 11583, 12114, 12840, 17902; Garnier, R. G., 735; R. P., 1796; CONTRA, Lyon, 12 mars 1845; Provins, 26 mars 1847; Senlis, 8 janv. 1835; Seine, 30 mars 1842. 7 déc. 1842; Pont-l'Évêque, 23 fév. 1844; J. N., 11583, 12328; R. G., 735.
(11) Rennes, 22 janv. 1844 ; Délib., 28 mars 1834 ; Dalloz, 5105; Garnier, 735.
(12) D. M. F., 7 juin 1808; Inst., 386; Cass., 2 mai 1837; Corbeil, 12 janv. 1837; Montmorillon, 30 mars 1841 ; Bayeux, 8 fév. 1843; Sol., 11 nov. 1845 ; R. G., 736; J. N., 2923, 6574, 9634.
(13) Déc. 1er sept. 1807, Inst., 340, § 5; D. M. F., 7 déc. 1835; R. G., 737.
(14) Aurillac, 24 juill. 1841 J. N., 11172; Garnier, R. G., 737, § 5.
(15) D. M. F., 11 brum. et 6 frim. an 14, et 1er sept. 1807; Inst., 340. § 4. Voir C. Nancy, 30 août 1844; J. N., 12222 ; R. G., 740.

6188. Le successeur d'un notaire décédé n'est pas responsable du défaut d'enregistrement des actes que son prédécesseur a omis de présenter à la formalité en temps utile, non plus que de la présentation tardive du répertoire au visa (1).

6189. V. *Recours contre les parties.* Le notaire qui avance les droits d'enregistrement a une action solidaire contre chacune des parties pour le remboursement de ses avances (2). Il agit contre elles en vertu d'un exécutoire du juge de paix de son canton, et suit pour la procédure les formes spéciales aux matières d'enregistrement, *supra n° 639 à 645* (*Loi 22 frim. an 7, art. 50 et 75*).

6190. *Testaments.* L'obligation de faire enregistrer les testaments déposés en leur étude est étrangère aux notaires; elle incombe personnellement aux héritiers ou légataires (*Loi 22 frim. an 7, art. 29*) (3).

6191. III. *Actes sous seing privé.* Les droits des actes sous seing privé sont acquittés par celles des parties qui les font enregistrer (*Loi 22 frim. an 7, art. 29*). L'art. 34 de la même loi dispose que « les droits des actes civils emportant obligation, libération, ou translation de propriété ou d'usufruit de meubles ou immeubles, sont supportés par les débiteurs et nouveaux possesseurs; et ceux de tous autres actes le sont par les parties auxquelles ces actes profitent, lorsque, dans ces divers cas, il n'a pas été stipulé de dispositions contraires dans les actes. »

6192. D'après la jurisprudence, les dispositions de l'art. 34 ont simplement pour but de régler le recours des parties entre elles; elles sont inopposables à la Régie qui peut actionner indistinctement toutes les parties qui ont figuré dans les actes (4).

6193. C'est ce qui a été décidé notamment pour les ouvertures de crédits ultérieurement réalisés (5), les échanges (6), les partages (7), et les ventes (8). Mais la Régie ne peut s'adresser qu'au créancier pour le supplément de droit de quittance exigible sur la déclaration de payement émanée de ce dernier (9).

6194. Si un acte de vente sous seing privé est présenté à l'enregistrement par le vendeur, le recouvrement des droits peut être poursuivi contre l'acquéreur (10).

SECTION. II. — PEINES POUR DÉFAUT D'ENREGISTREMENT.

6195. D'après l'art. 33 de la loi du 22 frim. an 7, les notaires, qui n'ont pas fait enregistrer leurs actes dans les délais prescrits, payent personnellement, à titre d'amende, et pour chaque contravention, une somme de 50 fr. (réduite à 10 fr. par la loi du 16 juin 1824, art. 1) s'il s'agit d'un acte sujet au droit fixe, ou une somme égale au montant du droit s'il s'agit d'un acte sujet au droit proportionnel, sans que dans ce dernier cas la peine puisse être au-dessous de 50 fr. (10 fr.).

6196. Si l'acte est passible de plusieurs droits fixes, l'amende est de 10 fr., quel que soit le nombre des dispositions indépendantes; s'il donne lieu à plusieurs droits proportionnels, ou le total de ces droits excède 10 fr., ou il est inférieur à ce chiffre; dans le premier cas, l'amende est égale au montant des droits proportionnels; dans le second, elle est de 10 fr. Enfin, si le contrat est sujet à la fois à des droits fixes et à des droits proportionnels, il y a lieu de faire abstraction des droits fixes et de n'avoir égard qu'aux droits proportionnels pour calculer l'amende (11).

6197. Ces principes s'appliquent aux actes qui s'enregistrent en débet (12).

6198. Quant aux actes soumis à la formalité gratis, leur enregistrement tardif donne lieu à l'amende de 10 fr., exigible sur-le-champ (13).

(1) D. M. just., 7 mai 1837 ; J. N., 9999; R. G., 727.
(2) Cass., 26 juin 1820, 19 avril 1826, 10 nov. 1828, 20 mai 1829; R. G., 741.
(3) Dict. not., Test., 834; R. G., 1349.
(4) Cass., 20 mars 1839, 6 avril 1847, 10 nov. 1855, 10 mars 1858 et 1er fév. 1859 ; Inst., 1796, § 2 et 2437, § 9; J. N., 14875, 15033, 16270 et 16515. Voir aussi Cass., 21 juin 1865 ; R. P., 2109; J. N., 18328.
(5) Cass., 5 janv. et 16 mars 1853, 26 juill. 1853 ; Inst., 1967, § 6, 1986, § 12; R. G., 984.
(6) Lourdes, 24 mai 1850 ; D. M. F., 11 vent. an 7.
(7) Comc, 28 août 1850 : Cass., 9 fruct. an 12.

(8) Metz, 31 août 1835 ; Guéret, 3 juill. 1850 ; Civray, 2 juin 1851 ; R. G., 985 ; Cherbourg, 9 déc. 1863 ; R. P., 2041.
(9) Cass., 2 mai 1837. J. N., 9631; Inst., 1562, § 23.
(10) Cass., 10 avril 1816, 12 mars 1817, 12 janv. 1822; J. N., 1462; Montmédy, 18 juin 1816; Saint-Sever, 27 mai 1847; Avignon, 5 août 1850; R. G., 984.
(11) Dél., 12 avril 1859; R. P., 1206; Inst., 2155, § 1 ; J. N., 16660 ; Comp., J. N., 8938; Garnier, R. G., 720.
(12) D. M. F., 25 therm. an 13; R. G., 2379.
(13) D. M. F., 2 déc. 1800; J. N., 952, 1240; Garnier, R. G., 721.

SECTION III. — ACTES EN CONSÉQUENCE D'UN AUTRE.

§ 1er. ACTES ÉMANÉS D'UN AUTRE OFFICIER PUBLIC.

6199. Les notaires ne peuvent délivrer copie ou expédition d'aucun acte soumis à l'enregistrement sur la minute, ni faire aucun acte en conséquence, avant qu'il ait été enregistré, quand même le délai pour l'enregistrement ne serait pas expiré, à peine d'une amende de 10 fr., outre le payement du droit (*Lois 22 frim. an 7, art. 41 ; 16 juin 1824, art. 10*).

6200. Néanmoins, à l'égard des actes que le même notaire a reçus et dont le délai d'enregistrement n'est pas encore expiré, il peut en énoncer la date avec la mention que ledit acte sera présenté à l'enregistrement *en même temps* que le second (*Loi 28 avril 1816, art. 56*).

6201. Cette dernière faculté ne s'étend pas aux actes reçus par des notaires différents (1). On l'a spécialement décidé : 1° pour un partage fait en vertu d'une licitation ou d'un autre partage notariés (2) ; 2° pour une quittance mentionnant une autre quittance partielle antérieure (3) ; 3° pour une vente rédigée en vertu d'un partage (4), ou une liquidation faite en conséquence d'une renonciation non enregistrée (5).

6202. La contravention existerait aussi si le notaire agissait en conséquence d'un exploit non enregistré (6), ou de mémoires taxés énoncés ouvertement ou en termes dubitatifs dans les adjudications (7).

6203. Mais le notaire peut rédiger un inventaire en présence d'un subrogé tuteur nommé par une délibération non enregistrée (8) ; et vendre aux enchères le mobilier du mineur, à la requête du tuteur dont l'acte de nomination n'est pas encore enregistré (9). Le principe général reprendrait son empire, si la vente avait lieu en vertu d'un inventaire ou d'un testament authentique (10).

6204. Les actes reçus par les prédécesseurs d'un notaire doivent être considérés comme s'ils étaient passés devant lui (11). Quant aux actes du notaire lui-même, il n'est évidemment question que de ceux dans lesquels il agit en qualité d'officier public, et non pas par exemple de ceux qu'il rédige comme expert (12).

6205. Du reste, le défaut de mention que les deux actes seront présentés simultanément à la formalité n'est pas passible d'amende (13).

§ 2. ACTES SOUS SIGNATURES PRIVÉES.

6206. Les actes sous seing privé, ou passés en pays étrangers, ne peuvent être mentionnés dans un acte notarié sans être soumis à l'enregistrement, soit avant, soit en même temps que l'acte dans lequel il en est fait usage (*Lois 22 frim. an 7, art. 42, et 16 juin 1824, art. 13*). Cette disposition a donné lieu à une jurisprudence très-nombreuse dont nous rappelons seulement les principales solutions.

6207. I. *Actes adirés ou anéantis*. Et d'abord, le notaire ne pourrait échapper à l'amende en déclarant que l'acte sous seing privé est adiré (14), à moins que la perte ne soit prouvée (15), ou qu'il ne justifie ultérieurement de l'enregistrement préalable du titre (16).

6208. Mais il peut, sans contravention, relater des titres éteints ou anéantis par l'effet même de son acte ; par exemple, des billets compensés avec un prix de vente (17), ou une quittance destinée à en

(1) Cass., 22 oct. 1811 ; Dalloz, 5209 ; R. G., 785, § 3.
(2) Vitré, 14 oct. 1847 ; Amiens, 8 juin 1846 ; J. N., 12750, 13197 ; R. G., 785.
(3) Cass., 22 oct. 1811 ; D. M. F., 10 mars 1819 ; R. G., 785, § 5.
(4) Carcassonne, 19 déc. 1844 ; R. G., *loc. cit.*
(5) Châtellerault, 22 janv. 1855 ; R. P., 551 ; Cass., 17 nov. 1862 ; J. N., 17954 ; R. P., 1758.
(6) Limoges, 7 août 1850 ; R. G., 785, § 9.
(7) Mirecourt, 20 juin 1851 ; J. N., 14452 ; Cass., 7 nov. 1853 ; Rép. P., 9 ; Inst., 1999 ; CONTRA, J. N., 8412, 8652, 13194, 14452 ; Pithiviers, 5 août 1851 ; J. N., 14433. La taxe peut être présentée à l'enreg. avec l'adjudication.
(8) Cass., 3 janv. 1827 ; J. N., 5997, 6198 ; Inst., 1210, § 4 ; R. G., 850.
(9) Sol., 8 nov. 1851 ; J. N., 14548 ; Sol., 28 et 29 juin 1845, 29 oct. 1851 ; R. G., 850, § 1.

(10) Reims, 5 fév. 1848 ; D. M. F., 16 juin 1829 ; Inst., 1293, § 1 ; J. N., 6882 ; Sol., 3 mars 1836 ; R .G., 853 ; CONTRA, Seine, 6 fév. 1850 ; J. N., 14310.
(11) J. N., 7994 ; Garnier, R. G., 785, § 8.
(12) Dél., 15 mars 1820 ; R. G., 786.
(13) D. M. F., 17 fév. 1819 ; R. G., 788.
(14) Cass., 23 nov. 1825 ; Inst., 1187, § 1 ; R. G., 802 ; 5 mai 1846, J. N., 5612, 12694 ; Inst., 1767, § 1 ; Montbrison, 14 mars 1844 ; Seine, 11 nov. 1852 ; R. G., 802.
(15) Saint-Lô, 29 avril 1855 ; R. pér., 490 ; Castelnaudary, 15 nov. 1855 ; Rép. pér., 554 ; Gaillac, 1er mars 1847 ; R. G., *loc. cit.*
(16) D. M. F., 23 juill. 1811 ; Inst., 148, § 2 ; Cass., 23 nov. 1825 ; J. N . 5612 ; Inst., 1187, § 1 ; R. G., 802, § 5.
(17) Seine, 29 juill. 1821 et Dél. 16 fév. 1822 ; Dél. 11 fév. 1824 ; D. M. F., 3 mars 1824 ; J. N., 4713, 4830 ; R. G., 784.

remplacer d'autres (1), ou des titres éteints par suite de la confusion de la créance (2). Il n'en serait plus de même si le titre était seulement réduit (3).

6209. II. *Actes exempts.* L'obligation de faire enregistrer les actes dont on se sert ne s'étend pas à ceux qui sont exempts de la formalité, notamment aux extraits de jugements de séparation que les secrétaires des chambres de notaire reçoivent en dépôt (4), et aux récépissés délivrés par les préposés de la caisse des consignations ou les receveurs des finances (5).

6210. Quant aux actes dont les droits sont prescrits, il a été décidé que leur mention permettait d'en réclamer le payement (6).

6211. Les effets négociables, relatés dans un acte public, ne sont sujets à l'enregistrement que lorsqu'il y a eu protêt ou assignation, suivant qu'il s'agit de billets à ordre ou de lettres de change (7). Et on a étendu cette règle aux actions de société qui se transmettent par endossement (8).

6212. III. *Polices d'assurances.* L'usage des polices d'assurances a donné lieu à un très-grand nombre d'arrêts. Il est aujourd'hui décidé qu'un notaire ne peut agir en conséquence de ces titres non enregistrés ; et qu'il appartient aux tribunaux d'apprécier si, malgré les expressions dubitatives de l'acte, le notaire s'est réellement servi des polices (9). En l'état de la jurisprudence, les notaires ne peuvent donc échapper à l'amende qu'en s'abstenant de parler de la convention d'assurance, ou bien en limitant leurs mentions aux assurances futures (10).

6213. IV. *Inventaires.* L'inventaire est un acte déclaratif qui peut contenir, sans contravention, la description des actes sous seing privé non enregistrés, trouvés dans les papiers de la succession (11), *supra* n°⁵ 2542 et suiv., 2576, à moins que le débiteur n'intervienne dans le but de reconnaître formellement la dette. Il est également permis d'y relater l'ordonnance nommant un notaire pour représenter un absent (12), ou celle qui statue en référé sur les contestations survenues pendant le cours de l'opération (13), ou bien encore la délibération du conseil de famille portant désignation du subrogé tuteur (14), quoique ces pièces ne soient pas préalablement enregistrées.

6214. V. *Partages.* En principe, les liquidations ou les partages peuvent, comme les inventaires, se référer aux titres des créances à partager, sans que ces titres soient soumis à l'enregistrement (15). Mais c'est à la condition que les débiteurs n'interviendront pas à l'acte pour en reconnaître la validité, ou que les titres n'émaneront pas des parties contractantes (16).

6215. On essaye quelquefois d'échapper à cette jurisprudence en évitant de rappeler le titre dans le partage et en se bornant à l'indication de la créance. Quoiqu'un arrêt ait reconnu que la contravention existait seulement dans le cas où la référence du partage avec l'inventaire était catégoriquement constatée (17), il paraît admis que les tribunaux ont le droit de la faire résulter des circonstances (18).

6216. La règle générale reprend son empire quand l'acte qualifié de liquidation ou de partage n'a

(1) D. M. F., 5 juill. 1822; Sol., 3 avril 1835; R. G., 784 § 2.
(2) Seine, 31 juill. 1863; R. P., 1853; J. N., 17074; Dict. not., Acte not., n° 899.
(3) Seine, 9 avril 1847; J. N., 13728; R. G., 793, § 4. Voir cependant Seine, 7 déc. 1842 et 26 juill. 1843; R. G., 793, § 2.
(4) Cass., 5 déc. 1832; Inst., 1422, § 4; Dél., 28 avril 1837; J. N., 9641; R. G., 796, § 7.
(5) Sol. 8 fév. 1837 et 3 fév. 1849; R. G., 796, § 9. Voir Cass., 26 mars 1825; D. M. F., 4 sep. 1824; Inst., 1150, § 1; Dél., 18 avril 1818; R. G., 796.
(6) Cass., 24 juin 1828; Dél., 3 fév. 1835; J. N., 6591, 8773; Seine, 30 juin 1824; D. M. F., 13 janv. 1826; R. G., 785.
(7) Dél., 8 avril 1847 et 9 juill. 1830, 19 mars 1833; R. G., 818; Seine, 14 mai 1840; Marvejols, 7 janv. 1846; Espalion, 26 août 1846; Toulouse, 25 mai 1848; Dél. 18 août 1848; J. N., 10736, 12609, 12933, 13505, 13509; Sol., 30 nov. 1825; J. N., 5622; Inst., 1187, § 13; Sol., 22 juill. 1864; R. P., 1957; CONTRA, Pont-l'Évêque, 23 fév. 1844, J. N., 12609; Dél., 8 août 1835; R. G., 806, § 6; Dalloz, 5214.
(8) Seine, 18 mars 1834; Sol., 11 mars 1851; J. N., 14298; CONTRA, Meaux, 6 août 1840; R. G., 804, en note; Cass. Belg., 29 juill. 1864; J. N., 13340; R. P., 2008.
(9) Cass., 23 nov. et 15 déc. 1840, 21 juill. 1849, 22 avril 1850, 7 janv. 1851, 5 avril 1854; Cass., 5 juill., 1859; R. P., 88, 1185; J. N., 12875, 12898, 13750, 14029, 14269, 14635, et toutes les décisions des tribunaux secondaires réunies sous les n°⁵ 836 du Rép. géu., et 55, 350, 466, 1185 et 1582 du Rép. pér.

(10) Sur ce dernier point, Verdun, 20 avril 1863; Rép. pér., 1805; Vienne, 27 août 1863, R. P., année 1864, p. 722.
(11) Arrêté du Directoire exécutif du 22 vent. an 7; Circul. Rég., 1354; R. G., 792.
(12) Saverne, 20 fév. 1836; R. G., 774, § 8.
(13) D. M. F., 29 déc. 1807; Mortagne, 20 janv. 1843; R. G., 826.
(14) Cass., 3 janv. 1827; J. N., 5997, 6168; Inst., 1210, § 4; R. G., 1850.
(15) Cass., 24 août 1818; Dél., 1er mars 1833; R. G., 792.
(16) Cass., 21 mars 1848; Inst., 1811, § 3; 4 avril 1849; Inst., 1844, § 2; 20 fév. 1850; Inst., 1857, § 4; 28 mars 1859; R. P., 1220; Metz, 7 déc. 1830; Péronne, 28 avril 1847; Seine, 9 avril 1847; Compiègne, 20 janv. 1853; Seine, 29 nov. 1854, 3 janv. et 24 fév. 1855; Rép. pér., 312, 350, 418 et 610; Wissembourg, 30 juill. 1856; Rép. pér., 735; Seine, 30 mars 1842, 26 juill. 1843, 19 déc. 1844, 19 fév. 1852; J. N., 13014, 13374, 13727, 13974.
(17) Cass., 18 avril 1864; R. pér. 1899; J. N., 17996; Conf., Seine, 6 juill. 1861; R. P. 1528.
(18) Meaux, 24 août 1850; R. G., 793, § 5; Seine, 21 fév. 1855; R. P., 448; Senlis, 26 déc. 1848; Versailles, 17 janv. 1856; R. P., 688; Wissembourg, 30 juill. 1856; Pontoise, 12 mai 1857; Yvetot, 17 juill. 1800; R. P., 1422; Seine, 23 oct. 1859; R. P., 1435; Besançon, 8 août 1861; Bourges, 17 fév. 1863; R. pér., 735, 980 et 1844; Cass., 26 fév. 1850; J. N., 13974; 28 mars 1839; R. P., 1220; Lons-le-Saulnier, 5 déc. 1864; R. P., 1982; Étampes, 7 août 1861. R. P., 1510.

aucun caractère déclaratif, tel, par exemple, que le procès-verbal de liquidation des reprises d'une femme renonçante (1).

6217. VI. *Compte.* Le compte peut, sans exposer le notaire à l'amende, faire mention, comme l'inventaire, des titres de créances non enregistrés (2); spécialement : d'un billet provenant des fonds de la tutelle et remis au mineur (3), ou de quittances sous seing privé justificatives des opérations (4). Dans ce dernier cas, les quittances *produites* doivent être néanmoins enregistrées (5), à l'exception de celles qui sont dispensées de la formalité par l'art. 537 C. pr.

6218. Mais il est interdit de relater dans un arrêté de compte de tutelle le projet de ce compte rendu précédemment et non enregistré, encore que l'énonciation soit faite en termes dubitatifs (6). Quand il s'agit d'un compte de tuteur à tuteur, qu'il n'est pas absolument nécessaire de constater par écrit, l'usage doit résulter de termes formels (7).

6219. VII. *Testament.* Il est permis de relater dans un testament des actes sous seing privé non enregistrés (8); le notaire n'encourt même aucune amende en faisant enregistrer ce testament, au décès, sans les actes énoncés (9). Lorsqu'un testament olographe est déposé en l'étude, l'acte de dépôt peut être rédigé avant l'enregistrement du procès-verbal judiciaire d'ouverture (10). Il est également permis de recevoir un acte de renonciation sans faire enregistrer le testament qui s'y rapporte (11), ou de délivrer au testateur l'expédition d'un testament qu'il a déposé en l'étude, sans soumettre la minute à l'enregistrement (12); mais on ne pourrait procéder à la vente de meubles légués par un testament non enregistré (13).

6220. VIII. *Contrat de mariage.* Un notaire peut énoncer dans un contrat de mariage que la dot de la future consiste en billets non enregistrés, car cette mention est purement déclarative (14); mais il y a usage des titres, si le notaire annonce les avoir paraphés et remis au futur (15). La contravention existe aussi si le contrat relate une délibération non enregistrée par laquelle le conseil de famille a autorisé le mariage du mineur (16), ou lui a nommé un curateur *ad hoc* (17), ou s'il déclare que l'apport résulte d'un inventaire authentique non encore soumis à la formalité (18).

6221. IX. *Actes divers.* Il n'y a pas contravention quand une procuration est donnée pour céder un billet non enregistré (19), ou pour ratifier un acte passé devant un autre notaire (20) (ces solutions sont cependant très-contestables). Mais on ne pourrait sans contravention recevoir la ratification d'une vente non enregistrée (21), ni donner en nantissement des titres non soumis à la formalité (22).

6222. Un notaire n'encourt pas d'amende en insérant dans une quittance finale la déclaration des parties que les quittances partielles antérieurement délivrées par acte sous seing privé deviennent sans objet (23).

6223. X. *Vente.* Toute vente ou tout échange est censé fait en conséquence des actes sous seing privé non enregistrés, relatés dans la désignation de l'objet aliéné ou dans l'origine de la propriété. On l'a décidé notamment à propos de l'énonciation du bail relatif aux biens mis en adjudication (24), — du partage ou de la cession de droits successifs qui avait rendu le cédant propriétaire (25), — du plan

(1) Seine, 8 janv. 1835; Châtellerault, 22 janv. 1855; Rép. gén., 794; Rép. pér., 551.

(2) Cass., 10 mai 1821; Senlis, 26 déc. 1826; Châteaudun, 2 juill. 1846; J. N., 12748; R. G., 811, § 3.

(3) Strasbourg, 23 oct. 1817; Dél., 30 janv. 1819; J. N., 2890. Voir cependant D. M. F., 29 prair. an 8; R. G., 838, § 3.

(4 et 5) Déc. 4 frim. an 7; Sol. 26 mess. an 7; Circul. Rég., 1954; Cass., 8 mai 1826; J. N., 5725; R. C., 3449.

(6) Sol., 21 avril 1828; Metz, 13 fév. 1838; Trévoux, 26 fév. 1850; R. G., 811, § 3; Mâcon, 15 mai 1847; R. G. *loc. cit.*; Pau, 5 avril 1862; J. N., 7438, 10388, 17525; CONTRA, Evreux, 7 fév. 1829; Blois, 24 juin 1840; Aix, 22 août 1861; J. N., 7438, 10761, 18321.

(7) Strasbourg, 14 janv. 1864; Rép. pér., 1918; J. N. 17846.

(8) D. M. F., 14 juin 1808; R. G., 848; Inst., 390, § 16.

(9) Garnier, R. G., 780, § 3.

(10) Colmar, 12 juin 1826; Dél., 25 août 1826; R. G., 848, § 2. Voir D. M. F., 26 fév. 1824; J. N., 4618; Dict. not., *loc. cit.*, 817, 818.

(11) Sol., 22 janv. 1849; J. N., 13852, *Conf.*; J. N., 8730; D. N., *loc. cit.*, 842; Sol., 26 déc. 1865, R. P., 2239.

(12) D. M. F., 25 août 1809; J. N., 207; R. G., 13528.

(13) Sol., 3 mars 1836; R. G., 13547, § 3.

(14) Sol., 30 janv. 1833; Garnier, R. G., 792, § 3; Dél., 3 juill. 1851; R. P., 4480; Sol., 9 nov. 1860; R. P., 4480; Sol., 3 oct. 1865; R. P., 2238.

(15) Tulle, 9 janv. 1849; R. G., 806, § 5.

(16) Fontainebleau, 24 juill. 1839; J. N., 10603.

(17) Grenoble, 27 juill. 1836; J. N., 9520.

(18) D. M. F., 26 sept. 1823; R. G., 827, § 1.

(19) Sol., 27 janv. 1833; R. G., 774, § 3; CONTRA, Sol., 9 avril 1836; R. P., 4480.

(20) Sol., 8 sept. 1832; R. G., 774, § 10.

(21) Cass., 12 déc. 1808; R. G., 899; Chaumont, 1er août 1844, *id.*; Dalloz, 5207.

(22) Seine, 2 juill. 1856; R. P., 785; Cass. Bel., 29 juill. 1864; CONTRA, Sol., 4 août 1857, 28 juill. 1860; R. P., 4480.

(23) Seine, 24 juill. 1821; Délib., 16 fév. 1822; D. M. F., 5 juill. 1822; Sol., 3 avril 1835; R. G., 784, § 2.

(24) Lyon, 12 mars 1845; J. N., 12328; CONTRA, Grenoble, 27 juill. 1836; J. N., 9520.

(25) Vitré, 14 oct. 1827; Carcassonne, 19 déc. 1844; R. G., 785, § 6.

des biens à aliéner (1), — du devis des travaux communaux mis en adjudication (2), — du certificat d'imprimeur annonçant l'insertion de la vente dans les journaux (3), — de la quittance ou de la grosse quittancée constatant la libération du vendeur (4).

6224. L'amende est encore due dans le cas, par exemple, où le notaire met en vente des créances résultant de billets non enregistrés (5); mais elle n'est pas exigible pour la mention que le prix a été réglé en billets à ordre non soumis à la formalité de l'enregistrement (6).

6225. La déclaration de command, à cause de la brièveté du délai dans lequel elle doit être faite, échappe à l'application des art. 41 et 42 de la loi du 22 frim. an 7. Elle peut donc intervenir avant l'enregistrement de la vente (7).

6226. XI. *Acte refait.* Enfin, une convention ou obligation sous seing privé n'a pas besoin d'être préalablement enregistrée, pour être reproduite dans l'acte notarié qui a pour objet sa réalisation en un contrat authentique (8).

SECTION IV. — ACTES DE DÉPOT.

6227. Il est défendu aux notaires de recevoir aucun acte en dépôt sans en dresser acte, *supra* n° 468. Lorsque l'acte déposé n'est pas enregistré, ils doivent le soumettre à la formalité avec l'acte de dépôt; le tout à peine d'une amende de 10 fr. et de répondre personnellement du droit (*Lois 22 frim. an 7, art. 42, 43; 16 juin 1824, art. 10*).

6228. L'obligation de rédiger un acte de dépôt s'applique aux brevets que le notaire avait délivrés et qu'on lui rapporte (9), *supra* n° 463, ou à la remise qu'on lui fait de la double minute d'un acte passé devant un confrère (10).

6229. Les notaires ne sont pas tenus de rédiger un acte de dépôt pour les testaments olographes qui leur sont remis en vertu d'une ordonnance du président du tribunal (11), *supra* n° 2783, mais seulement pour ceux qu'on leur dépose sans l'intervention de la justice après le décès des testateurs (12). Du vivant de ceux-ci, les notaires sont même dispensés de tout acte de dépôt pour les testaments confiés à leur garde (*Loi 22 frim. an 7, art. 43*). Ceux qu'ils rédigeraient sur la demande expresse des parties devraient être enregistrés dans les délais ordinaires, mais sans le testament (13).

6230. Les notaires doivent déposer chaque année le double de leur répertoire au greffe du tribunal civil, *supra* n° 279; l'acte de dépôt rédigé par le greffier à cette occasion n'est sujet qu'aux droits de greffe (14).

6231. Le secrétaire de la chambre de discipline peut recevoir sans acte la remise des extraits qui sont déposés à la chambre en vertu des lois (15).

6232. Le notaire n'est pas astreint non plus à dresser un acte de dépôt pour les pièces qui lui sont confiées *à titre confidentiel.* On verra dans la section suivante le sens de ces expressions.

SECTION V. — COMMUNICATION.

6233. I. *Principe et mode de communication.* L'art. 34 de la loi du 22 frim. an 7 prescrit aux notaires de communiquer, sans déplacement (16), aux préposés de la Régie, les actes dont ils sont dépositaires, et de leur laisser prendre sans frais les copies nécessaires aux intérêts de l'État. Tout refus de communication est constaté par un procès-verbal de l'agent du Trésor dressé en présence du

(1) Dunkerque, 31 déc. 1862; R. P., 4767. Voir Cass., 2 août 1868; R. G., 774, § 9.
(2) Péronne, 8 juin 1842; J. N., 11527.
(3) Cass., 15 fév. 1814, 26 janv. 1831 ; J. N., 1436, 7361; Inst., 1370, § 2; R. G., 808, § 2; contra, Orléans, 10 août 1845 ; R. G., loc. cit.
(4) Reims, 3 juin 1845; R. G., 838; Mirecourt, 12 avril 1853 ; R. P., 35; Cass., 17 fév. 1858; R. P., 984 ; contra, Cass., 8 août 1845; J. N., 12482.
(5) Lyon, 12 mars 1845 ; J. N., 12328.
(6) Sol., 30 nov. 1825; J. N., 5622; Inst., 1187, § 13 ; R. G., 805, § 8.
(7) Cass., 16 mess. au 13 et 13 brum. an 14, 23 janv. 1809, J. N., 172, 245; D. M. F., 17 déc. 1835; R. G., 783, § 1; Sol., 19 déc. 1843;

J. N., 12772; Inst., 1755, § 2 ; Montmorillon, 24 juill. 1838; J. N., 10184; Toulouse, 2 mai 1839; J. N., 7834, 8493, 10495, 13049.
(8) Solut. 11 juill. 1835; Dalloz, 5247; R. G., 784, § 3.
(9) Cass., 20 juin 1837 ; J. P., t. 4, 1837, p. 609; Dél., 6 janv. 1837, Bernay, 21 août 1843; Quimper, 24 janv. 1843; J. N., 9567, 11646, 13338; R. G., 4591; contra, J. N., 9271, 9329.
(10) D. M. F., 19 juin 1840 ; J. N., 12816; Inst., 1767, § 4.
(11) Cass., 14 juill. 1823; R. G., 4619; Seine, 26 mai 1853; J. N., 14909; Cass., 17 déc. 1860, R. P., 1417; J. N., 16987; contra, D. M. F., 20 janv. 1852; R. C., loc. cit.; Inst., 1909; J. N., 14842.
(12) Mêmes autorités.
(13) D. M. F., 8 mars 1814 ; Cass., 14 juill. 1823; R. G., 4619.
(14) D. M. F. J., 24 et 30 juin 1842: Inst., 560; R. G., 4645.
(15) Inst., 1261, 1422, § 4 ; J. N., 6745, 6864, 6992; R. G., 4599.
(16) D. M. F., 1er fév. 1855 : Inst., 2027, § 3 ; R. P., 379.

maire ou d'un officier municipal, affirmé devant le juge de paix si le notaire n'en reconnaît pas l'exactitude, puis transmis au ministère public chargé de requérir la condamnation à 10 fr. d'amende (1).

6234. Si le maire ou l'officier municipal ne veut pas prêter son concours, ou si ces magistrats sont absents, le préposé passe outre en constatant ce refus ou cette absence (2). L'assistance du commissaire de police est d'ailleurs suffisante (3).

6235. Les minutes doivent être communiquées, à peine d'amende, dans le lieu où elles sont déposées (4). La demande des préposés ne peut avoir lieu les jours de repos, et les séances dans chaque autre jour ne sauraient durer plus de quatre heures (*Loi 22 frim. an 7, art. 54*).

6236. La loi n'a prévu que le refus de communication de l'officier public lui-même, et non pas celui du clerc qui tient l'étude en son absence (5).

6237. II. *Etendue du droit de communication*. A quels titres s'applique le droit de communication ? Tout le monde reconnaît que le notaire peut recevoir des dépôts confidentiels (6), et que ces dépôts échappent aux investigations de la Régie. Mais la jurisprudence est loin d'être fixée sur le point de savoir comment on distinguera ces actes des documents de l'étude.

6238. Il est clair que du vivant du notaire, le préposé ne peut demander communication que des actes dont le dépôt officiel résulte, ou de l'inscription au répertoire, ou de quelque autre preuve certaine. Seulement, quand l'étude est abandonnée par le décès ou l'absence du titulaire, la Régie intervient aux opérations de levée de scellés (7) et voit ainsi passer sous ses yeux tous les actes détenus par le notaire. Il semble que la communication doit se restreindre alors aux actes régulièrement déposés (8) ; néanmoins on a soutenu que ce sentiment se concilie difficilement avec l'art. 42 de la loi du 22 frim. an 7, .qui punit d'une amende le défaut de rédaction d'un acte de dépôt, et paraît supposer, par conséquent, l'existence possible en l'étude de titres remis officiellement au notaire (9).

6239. Jugé que le caractère public du dépôt doit être présumé jusqu'à preuve contraire (10), lorsque surtout les titres découverts se trouvent dans l'étude même ou avec des actes de l'étude (11), ou que la pièce est revêtue de notes ou suscriptions qui l'indiquent (12).

6240. Mais on doit reconnaître le caractère confidentiel à la remise faite au notaire qui inventorie les papiers de la succession (13).

6241. Si l'acte litigieux est décrit dans le procès-verbal de levée des scellés ou dans l'inventaire, sur la réquisition volontaire des parties, on doit reconnaître à sa remise le caractère public (14).

6242. Du reste, quand il s'élève des doutes, au moment de la levée des scellés, sur la nature d'un dépôt, c'est au juge à les trancher, sauf référé au tribunal de la part de la Régie ou des parties (15).

6243. Il a été enfin décidé qu'après le décès du notaire, les héritiers ont le droit souverain d'apprécier les actes qu'il faut communiquer au préposé de la Régie, et qui leur paraissent avoir été déposés officiellement en l'étude (16).

6244. Quant aux testaments, il n'est pas douteux que les préposés ne peuvent en avoir communication du vivant des testateurs. Mais on a décidé qu'ils ont le droit de provoquer l'ouverture judiciaire des testaments clos, afin d'assurer leur enregistrement lorsque les testateurs sont décédés depuis plus de trois mois (17).

(1) Garnier, R. G., 3216.
(2) Dél., 1er mai 1829; R. G., 3216.
(3) Rennes. 10 déc. 1844; R. G., 3245.
(4) Amiens, 11 août 1842 ; J. N., 11455; Dalloz, 5337; Garnier, R. G., 3218.
(5) Cass., 24 mars 1848; J. N., 13334; Inst., 1814, § 47; R. G., 3247.
(6) Cass., 4 août 1811 ; Rép. gén., 3210; 13 juin 1854 ; R. pér., 1934, § 3 ; Villefranche, 17 fév. 1837; Chartres, 14 juill. 1838; Levigan, 20 janv. 1842 ; Inst., 1249, § 2; J. N., 1125, 9633, 10148, 11374.
(7) Inst. 1554; Dalloz, 5329 ; Garnier, R. G., 3974.
(8) Douai, 29 déc. 1852, 10 déc. 1864 ; J. N., 17341 ; Rép. pér., 187 ; Mâcon, 11 fév. 1862; R. P., 4605; C. Metz, 27 mai 1864 ; J. N., 18024; R. P., 1938 ; Dinan, 2 déc. 1865 ; J. N., 18437.
(9) Voir Dissert. Garnier, R. pér., 1948.
(10) Rethel, 2 juill. 1858; R. P., 843; C. Poitiers, 4 mai 1858 ; R. P., 1082; Brioude, 7 fév. 1860 ; R. P., 1296; Ambert, 45 mars 1864 ; R. P., 1918.
(11) Rethel et Poitiers, *supra*; Béziers, 5 mai 1862; R. P., 1003.

Sarreguemines, 13 déc. 1850; R. G., 3230; contra, Mâcon, 11 janv. 1862, *supra*; Limoges, 17 mars 1864; R. P., 1919, § 5.
(12) Cass., 4 août 1811, *supra* ; C. Poitiers, 4 mai 1858, *supra*; Béziers, 5 mars 1862; R. P., 1653. Voir Dél., 18 déc. 1829; J. N., 7123 ; contra, Beauvais, 28 avril 1835; R. G., 3234.
(13) Metz, 2 mai 1857; J. N., 9673; Sol., 26 mars 1860; R. P., 1948; Dél., 3 mai 1826; R. gén., 4809; contra, 2 janv. 1835; J. N., 8753.
(14) Cass., 11 avril 1854; R. P., 64, 430; Cass., 1er juill. 1811; 16 mai 1815, 5 mars 1829 ; Inst., 1537, n° 201, 11 mars 1825; Inst., 1173, § 9; J. N., 5309; Avesnes, 31 juill. 1851; Montbéliard, 25 mai 1862; R. G., 3210, 3234.
(15) C. Metz, 5 oct. 1854; R. P., 7; Mâcon, 11 fév. 1862; Metz, 14 mai 1864; R. P., 1938. Comp. Cass., 11 avril 1851; R. P., 232; Avallon, 30 déc. 1862; J. N., 17384, 17632.
(16) C. Toulouse, 11 mai 1864; R. P., 1948.
(17) D. M. F., 27 fruct. an 6, 26 pluv. et 6 vent. an 7 ; Sol., 17 déc. 1830; R. G., 3209.

SECTION VI. — MENTION DE LA RELATION.

6245. Il est fait mention dans toutes les expéditions des actes publics qui doivent être enregistrés sur les minutes, de la quittance des droits, par une transcription entière et littérale de cette quittance. Pareille mention est faite dans les minutes des actes publics qui se font en vertu d'actes sous seing privé, ou passés en pays étranger, et qui sont soumis à l'enregistrement. Chaque contravention est punie par une amende de 10 fr. (réduite à 5 fr. par l'art. 10 de la loi du 16 juin 1824) (*Loi 22 frim. an 7, art. 44*).

6246. Dans le cas de fausse mention d'enregistrement, soit dans une minute, soit dans une expédition, le délinquant est poursuivi par la partie publique et condamné aux peines prononcées pour le faux. (*Loi 22 frim. an 7, art. 46*).

6247. L'art. 44 qui précède est spécial aux actes sous seing privé. Par conséquent, quand on agit en vertu d'un acte notarié ou, en général, d'un acte public, il n'est pas nécessaire de faire mention de la quittance des droits, ou même de dire que cet acte est enregistré (1).

6248. La transcription *littérale* et *entière* de la relation d'enregistrement n'est pas d'ailleurs strictement nécessaire. Il suffit que la mention soit assez développée pour que les employés puissent voir si l'acte a été enregistré et quels droits ont été perçus (2). Mais il y aurait contravention à indiquer seulement que « l'acte a été enregistré par le receveur *qui a perçu les droits* (3); » ou que l'acte a été enregistré *ainsi que l'ont déclaré les parties* (4).

6249. La transcription de la quittance n'est pas nécessaire pour l'acte sous seing privé annexé (5) ; ni même, selon quelques auteurs, pour l'acte sous seing privé déposé dans les minutes d'un notaire, parce qu'alors il acquiert le caractère public (6). Décidé cependant que le notaire qui, à la suite de l'expédition d'un acte, donne l'extrait d'une procuration sous seing privé annexée à la minute de cet acte sans transcrire la relation d'enregistrement du pouvoir, encourt l'amende (7).

6250. Dans le cas de fausse mention d'enregistrement, la minute de l'acte doit être enregistrée *pour mémoire* à la date courante (8).

SECTION VII. — RÉPERTOIRE.

6251. Indépendamment des obligations précédentes, les notaires sont encore assujettis à la tenue d'un répertoire destiné à l'inscription journalière des actes par eux reçus (*Loi 22 frim. an 7, art. 49*). Nous avons donné à cet égard les détails suffisants sous les nᵒˢ 252 à 282.

CHAPITRE SIXIÈME.

NATURE ET LIQUIDATION DES DROITS.

SOMMAIRE

---

(1) J. N., 756, 14469; Garnier, R. G., 856.
(2) Sol., 23 août 1830; D. M, F., 17 sept. 1830 : Dél., 19 avril 1833 ; J. N., 8074; R. G., 837.
(3) D., 24 mai 1808 ; Inst., 400, § 10.
(4) Pointe à Pitre, 21 août 1832; J. N., 14986; Vouziers, 10 mai 1855; R. P., 638.

(5) D. M. F., 17 sept. 1830; R. G., 838.
(6) J. N., 7771. *Comp.* Sol., 14 oct. 1835; Dalloz, 5263; R. G., 859.
(7) Sol., 1er déc. 1811; R. G., 802; R. P., 110.
(8) Inst., 263, 340 § 5, 1557 sect. 2, nᵒ 13; R. G., 866.

SECTION I. — DISPOSITIONS GÉNÉRALES.

6252. Les droits d'enregistrement se divisent en deux classes. Les uns sont *fixes*, c'est-à-dire qu'ils n'augmentent ni ne diminuent de quotité ; les autres sont *proportionnels* aux valeurs sur lesquelles ils sont assis (*Loi 22 frim. an 7, art. 2*).

6253. Le droit fixe s'applique aux actes qui ne contiennent ni obligation, ni libération, ni condamnations, ni collocations ou liquidations de sommes et valeurs, ni transmission de propriété, d'usufruit ou de jouissance de biens meubles ou immeubles (*Loi 22 frim. an 7, art. 3*).

6254. Le droit proportionnel est établi au contraire pour les obligations, libérations, condamnations, collocations ou liquidations de sommes et valeurs, et pour toute transmission de propriété, d'usufruit ou de jouissance de biens meubles ou immeubles, soit entre-vifs, soit par décès (*id., art. 4*).

6255. Le droit proportionnel étant gradué selon l'importance des valeurs, la loi a dû fixer les bases de leur estimation. Pour les contrats à titre onéreux, c'est sur la valeur vénale que s'établit la perception ; c'est sur le revenu pour les transmissions à titre gratuit. Par exception cependant le droit des échanges d'immeubles se perçoit d'après le revenu des biens ; et c'est la valeur vénale qui sert de base pour les mutations de meubles à titre gratuit.

6256. Un acte peut ne pas contenir les évaluations nécessaires pour régler la liquidation du droit proportionnel ; il peut aussi en renfermer de frauduleuses ou d'inexactes. Dans le second cas, la loi a pourvu à la répression par l'expertise et par des peines ou amendes. Ainsi, le droit en sus est exigible sur les actes enregistrés tardivement, sur la valeur des biens omis dans les déclarations ou sur les insuffisances d'estimations. Le demi-droit en sus se perçoit à l'occasion des successions non déclarées dans le délai. Le triple droit, enfin, est dû sur les contre-lettres contenant augmentation du prix stipulé dans un contrat.

SECTION II. — DE LA DÉCLARATION ESTIMATIVE.

6257. Quand l'acte ne détermine pas les sommes et valeurs sur lesquelles le droit proportionnel est exigible, les parties sont tenues d'y suppléer, avant l'enregistrement, par une déclaration estimative certifiée et signée au pied de l'acte. (*Loi 22 frim. an 7, art. 16*).

6258. Il faut que la déclaration soit signée par l'une des parties que la convention intéresse (1). La Régie n'admet pas que le notaire ait qualité pour la faire au nom de ses clients (2) ; il semble cependant qu'il trouve les pouvoirs nécessaires à cet effet dans son titre de mandataire forcé des parties pour l'enregistrement (3).

6259. Si l'acte contient une évaluation suffisante pour la liquidation du droit proportionnel, les

---

(1) Charleville, 30 déc. 1836 ; Rennes, 11 avril 1838 ; Vic, 23 août 1838 ; R. G., 4349, Voyez Cass., 7 juill. 1863 ; J. N., 17769.

(2) Les jugements cités à la note précédente.
(3) Garnier, R. G., 724 ; J. N., 10171 ; D. N. Voir *Décl.*, 16.

parties ne sauraient être admises à faire une déclaration inférieure (1), ni revenir sur une déclaration qu'elles prétendraient inexacte ou erronée (2). Cette déclaration peut être exigée d'ailleurs tant que la prescription du droit n'est pas acquise contre la Régie (3).

SECTION III. — DE L'EXPERTISE.

6260. I. *Principes généraux.* L'expertise est autorisée, en matière d'enregistrement, par les dispositions suivantes de la loi du 22 frim. an 7 :

« Art. 17. Si le prix énoncé dans un acte translatif de propriété ou d'usufruit de biens immeubles, à titre onéreux, paraît inférieur à leur valeur vénale à l'époque de l'aliénation, par comparaison avec les fonds voisins de même nature, la Régie peut requérir une expertise, pourvu qu'elle en fasse la demande dans l'année, à compter du jour de l'enregistrement du contrat.

» Art. 18. La demande en expertise est faite au tribunal civil du département (aujourd'hui de l'arrondissement) dans l'étendue duquel les biens sont situés..... En cas de refus par la partie de nommer son expert sur la sommation qui lui a été faite d'y satisfaire dans les trois jours, il lui en est nommé un d'office par le tribunal. Les experts, en cas de partage, appellent un tiers expert ; s'ils ne peuvent en convenir, le juge de paix du canton de la situation des biens y pourvoit..... Les frais de l'expertise sont à la charge de l'acquéreur, mais seulement lorsque l'estimation excède d'un huitième au moins le prix énoncé au contrat. L'acquéreur est tenu, dans tous les cas, d'acquitter le droit sur le supplément d'estimation, s'il y a une plus-value constatée par le rapport des experts.

» Art. 19. Il y a également lieu à requérir l'expertise des revenus des immeubles transmis en propriété ou usufruit, à tout autre titre qu'à titre onéreux, lorsque l'insuffisance dans l'évaluation ne peut être établie par actes qui puissent faire connaître le véritable revenu des biens (*Art. 3 de la loi du 27 ventôse an 9*). Dans tous les cas où les frais de l'expertise autorisée par les art. 17 et 19 de la loi du 22 frim. an 7 tombent à la charge du redevable, il y a lieu au double droit d'enregistrement sur le supplément de l'estimation. »

6261. II. *Transmission de meubles.* Les dispositions qui précèdent étant spéciales aux immeubles, l'insuffisance dans l'évaluation des objets mobiliers ne saurait être prouvée par voie d'expertise. Mais elle est suffisamment établie, pour la demande d'un supplément de droit, par des actes ou aveux émanés des parties : si on déclare, par exemple, cautionner toutes les dettes d'un individu estimées 20,000 fr. et que la Régie découvre des obligations notariées s'élevant à 30,000 fr. (4) ; — si on fait donation d'actions sociales évaluées à un certain chiffre alors que des documents émanés des contractants démontrent l'inexactitude de ce chiffre (5) ; — si dans une vente de meubles dont le prix est à fixer par expert, le prix déclaré est inférieur au résultat de l'expertise (6) ; — s'il résulte d'un partage ou d'une déclaration de succession que le prix d'une cession ou d'une donation de droits successifs mobiliers est inférieur à la valeur brute de cette part (7).

6262. III. *Transmission à titre onéreux d'immeubles.* L'expertise s'applique à toutes les transmissions d'immeubles à titre onéreux. On y peut recourir pour les licitations ou pour les partages avec soulte, quand la quotité de la soulte n'est pas connue, ou qu'une partie de cette soulte paraît avoir été déguisée (8).

6263. Il en est de même des cessions de droits successifs immobiliers, car ce sont de véritables ventes (9). La preuve que les dettes mises à la charge de l'acquéreur sont supérieures au chiffre déclaré ne dispenserait même pas d'y recourir (10).

6264. Dans les ventes d'immeubles faites moyennant une rente viagère, la perception s'établit sur le capital de la rente déclaré par les parties (11) ; et c'est d'après cette évaluation que la Régie provoque l'expertise.

(1) Cass., 26 nov. 1822; R. G., 4349 ; P. N., *loc. cit.*, 20.
(2) Nancy, 14 juin 1829 ; R. G., 6247 ; Havre, 16 janv. 1857 ; D. N., *loc. cit.*, 22 ; Cass., 30 août 1864 ; R. P., 1949.
(3) Cass., 29 mai 1863 ; J. N., 17739.
(4) Montreuil, 29 août 1848 ; R. G., 6208.
(5) Seine, 22 mars 1848 ; J. N., 13300. *Comp.* Cass., 10 fév. 1864 ; R. P., 1874.
(6) Cambrai, 26 fév. 1830 ; R. G., 6210

(7) Nantes, 14 août 1840 ; Seine, 22 juin 1842 ; R. G., 6216.
(8) Cass., 8 fév. 1843; Inst., 1537, n° 257; R. G., 6219.
(9) Cass., 15 juin 1847 ; Inst., 1795, § 5 ; R. G., 6220; Alby, 29 fév. 1864; R. P., 1926.
(10) Inst., 1180, § 2, 1210, § 10, 1537, n° 254. Voyez cependant Guéret, 18 juin 1855 ; R. P., 528; Seine, 22 juin 1842; R. G., 5113.
(11) Cass., 21 déc. 1829, 23 août 1836; Inst., 1307, § 13, 1528, § 19.

6265. Les ventes a réméré étant considérées par la loi fiscale comme de véritables transmissions à titre onéreux, il en résulte qu'elles sont soumises à l'expertise si le prix qu'elles énoncent paraît au-dessous de la valeur des biens (1). L'exercice du réméré ne fait même pas obstacle à la procédure (2).

6266. Mais l'action en expertise n'est pas admissible contre l'acquéreur dépossédé par une adjudication prononcée à la suite d'une surenchère ou d'une folle enchère, lors même que l'expertise aurait été intentée avant la surenchère ou la folle enchère (3), non plus que contre les adjudications prononcées à la barre du tribunal, bien que le prix soit inférieur à la valeur réelle de l'immeuble (4).

6267. L'expertise est, au contraire, permise lorsqu'il s'agit d'adjudications volontaires devant notaire (5).

6268. Lorsqu'une vente de meubles et d'immeubles est faite pour un seul prix, le droit est dû au taux immobilier sur ce prix (*Loi 22 frim. an 7, art. 9*). Mais si la Régie provoque l'expertise des immeubles, il n'est dû aucun supplément de droit quand l'évaluation n'excède pas le prix total de la vente. Les experts n'ont pas en effet le droit de rechercher la portion du prix applicable aux meubles, et les parties ne sont pas tenues davantage de faire cette ventilation (6).

6269. Les immeubles par destination doivent figurer dans l'expertise (7), aussi bien que les constructions existant sur le terrain, à moins qu'il ne soit prouvé qu'elles n'appartiennent pas au propriétaire du sol (8).

6270. S'il s'agit d'estimer la valeur vénale d'un usufruit, il ne faut pas prendre pour base le revenu multiplié par 10, mais opérer d'après les circonstances, telles que l'âge ou la santé de l'usufruitier (9). A l'égard de la nue propriété, on doit estimer la valeur vénale de la propriété entière, puis en déduire la valeur de l'usufruit fixée d'après les bases précédentes (10). Enfin, pour les ventes avec réserve d'usufruit, l'estimation doit porter sur la valeur de la nue propriété à laquelle on ajoute moitié (11).

6271. L'expertise peut être d'ailleurs provoquée au sujet de la perception du droit de transcription aussi bien que pour celle du droit d'enregistrement (12). Elle doit remonter à la date de la transmission, et on s'arrête pour cela à la date de l'acte authentique ou privé qui la constate (13).

6272. IV. *Transmission d'immeubles à titre gratuit ou par décès.* En matière de mutation entrevifs à titre gratuit ou par décès, on ne doit provoquer l'expertise, selon l'art. 19 de la loi du 22 frim. an 7, que si l'insuffisance ne peut être établie par des actes faisant connaître le véritable revenu des biens (14).

6273. Le document le plus important à cet effet est évidemment le bail courant au jour de la transmission. Il doit exclusivement servir de base à la perception (15), lors même que le prix en serait exagéré (16). Mais il faut que le bail soit écrit (17), par acte sous seing privé ou autrement (18); qu'il ne soit pas simulé (19); qu'il comprenne tous les biens (20), et que le prix en soit payable en

---

(1) Sol., 23 vend. an 9; Dél., 2 juill. 1807; Seine, 2 mars 1810, 9 janv. 1813; Cass., 5 nov. 1811; Inst., 1293, § 9, et 1537, § 249; Montmédy, 6 janv. 1842; R. G., 6224.
(2) Cass. Belg., 27 janv. 1839; Dall., 4717; R. G., 6224. *Comp.* Cass., 18 fév. 1829; Inst., 1282, § 11; R. G., 6225.
(3) Cass., 10 fév. 1852; J. N., 14398; Inst., 1920, § 5, 15 mars, 28 août 1854; R. P., 104 et 194; Inst., 2060, § 3; contra, Cass., 3 mai, 27 juin 1809, 7 juill. 1812; R. G., 1245; Dalloz, 2398, 2401, 2411, 4699; Pont, *Revue de jurisp.*, 1852, p. 408.
(4) Cass., 26 nov. 1850; Inst., 1883, § 3; 3 juill. 1835; R. P., 417. *Conf.*, Bagnères, 11 avril 1837; Limoux, 16 août 1841; Arras, 31 août 1842; Saint-Girons, 7 déc. 1849; J. N., 11221, 11329, 13089, 14218; contra, Verdun, 27 août 1841, Seine, 28 fév. 1844; Mantes, 29 mai 1846; R. G., 1211 bis.
(5) Cass., 3 juill. 1855; Inst., 2054, § 3; R. P., 417; Seine, 11 mars 1852; J. N., 14627; contra, Seine, 23 août 1853; R. P., 3.
(6) contra, Garnier, R. G., 6229. *Comp.* Cass., 21 oct. 1811; Inst., 1209, § 1, 1537, § 257; 15 juin 1847; Inst., 1795, § 5; R. G., 6229.
(7) Mantes, 29 mai 1846; R. G., 6234.
(8) Cass., 26 juin 1837, 15 et 22 avril 1840; J. N., 9700, 10662, 10571; Inst., 1650, § 1; R. G., 6234.
(9) Délib., 1er avril 1835; Cass., 24 janv. 1811; Inst., 1713, § 13; Charolles, 22 mars 1845; R. G., 6235.

(10) Cass., 24 janv. 1811, *supra*.
(11) Cass., 10 juill. 1810; Sol., 1er avril 1835; Seine, 28 avril 1841, 25 mai 1842; Inst., 1537, n° 256; R. G., 6237.
(12) Cass., 2 juin, 1863; R. P., 1806.
(13) Seine, 22 nov. 1838; R. G., 6243; Cass., 12 sept. 1810; Seine, 27 août 1840. Voir cependant Dalloz, 153; Garnier, Rép. gén., 5516, § 2.
(14) Cass., 3 mars 1840; R. G., 6246.
(15) Cass., 7 germ. an 12, 18 fév. 1807, 13 fév., 14 juin 1809, 23 mars 1812, 7 fév. 1821, 19 août 1829, 9 déc. 1835, 6 déc. 1836, 3 mars 1840, 17 fév. 1842, R. G., 6247. Voir pour les baux faits moyennant des prix différents par année, Seine, 11 juill. 1853, 13 juill. 1851; J. N., 15017, 17249.
(16) Avignon, 5 août 1830; Cass., 17 fév. 1852; J. N., 14838; Inst., 1920, § 1; Montpellier, 8 juill. 1850; Langres, 25 avril 1829; R. G., 6250.
(17) Cass., 30 mars 1808; R. G., 6251; Cass., 12 fév. 1835; Inst., 1499, § 2; R. G., 6252; Seine, 27 janv., 1866; R. P., 2212.
(18) Cass., 9 déc. 1835; Inst., 1513, § 3; R. G., 6253.
(19) Cass., 19 déc. 1835; J. N., 9145; Inst., 1513; R. G., 6255.
(20) Cass., 18 juill. 1821; Inst., 1537, n° 261; R. G., 6262 bis; Garnier, *loc. cit.*, 6263.

argent ou en denrées comprises dans les mercuriales (1). On ne pourrait pas, par exemple, invoquer un bail continué par tacite ▶réconduction (2), résilié ou expiré (3), non plus qu'un bail emphytéotique (4), ou un écrit qui ne contiendrait qu'une partie des conditions du bail (5).

6274. A défaut de bail courant, les juges peuvent adopter pour base de l'évaluation des biens *tous actes* qui en font connaître le revenu; les tribunaux ont un pouvoir discrétionnaire à cet égard. Ainsi, jugé que le revenu peut résulter d'une expertise antérieure à la mutation et portant sur les mêmes biens, soit qu'elle fût intervenue entre la Régie et les héritiers (6), soit qu'il y ait été procédé entre les héritiers eux-mêmes (7). Des décisions semblables ont été rendues à l'occasion de ventes ou de partages contemporains de la mutation (8).

6275. V. *Procédure et délais*. La Régie a seule le droit de provoquer l'expertise, à l'exclusion des parties (9). Elle doit former sa demande dans le délai d'un an à compter du jour de l'enregistrement du contrat, s'il s'agit d'une transmission à titre onéreux (10), et dans les deux ans à partir de la même époque s'il s'agit d'une mutation à titre gratuit (11).

6276. On avait pensé d'abord que pour appliquer l'un ou l'autre de ces délais, il fallait examiner la nature même de l'acte (12). Mais la jurisprudence a décidé que le délai dépend du mode de liquidation adopté pour la perception du droit ; en sorte que les seules mutations auxquelles se rapporte le délai d'un an sont celles qui comportent l'expression d'un prix, tandis que le délai est de deux ans pour toutes les transmissions dont la valeur est déterminée d'après le revenu. Il a été jugé, dans ce sens, que les donations onéreuses tombaient sous l'empire de la prescription biennale (13), de même que les échanges d'immeubles (14).

6277. *Pénalités*. Le droit en sus et les frais de l'expertise provoquée, en matière de *valeur vénale*, ne sont à la charge de la partie que si l'insuffisance excède d'un huitième le prix stipulé (*Lois 22 frim. an 7, art. 18, et 27 ventôse an 9 art. 5*). La jurisprudence décidait qu'en matière de revenu au contraire il suffit que l'évaluation soit supérieure au chiffre de la déclaration (15). Mais un arrêt récent de la Cour suprême semble vouloir assimiler les *donations* aux ventes pour reconnaître que ni le droit en sus ni les frais ne sont exigibles si l'insuffisance n'excède pas le huitième (16). Toutefois cette solution n'est pas acceptée par la Régie.

6278. Pour qu'il y ait lieu au droit en sus, il faut que l'insuffisance ait été découverte et légalement constatée par la Régie. L'acte par lequel les parties rectifieraient spontanément le prix ou l'estimation du revenu ne serait passible que du droit simple (17); mais il n'arrêterait ni l'expertise, ni l'exigibilité du droit en sus, s'il était rédigé après la demande de l'administration et pour en prévenir les suites (18).

6279. L'évaluation des experts doit d'ailleurs porter sur tous les produits de l'immeuble, par exemple sur les arbres épars ou en bordure dont la croissance annuelle forme un revenu véritable (19), ou sur le produit des minières existant dans une forêt (20); mais les experts jouissent de la plus grande latitude dans leurs appréciations, sauf le contrôle du tribunal (21).

---

(1) Cass., 14 juin 1809 ; R. G., 6265.
(2) Cass., 2 juin 1847, 19 nov. 1850; Inst., 1883, § 4; J. N., 13125, 14224.
(3) Cass., 3 juin 1810; Rouen, 17 déc. 1850; Cass., 7 fév. 1821 ; Inst., 1837, § 262; Seine, 18 avril 1842; Châteaudun, 11 août 1847 ; Lectoure, 22 août 1851 ; Cass., 19 août 1829 ; R. G., 6260, 6261.
(4) Cass., 17 nov. 1852; J. N., 14829; Inst., 1986, § 7.
(5) Cass., 12 fév. 1835; Inst., 1490, § 2.
(6) Cass., 18 janv. 1825, 1er déc. 1835 ; J. N., 9115; Inst., 1513, § 4.
(7) Le Havre, 11 janv. 1858; Seine, 21 août 1850; Lisieux, 16 nov. 1850; Cass., 26 fév. 1851 ; J. N., 14324 ; Inst., 1883, § 8; 18 janv., 1825; Dalloz, 4741 ; Garnier, R. G., 6277.
(8) Cass., 31 déc. 1823 ; Amiens, 17 janv. 1840 ; Seine, 30 août 1838 ; R. G., 6278 à 6283.
(9) Cass., 27 avril 1807, 1er avril et 19 août 1829, 10 août 1817 ; R. G., 6285; Blois, 25 juill. 1848 et 19 août 1851 ; Guéret, 18 juin 1855 ; R. G., *loc. cit.*, et Rép. pér., 528 ; Brives, 9 fév. 1860 ; R. P., 1314.
(10) Loi 22 frim. an 7, art. 17 ; Cass., 22 nov. 1808, 20 janv. 1847 ; Inst., 1537, § 269; R. G., 6292.
(11) Loi 22 frim. an 7, art. 61; Cass., 10 déc. 1806, 26 fév. 1812 ; Inst., 1537, n° 271.

(12) Uzès, 2 janv. 1838 ; Cass., 22 nov. 1808, 24 janv. 1817 ; Inst., 1537, § 269; Saint-Mihiel, 8 mai 1836 ; Castres, 30 août 1841 ; Auch., 28 déc. 1841 ; Toulouse, 7 juill. 1843 ; Castel-Sarrazin, 12 août 1842 ; J. N., 9354, 9874, 10025, 11131, 11431, 11490, 11785.
(13) Cass., 15 janv. 1846; Inst., 1743, § 12; 7 août 1844; Inst., 1732, § 18; 18 fév. 1845; R. G., 6295 ; J. N., 11887, 12038, 12309.
(14) Cass., 13 déc. 1809 ; Dél., 31 mars, 26 juin 1835 ; Cass., 7 juill. 1840 ; Inst., 1634, § 9 ; R. G., 6296; J. N., 8953, 10082.
(15) Cass., 20 mars 1839; J. N., 10247; Inst., 1590, § 8 ; Dél., 10 sept. 1841 ; Épernay, 31 mai 1845; R. G., 6302.
(16) Cass., 30 mars 1852; J. N., 14622; R. G., 6300; Angoulême, 7 mars 1864, R. P., 2039.
(17) Dél., 12 déc. 1843, 20 mars 1835; R. G., 6308; Limoges, 3 mars 1836 ; J. N., 9488, 11880; Sol., 24 déc. 1863 ; R. P., 1919, § 1.
(18) Cass., 4 déc. 1821 ; Saint-Mihiel, 18 juill. 1838 ; Pamiers, 22 mars 1847 ; Saint-Dié, 16 janv. 1833; Mirecourt, 14 janv. 1842; Garnier, R. G., 6311 ; Dalloz, 4778.
(19) Cass., 24 juill. 1850 ; Hazebrouck, 31 août 1861 ; J. N., 10897, 17276 ; Cass. 24 juin 1864 ; R. P., 1936.
(20) Briex, 15 avril 1864 ; R. P., 2005.
(21) Cass., 25 août 1862 ; J. N., 17537.

CHAPITRE SEPTIÈME.

DE L'EXIGIBILITÉ.

SOMMAIRE

SECTION I. — ACTES A ENREGISTRER GRATIS OU EN DÉBET.

6280. Nous avons indiqué, dans le chapitre précédent, la nature des droits et les bases de leur liquidation. Nous arrivons maintenant aux règles de l'exigibilité, c'est-à-dire à l'application du tarif à chaque disposition des actes ou des contrats.

6281. I. *Actes concernant le trésor public.* Mais d'abord il y a un certain nombre d'actes qui doivent recevoir la formalité sans acquitter aucun impôt. Ce sont, en premier lieu, ceux dont les droits tomberaient à la charge du trésor : par exemple, les quittances notariées délivrées à l'Etat par ses créanciers illettrés (1); les acquisitions faites par l'Etat, les partages de biens entre lui et les particuliers, et autres actes passés à cette occasion (*Loi 22 frim. an 7, art. 70, § 2, n° 1*) (2); les acquisitions pour le compte du domaine militaire (3), — pour l'établissement des bureaux de douanes (4), — ou pour la Légion d'honneur (5); — les échanges passés entre l'Etat et les particuliers, sauf quand il y a une soulte payable au trésor (6); — les baux d'immeubles dont le prix est à la charge de l'Etat (7); — enfin les actes de notoriété à produire pour la liquidation de l'indemnité due aux colons par suite de l'affranchissement des esclaves (*Loi 30 avril 1840, art. 10*).

6282. II. *Expropriation pour cause d'utilité publique.* Il faut, en second lieu, enregistrer gratis : « les plans, procès-verbaux, certificats, significations, jugements, contrats, quittances et autres actes faits en vertu de la loi sur l'expropriation pour cause d'utilité publique » (*Loi 5 mai 1841, art. 58*).

6283. Comme l'expropriation publique résulte 1° du décret autorisant les travaux; 2° de l'arrêté préfectoral désignant, à défaut de la loi, les localités où les travaux auront lieu, et 3° d'un second arrêté déterminant les propriétés particulières à employer, il en résulte que les acquisitions antérieures à ce

---

(1) D. M. F., 27 avril 1858; R. P., 1030 ; Inst., 2123, § 2.
(2) Inst. Rég., 21 pluv. an 12, 262; D. M. F., 17 mai 1808; Inst., 390, § 3.
(3) Ord., 1ᵉʳ août 1821; Inst., 998.
(4) D. M. F., 13 janv. 1807.

(5) Circ., 11 sept. 1807.
(6) Ord., 12 fév. 1827; Inst., 1233.
(7) D. M. F., 24 juin 1814, 5 déc. 1821, 17 sept. 1823, 13 août 1829 ; Inst., 1425, § 3.

dernier arrêté ne sont pas faites en vertu de l'expropriation et ne profitent pas de l'exemption du droit (1). Si l'acquisition porte sur un immeuble dont une partie seule est soumise à l'expropriation, le contrat doit profiter en cette partie seulement de la gratuité (2) ; il est soumis aux droits ordinaires pour le surplus (3). Quand la compagnie pouvait être contrainte d'acheter la totalité de l'immeuble dont une portion seule est nécessaire aux travaux, l'exemption s'applique entièrement, quoique le propriétaire ait laissé passer le délai pour faire sa réquisition (4).

6284. L'art. 58 de la loi de 1841 parle en général de tous les actes faits en vertu de l'expropriation. Il s'applique notamment aux échanges (5), lors même qu'il y aurait une soulte (6) ; — aux certificats de propriété (7) ; — aux transactions passées avec les fermiers des terrains (8) ; — aux quittances données par le cessionnaire du vendeur (9) ; — et aux remplois de biens dotaux expropriés (10). La Régie a enseigné, sur ce dernier point, que la gratuité ne devait être étendue ni aux remplois volontaires ni aux remplois faits en dehors de la dotalité ; mais cette opinion est combattue par plusieurs auteurs qui appliquent l'exemption à tous les remplois faits au profit d'incapables (11). En tous cas, une fois le remploi consommé, les échanges ultérieurs doivent acquitter les droits ordinaires (12).

6285. Mais il a été reconnu que le droit était exigible : sur les procurations données par les propriétaires expropriés pour vendre et toucher le prix (13), sur les actes de mainlevée des inscriptions grevant les biens soumis à l'expropriation (14), sur les actes de notoriété établissant le droit des expropriés à l'indemnité de dépossession (15), et sur les remplois légaux n'indiquant pas l'origine des deniers qui ont servi à l'acquisition (16).

6286. L'exemption des droits s'applique non-seulement aux actes faits par l'administration elle-même, mais encore à ceux faits par les concessionnaires des travaux (17), à moins qu'il ne s'agisse du marché même de subrogation passé entre l'administration et le concessionnaire (18). Jugé de même que si une ville, en subrogeant un entrepreneur dans son droit d'expropriation, lui abandonne des terrains dont elle avait déjà fait l'acquisition et qui doivent demeurer en dehors du tracé de la rue projetée, le droit proportionnel est exigible (19).

6287. Les acquisitions faites par les communes ou les départements sont soumises aux règles de la loi de 1841 ; d'où il suit que si les formalités ordinaires n'ont pas été suivies, le droit proportionnel est exigible (20).

6288. III. *Alignements.* En matière d'alignement, la déclaration d'utilité publique résulte de faits différents, selon qu'il s'agit de maisons à démolir volontairement pour cause de vétusté, ou bien de maisons que la vétusté n'oblige pas d'abattre, mais que le propriétaire veut cependant céder à la ville. Dans le premier cas, il suffit, pour la gratuité, que l'immeuble soit compris dans le plan d'alignement arrêté en conseil d'Etat (21). Dans le second, l'acquisition doit être autorisée par une ordonnance spéciale (22). Mais la dispense du droit a lieu sans réserve à l'égard des acquisitions qui ont pour objet l'élargissement ou le redressement des rues de Paris ou des villes qui lui sont assimilées (*Décret 26 mars 1852, art. 9*).

6289. Tous actes relatifs à la cession, amiable ou forcée, des terrains nécessaires à la construction ou à l'élargissement des chemins vicinaux, et désignés à ce titre dans un arrêté préfectoral, doivent être

(1) D. M. F., 17 août 1838 ; Inst., 1571 : Dél., 28 avril 1843 ; Inst., 1660; R. G., 6456, sauf cependant restitution en certains cas. Voir *infra.*

(2) Cass., 18 juill. 1849 ; J. N., 13840.

(3) Cass., 13 nov. 1848 ; Inst., 1837, § 10 ; Cass., 18 juill. 1849, *supra*; Dél., 12 sept. 1837 ; Av. com. fin., 13 oct. 1837 ; Inst., 1571 ; Rouen, 1er déc. 1846., R. G., 6459.

(4) Cass., 25 août 1851 ; J. N., 14436 ; Inst., 1900, § 5 ; Seine, 15 nov. 1849 ; J. N., 13914, 14436 ; Cabantous, Rép. pér., 1576.

(5) Dalloz, 3323; J. N., 9769; Garnier, R. G., 6465.

(6) Dalloz, 3323 ; Cabantous, Rép. pér., 1590.

(7) J. N., 5169; Garnier, R. G., 6472.

(8) Inst. 1513, § 2; Rép. gén., 6469, § 1.

(9) Garnier, Rép. gén., 6473.

(10) Cass., 10 déc. 1845; Inst., 1832 ; Cass., 8 déc. 1847 et 24 mai 1848 ; J. N., 13210, 13408, 13886; Inst., 1832 ; R. G., 6474 ; D. M. F., 11 déc. 1856; Inst., 2088, § 4; R. P., 790.

(11) Dalloz, 3328 ; Garnier, *loc. cit.*, Cabantous, Rép. pér., 1587 ; *Cons.* Seine, 9 juill. 1856 ; R. P., 717.

(12) Seine, 30 janv., 1864 ; R. P., 4875 ; Cass., 10 mai 1865 ; R. P., 2112; J. N., 18279.

(13) Cass., 18 août 1863 ; R. pér., 4840 ; J. N., 17863 ; D. M. F., 20 janv. 1835 ; J. N., 9159 ; Inst., 1539, § 3; contra, Garnier, R. G., 6472; Gillon, *De l'exp.*, 176 ; Dalloz, *Enreg.*, 3324 ; Jousselin, Delaleau, II, 961; Cabantous, Rép. pér., 1556.

(14) Dél., 13 avril 1812 ; Castres, 20 août 1842 ; R. G., 6171 ; contra Dalloz, 3325; Garnier, 6471.

(15) D. M. F., 20 janv. 1835; Inst., 1539, § 4 ; R. G., 2532.

(16) Cass., 14 juin 1864 ; R. P., 1908.

(17) Inst., 1448 ; D. M. F., 20 mars 1843 ; J. N., 11640.

(18) Cass., 17 juin 1857 ; R. P., 881; Seine, 1er juill. 1864 ; R. P., 1938 ; J. N., 18450. Voir Cass., 12 nov. 1838 ; J. N., 10189.

(19) Cass., 27 nov. 1865 ; R. P., 2199 ; J. N., 18444.

(20) D. M. F., 21 mai 1835, 15 déc. 1835; Inst., 1485, 1502; Joigny, 26 août 1839 ; Cass., 31 mars 1856, R. P., 630; Cass., 23 août 1841 ; Inst., 1668, § 4 ; Rép. G., 6478; Cass., 30 janv., 1854 ; J. N., 15466.

(21-22) Cass., 19 juin 1844 ; Inst., 1720, § 2, 6 mars 1848, 31 janv., 1849 ; J. N., 12132, 12331, 13619, 31 mars 1856 ; Rép., pér., 663 ; Rép. gén., 6487. Voir Nantes, 13 juill. 1855 ; R. P., 500.

également enregistrés gratis, conformément à l'art. 58 de la loi du 3 mai 1841 (1); cette faveur ne s'applique ni aux marchés ni aux adjudications de travaux (2).

6290. IV. *Indigents.* L'exemption d'impôt est accordée de même aux actes de notoriété rédigés à la requête du ministère public pour rectifier, sur les registres de l'état civil, des actes relatifs aux indigents (*Loi 25 mars 1817, art. 75*); aux actes de cette nature et à ceux de consentement ayant trait au mariage des indigents, aux actes de reconnaissance de leurs enfants naturels, et au retrait de ces enfants déposés dans les hospices, à la condition toutefois que l'indigence sera constatée et que les actes porteront la mention du but pour lequel ils sont délivrés (*Loi 10 déc. 1850, art. 4*). La contravention à ces dispositions est punie d'une amende de 20 fr. (*même loi, art. 7*).

6291. Les actes respectueux ne sont pas compris, selon la Régie, au nombre des pièces à enregistrer gratis (3).

6292. V. *Caisse des consignations.* Les actes, portant purement et simplement quittance et décharge de la part des parties prenantes au profit de la caisse des dépôts et consignations, doivent être enregistrés gratis (4), encore bien qu'elles émanent des créanciers ou des héritiers des déposants (5). Elles seraient soumises aux droits si elles contenaient des stipulations particulières étrangères à la caisse, telles, par exemple, qu'une mainlevée d'inscription (6).

6293. VI. *Actes à enregistrer en débet.* Quand un indigent a été admis à l'assistance judiciaire, il peut réclamer l'enregistrement en débet de tous les actes et titres produits pour justifier de ses droits et qualités (*Loi 22 janv. 1851, art. 14*). Cette disposition s'applique aux actes notariés comme aux autres, et non-seulement à ceux qui sont passés pour établir les droits de l'indigent, mais encore à ceux qui sont la suite ou l'exécution de l'assistance. Tels sont, par exemple, les procès-verbaux de vente de meubles qui ont lieu pour l'exécution d'un jugement par défaut non définitif (7), et les actes de liquidation des reprises de la femme séparée de biens, avec cette réserve toutefois que l'enregistrement en débet n'est pas accordé en cas de séparation de corps (8).

SECTION II. — PRINCIPES GÉNÉRAUX DE LA PERCEPTION.

6294. Il serait impossible de résumer ici sous la forme d'axiomes généraux les règles qui gouvernent la perception des droits fixes ou proportionnels d'enregistrement. Cette matière se rattache à la législation civile par tant de points, qu'elle subit presque toujours l'influence des principes du droit commun sur la nature des actes ou des contrats, sur les modalités qui les accompagnent et les effets qu'ils produisent. Elle présente cependant quelques règles spéciales qu'il faut connaître avant d'entrer dans les détails de l'application du tarif.

6295. Ainsi, c'est un principe constant que la validité ou l'invalidité des actes est indifférente pour la perception des droits. Les préposés ne sont pas juges de ces questions, et ils sont autorisés à établir leurs perceptions sans se préoccuper des causes de nullité (9).

6296. La Régie a le droit et le devoir de rechercher le véritable caractère des conventions (10). Ce caractère se détermine moins par les formes extérieures, et les qualifications qui leur ont été données, que par les stipulations réelles des parties et la nature des choses qui en font l'objet (11).

6297. Il n'est pas permis de dissimuler un contrat pour frauder le trésor, mais il est permis de choisir entre deux contrats celui qui donne le droit moindre (12); par exemple, de renoncer à une succession pour ne pas payer l'impôt de mutation par décès (13), ou de présenter un cautionnement sous la forme d'une obligation solidaire.

6298. En matière fiscale, on ne peut étendre d'un cas à l'autre par voie d'induction ou d'analogie

---

(1-2) Inst., 1768; J. N., 12889; R. G., 2692.
(3) Inst., 1876: Avignon, 15 déc. 1859; R. P., 1763; J. N., 17722; CONTRA, Garnier, 7232 ; J. N., 14362.
(4) D. M. F., 4 août 1836; J. N., 9339; Inst., 1519; R. G., 2335.
(5) D. M. F., 14 août 1843; J. N., 12049; Inst., 1712; R. G., 2335.
(6) Saint-Gaudens. 14 août 1845 ; Versailles, 8 juin 1847; Châteaudun, 22 mars 1850; R. G., 2335.
(7) Inst. 1971; R. G., 1052, § 6.
(8) D. M. F., 11 oct. et 23 nov. 1855; R. P., 618; Inst., 2062, § 2.
(9) Cass., 3 vent. an 8, 24 juin 1806, 24 août 1841, 9 fév. 1844,

12 fév. 1822, 21 déc. 1831, 26 avril 1836; J. N., 1408, 1770, 4169, 7644, 9242, 17783; D. N., *Enreg.* 69 ;Garnier, R. G., 8993.
(10) Cass., 24 mars 1855; J. N., 15499; Loi du 28 avril 1816, art. 54.
(11) Cass., 9 mai 1831, 20 mai 1839, 22 août 1842, 17 janv. 1844, 26 janv. et 12 mai 1847, 5 et 6 mars 1855; D. N., *Enreg.*, 79.
(12) Dumoulin, *Cout. de Paris*, art. 33 gl. 1 ; d'Argentré, *Cout. de Bret.*, art. 77 ; Championnière, 97 ; D. N., *Enreg.*, n° 84.
(13) Cass., 2 mai 1849 et 24 avril 1854 ; J. N., 13782, 15238.

la disposition de la loi ; d'où il suit que le droit proportionnel n'est pas dû sur une stipulation si elle a été omise dans le tarif (1). Tels sont notamment les transferts d'hypothèques (2) ; les ventes de nue propriété dont l'usufruit appartient à un tiers, pour lesquelles le prix ne s'augmente pas de moitié, en l'absence d'un texte précis (3).

6299. Une même disposition ne peut donner ouverture qu'à un seul droit ; et si un acte renferme deux clauses dont l'une est l'accessoire de l'autre, c'est sur la stipulation principale que la perception doit s'établir (4).

6300. Lorsque dans un acte quelconque il y a plusieurs dispositions indépendantes, ou ne dérivant pas nécessairement les unes des autres, il est dû pour chacune d'elles, et selon son espèce, un droit particulier (*Loi 22 frim. an 7, art. 11*).

6301. Tous les actes civils soumis à l'enregistrement et qui ne sont pas spécialement tarifés doivent acquitter le droit fixe de 2 fr. (*Lois 22 frim. an 7, art. 68, § 1, n° 51 ; 18 mai 1850, art. 8*).

6302. Les droits d'enregistrement sont actuellement soumis à des taxes supplémentaires connues sous le nom de décimes. Le premier, créé par la loi du 6 prairial an 7, n'a jamais cessé de se percevoir. Le second a été établi par la loi du 8 juin 1864 ; mais il est seulement du vingtième des droits principaux. Ce demi-décime a même été supprimé par l'art. 3 de la loi du 28 juin 1866, à partir du 1er janvier 1867, sur les baux et échanges de biens immeubles, les obligations et libérations hypothécaires et les actes énumérés au paragraphe 7, n°s 1, 3, 4, 5 et 6 de l'art. 69 de la loi du 22 frim. an 7, c'est-à-dire sur : les adjudications, ventes, reventes, cessions, rétrocessions et tous autres actes civils et judiciaires translatifs de propriété ou d'usufruit de biens immeubles à titre onéreux (§ 1) ; — les déclarations ou élections de command ou d'ami par suite d'adjudications ou de contrats de vente de biens immeubles autres que celles des domaines nationaux, si la déclaration est faite après les vingt-quatre heures de l'adjudication ou du contrat, ou lorsque la faculté d'élire command n'y a pas été réservée (§ 3) ; — les parts et portions indivises de biens immeubles acquises par licitations (§ 4) ; — les retours d'échanges et de partages de biens immeubles (§ 5) ; — les retraits exercés après l'expiration des délais convenus par les contrats de vente sous faculté de réméré (§ 6).

Le même art. 3 maintient la perception du demi-décime sur tous les autres droits et produits dont le recouvrement est confié à l'administration ; d'où il suit qu'il doit continuer à être perçu sur tous les actes constitutifs et translatifs de propriété, d'usufruit et de jouissance de biens meubles, sur les actes sujets aux droits fixes, sur les obligations et libérations non hypothécaires, etc., etc., et même sur toutes les transmissions entre-vifs à titre gratuit ou par décès de propriété, d'usufruit ou de jouissance de biens immeubles.

6303. Ces considérations exposées, nous arrivons au détail des actes sujets au droit fixe.

CHAPITRE HUITIÈME.

DES DROITS FIXES.

SOMMAIRE

(1) Championnière, n° 31 ; D. N., *Enreg.*, 77.
(2) Inst., 386, § 11 ; Dalloz, 1744 ; Champ., 1258 ; Garnier, R. G., 1327.
(3) Cass., 11 déc. 1820, 18 janv. 1822, 20 mars et 26 déc. 1826, 3 janv. 1827 ; J. N., 5736, 6024, 6082.
(4) Cass., 6 janv. 1834, 13 déc. 1853 ; J. N., 8319, 15128.

IV.

Acte imparfait, 6537.
Cahier des charges, 6538.
Exemples divers, 6539.

Chemins vicinaux, 6540 à 6542.
Marchés concernant l'État, 6543 à 6545.

SECTION I. — ABANDONNEMENT.

6304. On appelle ainsi l'acte par lequel un débiteur cède tous ses biens à ses créanciers quand il se trouve hors d'état de payer ses dettes. Ce contrat, ne conférant pas la propriété des biens aux créanciers, n'est tarifé qu'au droit fixe de 5 fr. (*Loi 22 frim. an 7, art. 68, § 1, n° 1*). Le même tarif s'applique à l'abandon de biens fait par l'héritier bénéficiaire.

6305. De ce que le débiteur conserve sa propriété il résulte : 1° qu'il n'a pas de droit de mutation à payer s'il se rend adjudicataire des biens vendus en direction (1); 2° que ses héritiers doivent au contraire acquitter l'impôt des successions quand il meurt avant la vente (2).

6306. L'abandonnement ayant pour résultat nécessaire de libérer le débiteur, aucun droit de quittance n'est exigible (3). On ne doit pas percevoir non plus le droit de reconnaissance de dette sur les déclarations passives émanées du débiteur (4).

6307. Si le contrat attribuait aux créanciers la propriété des biens, il s'opérerait une dation en payement passible du droit proportionnel (5).

6308. Lorsqu'à l'acte d'abandonnement se joint une *union* des créanciers, cette disposition est indépendante de l'autre et motive la perception particulière d'un droit de 3 fr. (6).

SECTION II. — ACCEPTATION.

6309. Les acceptations pures et simples de communauté, legs ou succession, faites par acte civil, sont sujettes au droit fixe de 2 fr. (*Loi 22 frim. an 7, art. 68, § 1, n° 2, et 18 mai 1850, art. 8*), et au droit de 3 fr. si elles sont faites au greffe (*Loi 28 avril 1816, art. 44, 10*). Il est dû un droit particulier pour chaque acceptant majeur ou mineur (7) et pour chaque succession acceptée. Ces dispositions ne s'appliquent pas aux acceptations tacites résultant d'actes qui supposent nécessairement l'intention d'accepter (8).

6310. Sont aussi tarifées à 2 fr. les acceptations de transport ou délégation de créances à terme, faites par acte séparé, lorsque le droit proportionnel a été acquitté pour le transport ou la délégation, et celles qui se font dans les actes mêmes de délégation de créances à terme (*Loi de frim.; 68, § 1, n° 3; Loi de 1850, art. 8*).

6311. L'acceptation tarifée dans le transport est celle du débiteur cédé. Si elle a lieu par l'acte même de cession, elle n'est passible d'aucun droit (9).

6312. En matière de délégation, le droit est dû, que l'acceptation soit contenue dans le contrat même ou fasse l'objet d'un acte séparé. Mais de quelle acceptation s'agit-il? La délégation intervient entre le délégant, d'une part, et le créancier délégataire ou le débiteur délégué de l'autre; si le délégant ne contracte qu'avec l'un, il est certain que l'acquiescement postérieur de l'autre, quel qu'il soit, donne lieu au droit de 2 fr.; s'il contracte avec les deux, il semble que la convention se forme principalement avec le créancier délégataire, et que c'est l'acceptation du débiteur délégué qui motive la perception du droit fixe (10). Cependant il a été décidé que ce droit était exigible pour l'acceptation du créancier délégataire, et qu'il en était dû autant qu'il y avait de créanciers intervenant dans l'acte (11); dans tous les cas, il ne saurait être dû un droit particulier du chef du créancier et du débiteur (12).

---

(1) Dél., 14 nov. 1834; Dalloz, 794; Garnier, R. G., 7; D. N., *Aband.*, 42.
(2) Cass., 27 juin 1809; Grenoble, 31 août 1840; R. G., 7; D. N., *loc. cit.*, 43.
(3) Seine, 8 juin 1855; Cass., 15 avril 1857; R. P., 553, 844.
(4) J. N., 2515; D. M. F., 7 juin 1808; Inst., 386, § 8; Garnier, R. G., 11.
(5) D. N., *loc. cit.*, 46; Cass., 3 janv. 1820; J. N., 3475; Dél., 28 juin 1826; R. G., 10, § 3; Seine, 8 juin 1855; R. P., 553.
(6) D. N., *loc. cit.*, 37; Seine, 7 mai 1840; R. G., 20.

(7) Sol., 30 nov. 1829; R. G., 10718, § 1.
(8) R. G., 124; D. N., *Accept. de succ.*, 116.
(9) Lyon, 25 fév. 1858; R. P., 1028; Rambouillet, 17 fév. 1860; J. N., 17015; Lyon, 2 mars 1860; R. P., 1312; Inst., 2187, § 6; contra, Dalloz, 1760; Garnier, R. G., 128.
(10) D. N., *Délég.*, 85; Champ., 1173.
(11) Inst., 1270; Cass., 27 fév. 1839; Nantes, 10 nov. 1840; R. G., 130; Cass., 24 avril 1854; R. P., 71; D. N., *loc. cit.*, 89; Sol., 4 mars 1864; R. P., 1900; J. N., 13357, 18002.
(12) Sol., 4 mars 1864; R. P., 1900; contra, Garnier, R. G., 130.

SECTION III. — ACQUIESCEMENT.

6313. Les acquiescements purs et simples, et ceux faits en justice, donnent lieu au droit de 2 fr. (*Loi de frim., art. 68, § 1, n° 4, et § 2, n° 7, et 28 avril 1816, art. 45, n° 1*).

6314. Si l'acte émane de plusieurs personnes, il n'est dû qu'un seul droit pour tous les individus ayant un intérêt commun. On range dans cette catégorie les copropriétaires d'immeubles indivis, qui acquiescent au partage fait par des arbitres en vertu d'un compromis (1) ; — les riverains qui acceptent le procès-verbal d'arpentage et de bornage de leurs immeubles (2) ; — les cohéritiers acceptants qui acquiescent à l'exécution d'un testament (3) ; — les ouvriers qui adhèrent collectivement à un traité ayant pour objet de fixer avec des entrepreneurs le prix de leurs journées (4).

SECTION IV. — ACTES DE COMMERCE.

6315. La loi du 11 juin 1859 soumet au droit fixe de 2 fr. les marchés et traités réputés actes de commerce par les art. 632, 633 et 634, § 1 du C. de comm., quand ils sont faits sous seing privé et ont pour objet des cessions de meubles à titre onéreux. Cette disposition ne s'applique donc pas aux actes notariés, ces actes devant être nécessairement enregistrés, les parties n'ont aucune surprise à craindre de la perception (5).

SECTION V. — ACTES DE COMPLÉMENT.

6316. Sont tarifés au droit de 2 fr. les actes qui ne contiennent que l'exécution, le complément ou la consommation d'actes antérieurs enregistrés (*Loi 22 frim. an 7, art. 68, § 1, n° 6 ; 18 mai 1850, art. 8*).

6317. Il faut considérer comme tels : 1° la déclaration d'un donateur qu'il entend attribuer sa libéralité antérieure au donataire à titre de précicut et, par conséquent, avec dispense de rapport (6), mais le droit de donation serait dû si cette dispense de rapport émanait des héritiers du donateur après le décès de celui-ci (7) ; 2° l'acte par lequel un donateur, qui s'est réservé de remplacer les biens donnés par d'autres immeubles, effectue ce remplacement (8) ; 3° le payement, par des acquéreurs judiciairement évincés, de la somme moyennant laquelle le tribunal leur a réservé la faculté de demeurer en possession (9) ; 4° le supplément de garantie fourni par la caution ou par l'obligé principal (10) ; 5° les adhésions aux actes de sociétés reçues en vertu d'une clause du contrat originaire, ou à une cession de biens, quel que soit le nombre des adhérents (11) ; 6° la reconnaissance du mari, dans un acte de liquidation, d'avoir reçu les valeurs donnant lieu aux reprises de sa femme (12), ou en général l'aveu du mandataire de devoir un reliquat de compte résultant d'un pouvoir enregistré ou d'un mandat légal dispensé de l'enregistrement (13) : 7° la mainlevée d'inscriptions donnée dans un ordre par les créanciers non utilement colloqués (14) ; 8° les emprunts faits à des créanciers auxquels on remet comme titre du prêt des obligations ou actions négociables sujettes au droit de timbre selon la loi du 5 juin 1850 (15) ; 9° le partage supplémentaire des fruits échus pendant l'instance en homologation d'un partage antérieur (16).

SECTION VI. — ACTE DE NOTORIÉTÉ.

6318. Les actes de notoriété sont tarifés à 2 fr. (*Lois 22 frim. an 7, art. 68, § 1, n° 5, et 28 avril 1816, art. 43, n° 2*).

6319. On ne considère pas comme un acte de notoriété l'attestation que le notaire se fait donner sur le nom, l'état et la demeure des comparants qu'il ne connaît pas, *supra n°ˢ 343 à 349* ; elle fait partie intégrante de l'acte et ne donne pas lieu au droit (17) ; mais le droit est dû, si outre cette attestation, et sur la demande des parties, les témoins déclarent qu'elles sont héritières de tel ou tel individu (18).

(1) J. N., 8847 ; D. N., v° *Acq.*, 100.
(2) Laon, 11 déc. 1834 ; Amiens, 15 juin 1837 ; Dél., 27 juin 1835 et 4 août 1837 ; J. N., 6782, 9537, 9578 ; D. N., *loc. cit.*, 101 ; CONTRA, Garnier, R. G., 185.
(3) Dél., 10 août, 1822 ; R. G., 185, § 2.
(4) Dél., 23 déc. 1845 ; J. N., 12604.
(5) Sol., 20 juill. 1860 ; R. P., 1869.
(6) Sol., 19 sept. 1825 ; R. G., 345 ; 31 oct. 1831, R. G., 346 ; Dél., 13 mars 1827 ; R. G., 347.
(7) Neufchâtel. 27 août 1857 ; R. P., 888.
(8) J. N., 11639.
(9) Cass., 24 août 1841 ; J. N., 11070 ; R. G., 351.
(10) Sol., 25 mars 1828 ; Inst., 1249, § 6 ; Sol., 16 nov. 1816 ; Dél.,

11 mars, 15 avril et 16 mai 1834 ; Rép. gén., du Pal., v° *Enreg.* 1419.
(11) Sol., 2 juin 1830 ; Dél., 22 fév. 1828 ; D. M. F., 3 sept. 1819 ; J. N., 4882, 6616 ; Dél., 17 mai 1823 ; R. G., 1083.
(12) Cass., 6 juin 1844, 16 mai 1832, 11 déc. 1838 ; Inst., 1587 ; 18 fév. 1833 ; J. N., 7739, 7906 ; R. G., 3424.
(13) mêmes arrêts.
(14) Cass., 21 juill. 1818 ; Inst, 1704 ; R. G., 9271.
(15) Cass., 27 mai 1862 ; Inst., 2239, § 4 ; R. P., 1678 ; Cass., 16 avril 1865 ; R. P., 2271.
(16) Lyon, 25 fév. 1858 ; R. P., 1045.
(17) D. N., *Notor.*, 132 ; R. G., 750.
(18) Dél., 31 avril 1828 ; R. G., 750.

6320. L'acte de notoriété constatant : 1° le décès des père et mère ; 2° l'existence de leurs enfants et leur qualité d'héritiers est passible d'un seul droit (1). Il en est de même s'il établit les décès successifs de plusieurs personnes héritières l'une de l'autre et dont la dernière a laissé un enfant qui réunit tous les droits sur sa tête (2). Mais il est dû deux droits sur la notoriété destinée à faire réparer une omission sur les registres de l'état civil et énonçant la date de naissance de deux frères (3).

SECTION VII. — ACTE REFAIT.

6321. Acte refait pour cause de nullité ou autre motif sans aucun changement qui ajoute aux objets des conventions ou à leur valeur, 2 fr. (*Loi 28 avril 1816, art. 5, n° 3*).

SECTION VIII. — ACTE RESPECTUEUX.

6322. L'acte respectueux est un acte innomé sujet au droit de 2 fr. d'après les art. 68, § 1, n° 51 de la loi du 22 frim. an 7 et 8 de celle du 18 mai 1850 (4), lors même qu'il constate le consentement au mariage (5).

6323. La réquisition et la notification faites par un seul procès-verbal en deux vacations ne sont sujettes qu'à un seul droit (6) ; il en est de même quoiqu'elles soient rédigées en deux actes séparés, à moins que chacun ne soit présenté séparément à la formalité (7).

SECTION IX. — AFFECTATION HYPOTHÉCAIRE.

6324. Considérée comme acte innomé ou comme acte de complément, l'affectation hypothécaire est passible du droit fixe de 2 fr.

6325. Si elle est consentie par le débiteur dans l'acte même d'obligation, aucun droit n'est exigible, parce qu'elle dérive du contrat (8). Tel est le cas, par exemple, du gérant d'une commandite qui hypothèque ses biens pour sûreté d'une obligation contractée dans l'intérêt social (9).

6326. Le principe est le même pour l'affectation promise dans l'acte d'obligation et réalisée depuis. Le droit fixe est seul exigible (10). Ainsi décidé pour le débiteur qui ajoute une hypothèque à une hypothèque préexistante (11) ou qui remplace cette dernière (12).

6327. Si l'affectation n'a pas été promise et qu'elle soit consentie par acte distinct de l'obligation, on considérait autrefois qu'elle donnait ouverture au droit de cautionnement (13). Mais la Cour de cassation a décidé que le droit fixe devait seul être perçu (14).

6328. Les règles sont différentes quand l'affectation émane d'un tiers non obligé à la dette. De quelque façon qu'elle ait lieu, elle constitue un cautionnement en immeubles sujet au droit proportionnel de 50 cent. p. 100 (15).

6329. L'affectation hypothécaire donnée pour sûreté d'effets négociables ajoute à l'obligation commerciale la garantie d'un titre civil et motive la perception d'un droit de 1 p. 100, sans imputation de celui qui aurait été payé pour l'enregistrement des effets (16).

SECTION X. — BILANS.

6330. *Bilans*, 2 fr. (*Lois 22 frim. an 7, art. 68, § 1, n° 15, et 18 mai 1850, art. 8*).

(1) Dél., 22 fév. 1833 ; R. G., 751.
(2) Garnier, R. G., 751.
(3) Sol., 13 déc. 1825 ; D. N., *loc. cit.*, 131 ; R. G., 751, § 1.
(4) Sol., 10 janv. 1822 ; D. N., *Acte resp.*, 199.
(5) D. N., *loc. cit.* ; Garnier, R. G., 949.
(6) Sol., 26 mars 1839 ; R. G., 950 ; D. N., *loc. cit.*, 200.
(7) Roll., *Acte resp.*, n° 87 ; Garnier, R. G., 950. (La Régie varie beaucoup sur cette question et on pourrait citer ici un grand nombre de solutions contradictoires.)
(8) Dél., 16 nov. 1813, 9 mai 1817 ; R. G., 1310 ; Inst., 1437, § 3.
(9) Dél., 10 juill. 1838 ; J. N., 10053 ; R. G., 1310.
(10) Sol., 30 juill. 1828, 20 oct. 1832 ; R. G., 1311.
(11) Dél., 11 mars 1831 ; Sol., 14 déc. 1835 ; Dél., 15 avril 1834 ; J. N., 8428, 8429, 8639 ; Seine, 30 juill. 1834 ; R. G., 1311.
(12) Dél., 15 avril 1831 ; R. G., 1311, § 2 ; 16 mai 1834 ; D. N., *Affect.*, 21.

(13) Nantes, 15 fév. 1830 ; Dél., 16 juill. 1833 ; Seine, 17 déc. 1834 ; Dél., 10 fév. 1835 ; R. G., 1312 ; J. N., 8160, 8860.
(14) Cass., 20 fév. 1837 ; J. N., 9708 ; Inst., 1539, § 1. Voir dans le même sens J. N., 8160, 8860, 8780 ; D. N., *Aff. hyp.*, 20 ; R. G., 1312.
(15) Cass., 10 août 1836, 7 août 1837 ; J. N., 9336, 9715 ; Inst., 1528, § 2 ; Dél., 18 vent. an 10, 7 juin 1833 ; Seine, 29 juin 1831 ; Mâcon, 2 fév. 1817 ; R. G., 1343 ; Clermont-Ferrand, 29 mai 1855 ; R. P., 425 ; CONTRA, Cass., 25 nov. 1812 et 10 août 1814 ; J. N., 7546 ; Compiègne, Mortagne, Châteaugontier, Clermont ; J. N., 8497, 8945, 9039 ; D. N., *loc. cit.*, 25.
(16) Cass., 17 prair. an 12, 8 pluv. an 13, 23 déc. 1807, 1er fév. 1813, 5 août 1833, 20 août 1834, 5 avril 1854 ; R. P., 173 ; Inst., 290, 11°, 1446, 8e, 1473, 5e, 2029, § 7 ; J. N., 8149, 8620, 13356 ; D. N., *loc. cit.*, 20 ; Seine, 1er août 1857 ; R. P., 893 ; Comp., Cass., 30 mars 1835, J. N., 8865 ; Inst., 1490, § 8.

SECTION XI. — BREVET D'APPRENTISSAGE.

6331. *Brevet d'apprentissage*, lors même qu'il contiendrait obligation ou quittance. 1 fr. (*Loi 22 fév. 1851, art.* 2) (1).

SECTION XII. — CERTIFICATS.

6332. Les attestations ou certificats purs et simples sont tarifés au droit de 1 fr. par l'art. 68, § 1, n° 17, de la loi du 22 frim. an 7 ; ce droit est aujourd'hui de 2 fr. (*Loi 18 mai 1850, art.* 8). On peut citer, parmi les plus usuels, les certificats d'individualité (2), les certificats de vie et les certificats de propriété.

6333. Nous avons dit que les certificats de propriété étaient dispensés de l'enregistrement, quand ils étaient produits au trésor pour toucher des arrérages de pensions civiles ou militaires ou des secours (*supra n° 6158*). Mais l'enregistrement en serait obligatoire si on en faisait usage devant une autre autorité (3), ou si les certificats ne concernaient ni pensions ni secours (4), par exemple, les droits des héritiers au payement d'une somme due à leur auteur par une commune (5).

6334. Il n'est dû qu'un seul droit pour le certificat de propriété pur et simple, quel que soit le nombre des héritiers qui y sont dénommés, parce qu'ils ont un intérêt collectif (6).

6335. Les certificats de cautions sont également soumis au droit de 2 fr. en vertu de l'art. 43, n° 6. de la loi du 28 avril 1816.

SECTION XIII. — COLLATION D'ACTES ET PIÈCES.

6336. La collation d'actes et pièces est tarifée à 2 fr. en vertu de la loi du 22 frim. an 7, art. 68, § 1, n° 28, et de celle du 18 mai 1850, art. 8. Le droit est dû pour chaque acte, pièce ou extrait collationné (7), à moins que la collation ne soit faite elle-même sur une première copie collationnée de plusieurs pièces (8).

6337. Les expéditions des minutes d'un notaire décédé, faites avec la mention qu'elles ont été délivrées sur une minute représentée et rendue, sont des copies collationnées sujettes à l'enregistrement (9) ; ce sont de véritables expéditions quand les minutes ont été déposées chez le notaire (10).

6338. La copie collationnée de l'acte translatif faite par le notaire dépositaire de la minute, pour être déposée au greffe, en exécution de l'art. 2194 C. N., a le caractère d'une expédition ordinaire dispensée de l'enregistrement (11). Sont également dispensées de la formalité les copies collationnées faites en matière de faux (*C. inst. crim. 455*) (12).

SECTION XIV. — COMMAND (DÉCLARATION DE).

6339. Les déclarations de command, *supra n°ˢ 4065 à 4068*, lorsque la faculté d'élire a été réservée dans l'acte et que la déclaration est faite par acte public et notifié dans les 24 heures, ne sont sujettes qu'au droit fixe de 3 fr. (*Loi 22 frim. an 7, art. 68, § 1, n° 24 ; 28 avril 1816, art. 44, n° 5*).

6340. Ce droit n'est pas dû si la déclaration est faite dans l'acte même de vente (13).

6341. Lorsqu'il y a plusieurs commands élus et qu'ils ne sont pas solidaires pour le payement du prix, il est dû un nombre égal de droits fixes (14).

SECTION XV. — COMPROMIS.

6342. Sont soumis au droit de 3 fr., quand ils ne contiennent aucune obligation de somme ou valeur donnant lieu au droit proportionnel (*Lois 22 frim. an 7, art. 68, § 1, n° 19, et 28 avril 1816,*

---

(1) J. N., 14354, Inst., 1878.
(2) D. N., vᵒ *Cert. d'indiv.* ; R. G., 2500.
(3) D. M. F., 1ᵉʳ août 1821, 15 janv. 1823, 29 oct. 1842 ; J. N., 3865, 4335, 11482 ; Inst., 1679 ; R. G., 2530.
(4) D. M. F., 1ᵉʳ août 1821, 15 janv. 1823, ci-dessus ; Inst., 4094, § 1 ; 1814, § 5 ; R. G., 2831 ; D. N., vᵒ *Cert. de prop.*, n° 133 ; Epernay, 8 juin 1855 ; R. P., 419 ; J. N., 17035.
(5) Vesoul, 26 déc. 1864 ; R. P., 2006 ; Saumur, 3 août 1850 ; R. G., 2548.
(6) Inst., 1094 ; J. N., 4335.

(7) J. N., 275 ; Garnier, R. G., 4141.
(8) Garnier, *loc. cit.* ; D. N., *Cop. coll.*, 23.
(9) Del., 7 flor. an 10. *Rép. Jour. du Pal.*, 1525.
(10) D. M. F., 22 juin 1813 ; R. G., 4135.
(11) D. N. *Purge lég.*, 61 ; Garnier, R. G., 4146.
(12) D. M. F., 26 août 1842 ; Inst., 1723, § 5 ; J. N., 12208 ; R. G., 4144.
(13) D. M. F., 11 avril 1821, 6 fév. 1822, 24 mai 1828 ; Dél., 26 juin 1816 ; 5 mai 1821, 6 oct. 1826, 5 mai et 30 nov. 1831 ; Angers, 5 août 1836 ; D. N., vᵒ *Décl. de com.*, 125 ; R. Gén., 2788 et 2828.
(14) Sol. 15 juin 1820 ; R. G., 2840, et 2840, § 1.

art. 44, no 2). Un seul droit est dû sur le procès-verbal, quel que soit le nombre des arbitres nommés (1).

6343. L'acte par lequel les parties prorogent le délai accordé aux arbitres est un nouveau compromis passible du droit de 3 fr.; mais un seul droit serait exigible si la prorogation contenait, en même temps, remplacement d'un expert (2).

6344. La disposition d'un acte de vente portant qu'en cas de contestation, elle sera décidée par un arbitre, ne donne ouverture à aucun droit particulier, parce que c'est une condition de l'acte (3). Il en serait de même si cette stipulation était insérée dans un bail (4).

SECTION XVI. — COMPTE.

6345. Les projets de compte non débattus ni arrêtés, qu'ils présentent ou non un reliquat, ne sont passibles que du droit fixe de 2 fr. (*Lois 22 frim. an 7, art. 68, § 1, no 51; 18 mai 1850, art. 8)* (5).

6346. Le récépissé qui intervient, *par acte séparé,* en matière de compte de tutelle, donne lieu au même droit de 2 fr. (6).

6347. Si le compte ne présente aucun reliquat, son acceptation équivaut à la décharge du mandataire (*infra V. Décharge*).

6348. S'il y a un excédant, doit-on percevoir le droit d'obligation? (*infra V. Obligation.*)

SECTION XVII. — CONCORDATS ET ATERMOIEMENTS.

6349. Les concordats ou atermoiements consentis après la déclaration de faillite ne sont assujettis qu'au droit fixe de 3 fr., quelle que soit la somme que le failli s'oblige à payer (*Loi 24 mai 1854, art. 14*). Cette disposition s'applique aux concordats ordinaires et aux concordats par abandon d'actif (*Loi 17 juillet 1856, art. 1*).

6350. Si un tiers intervenant au concordat cautionne le failli, le droit proportionnel de cautionnement ne saurait excéder 3 fr. (7).

6351. Quand le concordat est conclu avant la déclaration de faillite, on le désigne sous le nom d'atermoiement, et il est sujet au droit de 50 p. 100 sur les sommes que le débiteur s'oblige de payer (8) (*Loi 22 frim. an 7, art. 69, § 2, no 4*), pourvu qu'il soit fait dans les formes du Code de commerce (9).

6352. L'arrangement qui est passé entre un débiteur non commerçant et ses créanciers est un abandonnement de biens ; nous en avons parlé ci-dessus nos 6304 à 6308.

6353. On doit d'ailleurs considérer comme un concordat sujet au droit de 3 fr. l'acte notarié par lequel le fils d'un failli décédé est rétabli dans la gestion des affaires de son père et chargé de la liquidation de la faillite sans fixation de délai pour rendre compte (10) ; mais ce caractère n'appartient pas à la transaction intervenue entre un créancier et le syndic de la faillite (11).

SECTION XVIII. — CONNAISSEMENTS.

5354. Les connaissements ou reconnaissances de chargements de mer sont tarifés à 3 fr. (*Loi 28 avril 1816, art. 44, no 6).*

SECTION XIX. — CONSENTEMENTS OU AUTORISATIONS.

6355. Le droit d'enregistrement des consentements purs et simples est de 2 fr. (*Lois 22 frim. an 7, art. 21, et 28 avril 1816, art. 43, no 7).*

6356. Ont été rangés dans cette catégorie : 1° l'adhésion donnée dans le contrat d'aliénation par

---

(1) Garnier, R. G., 3368.
(2) Garnier, R. G., 3372.
(3) J. N. 2625; D. N., *Comp.*, 80.
(4) Amiens, 15 juin 1824; R. G., 3373.
(5) D. M. F., 10 déc. 1827; Inst., 1226, § 2; J. N., 6474; R. G., 3413.
(6) Sol., 1er mars 1835; Inst., 1328, § 4; J. N., 9446; R. G., 3415.
(7) Dél., 8 mai 1844; J. N., 12029; Inst., 1713, §§ 3 et 7; R. G., 6598.
(8) Sans distinction entre les dettes établies par des actes enre-

gistrés et celles résultant d'actes ou titres non enregistrés: Trib. Gien, 5 juin 1849; J. N., 8789.
(9) Seine, 20 avril 1861; R. P., 1499. V. Toulon, 21 avril 1864; R. P., 2089.
(10) Cass., 18 janv. 1830; Inst., 1180, § 5; J. N., 5451; D. N., *Concordat,* 99; Inst., 1320, § 4; R. G., 6590.
(11) Lyon, 31 déc. 1854; R. G., 13820.

les enfants du vendeur à la cession qu'il fait à un autre enfant (1); 2° l'acte par lequel plusieurs propriétaires renoncent au profit d'une commune qui l'afferme, au droit de chasse sur leurs propriétés (2); 3° le consentement à adoption (3), à l'enrôlement militaire, à l'ordination, au noviciat; 4° l'acquiescement des bailleurs de fonds d'un cautionnement fourni au trésor, à l'affectation de ce cautionnement à la garantie de la gestion du comptable (4); 5° le consentement à mariage donné par le père ou par la mère d'un futur époux (il serait dû deux droits si le consentement émanait des parents des deux futurs) (5).

SECTION XX. — CONTRATS DE MARIAGE.

§ 1er. — TARIF.

6357. Sont sujets au droit fixe de 5 fr. les contrats de mariage qui ne contiennent d'autres dispositions que des déclarations de la part des futurs de ce qu'ils apportent eux-mêmes en mariage et se constituent sans aucune stipulation avantageuse entre eux (*Lois 22 frim. an 7, art. 68, § 3, n° 1, et 28 avril 1816, art. 45, n° 2*).

6358. L'acte dans lequel les futurs se font une donation mutuelle en vue du mariage, sans y insérer aucune clause relative au statut conjugal ou aux apports, n'est pas un contrat de mariage soumis au tarif précédent, mais une simple libéralité éventuelle passible du droit de 5 fr. (6).

On ne peut pas non plus considérer comme un contrat tarifé au droit de 5 fr. la simple promesse de mariage; c'est un acte passible du droit de 2 fr. (7).

§ 2. — CONVENTIONS DE MARIAGE.

6359. Le contrat tarifé au droit de 5 fr. comprend d'ailleurs toutes les conventions sur le régime adopté et sur les apports des futurs. Ces clauses ne donnent donc pas lieu à un droit particulier (*Inst. 290, § 16*).

6360. Ainsi, on a considéré comme faisant partie intégrante du contrat et dispensées de l'impôt : 1° la stipulation portant que les époux, quoique mariés sous le régime dotal, seront néanmoins associés aux acquêts (8); 2° que l'actif de communauté se partagera *inégalement*, soit dans tous les cas de dissolution, soit seulement en cas d'existence d'enfants (9); 3° la clause d'ameublissement (10); 4° la convention de communauté universelle même en cas d'apports inégaux (11), sauf dans le cas où l'attribution revêt la forme d'une libéralité (12) ; 5° la réserve pour la femme de reprendre son apport franc et quitte (13), même dans l'hypothèse d'une renonciation à la communauté (14); 6° la fixation d'un préciput à prélever par le survivant sur l'actif commun (15) ; avec cette réserve toutefois que le droit de donation éventuelle est exigible si la femme conserve le droit au préciput malgré sa renonciation à communauté (16); 7° la clause d'attribution de tout ou partie de la communauté à l'un des époux, excepté quand l'autre conjoint ou ses héritiers perdent le droit de retirer leurs apports (17), ou que la convention revêt la forme manifeste de la libéralité (18) ; ou bien encore que la même convention est faite sous le régime dotal à l'égard d'une partie des propres des époux (19). Dans ces trois hypothèses, en effet, le droit de don éventuel devient exigible sur le contrat; et à l'événement du décès on perçoit le droit de succession sur le montant des apports ou sur la moitié de la communauté.

(1) Dél. 23 avril 1830; J. N., 7283.
(2) D. M. F., 2 mai 1826; Sol., 12 mars 1841; J. N., 11070; Inst., 1709; D. N. Cons., 10.
(3) D. N. Cons., 10.
(4) Inst., 1491; D. N. loc. cit.
(5) D. N., loc. cit., n°s 34 à 37.
(6) Dél. 10 juin 1829; Charleroi, 2 juin 1855; Cambrai, 20 juillet 1835; R. P., 472 et 580; Garnier, R. G., 3735 ; contra, Charleroi. 26 juill. 1856; R. P., 743.
(7) Dél., 7 août 1822; R. G., 3736; D. N., Cont. de mar., 428.
(8) Dalloz, 3391; Pont et Rodière, T. 106; Champ., 2898; Garnier, R. G., 3759; Dél., 15 juin 1827. D. N., Cont. de mar., 368.
(9) Dalloz, 3392; Pont et Rod., II, 107; Cass., 24 nov. 1834; R. G., 3760; Inst., 1113, § 1; 1156, § 6; 1256, § 4.
(10) D. N., Ameub., 99; R. G., 3762; J. N., 15885, 18063; Décis. min. fin., 23 déc. 1863; R. P., 1914; Trib. Saverne, 12 mars 1852; Instr. Régie, 22 fév. 1865; J. N., 9517, 12763.
(11) Duranton, XV, 234; Zach., III, 350; Pont, 122; Dalloz, 3405; Champ., 2888.
(12) Cass., 3 avril 1843; R. G., 3764.

(13) Dél. 28 août 1827 ; D. M. F., 6 mai 1828; J. N., 6663; Inst., 1256, § 4 ; R. G., 3765.
(14) Pothier, 380; Troplong, 2404; Toulouse, 27 janv. 1844; Garnier, R. G., 3765; D.N., loc. cit., 377.
(15) Cass., 30 juill. 1823; Laon, 3 déc. 1826; D. M. F., 6 mai 1828, Inst., 1256, § 1; J. N., 4455. 6494, 9043.
(16) Rodière et Pont, II, 277; Troplong, 2124; Zach., III, 348; Dél. 26 juin 1827; J. N., 6304 ; D. M. F., 6 mai 1828; contra, Champ., 2907 ; D. N., loc. cit., 379 ; Rennes, 24 déc. 1814 et 11 juin 1845; J. N., 12232 et 12478.
(17) Voir Seine, 9 avril 1864; R. P., 1924.
(18) Cass., 15 fév. 1832, 15 fév. 1841, 12 juill. 1842, 21 mars 1834. 24 nov. 1834, 23 avril 1849, 24 déc. 1850, 24 mars 1851; 8 mai 1854, 1er août 1855 ; D. N., loc. cit., 376; Garnier, R. G., 3769 et suiv.; R. P., 474; Valenciennes, 24 mars 1859 ; R. P., 1147; Lille, 5 mars 1859 ; R. P., 1454; Cass., 21 mars 1860; R. P., 1304; J. N. 16810; Arras, 10 fév. 1863; R. P., 4773; Bazas, 29 avril 1863; R. P., 1846; Cambrai, 31 août 1864; R. P., 1977; Guingamp, 18 nov. 1856; R. P., 774; Lille, 20 nov. 1856, R. P., 774; Dél., 20 oct. 1856; R. P., 800.
(19) Évreux, 20 juin 1855; R. P., 572.

6361. Lorsque l'attribution de toute la communauté au survivant des époux doit avoir lieu à charge de rembourser aux héritiers du prédécédé la valeur de la part du défunt, la clause peut aussi constituer une promesse de vente, dont la réalisation s'opère au décès et donne alors ouverture au droit de cession selon la nature des biens (1). Cette stipulation n'étant plus une convention de mariage proprement dite est passible du droit fixe de 2 fr. sur le contrat.

6362. Du reste, la question de savoir si une clause de cette espèce renferme une convention de mariage, une libéralité ou une promesse de vente, dépend beaucoup des termes de sa rédaction et de l'ensemble des circonstances. Le notaire devra donc s'attacher à manifester catégoriquement l'intention des parties.

§ 3. — DES DÉCLARATIONS D'APPORT.

6363. Les déclarations d'apport, ayant pour objet de constater la fortune des époux, sont aussi de l'essence du contrat de mariage, et, à ce titre, dispensées d'un droit particulier. Telles sont notamment : 1° l'estimation donnée aux meubles et aux immeubles (2), à moins qu'elle ne porte déclaration expresse de vente au futur (3) ; 2° la description faite par le futur des effets qui lui proviennent d'une première communauté (4) ; 3° la déclaration relative à l'apport de créances dues sans titre enregistré par des tiers ou à ceux-ci (5) ; 4° la reconnaissance du futur d'avoir reçu la dot de la future (*Loi 22 frim. an 7, art. 65*, § 3, n° 1), même en cas d'exclusion de communauté et d'engagement de la part du futur de payer les intérêts (6).

Cette dernière reconnaissance, quoique émanée du futur et de son père *solidairement,* est de même dispensée de l'impôt (7) ; mais le droit d'obligation serait dû sur la reconnaissance du père seul du futur (8), ou sur celle de la future d'avoir reçu la dot du futur (9).

§ 4. — DONATIONS ÉVENTUELLES.

6364. La loi soumet les contrats de mariage au droit fixe, à la condition qu'ils ne contiendront aucune stipulation avantageuse entre les futurs ou autres personnes. Elle laisse ces dernières clauses sous l'empire des règles relatives aux donations ordinaires (*Loi 22 frim. an 7, art. 68,* § 3, *n° 1*).

6365. Nous nous occuperons plus tard des libéralités entre-vifs et actuelles ; nous voulons seulement parler ici des donations soumises à l'événement du décès, et passibles du droit fixe de 5 fr., en vertu *des art. 68,* § 3, *n° 5 de la loi du 22 frim. an 7, et 45, n° 4, de celle du 28 avril 1816.*

6366. Le nombre des droits fixes de 5 fr. est en raison de celui des libéralités dont la réalisation est possible (10). Ainsi la donation *mutuelle* que se font les futurs pour le cas de survie est passible d'un seul droit (11), tandis qu'il en est dû deux sur la clause par laquelle un tiers institue les futurs ses héritiers *chacun pour moitié* (12).

6367. Mais les diverses donations éventuelles, faites au même époux par une même personne, ne constituent par leur réunion qu'une seule libéralité passible d'un droit unique (13).

6368. Lorsque la dot est constituée par le survivant des père et mère avec imputation des droits du futur sur les biens du prédécédé, on considère la clause comme une déclaration d'apports pure et simple s'il est *justifié* que la dot se compose en entier de biens héréditaires (14). Néanmoins le droit de cession entre-vifs serait exigible si le futur ainsi doté abandonnait expressément au constituant ses droits dans la succession du conjoint prédécédé (15).

(1) Seine, 17 août 1855; R. G., 14250; arg. de cass., 20 mars 1849; J. N., 45004; R. G., 11837.
(2) D. M. F., 12 et 22 mai 1810; Inst., 481;.Dél., 4 mai 1824; R. G., 3739; D. N., *loc., cit.* 371.
(3) Cass., 1er mars 1809; R. G., *loc. cit.:* Dalloz, 3267; Pont et Rodière, 700; Champ., 2920; D. N., *loc. cit.,*371.
(4) Garnier, R. G., 2752.
(5) Rambouillet, 6 août 1847; Lille, 10 mars 1843; Sens, 17 juill. 1846; Versailles, 18 mars 1847; Corbeil, 19 mai 1847; CONTRA, Dél., 9 déc. 1831; Dijon, 22 déc. 1844; Autun, 2 déc. 1837; Lille, 20 nov. 1845; Hazebrouck, 23 fév. 1850. Voir D. N., *loc. cit.,* 400 et suiv.; R, G., 3751.
(6) Sol., 5 août 1807; R. G., 3753.

(7) Champ., 1075; Pont et Rod., I, 242; Dalloz, 1280; Garnier, 3756.
(8) Cass., 7 fév. 1838; J. N., 9912; Inst., 1577, § 4.
(9) Sol., 21 sep. 1832; Garnier, R. G., 3755; CONTRA, Pont et Rodière, I, 210; Champ., 1706; Dalloz, 1279. Voyez pour le droit de cautionnement dans ce cas, Orange, 25 avril 1854; R. F. 422.
(10) Sol., 7 nov. 1831 et 12 mai 1832 ; R. G., 3838.
(11) D. M. F., 21 juill., 1820; D. N.,*loc. cit.,* 373';R. G., 3838, § 4.
(12) Garnier, *loc. cit.,* 3838, § 2 ; CONTRA, Délib., 25 janv. 1844; R. G., *loc. cit.*
(13) Sol., 9 pluv. an 7; D. N , *loc. cit.,* 374.
(14) Sol., 5 fév. 1830; Inst., 1333, § 1; R. C., 3817.
(15) *Ibid.,* Privas, 16 mai 1842; Cass., 9 mai 1834; Sol., 20 sept. 1831; Inst., 1388, § 4; Lure, 8 juill. 1843; Dijon, 2 janv. 1845; R. G., 3822.

6369. Si les futurs stipulent que les acquêts appartiendront au survivant ou *aux enfants à provenir* du mariage, la clause relative aux enfants est alors une libéralité éventuelle soumise au droit de 5 fr. (1); et il en est de même de la renonciation par l'un des époux au droit d'exercer ses reprises lors de la dissolution de la communauté (2).

6370. La promesse faite aux futurs de les instituer héritiers équivaut à une institution contractuelle et rend le droit fixe exigible (3). On assimile à cette promesse la clause par laquelle les père et mère des futurs leur assurent une part héréditaire égale à celle des autres enfants, ou s'engagent à ne point avantager ces derniers (4), — ou celle par laquelle ils assurent au futur une part égale à celle du *plus prenant* (5). Le droit fixe de 5 fr. est seul exigible sur la donation d'un immeuble à prendre tel qu'il sera au décès du disposant (6).

6371. On ne saurait toutefois attribuer le même caractère à la déclaration des parents que le futur aura en mariage ce qu'il recueillera dans leurs successions (7), car il n'y a dans cette hypothèse aucun dessaisissement (8).

6372. N'est pas passible non plus du droit de donation éventuelle la clause par laquelle il est convenu que le futur, en recueillant une donation de la future (sujette au droit fixe), servira une rente viagère au père de celle-ci, non présent au contrat (9). Et si les père et mère du futur lui font donation, ainsi qu'à ses trois frères non présents, de certains immeubles à prendre par préciput à leur décès, il n'est dû que deux droits de donation éventuelle et non pas cinq (10).

6373. La donation cumulative de biens présents et à venir contient réellement deux libéralités distinctes dont la première se transforme, lors du décès, en une donation ordinaire des biens qui existaient au jour du contrat. Cependant on considère que la disposition, dans son ensemble, ne produit pas d'autre effet que celle d'un testament, et c'est le droit fixe de 5 fr. qui est seul exigible (11).

6374. Toutefois la Régie soutient que si le donataire est mis sur-le-champ en jouissance des biens présents, le droit proportionnel est dû sur la valeur de cette jouissance (12). Elle fait également acquitter ce droit sur la valeur de la toute propriété, quand le donataire est autorisé à disposer de la nue propriété des biens présents (13).

6375. D'ailleurs si la donation cumulative comprend un objet déterminé dont le donataire soit immédiatement investi, le droit proportionnel est de suite exigible sur cet objet (14).

6376. Les donations de sommes payables au décès sont des libéralités éventuelles passibles du droit de 5 fr. quand elles ne confèrent au donataire qu'un droit subordonné au décès du disposant, et n'emportent aucun dessaisissement actuel de la part de celui-ci. C'est ce qu'on a décidé spécialement : 1° pour la donation d'une somme à prendre sur les plus clairs biens de la succesion sans qu'il puisse être requis inscription, et avec stipulation que le donataire n'aura la jouissance de la somme donnée qu'après le décès d'un tiers (15); 2° pour celle d'une somme à prélever sur la succession du donateur avec convention que l'objet donné ne sera pas sujet à rapport (16); 3° enfin, pour la donation à la future d'une somme à prendre sur les biens que le donateur laissera à son décès, payable à terme avec intérêts, et caduque par le prédécès sans enfants du donateur (17).

§ 5. — **CLAUSES DIVERSES.**

6377. Il n'est dû aucun droit spécial sur la clause par laquelle le futur s'engage à entretenir jusqu'à l'âge de majorité un enfant naturel de la future (18), ou à subvenir aux dépenses de sa femme (19).

(1) Cass., 14 avril 1834; Inst., 1384, § 6.
(2) Cass., 3 déc. 1839; J. N., 10571.
(3) *Comp.*, Merlin, *Inst cont.*, § 8, n° 2; Duranton,IX, 655; Coin-Delisle, *108.2*, 6; Champ. 2930; Pont et Rod.,246.
(4) Dél., 6 juin 1817; Sol., 8 déc. 1835; J. N.,2200, 9343; Inst., 1513, § 1; Cass., 11 mars 1834; R. G., 3851; contra, Champ.,2031; Bourbon-Vendée, 5 fév. 1839; R. G., *loc. cit.*; D. N., *loc. cit.*, 387.
(5) Garnier, R. G., 3852; contra, D. N., 387; J. N., 9110.
(6) Cass., 20 nov. 1833; R. G., 3837; Dél., 12 oct. 1830; J. N., 7313, 8301; Dict. not., *Don. par cont. de mar.*, 138.
(7) Dél., 14 fév. 1824; R. G., 3854.
(8) Cass., 20 nov. 1833; R. G., 3857; Dél., 12 oct. 1830;J. N., 7312, 8301; D. N., *Don. par cont. de mar.*, 138.
(9) Dreux, 26 août 1846; J. N., 12992; D. N., *loc. cit.*,382.
(10) J. N., 10379; D. N., n° 388.

(11) Cass., 1er déc. 1829; J. N., 7833; Inst., 1307.§5; R. G., 3904.
(12) Inst., 1320, § 4; av. cons. d'Etat du 22 déc. 1809;Inst., 1307. § 4; R. G., 3905; Dél., 10 fév. 1846; R. G.,3917 *bis*; D. N., *Don. par mar.*, 146.
(13) Inst., 463, 1307, § 4, 1320, § 4; Bayonne, 29 nov. 1843; J. N., 11890; contra, Cass., 15 fév. 1830; Garnier, R. G., 3906. *Comp.*, Cass., 14 juill. 1807; 13 avril 1815; 28 janv. 1819; J. N., 346, 2296, 6774, 7033, 7131; 7137, 11890; Rodière et Pont, 1, 259; Inst., 1320, § 1.
(14) Cass., 20 mars 1833; J. N., 8032; Inst., 1425, § 5; R. G., 3907.
(15) Cass., 5 nov. 1839; J. N., 10520; Inst., 1615, § 2; R. G., 3914.
(16) Dél., 15 janv. 1836; J. N., 9168.
(17) Pontoise, 1er mai 1851; R. G., 3917.
(18) J. N., 3000 *bis*; Garnier, R. G., 3919.
(19) J. N., 1788; Dél., 7 mai 1823; R. G., 3919; Seine, 20 avril 1842; D. N., *loc. cit.*, 367.

6378. Si les futurs donnent au père de l'un d'eux mandat de gérer leurs biens, le droit de 2 fr. est exigible (1) ; celui de bail à vie serait même dû dans le cas où le père serait dispensé de rendre compte (2).

6379. L'autorisation donnée par le père de l'un des époux, dans le contrat, à l'officier de l'état civil, de procéder au mariage en son absence, est un consentement passible du droit de 2 fr. (3).

6380. Il n'est rien dû pour la clause portant que la dot sera imputée sur la succession du prémourant (4). Si cette imputation a lieu, dans le contrat même, sur la succession *déjà échue* du père ou de la mère du futur, en présence du survivant, c'est un partage soumis au droit fixe de 5 fr. (5), mais ce droit ne serait évidemment pas dû pour une telle déclaration faite en l'absence de l'époux survivant (6).

6381. Le pouvoir donné au futur par la future d'aliéner ses biens dotaux ou propres, avec ou sans charge de remploi, est une dépendance nécessaire du contrat, et n'opère aucun droit particulier (7). Il en est de même pour la gestion des biens paraphernaux (8), ou pour l'autorisation accordée par le mari à la femme de faire le commerce (9).

6382. Quand la dot est remise au futur par un tiers qui en était détenteur en vertu d'un mandat quelconque, d'une tutelle par exemple, le droit de décharge est exigible (10).

6383. Lorsque les futurs s'associent à leurs parents pour quelque entreprise ou pour leurs travaux, le droit de constitution de société est exigible (11), mais alors la remise de la dot aux parents à titre de mise de fonds est affranchie de l'impôt (12). Du reste, il n'y aurait pas de société si chacune des parties se réservait individuellement le profit de sa collaboration, et si on stipulait seulement un travail commun à certaines conditions (13).

6384. Enfin, l'acte par lequel les époux rétablissent leur communauté dissoute à la suite d'une séparation de biens, est passible, comme acte complémentaire, du droit fixe de 2 fr. (14). Il en est de même des changements ou contre-lettres intervenus avant la célébration à la suite du contrat, s'il n'y a aucune addition donnant lieu à de nouveaux droits d'enregistrement (15). L'acte de résiliation du contrat de mariage est, comme acte innomé, passible du droit fixe de 2 fr. (*Loi 22 frim. an 7, art. 68, § 1, n° 51; 18 mai 1850, art. 8*).

V. *Donation, Restitution.*

SECTION XXI. — DÉCHARGES.

6385. Les décharges pures et simples, et les récépissés de pièces autres que ceux passés aux greffes, ont été tarifés à 2 fr. par les art. 68, § 1, n° 48 de la loi du 22 frim. an 7; et 43 nos 8 et 11 de celle du 28 avril 1816.

6386. Ce tarif s'applique d'abord à la remise faite par le dépositaire au déposant de la chose confiée à ses soins. Seulement la loi, pour prévenir la fraude, considère les dépôts de sommes chez les particuliers comme engendrant de véritables obligations; d'où il suit que la restitution de ces valeurs donne lieu au droit de quittance (16).

6387. Mais quand le dépôt a le caractère du gage, la disposition reprend son empire. C'est ainsi que le droit fixe est seul dû sur le remboursement par le propriétaire au fermier de la somme qui lui avait été remise à titre de garantie de l'exécution du bail (17), ou sur la remise faite par le créancier à son débiteur d'un titre de créance déposé en nantissement (18), ou sur la décharge que le

(1) Meaux, 5 juin 1850 ; J. N., 14293.
(2) Cass., 10 mars 1849 ; Vitré, 21 nov. 1850 ; R. G., 3921.
(3) Garnier, *loc. cit.*, 3924.
(4) D. M. F., 26 oct. 1821 et 10 juill. 1823; Inst., 1115; J. N., 3975 et 4466; D. N., *loc. cit.*, 397.
(5) Seine, 23 janv. 1828; Dél., 27 janv. 1829; Sol., 8 fév. 1826; R. G., 3931.
(6) Dél., 14 déc. 1825; R. G., 3931, § 1; D. N., *loc. cit.*, 398.
(7) Dél., 24 mars 1819 et 17 nov. 1826; Inst., 1205,§4; J. N., 2998 et 6077; D. N., *loc. cit.*, 364; Champ., 2922; Dalloz, 3370; Pont et Rod., I, 203; Garnier, R. G., 3922.
(8) Sol., 12 oct. 1850; J. N., 11383.
(9) Garnier, R. G., 3922,§ 3.

(10) Inst., 1333, § 1; Garnier, 3931 et 3819.
(11) Dél., 15 sept. 1824; R. G., 3939. — Champ., 2937; Dalloz, 3464; Pont et Rod., 232, y voient un simple consentement sujet au droit fixe de 2 fr.
(12) Garnier. R. G., 3755, § 3.
(13) Garnier, R. G., 3939, § 3.
(14) Dél., 22 pluv. an 10; Garnier, R. G., 3938.
(15) Dict. not., *Cont. de mariage*, 432 à 434.
(16) Garnier, R. G., 4267, § 1; Montluçon, 21 août 1863, R. P., 1843; contra, Champ., 4329; J. N., 10001.
(17) Dél., 21 juill. 1833; R. G., 4275; D. N., v° *Déch.*, 29.
(18) Sol., 12 juin 1841; R. G., 4296.

vendeur donne au notaire auquel le prix avait été confié (1), ou enfin sur la restitution faite par des héritiers à un tiers, d'objets mal à propos mis sous les scellés au domicile du défunt (2).

6388. La libération du mandataire profite, en second lieu, de la faveur du droit fixe. Il faut pour cela que l'existence du mandat légal ou conventionnel soit établie (3). Mais il n'est pas nécessaire que cet acte ait été enregistré (4). Ce dernier point résulte encore de la jurisprudence d'après laquelle le reliquat du compte présenté par le mari au sujet des reprises de sa femme, donne seulement lieu au droit fixe, parce que le compte n'est que l'exécution du mandat légal confié au mari (5).

6389. Il faut, d'après le même principe, soumettre au droit fixe : l'acte par lequel le père ou la mère remet à ses enfants la valeur des meubles qu'il ne représente pas en nature (6); la décharge, donnée au gardien des scellés, des objets inventoriés ou de ceux mis en vente et non adjugés (7); la déclaration d'un trésorier de fabrique constatant qu'il a reçu des héritiers de son prédécesseur le solde de son compte (8), et la remise faite au nu-propriétaire par les héritiers d'un usufruitier des capitaux que celui-ci détenait en cette qualité (9).

6390. C'est encore parce que le mari est considéré comme le mandataire de sa femme qu'on perçoit le droit fixe : 1° sur l'acte par lequel, après le décès de celle-ci, il rembourse à son beau-père la somme donnée sous clause de retour dans son contrat de mariage (10); 2° sur celui qui constate que le mari a reçu une créance de la femme en compensation de ce que celle-ci lui devait (11); 3° sur la restitution faite par le mari des reprises de la femme après séparation de biens et renonciation à la communauté (12), ou plus généralement sur toutes les quittances de dot, quel que soit le régime adopté (13) et sur la délivrance de la dot faite au mari par le père ou le tuteur de la future (14).

6391. La remise que le vendeur fait, dans le contrat de vente ou dans la quittance du prix, des titres de la propriété vendue, ne donne lieu à aucun droit (15); mais il serait dû 2 fr., si cette remise était constatée dans un acte différent (16). Le notaire qui procède à une vente mobilière étant comptable des deniers, la déclaration des parties de les avoir reçus opère une décharge passible d'un droit particulier, lors même qu'elle serait contenue dans le procès-verbal (17).

6392. Quand les vendeurs déchargent ainsi le notaire du prix de la vente en désignant chaque acquéreur, la jurisprudence décide que le droit de quittance est exigible pour la libération indirecte de ces acquéreurs (18) ; et la Régie soutient que le droit de décharge doit être en outre acquitté du chef du notaire (19).

6393. La décharge donnée à un mandataire par plusieurs mandants ayant des intérêts distincts est passible d'autant de droits fixes qu'il y a d'oyants (20). Par contre, si les mandants sont coïntéressés, tels que des cohéritiers par exemple, il n'est dû qu'un seul droit (21); cette solution a été appliquée spécialement au compte rendu par un exécuteur testamentaire à plusieurs héritiers (22), et à la décharge donnée par une même personne de deux ventes mobilières faites à sa requête par le même notaire (23).

6394. La remise de la solidarité ou du cautionnement est assimilée à une décharge passible du droit de 2 fr. (24).

V. *Délivrance de legs.*

(1) Dél., 25 mai 1825 ; R. G., 4296 ; D. N., v° *Déch.*, 7.
(2) Garnier, 4300 ; D. N., *Déch.*, 24.
(3) Cass., 9 mai 1864 ; R. P., 1898.
(4) Sol., 19 fév. 1828 ; Boulogne, 5 avril 1839 ; J. N., 10255.
(5) Cass., 1er avril 1822, 16 mai 1832, 21 fév. 1833 ; R. G., 3421 ; J. N., 7996 ; Dél. 14 oct. 1834 et 15 juill. 1836 ; D. N., *Déch.*, 17.
(6) Garnier, 4284, § 1 ; Champ., 1536 ; Dalloz, 877.
(7) Sol., 30 juin 1849 ; R. G., 4291. (Il n'est dû aucun droit quand la décharge insérée au procès-verbal de vente s'applique aux objets vendus.)
(8) Roll., *Déch.*, 4 ; Béziers. 31 août 1840 ; D. N., *ibid.*, 37.
(9) Dél., 3 mai 1837 ; J. N., 9844 ; D. N., *loc. cit.*, 22.
(10) Dél., 8 nov. 1839 ; J. N., 10549 ; R. G., 4281 ; Inst., 366; D. N. *loc. cit.*, 26.
(11) Seine, 21 mars 1849 ; J. N., 13698.
(12) Cass., 1er avril 1822, 26 mai 1832, 21 fév. 1833, 8 août 1836 14 déc. 1838 ; J. N., 7996, 10220, 17546 ; Inst., 1283, § 7 ; Douai, 29 déc. 1852 ; R. P., 31 ; Senlis, 24 mars 1840 ; Roll., *loc. cit.*, 31 ;

Garnier, R. G., 4301 ; D. N., *loc. cit.*, 18 ; CONTRA, Cass., 4 avril 1841 ; J. N., 11073; Inst., 1068, § 6 ; Seine, 13 janv. 1847 ; R. G., 4301.
(13) Cass., 30 janv. 1866 ; R. P., 2226 ; J. N., 18493.
(14) Inst., 1333, § 1 ; Garnier, 3819.
(15) Garnier, 4307.
(16) Dél., 2 août 1826 ; R. G., 4273 ; D. N., *loc. cit.*, 35.
(17) Garnier, 1488, § 4 ; R P., 127 ; CONTRA. J. N., 14394.
(18) Cass., 5 mai 1840 et 7 juill. 1846 ; Inst., 1630, § 4 ; J. N., 10668, 12742; Inst., 1786, § 3; R. G., 4274; D. N., *loc. cit.*, 12 à 14.
(19) Inst., 1630. § 4 ; Vitry-le-François, 26 janv. 1847 ; R. G., 4271-2; Dél., 10 août 1827 ; J. N., 6509.
(20) Garnier. R. G., 3441, § 1 ; Arg. de Sol., 1er mars 1836 ; Inst., 1528, § 4.
(21) Sol., 19 oct. 1855 ; R. P., 637.
(22) Cass., 22 avril 1823 ; R. G., 3420, § 2.
(23) Sol., 20 nov. 1865 ; R. P., 2104 ; Garnier, 1183, § 8.
(24) Dél., 28 mai 1818 ; Garnier, R. G., 4276, 4278, 4286 ; D. N., *Déch de caut.*, n° 2, et *Déch. en gén.*, 32, 33.

SECTION XXII. — DÉCLARATION.

6395. La déclaration pure et simple en matière civile et de commerce est tarifée à 2 fr. (*Lois 22 frim. an 7, art. 68, § 1, n° 23, et 28 avril 1816, art. 43, n° 9*).

6396. Ce tarif s'applique notamment aux déclarations de remploi faites par actes postérieurs au contrat d'acquisition. La Régie prétend que le droit fixe est également exigible sur les acceptations ou décharges de remploi contenu dans le contrat lui-même (1); mais il est évident que s'il s'agit du remploi fait au nom de la femme, la déclaration doit être acceptée par elle.

6397. Le droit fixe n'est d'ailleurs pas dû sur les déclarations par lesquelles on se borne à indiquer l'emploi que l'on fait des deniers d'un incapable (2).

6398. Les déclarations devant notaires des titulaires de cautionnements, conformément au décret du 22 déc. 1812, pour faire acquérir à leurs bailleurs de fonds le privilège de second ordre, ne sont passibles que du droit fixe de 2 fr., qu'elles aient été ou non précédées d'un acte d'emprunt enregistré (3). Cette disposition se restreint aux cautionnements versés au trésor public (4).

6399. La déclaration qu'un objet non désigné dans un acte de vente est néanmoins compris dans cette vente ne donne lieu qu'au droit fixe de 2 fr. (5).

SECTION XXIII. — DÉLIVRANCE DE LEGS.

6400. L'héritier ou l'exécuteur testamentaire qui remet au légataire le montant de son legs n'est que le mandataire du défunt. Aussi cette délivrance constitue-t-elle une simple décharge passible du droit fixe de 2 fr. (*Loi 22 frim. an 7, art. 68, § 1, n° 25 ; Loi 18 mai 1650, art. 8*).

6401. Quand il s'agit d'un legs de sommes d'argent, il n'y a point à considérer si le numéraire existait en nature dans la succession ou s'il provient de la réalisation des valeurs héréditaires (6). Le droit fixe s'applique, dans ce cas, non-seulement à la remise du capital, mais encore à celle des intérêts échus depuis le décès (7). Et on assimile au legs de sommes celui d'une rente viagère (8).

6402. La dénomination de legs s'applique d'ailleurs à toute disposition testamentaire faite au profit soit d'héritiers à réserve, soit de toutes autres personnes. C'est pourquoi il n'est dû que le droit fixe sur la délivrance faite par un frère, institué héritier universel du père commun, à ses autres frères, d'une somme en argent qu'il était chargé de leur payer (9).

6403. Il n'est même pas nécessaire que le legs soit formellement écrit dans le testament; la remise d'un legs verbal dont la réalité est prouvée par les circonstances donne lieu également au droit fixe (10).

6404. La donation contractuelle ressemble au legs. L'acte qui constate au moment du décès du donateur la remise de l'objet donné est soumis au droit fixe (11).

6405. Mais la délivrance justifie la perception d'un droit de cession quand le légataire reçoit autre chose que ce qui lui a été attribué par le défunt : par exemple, des créances au lieu d'argent (12) ; de l'argent au lieu d'une rente, ou réciproquement (13), des immeubles en remplacement d'un legs de sommes (14), etc., à moins que le légataire n'ait le choix entre ces diverses valeurs (15).

6406. Si le légataire universel est chargé de remettre à un tiers comme condition d'un legs un objet qui lui appartienne personnnellement, l'acte de délivrance n'est passible d'aucun droit (16).

---

(1) D. M. F., 28 juin 1828; Inst., 392; Dél., 3 juill. 1827; Rép. gén. du palais, v° *Enreg.*, 1573. Conf., Cass., 18 fév. 1833; J. N., 7996; CONTRA, Garnier, R. G., 10698 ; Championnière, 2849; Dalloz, 3472; Vitré et Dreux, 13 juill. 1836, 30 nov. 1842 et 26 août 1846 ; J. N., 9335, 11599 et 12855; Sol., 26 août 1864; R. P., 1980.
(2) Garnier, 10099.
(3) D. M. F., 21 déc. 1813; Inst., 657; 23 mars 1822; Inst., 1030 ; Cass., 4 déc. 1824, 27 mai 1829 ; Inst., 1298, § 3 ; Sol., 18 oct. 1835; D. N., *Déch.*, 2; R. G., 2110.
(4) Dél., 10 nov. 1826 et 10 juill. 1835; J. du palais, Rép., *Enreg.*, 1585 ; CONTRA, Dél., 1er déc. 1840; Seine, 13 janv. 1841; J. N., 10780, 10885. 10948.
(5) Garnier, R. C., 4341 ; D. N., v° *Déclar.*, 10.
(6) Cass., 22 avril 1823 et 30 août 1826 ; J. N., 5205, 5797, 5903; D. N., *Dél. de legs*, 86; Inst., 1204; R. G., 4510. V. Cass. .25 juin 1862; J. N., 17472.
(7) Garnier, R. G., 4511 ; D. N., 88.

(8) J. N., 9217, 9333; Garnier, 4513; Roll., *Déliv. de legs*, n° 80.
(9) Vigan, 22 janv. 1836 ; Bazas, 22 oct. 1839; J. N., 9301; D. N., *loc. cit.*, 90; Garnier, R. G., 4514; CONTRA, Inst., 1209, § 2, n° 2.
(10) Cass., 17 mars 1858; R. P., 993; Garnier, R. G., 4889; Grenoble, 5 juin 1844; D. N., *loc. cit.*, 94; Cass., 19 déc. 1860; J. N., 17005 ; R. P., 1439.
(11) Dél., 27 mai 1836; D. N., *loc. cit.*, 95 ; R. G., 4516 bis.
(12) Seine, 16 août 1843 ; Lyon, 19 août 1846; Seine, 8 mars 1838; Délib., 28 fév. 1834 ; R. G., 4518, § 2 ; D. N., *loc. cit.*, 98 ; Moissac, 11 août 1863 ; R. P., 1879.
(13) Seine, 12 fév. 1845 ; Mâcon, 23 nov. 1847 ; R. G., 4518, § 3.
(14) Dél., 27 mai 1836; J. N., 9280 ; Evreux, 14 juin 1861 ; R. P., 1837.
(15) Dél., 30 déc. 1828 ; 7 juin 1816; D. N., *loc. cit.*, 96 ; R. G., 4518, § 7.
(16) J. N., 17604; Rép. P., 2052; CONTRA, Toulouse, 9 janv. 1862; J. N., 17901. Lyon, 18 août 1863 ; R. P., 2652.

6407. Si un même acte contient délivrance de plusieurs legs, il est dû autant de droits qu'il y a de légataires distincts (1). Il en est de même quoiqu'il y ait un seul légataire, si les libéralités lui proviennent de plusieurs testateurs (2).

SECTION XXIV. — DÉPÔT.

6408. L'art. 68, § 1, n° 27, assujettit au droit fixe de 1 fr. les dépôts et consignations de sommes chez les officiers publics, lorsqu'ils n'opèrent pas la libération des déposants. Ce droit a été élevé à 2 fr. par l'art. 43, n° 11 de la loi du 28 avril 1816.

6409. Pour jouir du bénéfice du droit fixe, le dépôt chez l'officier public n'a pas besoin d'être constaté en la forme authentique (3). Mais c'est une question d'interprétation de savoir si la remise a eu lieu à titre de dépôt ou de prêt. Ce dernier caractère a prévalu dans une espèce où le notaire avait pris terme pour le remboursement et devait payer des intérêts (4). En tous cas, le dépôt fait entre les mains d'un clerc sans la mention qu'il représente le notaire, ne profite pas du droit fixe (5).

6410. Les reconnaissances de dépôt de sommes chez les particuliers sont considérées comme des obligations sujettes au droit de 1 p. 100 (*Loi 22 frim. an 7, art. 69, § 5, n° 5*). Le droit fixe est cependant seul exigible quand la remise a le caractère d'un gage ou d'un nantissement ; nous en avons donné des exemples *supra n° 6380*.

6411. De même, le droit fixe est seul dû si le particulier reçoit la somme non comme obligé personnellement, mais pour la placer au nom du déposant ou en faire l'usage que celui-ci désire (6).

6412. Le tarif proportionnel se restreint, du reste, au dépôt de *sommes* d'argent. On ne pourrait percevoir que le droit fixe sur le dépôt d'objets mobiliers ou de titres de créances (7).

6413. Les dépôts d'actes et pièces chez les officiers publics sont tarifés au droit de 2 fr. (*Lois 22 frim. an 7, art. 68, § 1, n° 26 ; 28 avril 1816, art. 43, 10°*).

6414. Quand l'acte de dépôt concerne plusieurs personnes ayant chacune un intérêt distinct, il se divise en autant de parties qu'il y a d'individus intéressés au dépôt, et est soumis à un nombre égal de droits fixes (8). Cette décision s'applique à l'acte constatant le dépôt en l'étude par un clerc ou par un acquéreur des pièces relatives à la purge d'hypothèques légales (9), ou d'un procès-verbal d'adjudication en plusieurs lots (10), ou d'une procuration concernant des personnes ayant des intérêts distincts (11). Si le dépôt est dressé par le notaire sans le concours des parties, il n'est dû qu'un droit fixe, mais une telle manière d'agir est contraire à la loi (12).

6415. Les stipulations de l'acte qui sont indépendantes du dépôt donnent lieu à un droit particulier. Ainsi, lorsque l'acte de dépôt d'une vente contient quittance du prix, il est dû pour cette quittance un droit spécial de 50 p. 100 (13).

6416. De même, si dans un acte de vente il est constaté que pour le payement du prix l'acheteur a souscrit des billets placés en dépôt chez le notaire, il est dû à la fois, et le droit de vente et le droit fixe de dépôt (14). Mais on ne doit rien percevoir pour la reconnaissance que les parties font dans l'acte de dépôt des signatures de l'acte déposé (15).

SECTION XXV. — DÉSISTEMENT.

6417. Les désistements purs et simples sont tarifés par la loi du 22 frim. an 7, art. 68, § 1, n° 28, au droit de 1 fr. que la loi du 28 avril 1816, art. 43, n° 12 a porté à 2 fr.

---

(1) Cass., 22 avril 1823; D. N., *loc. cit.*, 83.
(2) Dél., 7 fév. 1834; Garnier, R. G., 4517, § 3; CONTRA, D. N., *loc. cit.*, 85; Dalloz, 483.
(3) Cass., 26 fév. 1850; Inst., 1857, § 1; R. G., 4580, § 1; D. N., v° *Dépôt*, 46; CONTRA, Dél., 30 janv. 1829 et 8 déc. 1835; D. N., *loc. cit.*, 46.
(4) *Arg.*, av. cons. d'Etat, 1er avril 1808; Cass., 25 avril 1810 Inst., 377, § 1; J. N., 1221; D. N., *loc. cit.*, 47.
(5) Seine, 5 juin 1850; J. N., 11092.
(6) Dél., 3 mars 1819; 23 sept. 1825; J. N., 5464; R. G., 4581.
(7) Sol., 22 août 1825; Garnier, 4582.
(8) Cass., 30 mars 1852; J. N., 11650; Inst., 1929, § 3; R. G., 4586; CONTRA, Soissons, 27 fév. 1850; Compiègne, 20 août 1855; J. N., 11132; R. P., 529.

(9) D. N., *loc. cit.*, 101; Cass., 30 mars 1852, ci-dessus; CONTRA, Vitry-le-François, 12 juin 1838; Dieppe, 20 juin 1838; Béthune, 6 janv. 1840; Chartres, 3 juin 1812; J. N., 10132, 10775, 11687; R. G., 4586.
(10) Mêmes décisions, et Senlis, 14 juillet 1840; R. G., 4586; Dél., 15 fév. 1842; J. N., 11239.
(11) D. M. F., 3 oct. 1817; Seine, 21 avril 1830; Cass., 20 fév. 1830; Inst., 1590, § 12; R. G., 4586; D. N., *loc. cit.*, 103 et les décisions précédentes.
(12) Carcassonne, 22 avril 1863; R. P., 1829.
(13) Dél., 7 juin 1826; R. G., 4585.
(14) D. M. F., 13 nov. 1810; D. N., *loc. cit.*, 99.
(15) J. N., 1885; D. N., *loc. cit.*, 105.

6418. Quand le désistement, au lieu d'être pur et simple, a pour objet d'anéantir l'effet d'un acte précédent, il devient un contrat et tombe sous l'empire du droit proportionnel applicable à la convention qu'il réalise (obligation, quittance, rétrocession, etc.) (1). Décidé spécialement, à cet égard, que le désistement de la signification d'un transport ne constitue pas une mutation de valeurs, mais est passible du droit fixe (2). Le désistement d'une surenchère donné par tous les créanciers n'est également passible que du droit fixe de 2 fr. (3).

V. *Mainlevée.*

SECTION XXVI. — DEVIS.

6419. Les devis d'ouvrages et entreprises ne contenant aucune obligation de sommes et valeurs ni quittance sont tarifés à 2 fr. (*Lois 22 frim. an 7, art. 68, § 1, n° 29; 18 mai 1850, art. 8*).

SECTION XXVII. — INVENTAIRE.

6420. L'inventaire est passible du droit fixe de 2 fr. pour chaque vacation (*Loi 22 frim. an 7, art. 68, § 2, n° 1*). La vacation est de trois heures (4), et toute fraction d'une ou de deux heures est comptée pour une vacation. Mais les notaires peuvent faire des vacations de quatre heures en ayant soin de déclarer cette intention dans l'inventaire (5). Pour la perception, le nombre des vacations se calcule par journée (6).

6421. Les inventaires après faillite ne sont sujets qu'à un droit fixe de 2 fr., quel que soit le nombre des vacations (7) (*Loi 24 mai 1854, art. 11*).

6422. On doit considérer comme un inventaire et non comme un procès-verbal de carence l'acte constatant l'absence d'objets à décrire (8). Mais l'état détaillé des objets laissés à titre de bail rédigé par un notaire n'est qu'un procès-verbal descriptif sujet à un seul droit, sans égard au temps employé à sa rédaction (9).

6423. Les nominations d'experts et leurs prestations de serment contenues dans un inventaire, font partie intégrante du procès-verbal et ne donnent pas lieu à un droit particulier (10). Il en est de même de l'établissement d'un gardien (11), et de la disposition par laquelle un tiers se porte garant de ce gardien (12). Quant à la décharge qui serait donnée aux héritiers par un tiers d'objets lui appartenant et confondus avec ceux de la succession, elle motiverait la perception d'un droit de 2 fr. (13).

SECTION XXVIII. — MAINLEVÉE.

6424. Les mainlevées sont des consentements tarifés au droit fixe de 2 fr., par l'art. 43, n° 7 de la loi du 28 avril 1816 (14).

6425. La mainlevée de plusieurs inscriptions sur un seul débiteur donne lieu à un seul droit (15); lors même qu'elles seraient prises dans différents bureaux (16), ou qu'il s'agirait soit d'une inscription et d'une subrogation (17), soit de saisies (18), et que les inscriptions auraient des causes différentes (19).

6426. Mais il est dû plusieurs droits sur la mainlevée consentie par un créancier au profit de plusieurs débiteurs non coïntéressés (20); si les débiteurs étaient des cohéritiers et que la mainlevée fût relative à des inscriptions frappant des immeubles indivis, il ne devrait cependant être perçu qu'un droit (21).

6427. La pluralité serait également applicable si le créancier déclarait qu'il accorde son consen-

---

(1) J. N., 13847, 14568 ; D. N., *Dés.*, 3.
(2) Dél., 29 avril 1820; J. N., 6614; R. G., 2597.
(3) Garnier, R. G., 1246.
(4) Loi, 27 mars 1791 ; décret, 16 fév. 1807.
(5) D. M. F., 25 oct. 1808 ; Inst., 406, § 2 ; Sol., 25 mai 1830; Inst., 1338, § 8 ; R. G., 7677; J. N., 7496; décret, 16 brum. an 14 ; D. N., *Inv.*, 321.
(6) Mêmes autorités. *Adde* Garnier, R. G., 7677.
(7) Loi, 24 mai 1834, art. 11; R. G., 6567, § 2.
(8) Sol., 10 fév. 1834 ; D. N., *Inv.*, 525; R. G., 7684.
(9) D. N., *loc. cit.*, 526.
(10) D. M. F., 25 mai 1824 ; D. N., *loc. cit.*, 543 ; R. G., 6171, § 1.

(11) Sol., 9 mai 1835 ; D. N., *loc. cit.*, 544; Dél., 30 juin 1849; J. N. 13942 ; R. G., 7683.
(12) D. N., *loc. cit.*, 547.
(13) Garnier, 4300 ; D. N., v° *Déch.*, 24.
(14) D. M. F., 17 août 1816; Inst., 758, § 8; D. N., v° *Mainlevée*, 469.
(15) Dél, 5 juin 1822 ; D. N., *loc. cit.*, 171.
(16) Garnier, R. G., 8291, § 2 ; R. P., 1827.
(17) Sol., 24 mai 1859; R. P., 1827.
(18) Garnier, R. P., 1827.
(19) *Ib.*
(20) Sol., 6 fév. 1837; D. N., *loc. cit.*, 172 ; R. G., 8291.
(21) Dél., 27 juin et 5 juill. 1834 ; R. G., 13768; R. P., 1827.

tement en faveur de telle ou telle personne. Ainsi par exemple, la renonciation par une femme mariée, à son hypothèque légale, au profit des acquéreurs des biens du mari, donne ouverture à autant de droits qu'il y a d'acquéreurs (1).

6428. Si la femme comparaissait comme venderesse à ce contrat, sa mainlevée serait une conséquence de l'obligation de garantie et serait dispensée du droit (2); le droit serait exigible au contraire si elle ne vendait pas elle-même avec son mari (3).

6429. Nul doute que la mainlevée donnée par plusieurs créanciers non solidaires à un débiteur unique, engendre autant de droits qu'il y a de créanciers (4). Ce principe a été appliqué à la mainlevée donnée par plusieurs mineurs de l'inscription d'hypothèque légale contre leur tuteur (5).

6430. La mainlevée est dispensée d'un droit quand elle est la suite de la quittance (6), ou en général de l'extinction de la créance à laquelle se rapporte l'inscription (7).

6431. La renonciation à des garanties différentes relatives à la même obligation n'est passible que d'un seul droit; ainsi notamment de la mainlevée d'une inscription et d'un transport d'indemnité d'assurances (8), ou de la renonciation au privilége et à l'action résolutoire du vendeur (9).

6432. La cession de priorité d'hypothèque est passible des mêmes droits que la mainlevée (10); mais elle motiverait la perception du droit de transport de créance, si elle avait pour effet de faire toucher à un créancier des sommes auxquelles il n'aurait pas eu droit (11).

SECTION XXIX. — MANDAT, PROCURATION.

6433. Sont soumis au droit de 2 fr. les procurations et pouvoirs pour agir ne contenant aucune stipulation ni clause donnant lieu au droit proportionnel (*Lois 22 frim. an 7, art. 68, § 1, n° 56, et 28 avril 1816, art. 43, n° 17*).

6434. Lorsqu'un pouvoir est donné par plusieurs personnes, la jurisprudence décide qu'il est dû plusieurs droits si les mandants ont des intérêts distincts, et qu'il en est dû un seul au contraire s'ils sont coïntéressés.

6435. D'après ce principe, on a reconnu passible d'un seul droit : 1° la procuration donnée par deux époux à une seule personne pour vendre leurs biens (12); 2° ou par les boulangers d'une ville pour provoquer le rapport d'une mesure de police sur le règlement du prix du pain (13); 3° celle de plusieurs cochers qui voulaient assurer la garantie d'un privilége de leur profession (14); 4° le mandat ayant pour objet l'établissement d'une société mutuelle d'assurances (15); 5° ou l'acquisition d'un immeuble pour le compte commun des constituants (16); 6° ou l'acceptation d'une donation *à titre de partage anticipé* faite à tous les mandants (17); 7° le pouvoir donné par plusieurs habitants d'une commune afin de soutenir leurs droits à la propriété de la pêche (18); 8° à l'arrosage de leurs prairies (19); 9° de défendre à une action en bornage (20).

6436. Mais il est dû plusieurs droits sur la procuration donnée : 1° par plusieurs créanciers à l'effet de suivre contre le Trésor la liquidation d'une créance (21); 2° par quatre particuliers dans le but de prêter à un tiers une somme dans laquelle ils ont des portions déterminées (22); 3° ou de les représenter à la liquidation des biens de leur débiteur (23); 4° par trois bateliers afin de constituer entre eux une société d'assurances (24); 5° par plusieurs acquéreurs à l'effet de s'associer pour faire les formalités de purge (25); 6° par plusieurs légataires dans le but d'accepter leurs legs (26).

---

(1) Dél., 5-31 janv. 1844; J. N., 11982; Voir Inst., 1390, § 12; Sol. 12 janv. 1863; R. P., 1827.
(2) Dél., 8 fév. 1833; R. P., 1827, § 6.
(3) R. G., 15182; R. P., 1827, § 6.
(4) Sol., 6 fév. 1837; Dict. not., *Mainlevée*, n° 172.
(5) Corbeil, 3 juin 1836; Dalloz, *Enreg.*, 459; R. G., 8291, § 3; D. N., loc. cit., 173.
(6) D. M. F., 25 juin 1808; Inst., 390, § 3; Amiens, 22 déc. 1815; D. M. F., 25 sept. 1827; Inst., 1229, § 9; R. G., 8292.
(7) Sol., 1er août 1843; J. N., 8602; Inst., 1704; R. P., 1827, § 5.
(8) Dél., 28 avril 1829; R. P., 1827.
(9) Laval, 16 août 1847; R. G., 8292; R. P., 1827.
(10) Inst., 386, § 11; R. G., 4327, § 2.
(11) Inst., 386, § 11; CONTRA, Dalloz, 1744; Champ., 1258.
(12) Sol., 16 mai 1864; R. P., 2127.

(13) Dél., 5 oct. 1822; J. N., 4273; R. G., 8386, § 6.
(14) Dél., 1er mars 1823; J. N., 4346.
(15) Dél., 21 nov. 1821; Dél., 21 déc. 1821; D. N., *Proc.*, 59; Doullens, 8 mars 1826; Dél., 19 mai 1826; R. G., 8386, § 3; 5925.
(16) Cass. Belgique, 19 fév. 1833; J. N., 8220; R. G., 8386, § 4.
(17) Sol., 24 mai 1832; 11 oct. 1842; D. N.; loc. cit., 62.
(18) Savenay, 27 août 1840; J. N., 10949; R. G., 8386, § 4;
(19) D. N., loc. cit., 65; Dél., 18 mai 1837; R. G., 8386, § 2.
(20) D. N., loc. cit., 66.
(21) D. M. F., 12 sept. 1817; J. N., 2276.
(22) Dél., 16 janv. 1829; J. N., 8903.
(23) Saint-Malo, 29 nov. 1856; J. N., 15952.
(24) Dél., 13 avril 1840; Inst., 1630, § 3; R. G., 8386.
(25) Dél., 7 nov. 1834; Inst., 1481, § 4.
(26) Dél., 26 mai 1829; D. N., loc. cit., 72.

6437. La procuration donnée par plusieurs cohéritiers pour accepter une succession, soit purement et simplement, soit sous bénéfice d'inventaire, n'est passible que d'un seul droit (1). Il en est dû plusieurs, au contraire, si le mandat contient pouvoir de renoncer (2), à moins, dans ce dernier cas, que la procuration ne soit donnée au nom des mineurs par le tuteur (3).

6438. Quand une personne nomme, par le même acte, plusieurs mandataires chargés d'agir séparément, il est dû autant de droits qu'il y a de mandataires (4). Si le mandat ayant été donné en blanc, les noms des mandataires ont été inscrits après l'enregistrement, la Régie peut réclamer un supplément de droit dans les deux ans (5).

6439. Un seul droit est exigible sur la substitution faite par un mandataire qui avait reçu d'un tiers le pouvoir d'agir en leurs noms communs (6), ou qui avait reçu plusieurs mandats de la même personne (7). Mais il y a lieu à la pluralité si le mandataire s'en substitue plusieurs autres pour agir séparément (8); ou s'il substitue un tiers dans plusieurs mandats émanés de personnes différentes (9).

6440. Certaines procurations sont dispensées d'un droit particulier comme dépendances d'autres dispositions tarifées. Tels sont : le pouvoir donné au futur dans le contrat de mariage, de gérer ou aliéner les biens propres de la future (10); le pouvoir d'agir donné dans un acte de société à l'un des associés (11) ; l'autorisation accordée dans un transport au porteur d'une expédition de faire signifier l'acte et de poursuivre le débiteur (12) ; le mandat conféré dans un partage à l'un des communistes pour payer les dettes avec des valeurs indivises (13).

SECTION XXX. — NOMINATION D'EXPERTS.

6441. La nomination d'experts hors jugement est tarifée à 2 fr. par la loi du 28 avril 1816, art. 44, n° 15.

6442. La nomination d'un expert dans un inventaire, pour faire la prisée, ne donne pas ouverture à un droit particulier (14) ; mais la désignation dans un partage d'experts chargés d'estimer les biens, forme une disposition indépendante soumise au droit de 2 fr. (15).

6443. Si les experts étaient dispensés du serment, il serait dû pour cette dispense un droit distinct de celui de la nomination (16).

6444. Les nominations d'arbitres ou compromis qui ne contiennent aucune obligation de sommes ou valeurs, sont tarifés au droit fixe de 3 fr. (*Loi 28 avril 1816, art. 44, n° 2*).

SECTION XXXI. — ORDRE AMIABLE.

6445. Les collocations à l'amiable devant notaires ne sont, comme actes de complément, sujets qu'au droit fixe de 2 fr. (*Loi 22 frim. an 7, art. 68, § 1, n° 6*) (17).

6446. Mais il ne faut pas confondre l'ordre amiable avec la délégation, car celle-ci est assujettie au droit proportionnel. Il y a ordre quand les créanciers se réunissent pour se distribuer, sans la participation directe du vendeur, le prix de l'aliénation (18) ; il y a délégation, au contraire, quand c'est le vendeur qui répartit lui-même ce prix (19).

6447. Il n'est dû aucun droit pour la mainlevée que les créanciers non colloqués donnent de leurs inscriptions (20). Si les créanciers reçoivent leurs payements, c'est le droit de quittance qui est exigible (21).

(1) Dél., 20 oct. 1832, 9 avril 1850 et 31 oct. 1851; J. N., 14482; D. N., *loc. cit.*, 73; R. G., 8390, § 1. 2.
(2) Dél., 5 juin 1822, 6 janv. 1826, 26 mai 1829, 22 fév. et 8 mars 1833, 31 oct. 1851 ; D. N., *loc. cit.*, 74; CONTRA, J. N., 14482.
(3) Dél., 8 fév. 1826 ; J. N., 2891.
(4) Dél., 23 oct. 1817 ; D. N., *loc. cit.*, 77.
(5) Dél., 23 oct. 1816 ; J. N., 2203.
(6) Sol., 1er juin 1835: D. N., *loc. cit.*, 79; R. G., 8389.
(7) Dél., 21 oct. 1835; D. N., *loc. cit.*, 80; R. G., 8389.
(8) Dél., 21 oct. 1835, *supra*.
(9) *Id.*, R. G., 8389.
(10) Dél., 12 oct. 1850; D. N., *loc. cit.*, 58.
(11) Rennes, 25 juin 1843.
(12) Dél., Belge, 14 nov. 1835; R. P., 013; R. G., 2613 bis; Dél., 21 juin 1842; D. N., *Proc.*, 54, 1er janvier, 17 avril, 11 août et 26 nov. 1843.
(13) Seine, 31 janv. 1839; R. G., 9483; R. P., 1688; Dreux, 19 août

1846; J. N., 12768; CONTRA, Mans, 12 mars 1847; Chartres, 16 fév. 1850; R. G., 9483; Garnier, *loc. cit.*
(14) R. G., 6174 ; D. M. F., 2 fructidor an 9; Dél., 21 déc. 1850; Rép., Journ. du palais. V. *Enreg.*, 1621.
(15) Sol., 10 juillet 1838 ; Rép., Journ. du pal., *loc. cit.*, 1622. Voir cependant R. G., 6174; § 4.
(16) Garnier, R. G., 6175.
(17) Cass., 17 mars 1830 ; Inst., 1328, § 2 ; R. G., 4469.
(18) Sol., 26 oct. 1830; Dél., 21 avril, 19 juin 1835; R. G., 4469, § 1; Cass., 31 janv. 1815; R. G., 9280.
(19) Cass., 27 fév. 1839, 15 juillet 1840; 19 avril 1843 ; J. N., 10358, 10710, 11730; 24 avril 1851; R. P., 74 ; Garnier, R. G., 4669; Inst., 1691-3, 1634-2, 1697-2, 2019-4.
(20) Sol., 1er avril 1834 ; R. G., 9278; D. N., v° *Ordre*, 237.
(21) Cass., 15 juillet 1840, 16 avril 1843; D. N., v° *Ordre*, 335 ; Inst., 7320-2, 1634-2, 1697-2.

SECTION XXXII. — PARTAGES.

6448. I. *Tarif.* Sont assujettis au droit fixe de 5 fr. les partages de biens meubles et immeubles entre copropriétaires à quelque titre que ce soit, pourvu qu'il en soit justifié (*Lois 22 frim. an 7, art. 68, § 5, n° 2, et 28 avril 1816, art. 45, n° 3*).

6449. La perception du droit fixe est donc subordonnée à deux conditions : la première qu'il y ait une copropriété quelconque, et la seconde qu'il soit justifié de cette copropriété.

6450. II. *Justification de copropriété.* La copropriété résulte de l'indivision, c'est-à-dire de l'état d'une chose sur la totalité et sur chaque partie de laquelle plusieurs personnes ont des droits communs : *Totum in toto et in qualibet parte.* La recherche des cas d'indivision repose sur les principes du Code Napoléon. Ainsi, jugé qu'il ne saurait y avoir de partage entre l'usufruitier et le nu-propriétaire parce que leurs droits respectifs sont parfaitement distincts : la convention qui interviendrait entre eux serait un échange (1). Mais il en est autrement lorsque le nu-propriétaire a une portion de propriété entière ; par conséquent, si ce nu-propriétaire cédait sa fraction contre une partie de nue propriété ou réciproquement, c'est le droit fixe de partage qui serait exigible (2).

6451. La preuve de la copropriété doit établir que l'on n'a fait figurer dans l'indivision que des valeurs en dépendant, et ensuite que l'on n'a pas appelé au partage des personnes étrangères. La loi n'a pas déterminé le genre de justification à fournir, d'où il suit qu'il suffit d'une preuve par toutes voies légales (3).

6452. L'administration a donc le droit de rejeter du partage, pour la perception, les rapports de dons manuels ou de créances non constatés par écrit (4) ; l'argent ou les valeurs en portefeuilles présumés fictifs (5) ; les reprises non justifiées (6).

6453. III. *Partages divers.* On doit d'ailleurs assimiler au partage les échanges, transactions et autres actes équipollents désignés à l'art. 888 C. N. (7). Mais il faut alors qu'ils fassent cesser l'indivision entre les copropriétaires (8).

6454. Les partages provisionnels sont soumis au même droit que les partages définitifs dont ils produisent les effets (9).

6455. Quand un partage a été renvoyé par justice devant un notaire et qu'il doit être présenté à l'homologation du tribunal, le procès-verbal n'est soumis qu'au droit fixe de 2 fr. (10). C'est sur le jugement d'homologation que le droit de 5 fr. sera perçu. Mais les autres droits auxquels donne lieu la convention sont payables après l'homologation au bureau où le partage a été enregistré (11).

6456. Quoique le partage soit sujet à l'homologation, si les parties majeures et les tuteurs des mineurs déclarent l'approuver, les droits sont exigibles sur le procès-verbal même d'approbation sans attendre la sanction judiciaire (12). Quant au tirage au sort, il se confond avec le partage même, et on ne devrait l'assujettir à un droit de 5 fr. que s'il était constaté par un acte distinct (13).

6457. Sont aussi dispensés d'un droit particulier, comme partie intégrante de l'acte, les comptes rendus par le conjoint survivant ou par le cohéritier qui a officieusement administré les biens (14) ; si le compte était rendu par un notaire, le droit de décharge serait exigible (15).

6458. Il ne faut pas confondre le partage avec la liquidation qui se borne à établir les droits

(1) Cambrai, 6 fév. 1847; J. N., 13213; Versailles, 6 fév. 1851 ; R. G., 9381 ; Cass., 14 août 1838; Condom, 10 et 25 janv. 1845; J. N., 12284; D. N. , v° *Part.*, 736.
(2) Cass., 16 juin 1824; J. N., 4782; Inst., 1146, § 11; Cass., 8 août 1836 ; R. G., 9382; Baugé, 29 oct. 1827 ; Dél., 8 fév. 1828 ; Seine, 19 mai 1830 ; R. G., *loc. cit.*, D. N., *loc. cit.*, 730 à 734.
(3) Garnier, R. G., 9388; Cass. Belg., 6 mars 1851 ; *ibid.*, V. Issoudun, 10 mars 1846; J. N., 12682; Vassy, 11 mars 1847 ; Versailles, 1er juill. 1847; J. N., 13108; Belfort, 8 mai 1850; J. N., 14169; Versailles, 10 déc. 1856 et Cass., 13 mai 1862; R. P., 1653; D. N., v° *Part.*, 719.
(4) Le Havre, 4 déc. 1846; J. N., 12990; Digne, 22 fév. 1845; Foix, 5 fév. 1850; Mayenne, 28 août 1850; R. G., 9390; le Havre, 27 août 1851; J. N., 14335; Orléans, 20 août 1851; R. G., 9393; D. N., *loc. cit.*, 719.
(5) Cass., 13 mai 1862 ; R. P., 1653.
(6) Gien, 10 avril 1847; Nontron, 19 août 1843; R. G., 9392; D. N., *loc. cit.*, 720.

(7) Péronne, 25 juin 1841 ; D. N., 735.
(8) Cass., 3 déc. 1829, 19 janv. 1841, 6 mai 1844, 2 avril 1851, 13 déc. 1852, 29 mars 1854, 22 nov. 1854, 10 nov. 1862; R. G., 6228 *bis*, contra, Bar-le-Duc, 16 juill. 1863; R. P., 4863.
(9) Roll. *Part. prov.*, n° 36; Garnier, R. G., 9406; D. N., *ibid.*, 740 ; R. P., 874 ; contra, Champ., 2810; Dalloz, 2662.
(10) Garnier, R. G., 9409; D. N., *Part.*, n° 843; Dunkerque, 8 nov. 1844; Montpellier, 9 mars 1846; Dalloz, 2663.
(11) Sol., 4 avril 1864 ; R. P., 1902; Garnier, R. G., 7904; D. N., *Part.*, 845; contra, Clamecy, 25 août 1865; R. P., 2180.
(12) Seine, 7 fév. 1844, 26 déc. 1849, 3 fév. 1847 ; R. G., 7903; D. N., *Part.*, n° 845.
(13) Sol., 10 juin 1837; R. G., 9410; D. N., *Part.*, n° 845.
(14) Cass., 23 mars 1853; J. N., 14922; D. N., *Part.*, n° 840. Voir Seine, 3 déc. 1853 ; R. P., 1436.
(15) Dél., 19 mai 1837 ; J. N., 9756; Cass., 26 fév. 1850 ; J. N., 14914; Inst. 1857, § 1 ; Nantes, 31 avril 1844; R. G., 9434, § 2; D. N., *Part.*, n°s 863 et 871.

respectifs des communistes et à préparer les attributions. Ce dernier acte est seulement sujet au droit de 2 fr. Il en est de même de la déclaration par *un frère* qu'il a reçu de *son frère* sa part du mobilier de la succession d'un parent commun (1).

6459. Le partage, par le même acte, d'une communauté entre époux et de la succession du conjoint prédécédé n'est passible que d'un seul droit, parce que la seconde opération dépend de la première (2). Cette solution s'étend également au partage dans lequel les attributaires d'un lot le subdivisent entre eux (3) ; mais la pluralité serait applicable au partage de successions échues à des héritiers différents (4).

6460. IV. *Communauté.* Lorsqu'une communauté se compose de valeurs mobilières supérieures aux reprises de la femme, elle peut cependant, sans qu'il y ait à percevoir un autre droit que celui de 5 fr., être partagée de manière que ces valeurs mobilières soient attribuées aux héritiers du mari (5).

6461. Est également un partage pur et simple l'acte par lequel la femme acceptante abandonne aux héritiers du mari les valeurs mobilières et immobilières de la communauté et stipule que ses reprises lui seront payées en deniers (6).

6462. La femme acceptante peut aussi, sans faire une cession, s'en tenir à ses reprises et laisser aux héritiers du mari le surplus de l'actif commun pour être dispensée de contribuer aux dettes (7).

6463. Lorsque des immeubles acquis par plusieurs individus sont partagés entre eux dans l'acte même d'acquisition, il n'est pas dû de droit de partage, indépendamment du droit proportionnel de vente (8).

6464. Si, après un partage homologué en justice, le notaire procède à un partage supplémentaire des fruits échus pendant l'instance, un nouveau droit de 5 fr. ne saurait être perçu sur cet acte complémentaire (9).

SECTION XXXIII. — PRESTATION DE SERMENT DES NOTAIRES.

6465. Chaque prestation est passible d'un droit principal de 15 fr. (*Loi 22 frim. an 7, art. 68, § 6, n° 4*), et il est dû un droit par prestation, lors même qu'il n'a été rédigé qu'un seul acte de serment pour plusieurs notaires admis sur appel nominal (10).

SECTION XXXIV. — PRÊT SUR DÉPÔT.

6466. D'après la loi du 8 septembre 1830, les actes de prêts sur dépôts ou consignations de marchandises, fonds publics français ou actions des compagnies d'industrie et de finance, dans le cas prévu par l'art. 95 du C. comm., doivent être enregistrés au droit fixe de 2 fr.

6467. Le déposant doit être commerçant (11) ; mais le fait seul du dépôt des marchandises suffit pour établir que l'emprunteur agissait en cette qualité et pour faire profiter le prêt du droit fixe (12). Il n'est pas nécessaire, du reste, que les parties aient la même résidence (13).

6468. La loi parle des fonds publics français, ce qui exclut les fonds étrangers ; comme sa disposition n'est pas la même pour les actions, on décide quelle s'applique aux actions étrangères (14).

6469. Le mot marchandises comprend tout ce qui en joue le rôle dans le commerce ; ainsi des planches gravées (15), des navires (16), mais non pas des rails de chemin de fer déposés par la compagnie (17).

(1) Garnier, R. G., 9435. Voir Dél., 14 déc. 1825; D. N., *Part.*, 743.
(2) Dél., 20 mars 1833; Dalloz, 383; Strasbourg, 28 avril 1844; J. N., 12090.
(3) Garnier, R. G., 9442, § 2, contra, Pithiviers, 12 janv. 1837; R. G., *loc. cit.*
(4) Voir D. N., *Part.*, n° 725.
(5) Dél., 28 nov. 1828; R. G., 9490.
(6) Cass., 13 déc. 1864; R. P., 1984.
(7) Sol., 24 juill. 1838 ; Inst. 4577, § 15; R. G., 9499, § 1; D. N., *Part.*, 835.
(8) Dél., 19 mars 1823 et 14 avril 1824 ; D. N., *Part.*, 856.
(9) Lyon, 25 fév. 1858; R. P., 1045.
(10) Inst., 204 et 290, § 49; R. G., 11617.

(11) Dél., 14 déc. 1830 ; Cass., 17 nov. 1834, 5 déc. 1837; Seine, 25 nov., 1846, 8 juill. 1851 ; Sarreguemines, 25 juin 1851 ; R. G., 10027 ; Inst., 1854-7, 1481-10 ; J. N., 7329, 8707, 9184; D. N., *Prêt*, 17.
(12) Seine, 22 juin 1864, 21 juin 1862 ; R. P., 1314, 1777 ; J. N., 17108, 17572.
(13) Cass., 26 mai 1845; J. N., 12408; Inst., 1743, § 10; R. G., 10028 ; D. N., *Prêt*, 23.
(14) Cass., 29 nov. 1848 ; Inst., 1837, § 9; Seine, 15 mars 1848 ; J. N., 13349, 13558: D. N., *Prêt*, 30.
(15) Sol., 24 août 1838; R. G., 10032.
(16) Nantes, 20 juin 1831 ; R. G., 10032; Seine, 14 juin 1854; D. N., *loc. cit.*, 24; Cass., 26 mai 1857 ; R. P., 281, 863; contra, R. P., 349.
(17) Dél., 22 avril, 4 juin 1859; R. G., 10033; contra, D. N., *Prêt*, 26-

6470. Si le prêt est antérieur au dépôt, on décide qu'il est néanmoins sujet au droit fixe (1). Mais il faudrait exiger le droit proportionnel si le prêteur restituait le gage avant la libération de l'emprunteur (2) ou recevait une affectation hypothécaire de ce dernier (3).

SECTION XXXV. — PROCÈS-VERBAL.

6471. Les procès-verbaux dressés par les notaires ne sont sujets, comme actes innomés, qu'au droit fixe de 2 fr., quand ils ne contiennent pas de convention donnant lieu au droit proportionnel (*Lois 22 frim. an 7, art. 68, § 1, n° 51, et 18 mai 1850, art. 8*) (4).

6472. Tels sont notamment les procès-verbaux de comparution d'une ou plusieurs personnes citées devant un notaire, ceux de dires dans les liquidations et ceux de délivrance de seconde grosse, etc.

6473. Les procès-verbaux d'offres réelles non acceptées et qui ne font pas titre au créancier n'acquittent également que le droit de 2 fr. (5) ; si l'offre est acceptée et les fonds reçus, il en résulte un payement passible du droit de quittance (6) ; si l'offre est refusée mais que l'acte fasse néanmoins titre au créancier, le droit proportionnel de titre devient exigible (7). Du reste, toutes les fois que le procès-verbal donne lieu au droit proportionnel, on n'est pas fondé à exiger, en outre, le droit fixe (8). — Voir *infra* n° 6570.

SECTION XXXVI. — PROROGATION DE DÉLAI.

6474. La prorogation de délai est tarifée à 2 fr. fixe, en vertu des lois des 22 frim. an 7, art. 68, § 1, n° 51, et 18 mai 1850, art. 8 (9).

6475. S'il résultait de la prorogation un titre nouveau s'appliquant à une obligation non enregistrée, il est clair que le droit proportionnel serait alors exigible (10).

6476. Lorsque, dans un transport de créance, le débiteur accepte la cession et reçoit du cessionnaire un nouveau délai pour se libérer, il est dû, à raison de cette prorogation, un droit particulier de 2 fr. (11).

SECTION XXXVII. — PROTÊT.

6477. Sont sujets à un droit fixe de 1 fr., conformément au décret du 23 mars 1848, les protêts simples, protêts à deux domiciles avec besoin, protêts de deux effets, protêts de perquisition, protêts de parquets, intervention ou dénonciation de protêt. Ce tarif est applicable aux protêts faits par les notaires (12) aussi bien qu'aux dénonciations de protêt contenant assignation soit au souscripteur, soit aux endosseurs de l'effet protesté (13).

6478. Il est dû un droit particulier pour l'intervention (14).

6479. Les protêts faits par les notaires doivent être enregistrés dans les quatre jours comme ceux des huissiers (*Loi 24 mai 1834, art. 23*) ; toute contravention est punie d'une amende de 5 fr. en principal (15).

6480. Les notaires sont d'ailleurs astreints à la tenue d'un registre spécial destiné à la transcription des protêts (*C. comm., 176*), mais seulement quand ils en ont signifié (16).

SECTION XXXVIII. — RATIFICATION.

6481. La ratification est un acte complémentaire sujet au droit fixe de 2 fr. (*Lois 22 frim. an 7, art. 68, § 1, n° 38 ; 18 mai 1850, art. 8*). Mais, pour profiter de la faveur du droit fixe, il faut, selon

---

(1) Cass., 26 mai 1857 ; R. P., 863 ; J. N., 16083 ; D. N., *Prêt,* 31, contra, Seine, 6 juin 1862 ; R. P., 1777, 18 déc. 1844 ; J. N., 12520, 17916.
(2) Cass., 4 janv. 1852 ; J. N., 14568 ; Inst. 1020, § 2, contra, Seine, 27 juin 1849, 4 avril 1850 ; J. N., 13847, 14043 ; D. N., *Prêt,* 32.
(3) Inst., 1332 ; R. G., 10029 ; Seine, 8 juill. 1851 ; D. N., *Prêt,* n°s 16, 20.
(4) Sol., 28 juin et 29 août 1831 ; D. N., *Proc.-verb.,* 75.
(5) Loi 25 avril 1816, art. 43.
(6) Dél., 28 juin 1833 ; Inst. 1437, § 7 ; D. N., *Offres ;* Angers, 23 août 1851 ; R. C., 9221, § 1.
(7) Dél., 28 juin 1833 ; Inst., 1437, § 7 ; Sol., 15 juin 1830 ; Dél., 22 déc. 1826, 6 mars 1827 ; Seine, 30 avril 1851 ; Marseille, 23 nov. 1843 ; R. G., 9222 ; Cons. R. P., 1265, 1286.

(8) Dél., 28 juin 1832 ; Inst. 1437, § 7 ; R. C., 9224 ; D. N., *loc. cit.*
(9) J. N., 7170 ; Sol., 7 janv., 7 avril 1830, 20 juin 1832 ; R. G., 10156.
(10) *Infra, Novation,* n° 6586 et D. N.. *Prorog.* 6 à 11.
(11) Dél., 25 janv. 1843 ; R. G., 10158, § 1 ; Rambouillet, 17 fév. 1860 ; Inst., 2187, § 6 ; Lyon, 29 août 1862 ; R. P., 1453, 1708 ; J. N., 17045, 17546 ; contra, D. N., *Prorog.* 12 ; Lyon, 25 fév. 1858 et 2 mars 1860 ; R. P., 1023 et 1312 ; J. N., 16347, 16839.
(12) Dél., 2 juill. 1850 ; R. G., 18167, § 1.
(13) Inst., 1825, § 11.
(14) Dél., 28 janv. 9 fév. 1842, 6 juin 1848 ; Inst., 1608-3, 1825, § 11 ; R. G., 10168 et 10171.
(15) D. M. F., 26 oct. 1840 ; J. N., 10828 ; Inst., 1634, § 12 ; R. G., 10170.
(16) D. M. F., 6 juin 1829 ; Inst., 1293, § 16 ; R. G., 10171, § 6.

le texte même de la loi, que la ratification s'adresse à un acte *en forme*, c'est-à-dire à un acte enregistré. Les ratifications d'actes non soumis à la formalité étant de nature à faire titre aux parties, motiveraient la perception du droit de la convention ratifiée (1).

6182. La ratification d'un seul contrat par plusieurs coïntéressés est passible d'un seul droit (2), mais la pluralité est exigible si la même personne ratifie des actes différents (3) et qui ne sont pas, comme ceux relatifs à la liquidation d'une succession, dans la dépendance l'un de l'autre (4). Quand les actes ne sont pas désignés, qu'un individu, par exemple, ratifie telles ventes qui auraient pu être faites, la Régie ne saurait exiger la déclaration du nombre de ces ventes; elle se borne à percevoir un seul droit (5).

6183. Les adjudications en détail sont considérées comme renfermant autant de contrats distincts qu'il y a d'acquéreurs non solidaires. La ratification d'un pareil procès-verbal donne lieu à un droit par adjudicataire (6), lors même que ces acheteurs ne seraient pas dénommés (7).

6184. La ratification est dispensée de l'impôt lorsqu'elle dépend d'une autre disposition tarifée : telle est la ratification d'une vente contenue dans la quittance même du prix (8) ou celle qui accompagne la décharge donnée au mandataire (9).

6185. Quand la ratification se rapporte à un contrat qui n'avait été passé que sous la condition quelle interviendrait ultérieurement, elle forme le véritable titre de la convention et devient passible du droit proportionnel.

SECTION XXXIX. — RÉCÉPISSÉ DE PIÈCES.

6186. Les récépissés de pièces sont tarifés à 2 fr. par la loi du 28 avril 1816, art. 43, n° 8.

6187. Le récépissé de pièces et le projet de compte ne font qu'une seule disposition passible du droit de 2 fr. (10).

6188. Il est dû un droit de récépissé pour chaque oyant quand il est rendu un compte particulier à chacun d'eux (11).

SECTION XL. — RECONNAISSANCES.

6189. Les reconnaissances pures et simples ne contenant aucune obligation ni quittances : 2 fr. (*Lois 22 frim. an 7, art. 68, § 1, n° 59 ; 28 avril 1816, art. 43, n° 19*).

6190. La reconnaissance d'enfant naturel : 5 fr. (*Loi 28 avril 1816, art. 45, n° 7*). L'enregistrement a lieu gratis si l'enfant appartient à des indigents (*Loi 15 mai 1818, art. 77*). Si la reconnaissance a lieu par l'acte de mariage, le droit est seulement de 2 fr. (*Loi 28 avril 1816, art. 43, n° 22*).

SECTION XLI. — RENONCIATION.

6191. La renonciation à succession, legs ou communauté lorsqu'elle est pure et simple, opère le droit fixe de 2 fr., si elle est faite par acte notarié (*Lois 22 frim. an 7, art. 68, § 1, n° 1 ; 18 mai 1850, art. 8*), et de 3 fr. si elle est faite au greffe (*Lois 22 frim. an 7, art. 68, § 2, n° 6, et 28 avril 1816, art. 44, n° 10*).

6192. De même que pour les acceptations (*supra n° 6509*), il est dû un droit pour chaque succession (12) et par chaque renonçant (*Loi 22 frim., art. 68, § 1, n° 1*) majeur ou mineur (13).

6193. Mais pour que la pluralité s'applique, il faut que les successions ou les legs soient distincts. Ainsi, il n'est dû qu'un droit sur la renonciation par une veuve à la communauté et au legs que lui avait fait son mari, ou sur celle d'un héritier à la succession et à un legs qui s'y rapporte (14).

La renonciation à surenchère est également passible du droit de 2 fr.

(1) Garnier, R. G., 10935. Voir Champ., 249; Dalloz, 628.
(2) Dél., 8 oct. 1841 ; R. G., 10389.
(3) Cass., 20 fév. 1839; Inst., 1590, § 12; Délib., 5 août 1826; R. G., 10390, § 1 ; Marseille, 12 mai 1850 ; J. N., 10291, 16674 ; contra, Vervins, 8 janv. 1836; Vitry-le-François, 12 juin 1838; J. N., 9250, 10182. Voir J. N., 17512.
(4) Laval, 10 déc. 1844 ; R. G., 10391.
(5) Garnier, R. G., 10390, § 3.
(6) Dijon, 2 déc. 1839; Fontainebleau, 23 déc. 1841; Clermont, 10 fév. 1842 ; J. N., 11224, 11045.

(7) Metz, 17 mars 1842; J. N., 11388; Arcis-sur-Aube, 15 juill. 1842; R. G., 10390, § 2.
(8) Garnier, 10394.
(9) Garnier, 10393; contra, Marseille, 12 mai 1859 ; R. P., 1191.
(10) Sol., 1er mars 1836 ; Inst., 1528, § 4 ; Loudéac, 30 avril 1845 ; J. N., 9446, 12540; R. G., 3145.
(11) Sol., 1er mars 1836 ci-dessus; R. G., 3441.
(12) La Flèche, 8 janv. 1840 ; R. G., 10718, § 3.
(13) Garnier, R. G., 10718, § 1.
(14) Sol., 19 mai 1843, 9 oct. 1832 ; R. G., 10718.

SECTION XLII. — RÉUNION D'USUFRUIT.

6494. Sont tarifées au droit fixe de 3 fr. les réunions d'usufruit à la propriété lorsque la réunion s'opère par acte de cession, et qu'elle n'est pas faite pour un prix supérieur à celui sur lequel le droit a été perçu lors de l'aliénation de la propriété (*Loi 28 avril 1816, art. 44, n° 4*).

6495. Cette disposition s'applique aux meubles comme aux immeubles (1). Elle ne donne lieu à la pluralité que si la nue propriété à laquelle l'usufruit se rapporte est divisée entre plusieurs personnes (2). Mais quand cette nue propriété est encore indivise, il n'est dû qu'un seul droit (3).

6496. C'est le droit fixe de 3 fr. qui est exigible sur l'acte par lequel l'usufruitier d'une somme la remet au nu-propriétaire qui s'oblige de lui en servir l'intérêt légal (4) ou bien renonce au profit du créancier de ce dernier à la jouissance d'un immeuble (5).

6497. Le droit fixe n'est d'ailleurs exigible que si, lors de l'événement qui a séparé l'usufruit de la nue propriété, le droit proportionnel de transmission a été perçu sur la valeur intégrale de l'objet, c'est-à-dire par avance sur l'usufruit lui-même. Si le possesseur de la nue propriété ou son auteur n'a pas acquitté alors l'impôt de mutation, il en est débiteur au moment de la réunion d'usufruit. Tel est le cas de la vente faite par un même acte à deux personnes distinctes de l'usufruit et de la nue propriété. Le nu-propriétaire n'ayant payé le droit de vente que sur la valeur de sa nue propriété, le droit complémentaire de transmission est exigible sur l'acte ultérieur de réunion d'usufruit. (Voir *infra, Vente d'immeubles*.)

6498. Mais c'est le droit fixe (avec ou sans droit de transcription, selon les cas) qui est dû quand le droit de mutation a été antérieurement perçu (6), et on assimile la prescription au payement (7). Il faut donc appliquer ce tarif à la réunion, par acte entre-vifs, d'un usufruit provenant d'un legs ou d'une donation (8), lors même que cette réunion profiterait au concessionnaire du nu-propriétaire (9).

SECTION XLIII. — SOCIÉTÉ.

6499. L'art. 68, § 3, n° 4 de la loi du 22 frim. an 7 a soumis au droit fixe de 3 fr., porté à 5 fr. par l'art. 45, n° 2 de la loi du 28 avril 1816, les actes de société qui ne contiennent ni libération ni transmission de biens meubles ou immeubles entre les associés ou autres personnes.

6500. L'élément essentiel du contrat de société, tel qu'on l'entend ici, est le désir de faire des bénéfices ou des gains appréciables en argent. C'est pourquoi il ne faudrait pas appliquer le tarif de 5 fr., mais celui de 2 fr. aux actes qui excluent toute pensée de lucre ; par exemple à la stipulation d'un contrat de mariage que les futurs vivront en commun ménage avec leurs parents (10), à moins qu'il ne s'agisse d'une société de travaux (11) ; aux assurances *mutuelles* contre l'incendie ou les chances du tirage au sort (12).

6501. Il faut en outre que le bénéfice soit fait en commun, car la simple indivision ne constitue pas une société passible du droit de 5 fr. Telle est la position de deux propriétaires possédant un immeuble dont ils se bornent à partager les fruits, pourvu que ces fruits ne proviennent pas de travaux communs (13) ; celle des rentiers qui conviennent, dans une tontine, que les rentes dues aux prémourants profiteront aux survivants (14), ou des copropriétaires d'un immeuble qui s'associent sous la condition que l'immeuble appartiendra au survivant (15).

---

(1) Dél., 25 janv. 1836 et 30 oct. 1849; J. N., 9157, 14258; R. G., 13930.

(2) Dél., 24 août 1833; J. N., 8069; R. G., 13932; contra, Dreux, 6 mai 1863; R. P., 1915 ; J. N., 8069, 17864.

(3) Château-Thierry, 29 déc. 1838 ; Dreux, 26 août 1846; Dél., 12 sept. 1835; J. N., 8069, 10333, 12858; D. N., v° *Part. anticipé*, n° 206.

(4) Dél., 25 janv. 1836 et 30 oct. 1849, *supra*, note 1re.

(5) Dél., 30 sept. 1826; R. G., 4489.

(6) Cass., 27 août 1844 et 10 mai 1848; Inst., 2188 ; J. N., 12074; R. G., 13936 ; R. P., 1454.

(7) Cass., 19 avril 1809; R. G., 13950.

(8) Inst., 2188 et les arrêts cités note 6e.

(9) Cass., 10 mai 1848 ; Inst., 2188; R. G., 13938 ; Montauban, 20 juin et Evreux, 25 août 1843 ; J. N., 11794, 11870 ; contra, Seine,

5 mai 1840; Lure, 12 juin 1844; Tours, 24 janv. 1845; Orléans, 24 janv. 1845; J. N., 12401, 12271, 12356.

(10) Garnier, R. G., 11774, § 1.

(11) *supra* n° 6383.

(12) D. M. F., 3 sept. 1819 ; J. N., 4882; Garnier, R. G., 11774, § 3; Troplong. *Soc.* 44; contra, Provins, 4 mars 1847; Dél., 1er juin 1822; Sol., 2 août 1825; R. G., 1700.

(13) Troplong, n° 30; R. G., 11776.

(14) Troplong, n° 54 ; Pardessus, IV, 970; Merlin, *Rép.*, v° *Tontine*; Delangle, I, 3.

(15) Nantes, 28 juill. 1856; R. G., 11783. Voir Cass., 22 août 1842, 15 juin 1847, 8 août 1848, 7 janv. 1850, 19 nov. 1851, 15 déc. 1852, 12 juill. et 10 août 1853, 23 août 1853, 26 avril et 26 juill. 1854, 9 avril 1856 et 14 juin 1858 ; R. G., 1670; R. P., 16, 75, 139, 617, 706, 922, 1018 et 1555; Inst., 2456, § 4 ; J. N., 11450, 13093, 13482, 13936, 14523, 15020.

6502. Quand la société est définitivement organisée, les adhésions postérieures constituent de nouvelles sociétés passibles du droit de 5 fr., quel que soit le nombre des adhérents. Si les statuts permettaient l'accès de nouveaux membres, leur intervention ne serait plus soumise qu'au droit de 2 fr. (1). Les adhésions aux sociétés mutuelles d'assurances ne sont d'ailleurs, comme ces sociétés elle-mêmes, passibles que du droit de 2 fr. (2). Quant à l'admission d'un membre dans une communauté religieuse moyennant une dot, il a été jugé qu'elle pouvait former un contrat de bail à vie sujet au droit de 2 p. 100 (3).

6503. La société, malgré son importance, se présente quelquefois comme l'accessoire d'une autre convention, et elle est, à ce titre, affranchie de l'impôt. C'est ce qui arrive notamment quand j'achète un immeuble pour un tiers et pour moi afin de le revendre ensuite conjointement (4).

6504. Le droit fixe s'applique à toutes les conventions qui sont faites dans l'intérêt général de la société et qui sont de l'essence du contrat. Les stipulations concernant l'intérêt individuel des associés ou des personnes étrangères doivent acquitter en outre l'impôt selon leur nature. La difficulté est de discerner ces deux classes de dispositions.

6505. Et d'abord, il est certain que les mises sociales ne peuvent engendrer un droit particulier : on n'a pas à considérer si l'apport est immédiatement versé ou s'il y a seulement promesse de le verser plus tard (5); s'il consiste en meubles meublants, valeur corporelle tel qu'un droit de bail (6), ou en immeubles pour lesquels l'associé commanditaire ou autre reçoit des actions (7). Il importe peu aussi, par conséquent, que l'apport soit réalisé plus tard; l'acte constatant le versement effectif de la mise n'est qu'un complément soumis au droit de 2 fr. (8).

6506. Mais si la chose n'est abandonnée à la masse qu'en retour d'un bénéfice particulier à l'associé et soustrait aux chances de la société, la clause est une disposition indépendante séparément tarifée : on peut voir sur ce point les développements que nous donnons ci-après, *Droits proportionnels*, v° *Société*.

6507. Les sociétés anonymes sont, comme les autres, sujettes au droit fixe de 5 fr., lors même qu'elles ne seraient pas encore autorisées (9). Mais toutes les adhésions postérieures n'acquittent que le droit de 2 fr., sans qu'il y ait lieu d'examiner si ces adhésions étaient ou non prévues dans le contrat (10).

6508. L'art. 68, § 3, n° 4 de la loi de l'an 7 a assujetti au droit fixe de 3 fr. (5 fr. *Loi 28 avril 1816, art. 45, n° 7*) les actes de dissolution de société lorsqu'ils se trouvent « *dans les mêmes cas* » que les actes de formation, c'est-à-dire lorsqu'ils ne contiennent ni obligation, ni libération, ni transmission de biens meubles ou immeubles entre les associés ou autres personnes.

6509. Si la dissolution de la société résultait d'une cession de part d'intérêt passible du droit proportionnel, le droit fixe ne serait pas, en outre, exigible (11). Mais, quoique le partage soit la suite de la dissolution, il n'en constitue pas moins une clause particulière qui donnerait lieu au droit de 5 fr.

6510. A l'égard de ce partage, la fiction rétroactive de l'art. 883 s'applique comme en matière de succession, avec cette seule différence que si un immeuble est attribué à celui des associés qui ne l'a pas apporté, il est dû un droit de transmission entre-vifs (12) en prenant la valeur de l'immeuble au jour de l'apport (13). En conséquence le partage d'une société purement verbale ne saurait être soumis au droit fixe, puisque l'existence de la communauté n'est pas justifiée (14).

6511. Les adhésions à une dissolution de société ne sont sujettes qu'au droit de 2 fr. (15).

---

(1) Délib., 17 mai 1823; R. G., 11783 *bis*, 2; D. M. F., 28 frim. an 8; Dél., 22 fév. 1828; Sol., 2 juin 1830; R. G., 1083; Seine, 26 juill. 1851; J. N., 4596, 6610, 16112; *Cons.* Seine, 27 nov. 1863; R. P., 1675.
(2) Sol., 3 avril 1849; J. N., 13508, 13683; R. G., 1701.
(3) Dél., 4 juin 1841; Inst., 1601, § 4; Cass., 7 nov. 1855 et 9 avril 1856; Inst., 2060, § 1; R. P., 583 et 706; J. N., 15042, 15762. V. *infra, Bail.*
(4) Garnier, R. G., 11788. Voir Champ., 2778; Dalloz, 3586.
(5) Inst., 290, § 9; Garnier, 11794; Lyon, 25 fév., 1858; R. P., 1014.
(6) Tours, 22 mars 1844; Dél., 6 nov. 1840; R. G., 11794 *bis*; D. N., *Société*, 421.
(7) Inst., 360; Dél., 14 sept. et 13 nov. 1838; Châteauroux, 10 fév. 1837; Dél., 30 oct. 1822; Bruxelles, 30 juin 1837; R. G., 11795; Cass., 8 mars 1842, 30 janv., 1859; J. N., 9630, 10494, 13947; Inst., 1675-7, 1857-15; Abbeville, 31 août 1858; R. P., 1089.

(8) Sol., 5 mai 1844; Seine, 2 juin, 1842; R. G., 11796 *bis*; D. N., *Société*, 383.
(9) Dél., 27 janv. 1836; R. G., 11814; Cass., 23 mai 1859; R. P., 1181; J. N., 16622.
(10) Dél., 27 juin 1836; R. G., 11814, § 2.
(11) Sol., 30 déc. 1844; R. G., 11824; CONTRA, Toulon, 26 juill. 1864; R. P., 1968.
(12) Cass., 29 janv. 1840, 6 juin 1842; J. N., 10643, 11340; Inst., 1618-9, 1683-8; R. G., 11827.
(13) Cass., 17 déc. 1838, 10 juill. 1840; J. N., 10228, 10713; Inst., 1634, § 14; Cass., 8 nov. 1864; R. P., 2000.
(14) Cass., 3 janv. 1832; J. N., 8442; Inst., 1401, § 5; Seine, 7 mars 1851; Dél., 30 déc. 1844.
(15) Sol., 21 juin 1832; R. G., 1086.

6512. Quand une société est prorogée, c'est la même entreprise qui continue entre les mêmes personnes pour le même but et avec les mêmes moyens. Il est donc évident que le droit de constitution de société ayant été perçu à l'origine, l'acte de prorogation n'est plus qu'un complément passible du droit fixe de 2 fr. (1). Mais si la société avait été dissoute, l'acte par lequel ses anciens membres déclareraient la continuer ou la renouveler produirait l'effet d'un nouveau contrat de société passible du droit de 5 fr. (2).

SECTION XLIV. — SOUMISSION.

6513. Les soumissions et enchères hors justice sur des objets mis ou à mettre en adjudication ou en vente ou sur des marchés à passer, lorsqu'elles sont faites par actes séparés de l'adjudication, acquittent le droit de 2 fr. (*Loi 22 frim. an 7, art. 68, § 1, n° 43, et 18 mai 1850, art. 8*).

SECTION XLV. — TESTAMENTS OU CODICILLES.

6514. Les testaments et autres actes de libéralité qui ne contiennent que des dispositions soumises à l'événement du décès sont assujettis au droit de 5 fr. (*Loi 22 frim. an 7, art. 68, § 5, n° 5, et 28 avril 1816, art. 45, n° 4*).

6515. Quand le testament renferme des stipulations ne dérivant pas nécessairement des libéralités, il est dû pour chacune d'elles un droit particulier (3). Ainsi, tandis que la nomination d'un tuteur dans un testament, ou du conseil désigné par le père en vertu de l'art. 391 C. N., ou encore des exécuteurs testamentaires ne donne lieu à aucun droit (4); il en est dû un pour la nomination d'un subrogé tuteur (5), ou pour une adoption testamentaire (6), mais le partage des biens entre les légataires serait affranchi de toute perception (7), sauf le cas de soulte.

6516. Les testaments sont des actes déclaratifs dans lesquels le disposant peut mentionner ses créances actives et passives sans motiver, en principe, l'exigibilité du droit proportionnel. Cet impôt ne serait dû que s'il apparaissait manifestement de l'intention de conférer un titre aux créanciers et de reconnaître réellement la dette (8).

6517. Voici quelques exemples qui peuvent servir de guide. Ainsi : jugé que le droit d'obligation est dû sur la déclaration du testateur qu'il a reçu en dépôt de son fils une somme de 20,000 fr. dont il lui fait, en cas de contestation, donation à titre de préciput (9); qu'il doit à Pierre 50,000 fr. que le légataire est chargé d'acquitter (10), encore bien que le testament soit en la forme d'une lettre (11).

6518. Mais il n'est rien dû pour la déclaration du testateur qu'il doit une certaine somme à son héritier ou à un légataire universel, parce que la créance s'évanouit par confusion (12); ni sur la fixation des reprises de la femme, quand il y a un contrat de mariage (13); ni sur l'aveu qu'un enfant est encore créancier de sa dot (14).

6519. Il ne saurait être d'ailleurs perçu qu'un seul droit fixe de 5 fr. pour tous les legs contenus dans le même testament et émanés de la même personne (15).

6520. *Réversibilité.* Il est difficile, dans certains cas, de savoir quand la disposition d'un acte constitue une donation éventuelle. De ce nombre sont les stipulations de réversibilité. Si la condition de réversion est pour chacun des associés le prix de la même condition imposée aux autres, il y a cession réciproque à titre onéreux et le droit de 5 fr. ne saurait être perçu. La Cour suprême l'a souverainement décidé (16). Il en serait de même si la réserve de réversibilité n'était pas expresse, et que la survie du dernier mourant fût prise seulement comme terme de la clause (17).

6521. Mais comment considérer les stipulations de réversibilité expresses et gratuites? Quand un contrat de vente ou de donation porte que la rente viagère formant le prix de l'aliénation sera versée

---

(1) Garnier, 11785.
(2) Garnier, 11786.
(3) Inst., 290, § 1 et 1282, § 9 ; R. G., 13408.
(4) D. N., *Test.*, 804; Dél., 5 juin 1816; R. G., 13527, 13532.
(5) Garnier, R. C. 13532.
(6) D. N., *Test.*, 807.
(7) Garnier, 9508, 13533 ; Dél., 14 fév. 1818; D. N., *Test.*, 799.
(8) D. N., *Test.*, 782 ; Inst., 290, § 1 et 1282, § 9 ; J. N., 9884; Dél., 20 juin 1834 ; R. G., 9369, 13516.
(9) Épinal, 24 avril 1849; D. N., *Test.*, 784.

(10) Sol. 20 juill. 1838; J. N., 10160; R. G., 13536.
(11) Rouen, 2 juin 1847; D. N., *Test.*, 785.
(12) Dél., 3 juill. 1823, 19 juill. 1824 ; J. N., 4886; D. N., *Test.*, 787, 788.
(13) Cass., 8 août 1836; J. N., 6363; R. G., 13536, § 9; D. N., *Test.*, 790 à 794.
(14) Dél., 12 fév. 1828 ; R. G., 9071.
(15) J. N., 10379 ; R. G., 4931.
(16) *Supra, Société*, n° 6501.
(17) Sol., 12 janv. 1836 ; J. N., 7595; Épernay, 3 fév. 1837 ; J. N. 7595, 9586 ; Dél., 23 janv. 1838, 11 janv. 1832; R. G., 4938.

à un tiers sans qualité pour intervenir à l'acte ou que la jouissance réservée sera réversible sur sa tête au décès du donateur, c'est là une disposition indépendante passible du droit fixe de 5 fr. (1). Si la personne appelée à la réversion avait un intérêt à l'aliénation, si elle était, par exemple, copropriétaire du bien ou si, elle avait sur lui une hypothèque ou un gage auquel elle renonce, il faudrait, sauf le cas où l'intention gratuite apparaîtrait, considérer la réunion comme le prix de l'abandon fait au profit de l'acquéreur et dispenser la clause du droit éventuel (2).

6522. Il en serait encore de même si la réversion d'usufruit émanait sincèrement des donataires eux-mêmes auxquels elle serait imposée comme condition d'une libéralité provenant de celui qui doit profiter de la réversion (3).

6522 bis. Les institutions contractuelles participent de la nature des libéralités à cause de mort et donnent, comme elles, ouverture au droit fixe de 5 fr.; nous en avons parlé sous les nᵒˢ 6364 à 6376, à propos des différentes donations éventuelles contenues dans les contrats de mariage.

6523. Les libéralités que les époux se font pendant le mariage, quoique qualifiées entre-vifs étant toujours révocables, il y a lieu de les ranger sous la clause des donations à cause de mort passibles du droit fixe (4) : elles sont, par suite, assujetties à l'enregistrement dans les trois mois du décès du donateur seulement (5).

6524. Cependant quand le donataire est investi, au jour même de l'acte, de la propriété ou de la jouissance de l'objet donné, la révocabilité ne constitue plus alors qu'une condition résolutoire qui n'empêche pas de percevoir le droit proportionnel sur cette propriété ou sur cette jouissance, en considérant l'acte, à cet égard, comme une donation entre-vifs (6).

SECTION XLV. — TITRE NOUVEL.

6525. Les titres nouvels et reconnaissances de rentes, dont les contrats sont justifiés en forme, ont été assujettis au droit fixe de 2 fr. par l'art. 68, § 1, nᵒ 44 de la loi du 22 frim. an 7, puis portés à 3 fr. par la loi du 28 avril 1816, art. 44, nᵒ 5.

6526. Il est dû un droit par débiteur non solidaire qui passe titre nouvel au profit d'un créancier commun ; mais la pluralité n'est pas applicable si les débiteurs sont coïntéressés ou s'ils affectent des biens indivis à la garantie de la rente (7).

6527. Le titre nouvel suppose une reconnaissance formelle de la rente, et non pas seulement une simple énonciation comme celle par laquelle des copartageants chargeraient l'un des lots du service de la rente (8).

6528. Le droit fixe de 3 fr. n'est même exigible qu'autant que le titre nouvel a pour objet de confirmer une obligation déjà existante en vertu d'un acte enregistré : toute stipulation différente est une convention principale donnant lieu selon sa nature au droit proportionnel (9). Mais si le droit proportionnel est exigible, il doit être seul perçu, bien qu'il soit inférieur au droit fixe (10).

6529. La nécessité de l'enregistrement ne s'applique d'ailleurs qu'au titre primordial même et non pas aux cessions postérieures. La reconnaissance de rente au profit du cessionnaire par acte non enregistré ne rendrait pas le droit de transport exigible (11).

6530. Il faut remarquer, enfin, que le tarif de 3 fr. est spécial aux titres nouvels de *rentes*. Les titres nouvels de créance seraient des actes de supplément sujets au droit fixe de 2 fr.

(1) Cass., 23 déc. 1862, 11 mars 1863; Inst., 2214, § 4; R. P., 1728 et 1762; J. N., 17508, 17708; contraire aux précédents arrêts des 23 janv. 1850, 12 avril. 10 mai 1854 et 19 août 1857; J. N., 13064, 13958, 13201, 13245, et 16129; R. P., 91, 866; R. G., 12880; Montpellier, 14 avril 1858; Lyon, 7 avril 1865; R. P., 1164,2086.

(2) J. N., 17918 ; Altkirch, 10 déc. 1857 ; Rennes, 30 juin 1858, 26 août 1863 ; Mortagne, 29 août 1861 ; Yvetot, 18 août 1863 ; Rambouillet, 23 déc. 1863 ; Château-Thierry, 12 mars 1864 ; Vitry-le-François, 15 avril 1864 ; Cass., 15 mai 1866 ; R. P., 972, 1062, 1518, 1544, 1842, 1900-2, 1916 ; J. N., 17918, 18502; contra, Saint-Quentin, 9 août 1861, 11 fév. 1863 ; Chinon, 5 mars 1864 ; R. P., 1518, 1925 ; Angers. 10 juin, 1864 ; J. N., 18130; Compar. Sedan, 4 août 1858 ; Cass., 6 mai 1857, 24 janv. 1860 ; R. P., 811, 1088, 1280; Inst., 2114, § 10 et 2174, § 8 ; J. N., 16308 et 16764; D. N., Don. entre époux, 406 à 411, et Don, 578 à 581.

(3) Mortagne, 29 août 1861 ; Mirecourt, 3 juill. 1865; J. N., 17316, 18332. Voir Cass., 14 nov. 1865; R. P., 2249; J. N., 18431; contra, Saint-Quentin, 9 août 1861 ; J. N., 17253.

(4) Inst., 290, § 27 ; R. G., 4957.

(5) D. M. F., 26 mars 1838; Inst., 1577, § 10; Dél., 23 fév., 1846; Cass., 20 juill. 1836, 22 mars 1848; J. N., 9361, 9474, 9667, 9722, 9783, 9826, 11945; Rép. gén., 4957.

(6) Cass., 31 août 1853; Sol., 22 mars 1856; R. P., 93, 453, 606.

(7) Dél., 5 juill. 1834; R. G., 13708; D. N., Titre nouvel, 49.

(8) D. M. F., 26 déc. 1821; R. G., 13769; D. N., Titre nouvel, 50.

(9) D. M. F., 20 sept. 1821, 5 fév. 1823; Inst., 1027, § 2; R. G., 13770; D. N., Titre nouvel, 45 et 50.

(10) Dél., 8 avril 1836; Inst., 4528, § 15; J. N., 9248.

(11) Sol., Belgique, 21 juill. 1854; R. P., 227.

9531. Dans les deux cas, il n'y a pas à considérer si la créance ou la rente était prescrite, car la renonciation à invoquer la prescription ne constitue ni obligation ni novation d'obligation sujette au droit proportionnel. Le contraire aurait lieu cependant, si la prescription avait été opposée par le débiteur et judiciairement reconnue (1).

SECTION XLVI. — TRANSACTION.

6532. Sont sujettes au droit fixe de 3 fr. les transactions, en quelque matière que ce soit, qui ne contiennent aucune stipulation de somme et valeur, ni disposition soumise à un plus fort droit d'enregistrement (*Lois 22 frim. an 7, art. 68, § 1, n° 45, et 28 avril 1816, art. 44, n° 8*).

6533. Quand la transaction donne lieu au droit proportionnel, c'est ce dernier droit qui est seul exigible, lors même qu'il ne s'élèverait pas à 3 fr. (2).

6534. Nous ne nous occupons pas ici du droit proportionnel : disons seulement que pour le percevoir, la Régie examine l'état des choses au moment où les parties se rapprochent pour transiger, et si le contrat opère quelque changement dans les droits apparents de chacune d'elles sur les valeurs litigieuses, elle exige l'impôt de transmission pour les biens dont le déplacement semble s'opérer par l'effet de l'acte (*infra*, v* *Transaction, Droit proportionnel*).

6535. D'après cette théorie, très-contestable d'ailleurs, il reste peu de cas où le droit fixe de 3 fr. soit seul exigible. Telle est cependant la transaction entre des héritiers à réserve et le légataire d'une rente viagère ou d'un usufruit, portant réduction de cette rente ou de cet usufruit en ce qu'elle excède le disponible (3) ; et celle par laquelle le saisi consent à ce que le tiers saisi verse entre les mains du créancier acceptant les sommes dont il sera reconnu débiteur (4) ; l'acte par lequel des voisins se concèdent un droit réciproque de passage sur des terrains contigus (5) ; l'abandon par un légataire de la portion de son legs qui excède la quotité disponible (6) ; la transaction sur procès, intervenue entre deux acquéreurs du même immeuble, et contenant renonciation à la vente par l'un d'eux (7) ; le consentement par des réservataires à ne pas intenter l'action en réduction (8).

SECTION XLVII. — ACTES INNOMÉS.

6536. Le législateur ne pouvant prévoir toutes les conventions auxquelles les relations sociales sont appelées à donner naissance, et désireux cependant de n'en omettre aucune, a classé dans un paragraphe commun, pour les assujettir au même droit fixe de 2 fr. : « généralement tous les actes civils non dénommés par la loi et qui ne peuvent donner lieu au droit proportionnel. » (*Lois 22 frim. an 7, art. 68, § 1, n° 51, et 18 mai 1850, art. 8.*)

6537. De ce nombre sont les actes imparfaits dont on requiert l'enregistrement. S'il ne résulte pas de l'acte ou du contrat, malgré son imperfection, quelque clause motivant la perception du droit proportionnel, c'est celui de 2 fr. fixe qui est seul exigible (9) ; il en est de même de l'acte dont les droits sont prescrits (10).

6538. Le cahier des charges rédigé par acte distinct de la vente ou de l'adjudication, est aussi un acte innomé passible du droit de 2 fr. (11).

6539. Tels sont encore les états estimatifs d'effets mobiliers à joindre aux donations (12) ; les états de dettes (13) ; les états présentant la situation des lieux ou des immeubles (14) ; les procès-verbaux rédigés pour constater une comparution ou une non-comparution, des dires, une lecture

---

(1) Garnier, 9706 ; Sol., 6 janv. 1857 ; Rép. Journal du palais, *Enreg.*, 1850.
(2) Sol., 10 sept. 1830 ; Inst., 1347, § 9 ; R. G., 13790 *bis* ; J. N., 7200 ; D. N., *Trans.*, 158.
(3) Sol., 23 mars 1825, 19 fév. 1828, 21 déc. 1835 ; J. N., 7386 ; R. G., 13826 ; Lyon, 21 déc. 1861 ; R. P., 1668.
(4) Dél., 29 janv. 1830 ; R. G., 13831.
(5) Sol., 13 sept. 1830 ; R. G., 13832 ; D. N., *Trans.*, 185.
(6) Dél., 16 sept. 1828 ; D. N., *Trans.*, 183.
(7) Blois, 9 avril 1835 ; D. N., *Trans.*, 199 ; cóntra, Dél., 3 mars 1835, *loc. cit.*
(8) J. N., 12278.
(9) D. M. P. et J., 13 juin 1809 ; Inst., 436, § 62 ; Champ., 157 ; R. G., 517.

(10) Cass., 24 juin 1828 ; Thionville, 11 juin 1835 ; Evreux, 8 juin 1839 ; Dalloz. 5444 ; J. N., 6591, 8773, 8973. On a soutenu néanmoins que si l'acte prescrit était volontairement présenté à l'enreg., il fallait exiger les droits ordinaires. *Consultez* Dél., 3 fév. 1835 ; J. N., 8773 ; Seine, 18 fév. 1844 ; Brives, 13 fév. 1844 ; Laon, 6 avril 1840 ; Saint-Quentin, 25 mars 1840 ; Bayeux, 8 fév. 1843 ; Seine, 16 mai 1850 ; Garnier, R. G., 319 ; Champ., *Supp.*, 998 et 999.
(11) Inst., 400, § 4 ; R. G., 2319.
(12) Inst. 354 ; R. G., 6009.
(13) Inst., 386, § 49 ; R. G., 6003.
(14) R. G., 6049 et 6027.

d'acte, une adjudication préparatoire et autres faits semblables (1); l'acte de suscription servant à établir la présentation et le dépôt en l'étude d'un testament mystique (2).

6539 *bis*. Sont encore passibles du droit fixe de 2 fr. : les actes d'élection de domicile quand ils sont faits par acte séparé de celui auquel ils se rapportent; les déclarations de changement de domicile; les oppositions à mariage; les autorisations maritales; les désaveux de paternité; les acceptations des adoptions testamentaires; les autorisations au mineur émancipé pour faire le commerce; les déclarations de propriété de meubles; la simple permission de chasse ou de pêche; l'accord relatif à la recherche d'un trésor; l'acte d'exercice de retour légal; la convention par laquelle les communistes consentent à suspendre le partage; le rapport d'expert; la renonciation au droit de retour ou de réméré; la dispense de notification d'acceptation de donation quand elle n'est pas contenue dans l'acte même de donation; la révocation d'une donation entre-vifs non acceptée; la révocation d'un testament ou d'un mandat; la révocation de l'acte même de révocation; l'acte portant consentement à la réduction d'un legs dépassant la quotité disponible; les ventes conditionnelles, ou les promesses de vente ne donnant pas lieu au droit proportionnel; le congé de location; la déclaration d'un gérant préalable à la constitution d'une société en commandite ou d'une société à responsabilité limitée; l'acceptation d'une lettre de change; la nomination d'un séquestre; la mainlevée d'écrou; le consentement de la femme à la restriction de son hypothèque légale, le compte rendu des formalités de transcription; la renonciation à la prescription acquise; la reconnaissance par le tiers détenteur pour éviter la prescription.

6539 *ter*. Quant aux exécutoires de dépens délivrés aux notaires par les juges de paix pour obtenir le remboursement de leurs avances, ce sont des actes judiciaires sujets au droit de 50 c. 0/0 (*Loi 22 frim. an 7, art. 69, § 2, n° 9*) (3). Ce droit ne peut pas être moindre de 1 fr. (4).

SECTION XLVIII. — CHEMINS VICINAUX.

6540. Les actes relatifs aux chemins vicinaux ont été l'objet d'une disposition spéciale. La loi de 1836, art. 20, a voulu que tous les plans, procès-verbaux, certificats, significations, jugements, contrats, marchés, adjudications de travaux, quittances et autres actes ayant pour objet exclusif la construction, l'entretien et la réparation des chemins vicinaux soient enregistrés moyennant le droit fixe de 1 fr.

6541. Ce droit n'a pas été élevé à 2 fr. par la loi du 18 mai 1850 (5): il est dû sur l'acte dans son ensemble, lors même qu'il contiendrait des dispositions indépendantes (6); mais si l'acte donne lieu à un droit proportionnel moins élevé, c'est ce droit proportionnel qui est seul exigible (7).

6542. Pour jouir du bénéfice du droit de 1 fr., l'acte doit contenir d'ailleurs la mention expresse qu'il est fait en vue de la construction, réparation ou entretien d'un chemin vicinal (8).

V. pour *l'expropriation*, *supra* n° 6282 et suivants.

SECTION XLIX. — ACTES CONCERNANT L'ÉTAT.

6543. Les adjudications et marchés dont le prix est à la charge de l'Etat sont soumis à un droit fixe de 2 fr. (*Lois 15 mars 1818, art. 75, et 18 mai 1850, art. 8*), par adjudicataire ou entrepreneur non associé (9). Le prix d'un marché peut tomber à la charge du Trésor public de deux manières, ou *directement* s'il s'agit par exemple de travaux à faire au domaine de l'Etat, ou de fournitures destinées aux établissements qu'il entretient (10); ou *indirectement* quand la dépense est acquittée par un tiers avec des fonds figurant dans le budget du Trésor, par exemple avec des fonds départementaux (11).

6544. Mais le droit proportionnel redevient exigible si le prix est payable par une commune à la décharge du Trésor (12).

(1) Sol., 26 sept. 1830, 28 juin et 29 août 1833.
(2) D. M. F., 9 sept. 1842; Seine, 12 août 1841; R. G., 1009, 1013.
(3) Cass., 4 avril 1826; R. G., 6143.
(4) D. M. F., et just., 16-26 fév. 1809; Inst., 429, § 4.
(5) Sol., 24 août 1850; Déc. M. F., 21 mai 1852; J. N., 14727; Inst., 1329, § 1; R. G., 2680.
(6) D. M. F., 26 août 1846; Inst., 1703; R. G., 2090.
(7) D. M. F., 8 janv. 1841; J. N., 10879; Inst., 1627.
(8) Inst., 1254; R. G., 2648.

(9) Ord., 31 mai 1838; R. C., 247 bis.
(10) Inst., 320; Cass., 21 mars 1825; D. M. F., 30 sept. 1830; D. M. F., 9 janv. 1850; Cass., 4 avril 1827; R. G., 248; Inst., 1460-3, 1347-10, 1845, 1249-2.
(11) D. M. F., 22 juin 1818; Sol., 6 avril 1840; D. M. F., 22 juill. 1822, 29 sept. 1846, 12 oct. 1829; Sol., 15 oct. 1844; Inst., 844, 1732 § 4; R. G., 249.
(12) Cass., 17 juin 1857; Seine, 1er juill. 1864; R. P., 884, 4938; contra, Cass., 11 fév. 1846; J. N., 12631; Sol., 10 mars 1840; Inst., 1608; D. M. F., 26 juill. 1822; R. G., 254.

6545. En tous cas, l'exemption du droit proportionnel ne peut être étendue aux sous-traités ni aux actes de cession, subrogation ou association par les adjudicataires ou entrepreneurs primitifs, lors même que cette substitution s'opérerait en vertu d'un arrêté administratif (1).

CHAPITRE NEUVIÈME.

DES DROITS PROPORTIONNELS. DISPOSITIONS GÉNÉRALES.

SOMMAIRE

6546. Il ne peut être perçu moins de 25 cent. pour l'enregistrement des actes et des mutations dont les sommes et valeurs ne produiraient pas 25 cent. de droit proportionnel (*Loi 27 vent. an 9, art. 3*).

6547. Ce minimum n'a point pour objet chacune des différentes dispositions d'un même acte mais le salaire de la formalité pour l'acte entier, en sorte que le droit de 25 cent. n'est pas exigible sur chaque disposition séparée, si l'ensemble des perceptions à faire excède ce minimum (2).

6548. C'est ainsi que pour les adjudications de baux en plusieurs lots, le minimum de 25 cent. ne doit pas être perçu sur chaque lot adjugé (3).

6549. La perception du droit suit les sommes et valeurs de 20 fr. en 20 fr., inclusivement et sans fraction (*Loi 27 vent. an 9, art. 2*).

CHAPITRE DIXIÈME.

DES OBLIGATIONS.

SOMMAIRE

(1) D. M. F., 21 déc. 1807, 16 avril 1832; Inst., 186, 366, § 7, 1410, § 2, 1414, § 1.

(2) D. N., *Minimum*, 2; R. G., 362.
(3) Dél., 5 oct. 1825; Inst., 1187, § 3; J. N., 3614; D. N., *loc. cit.*, 3.

SECTION I. — PRÊT A USAGE.

6550. Le prêt à usage, par lequel une des parties livre une chose à l'autre pour s'en servir, à la charge par le preneur de la rendre après s'en être servi, *supra n° 5441*, n'a point été expressément tarifé par la loi de l'enregistrement. D'où l'on a conclu qu'il devait acquitter le droit fixe comme acte innomé (1).

6551. Il semble que le commodat confère au preneur une jouissance gratuite tombant sous l'application de l'art. 4 de la loi du 22 frim. an 7, et pouvant donner lieu au droit de donation (2) ; mais, en tous cas, rien n'autoriserait à exiger le droit spécial aux obligations de sommes (3).

SECTION II. — PRÊT DE CONSOMMATION.

6552. Ces obligations, sous quelque forme qu'elles se produisent, ont été tarifées au droit de 1 p. 0/0 par l'art. 69, § 3, n° 3 de la loi du 22 frim. an 7, qui soumet à ce droit : « Les contrats, transactions, promesses de payer, arrêtés de comptes, billets, mandats, les reconnaissances, celles de dépôts de sommes chez les particuliers, et tous autres actes ou écrits contenant obligation de sommes sans libéralité et sans que l'obligation soit le prix d'une transmission de meubles ou immeubles non enregistrée. »

6553. De ce que le texte ne parle que des obligations de *sommes* il n'en faudrait pas conclure que le prêt de choses fongibles ne soit pas tarifé. La quittance d'un contrat de l'espèce serait soumise au droit proportionnel de libération, puisque l'art. 69, § 2, n° 11, s'applique en général aux quittances de sommes et *valeurs*. Or, le prêt étant, en droit fiscal, la convention correspondante à la libération, il est évident que la transmission dont il est la cause doit acquitter l'impôt. Ainsi, décidé que le droit de 1 p. 0/0 est exigible sur un prêt de denrées susceptibles d'être évaluées en argent (4), ou de lingots estimés dans l'acte (5). Si les denrées ou les lingots étaient considérés comme marchandises, c'est le droit de 2 p. 0/0 qui devrait être perçu (6).

SECTION III. — RECONNAISSANCE DE DETTE.

6554. Quoiqu'une obligation de sommes soit souscrite ou passée en l'absence du créancier, le droit de 1 p. 0/0 n'en est pas moins exigible (7). Mais quand la reconnaissance du débiteur est contenue dans un acte renfermant d'autres dispositions, il faut examiner si elle a eu pour objet de conférer un titre au créancier ou si elle a le caractère d'une simple énonciation impuissante par elle-même à servir de preuve (*C. N., 1320*). C'est toujours à cela que revient la théorie si embarrassée des reconnaissances de dettes.

---

(1) Champ., 808 ; Dalloz, 1317 ; D. N., *Prêt*, n° 11.

(2) Garnier, R. G., 9091 ; R. P., 662 ;

(3) CONTRA, Dél., 10 mars 1828; Dalloz, 1314 ; R. G., 9089, D. N., *loc. cit.*

(4) Dél., 10 mars 1828; R. G., 9086, § 1.

(5) Dél., 12 mai 1814, 10 oct. 1817 et 6 oct. 1831 ; D.N., *Oblig.*, 397 ; R. G., 9086, § 2.

(6) Seine, 1er déc. 1848; J. N., 13704; D. N., *Oblig.*, 396.

(7) Dél., 36 août 1826 : D. N., *Oblig.*, 423 ; Garnier, R. G., 9098; CONTRA, Seine, 22 janv. 1859; R. P., 1446.

6555. I. *Inventaires.* Et d'abord, les déclarations de dettes passives contenues dans les inventaires sont uniquement destinées à donner, sauf vérification ultérieure, un aperçu des charges de la succession; elles ne peuvent former obligation au profit des créanciers désignés (1).

6556. On l'a ainsi décidé : à propos du mandataire d'un héritier qui, ayant comparu en l'inventaire en cette qualité, y annonça que de la liquidation d'une société contractée entre cet héritier et le défunt, le premier était reliquataire de 8,000 fr. (2); pour la mention d'une dette à la charge d'un successible présent aux opérations (3); la déclaration d'un tuteur ou d'un exécuteur testamentaire qu'il doit un solde de compte (4); celle d'un cohéritier qu'il a reçu de son père défunt à titre de prêt, une somme de 15,000 fr. (5); la déclaration d'une veuve qu'elle doit à la succession une somme de 16,000 fr. avancée pour un compte et dont elle se reconnaît débitrice (6); l'intervention de deux enfants à l'inventaire de la succession de leur père, afin d'établir qu'une dette contractée par celui-ci les concernait personnellement (7).

6557. Le même principe s'applique *a fortiori* aux descriptions accompagnées des protestations ou réserves des prétendus débiteurs (8).

6558. Quand la déclaration est faite par les débiteurs en présence des créanciers auxquels elle peut profiter, il est plus facile d'y voir un aveu passible du droit de titre. La Régie a même décidé qu'il fallait toujours le percevoir dans ces circonstances (9). Mais cette théorie ne saurait être admise en termes aussi absolus, et la question reviendra encore à examiner le caractère de la mention. Plusieurs décisions ont été rendues en sens contraire sur ce point (10).

6559. D'ailleurs le créancier n'est censé être présent que quand il assiste à l'acte comme partie et non pas comme témoin ou comme conseil (11) : spécialement, le notaire n'est pas *partie* à l'acte qu'il rédige; la mention des honoraires qui lui sont dus ne saurait lui conférer un titre et donner ouverture au droit d'obligation (12).

6560. II. *Partages.* Les partages n'étant pas, comme les inventaires, des actes simplement énumératifs, la jurisprudence décide que le droit de 1 p. 0/0 est exigible dans tous les cas où la déclaration du débiteur est faite en présence du créancier (13). Mais lorsque ce créancier n'est pas présent, elle admet que l'aveu ne forme pas titre et est dispensé du droit proportionnel (14).

6561. III. *Donations.* Il faut distinguer, pour l'application du tarif, entre les donations universelles ou à titre universel, et les donations d'objets particuliers.

6562. Le donataire de tout ou partie des biens présents est tenu légalement de tout ou partie des dettes présentes (15). L'état ou la déclaration prescrit par les art. 945, 1084 et 1086 C. N., ont pour objet de mettre le donataire à même de connaître les charges de la libéralité; ils ne peuvent servir de titre aux créanciers. Aussi le droit d'obligation n'est-il pas exigible (16), à moins que les créanciers n'interviennent à l'acte pour accepter l'aveu (17).

6563. On doit décider de même pour les donations cumulatives de l'art. 1084 C. N. (18), et pour les partages anticipés (19) ou les donations à un enfant unique (20), puisque le but de l'état ou de la

---

(1) Inst., 290, § 18; Cass., 24 mars 1862; R. P., 1601.
(2) Cass., 22 mars 1814; R. G., 7680.
(3) Dél., 2 oct. 1822; R. G., 7680, § 3.
(4) Dél., 9 janv. 1851; Cambrai, 14 juill. 1842; J. N., 11461, 14250; R. G., 9101.
(5) Grenoble, 25 janv. 1844; R. P., 1202, § 36; CONTRA, Cass. adm., 17 nov. 1835; R. G., 7680, § 1.
(6) Valenciennes, 27 août 1847; J. N., 13191.
(7) Cass., 24 mars 1862; R. P., 1601; J. N., 17377; CONTRA, les Andelys, 8 fév. 1859; R. P., 1158.
(8) Dél., 1er oct. 1833; R. G., 7680. § 1; Seine, 12 fév. 1864, R. P., 1954.
(9) Inst., 290, § 18, n° 2; R. G., 7680, § 1; Sol., 4 avril 1836; R. P., 1262, n° 34.
(10) Vassy, 17 juill. 1845; R. G., 9001 § 5; Andelys, 8 fév. 1849; Cass., 24 mars 1862; R. P., 1601.
(11) Dél. 24 mai 1834; Inst., 1381, § 7. Voir Orléans, 16 déc. 1844; Hazebrouck, 28 fév. 1850; R. G., 3751, § 1, 2; Seine, 12 fév. 1864; R. P., 1954. V. Verdun, 4 juill. 1865; J. N., 18490.
(12) Sol., 18 déc. 1846; Inst., 1786, § 9; R. G., 9102, § 1; Cass., 17 juill. 1851; R. P., 200; Seine, 12 août 1846; Dél., 13 avril 1830; J. N., 7221, 12773.

(13) Voir les nombreuses autorités citées *supra* n° 2114 ; *adde* Seine, 13 avril 1851 ; R. G., 9102, § 2; 26 fév. 1864; R. P., 1954.
(14) Cass., 16 mars 1825 et 7 nov. 1826; Inst., 1205, § 10; Chartres, 3 juin 1826 et Cass., 25 avril 1827; R. G., 9098; CONTRA, Inst., 548, § 4; Dél., 15 fév. 1826; R. P., 1268, § 30.
(15) Feuet, XII, p. 508; Grenier, 90; Duranton, IX, 482; Dalloz, *Disp. entre-vifs*, chap. 4, sect. 3; Vazeille, *941*, 1; Champ., II, 1151.
(16) Inst., 386, § 49; Dél., 6 avril 1827; Dalloz, 1231; J. N., 6285; Nantes, 31 juill. 1829; Tarbes, 25 avril 1831; R. G., 9539, § 2; Vervins, 25 fév. 1858; R. G., 1025; Sol., 16 mai 1861; R. P., 1509; CONTRA, Dél., 27 juill. 1830; J. N., 7251.
(17) Limoges, 16 déc. 1845; R. G., 9539, § 2; Inst., 386, § 9; Dél., 13 fév. 1851; Dalloz, 1602; R. P., 1268, § 74.
(18) Louhans, 27 juin 1845; Dalloz, 1230; Champ., 874; R. P., 1268, § 66; J. N., 12471.
(19) Dalloz, 1663; Lunéville, 24 mai 1828; conf. en cass., le 28 avril 1829; Nantes, 31 juill. 1829; Tarbes, 25 avril 1831, conf. en cass., le 22 juin 1832; Castres, 27 août 1831, conf. en cass., le 22 juin 1832; Inst., 1410, § 5; R. G., 9539; R. P., 1268, § 73; J. N., 7764.
(20) J. N., 11744, 12166; Louhans, 27 juin 1845; J. N., 12471; Sol., 16 mai 1861; J. N., 17146.

déclaration des dettes est toujours d'éclairer le donataire, mais non pas de conférer aux créanciers un titre qu'ils trouvent dans la loi.

6564. Quand il s'agit de la donation d'un objet particulier, le donataire n'est pas de plein droit tenu au payement des dettes du disposant. La charge que ce dernier lui impose de les acquitter et l'énonciation qu'il en fait semblent constituer une sorte de délégation de prix donnant ouverture au droit proportionnel si la créance ne résulte pas d'un titre enregistré (1).

6565. IV. *Contrat de mariage.* En principe, les déclarations de dettes faites par les époux à l'occasion de leurs stipulations d'apport ont un caractère purement énonciatif qui les affranchit du droit proportionnel. On l'a ainsi jugé au sujet de la mention émanée d'une future, que sur son apport elle devait 30,000 fr. à un tiers (2); et des déclarations si fréquentes par lesquelles un des époux se constitue un office ou un fonds de commerce sur le prix duquel il redoit au vendeur non présent une somme déterminée. Ni le droit d'obligation, ni surtout celui de vente mobilière ne peuvent être perçus (3).

6566. Mais le droit proportionnel serait exigible, si la déclaration paraissait avoir été faite pour conférer un titre au créancier (4), et si surtout le créancier était présent au contrat (5). Par la même raison, le droit d'obligation devrait être acquitté si la déclaration d'apport avait lieu en la présence du débiteur, de la créance verbale que le futur se constitue (6), par exemple en présence du tuteur indiqué comme débiteur d'un reliquat de compte (7).

6567. V. *Testaments.* Les déclarations de dettes contenues dans les testaments ne peuvent être confondues avec les legs, puisque le testateur manifeste l'intention non de donner, mais de faire acquitter une obligation préexistante. Il est donc manifeste que le droit de 1 p. 0/0 est exigible (8).

6568. Ce principe a été notamment appliqué à la clause par laquelle le défunt chargeait son légataire de payer à un tiers une somme dont il était débiteur (9); ou reconnaissait avoir reçu en dépôt d'un de ses enfants un capital dont il lui faisait au besoin donation à titre de préciput (10); ou encore léguait son portefeuille à un tiers sous la condition d'acquitter 50,000 fr. dus à un créancier désigné (11).

6569. Ce droit est exigible lors de l'enregistrement du testament, quelle que soit la forme de cet acte (12), et lors même qu'il serait attaqué en nullité (13), ou que la dette serait après le payement de l'impôt reconnue sans valeur (14).

6570. VI. *Offres réelles.* Si un débiteur offre aux créanciers le payement de son obligation, il fait un aveu de la dette, et bien que le créancier n'accepte pas ce payement, il n'en a pas moins un titre pour l'exiger plus tard. C'est pourquoi le droit de 1 p. 0/0 est exigible quand l'obligation ne résulte pas d'un acte enregistré (15).

6571. Il a été, en effet, maintenu sur un exploit contenant des offres réelles pour solder un compte (16); sur l'offre non acceptée d'une somme ayant servi à faire le cautionnement d'un receveur général avec privilège de second ordre et sans justifier de la déclaration prescrite par le décret du 22 déc. 1812 (17); sur le procès-verbal de non-conciliation dans lequel le cité reconnut devoir et offrit de payer partie de la somme réclamée (18); sur l'acquiescement par exploit d'un entrepreneur à un rapport d'expert qui mettait plusieurs sommes à sa charge (19).

(1) Cass., 2 avril 1828; Inst., 1270; R. P., 1268, § 77; R. G., 4100, § 1; Inst., 1410, § 5, *in fine*; Clermont, 2 mars 1847; J. N., 13100; Nevers, 6 janv. 1851; Mâcon, 2 juin 1843; R. G., 4448, § 2; CONTRA, J. N., 42466, § 12, 11744, 17146; Dalloz, 1695; Champ., 1152.

(2) Strasbourg, 12 oct. 1820.

(3) Dél., 22 juin 1825; Sol., 11 avril 1832, 25 mars 1842, 25 nov. 1842; Dalloz, 2807; Rambouillet, 6 août 1817; Versailles, 18 mars 1847; Corbeil, 19 mai 1847; Lille, 10 mars 1843; R. G., 3751, § 1; Dél., 20 nov. 1846; J. N., 5246, 11525, 13027, 13082, 13163; CONTRA, Nantes, 22 janv. et 20 fév. 1847. Voir R. G., 3751, n° 2, en note, qui maintient le droit de 2 p. 0/0.

(4) Dél., 30 août 1826; R. P., 1286, § 82.

(5) Dél., 9 déc. 1831; Dijon, 22 déc. 1844; Sens, 17 juill. 1846; J. N., 13097; Soissons, 20 janv. 1847; Sol., 7 oct. 1854; R. G., 3751, § 1; Comp. Cass., 16 mars 1840; Autun, 2 déc. 1837; Nantes, 4 déc. 1837 et Lille 20 nov. 1843; R. G., *loc. cit.*

(6-7) Dél., 5 mars 1830; J. N. 7177; Châteaugontier, 22 déc. 1819;

R. G., 3430; CONTRA, Montauban, 19 avril 1846; Strasbourg, 15 avril 1823; R. G., 8945, § 3; D. N., V° Cont. de mar., 401 et suiv., et *supra* n° 6559.

(8) Inst., 290, § 1, 1282, § 9; Dél., 12 oct. 1827; R. G., 13536, § 12.

(9) Dél., 27 oct. 1829, R. G., 13536.

(10) Épinal, 21 avril 1849; Arg. de Dél., 11 déc. 1829; R. G., 13535 bis, 13536. Voyez *supra*, 6517.

(11) Sol., 20 juill. 1838; J. N., 10100.

(12) Rouen, 2 juin 1847; R. G., 13536, § 4.

(13) Privas, 8 mars 1844; R. G., 13536, 3.

(14) Seine, 3 mars 1847; R. G., 13536, 11.

(15) Dél., 28 juin 1833; Inst., 1437, § 7; D. N., *Offres*, n° 61.

(16) Sol., 15 juin 1830; Dél., 6 mars 1827; D. N., *loc. cit.*, 62; R. G., 9222, § 2.

(17) Dél., 22 déc. 1826; R. G., 9222, § 3.

(18) Dél., 23 juin 1829; D. N., *loc. cit.*, 65.

(19) Seine, 30 avril 1851; R. G., 9222, § 4.

6572. Mais le droit proportionnel ne serait pas exigible, si, par exemple, un acheteur offrait de payer le prix d'une vente de meubles que son vendeur ne reconnaît pas avoir consentie (1).

6573. Ces règles s'appliquent à tous les procès-verbaux contenant des reconnaissances du débiteur. Ainsi le droit de 1 p. 0/0 a été exigé sur la procuration donnée à l'effet de reconnaître une dette devant notaire (2); mais on a jugé qu'il n'était pas exigible sur le mandat donné par une personne de vendre des biens à un tiers dont il avait déjà reçu le prix (3); ni sur les énonciations de dettes passives contenues dans les avis de parents (4) quand les créanciers ne sont pas présents (5).

6574. VII. *Reconnaissance de dot.* D'après l'art. 68, § 3, n° 1 de la loi du 22 frim. an 7, la reconnaissance par le futur *dans le contrat de mariage* d'avoir reçu la dot de la future ne donne ouverture à aucun droit. Nous avons parlé de ces clauses, *supra* n° 6565.

6575. La même dispense s'étend à la reconnaissance du futur intervenue en l'absence de contrat (6), soit pendant le mariage, soit même depuis sa dissolution (7). On ne saurait donc percevoir le droit d'obligation sur la déclaration par le mari d'avoir reçu des sommes dotales appartenant à sa femme (8); ou généralement des capitaux personnels à celle-ci (9), lors même qu'il s'agirait de biens paraphernaux, reçus par le mari comme mandataire tacite (10).

6576. Mais le droit est exigible toutes les fois que le mari touche les sommes paraphernales à titre de prêt ou pour les employer à ses besoins (11). Seulement, ces obligations entre époux ne se présument pas; et par exemple le droit de 1 p. 0/0 n'est pas dû sur l'acte constatant que le mari a avancé le prix d'un immeuble acheté en remploi par sa femme, et qu'il se remboursera sur les premiers fonds paraphernaux (12).

SECTION IV. — DÉPOT DE SOMMES CHEZ LES PARTICULIERS.

6577. Il est dû un droit proportionnel de 1 p. 0/0 sur les reconnaissances de dépôt de sommes chez les particuliers. Mais l'impôt ne serait pas exigible, si la remise n'avait eu lieu qu'à titre de garantie (13), ou si le particulier avait reçu en qualité de mandataire (14).

6578. Les dépôts faits entre les mains des notaires restent sujets au droit fixe, à moins qu'il ne soit stipulé des intérêts ou un terme pour le remboursement (15). Quant au dépôt confié à un clerc, il serait assujetti au droit ordinaire de 1 p. 0/0 (16).

SECTION V. — CRÉDIT.

6579. L'ouverture de crédit contient une obligation soumise à la condition suspensive du versement des fonds. C'est une simple promesse de prêt, passible du droit fixe de 2 fr. (17), lors même que le crédité remettrait en gage du mobilier (18) ou des créances (19), ou conférerait une hypothèque (20).

6580. Mais s'il s'agissait d'une obligation devant produire ses effets actuels et uniquement subordonnée à un terme, le droit proportionnel serait immédiatement exigible (21).

(1) Seine, 5 mars 1847; Dél,. 30 juin 1849; Seine, 22 juill. 1850; J. N., 16079; CONTRA, Marseille, 23 nov. 1843; J. N., 13096, 13758. D. N., *loc. cit.*, 66.
(2) Lorient, 23 janv. 1848; Orléans, 9 déc. 1845; R. G., 8383, 9448.
(3) Marseille, 17 mars 1837; J.N., 9790; D. N., *Oblig.*, 416.
(4) Dél., 21 avril 1821; D. M. F., 9 mai 1821; J. N., 3846 et 3850; D. N., *Oblig.*, 410; Dél., 20 mars 1820; R. G., 910.
(5) Seine, 22 janv. 1859; R. P., 1446.
(6) Dél., 1er oct. 1830; R. G., 9108.
(7) Cass., 6 juin 1811, 13 oct. 1813, 10 déc. 1817, 1er avril 1822, 18 fév. 1833, 11 déc. 1838; R. G., 3424; D. N., *Oblig.*, 417.
(8) Dél., 31 juill. 1824, 3 avril 1829; Inst., 1230, § 7; J. N., 4653, 6987; R. G., 9109.
(9) Limoges, 13 mars 1848; D. N., *Oblig.*, 419.
(10) Seine, 9 fév. 1842; Cass., 10 juill. 1855; J. N., 13593; R. P., 434; Inst., 2051, § 8; Demante, *Revue de l'enregist.*, 22; Garnier, R. G., 9324 et R. P., 595; CONTRA, Dél., 12 mai 1829; Inst., 1239, § 7; J. N., 6987; Evreux, 24 avril 1847; R. G., 9113.
(11) Cass., 16 juill. 1855 ci-dessus.
(12) Cass., 3 mai 1861; R. P., 1907.

(13) Dél., 24 juill. 1835; Seine, 26 déc. 1839; Dél., 3 mars 1819; D. N., *Dépôt.*, 88 à 90.
(14) Dél., 23 sept., 1825; J. N., 5464; R. G., 4581. Voyez Bazas, 19 août 1859; J. N., 16721.
(15) Arg., av. cons. d'État, 1er avril 1808; Cass., 25 avril 1810; Inst., 377, § 1; J. N., 4221.
(16) Seine, 5 juin 1850; J. N., 14092.
(17) Cass.. 10 mai 1831, 9 mai 1842; Inst., 1410, § 10; 29 avril 1844; J. N., 7450, 7775, 11985, 31 déc. 1862; R. P., 4734; R. G., 4187; D.N., *Crédit*, 12. Voyez Limoges, 14 juill. 1804; R. P. 2450.
(18) Cass., 10 mai 1831, 9 mai 1832, *supra*; Arras, 17 déc. 1846.
(19) Besançon, 18 janv. 1837; Cass., 29 avril 1814; J. N., 9003, 11985; R. G., 4187, § 4 et 2.
(20) Toulouse, 20 janv. 1842; Cass., 26 janv. 1844; Aix, 29 mai 1841; J. N., 8761, 10109, 11132, 11504.
(21) Seine, 23 mai 1832, 23 déc. 1845, 8 août 1817; Cass., 21 fév. 1838, 2 avril 1845; J. N., 9938, 12344; Saint-Jean d'Angely, 7 mai 1846; Besançon, 8 juin 1853; le Havre, 31 déc. 1846; Rouen, 21 janv. 1861. *Consult.* Seine, 16 nov. 1860, 16 mai 1862; Inst., 1377-14, 1743-8; R. G., 4190; R. P., 166, 943, 1445, 1657, 2026.

6581. Dans tous les cas, quand le versement des deniers a eu lieu, la promesse de prêt donne ouverture à l'impôt, selon le tarif, du jour de l'acte d'ouverture de crédit (1).

6582. La Régie est admise à puiser la preuve de cette réalisation dans tout acte émané des parties contractantes et porté légalement à sa connaissance. Par exemple, dans : 1° le jugement qui ordonne la vente du gage au profit du créditeur (2); 2° la souscription de billets ou lettres de change imputables sur le crédit (3), sans même qu'on puisse tenir compte des droits perçus pour les effets (4); 3° la cession par le créditeur du montant de la dette (5); 4° la délégation que le crédité consent pour se libérer (6) ; 5° l'admission du prêteur dans la faillite du crédité (7), ou même la mention de sa créance dans le bilan (8); 6° l'aveu du crédité dans l'inventaire de sa communauté (9); 7° la mainlevée ou la quittance du créditeur quand elle fait présumer sa libération (10); 8° les déclarations des parties trouvées dans les pièces de la comptabilité communale (11) ; 9° les jugements ou les rapports d'arbitres (12); 10° le second emprunt dans lequel le débiteur réserve la créance de son premier prêteur (13); 11° la sommation donnée par le créditeur au crédité de reconnaître devant notaire la remise des fonds (14).

6583. Mais l'exigibilité du droit de 1 p. 0/0 ne résulterait pas de la simple échéance du terme accordé pour le versement des fonds (15); de la renonciation par le prêteur à surenchérir les biens hypothéqués (16); ni de la mainlevée pure et simple (17). On ne pourrait, bien entendu, le réclamer à la partie qui ne figure pas à l'acte prouvant la réalisation, ou auquel cet acte n'est pas opposable (18).

6584. Il faut remarquer que quand le crédit résulte d'une vente de marchandises, c'est le droit de 2 p. 0/0 qui doit être perçu à l'événement.

6585. Les billets souscrits à l'ordre des sous-comptoirs d'escompte, en représentation des crédits par eux ouverts, ne sont passibles que du droit de 2 fr. (19).

SECTION VI. — NOVATION.

6586. La novation consiste dans la substitution d'une obligation à une autre qui se trouve éteinte, *supra n° 3554*. Comme la création du second engagement anéantit nécessairement le premier, il s'ensuit qu'on ne saurait percevoir l'impôt sur chacun des éléments de cette opération. Il est seulement exigible sur l'obligation nouvelle.

6587. En matière civile, la novation a besoin d'être clairement exprimée; elle ne résulterait pas d'un simple changement dans la forme du titre. Mais le droit fiscal offre cette particularité qu'une pure modification dans *l'instrument* du contrat suffit quelquefois pour motiver la même perception que la novation proprement dite. Cela a lieu quand le titre nouvellement créé a une nature différente du premier et tombe sous l'application d'un autre tarif.

6588. Le dépôt de sommes chez un particulier est considéré, par exemple, en droit fiscal, comme

---

(1) Beauvais, 7 et 14 mai; Colmar, 27 mai 1851; Seine, 8 juill. 1851, 3 déc.1851, 21 janv. 1852; D. N., *loc. cit.*, 38; CONTRA, J. N., 14552, 14576.
(2) Seine, 8 janv. 1851 ; R. G., 4193, § 1. Voir Seine, 27 janv. 1865; R. P., 2098.
(3) Nantes, 27 août 1851 ; Seine, 18 janv. 1843; Montpellier, 30 août 1847; Loches, 16 fév. 1849; Châlons, 24 août 1843 ; Cass. 10 mai 1834; D. N., *Crédit*, 27 ; R. G., 4193-1.
(4) Mont-de-Marsan, 11 janv. 1847; Seine, 8 juill. 1851, 10 mars 1853 ; *Comp.* Cass., 5 août 1833, 20 août 1834, 30 mars 1835, 8 avril 1839, 14 nov. 1849; J. N., 8149, 8620, 8865, 10324, 13888, 14552 ; R. G., 4314, 4193 *bis*.
(5) Soissons, 18 juill. 1849; Seine, 8 juill. 1851 ; R. G., 4193, § 3.
(6) Mont-de-Marsan, 11 janv. 1847; le Mans, 29 août 1850; Bernay, 9 sept. 1848 ; R. G., 4193, § 5.
(7) Seine, 3 janv. 1844, 13 déc. 1849, 18 juill. 1851; Domfront. 17 mai 1850; Sedan, 28 déc. 1850; Châteauchinon, 23 août 1844; R. G., 4193, § 6 ; Limoges, 28 juin 1812; D. N., *Crédit*, n°s 30, 31.
(8) Marseille, 7 mars 1839 ; Cass. Belgique, 27 déc. 1862; R. P., 4771, CONTRA, Péronne, 22 mars 1837 ; D. N., *Crédit*, 29; Dalloz, n° 1361.
(9) Châlon-sur-Saône, 29 mai 1845, 31 déc. 1846; Soissons,

13 janv. 1847; R. G., 4193, § 7 ; Rennes, 29 avril 1863 ; R. P., 1807; Laval, 17 août 1840 ; D. N., *Crédit*, n° 27 ; CONTRA, Pont-l'Évêque, 31 juill. 1846.
(10) Strasbourg, 15 janv. 1844; Nantes. 29 mars 1847 ; Havre, 31 déc. 1846 ; R. G., 4193, § 13 ; Seine, 20 janv. 1854; Cass., 31 août 1858; Saint-Gaudens, 9 mai 1859; Seine, 29 janv. 1864 ; R. P., 167, 1090, 1176, 1930.
(11) Cass., 5 avril 1840 ; 11 nov. 1846; J. N., 10729, 12885; Inst., 1634, § 10, 1786-8 ; R. G., 5556.
(12) Seine, 5 déc. 1850; Toulouse, 17 janv. 1845; R. G., 4193, § 8; Lure, 6 mars 1850 ; Cass., 28 déc. 1864; Seine, 24 mars 1865 ; R. P., 760, 2003, 2159.
(13) Cass., 31 déc. 1862; Seine, 29 janv. 1864, 11 fév. 1865, 24 mars 1865; R. P., 1734, 1930, 2078, 2117; J. N., 17624.
(14) Seine, 22 mars 1862 ; R. P., 1702.
(15) Seine, 16 mai, 1862 ; R. P., 1637.
(16) Seine, 8 mars 1848; J. N., 13546.
(17) Besançon, 18 janv. 1837; D. N., *Crédit*, 26.
(18) Angers, 27 mars 1851 ; J. N., 17796.
(19) Décret du 24 mars 1848, art. 10; Seine, 5 mai 1860; R. P., 1338. Voyez Cass., 31 août 1858; R. P., 1083.

une *obligation* proprement dite, *supra n° 6410*. Cependant si ce dépôt est converti en prêt, on percevra encore un second droit de 1 p. 0/0, parce que les deux conventions sont séparément tarifées (1).

6589. Il en est de même des prêts sur dépôts de marchandises, qui acquittent le droit de 1 p. 0/0 quand ils se transforment en prêt ordinaire (2); et de la conversion du prêt en dépôt, ou du mandat en prêt (3).

6590. I. *Compte.* Un principe semblable s'applique aux arrêtés de compte. Il est bien certain que le mandataire auquel on accorde un délai pour se libérer *ne nove* pas sa dette (4), mais la reconnaissance crée au profit du mandant un titre de la créance jusqu'alors douteuse, et le droit de 1 p. 0/0 est exigible. Ainsi décidé, à propos d'un tuteur autorisé à garder le reliquat de son compte en donnant une inscription (5), ou jusqu'à ce qu'il en ait fait emploi (6); d'un héritier qui a géré les biens de la succession et s'oblige, dans le partage, à payer le reliquat avec intérêts (7).

6591. Quand le compte a été précédé d'un titre enregistré, la jurisprudence décide que l'arrêté n'est plus que l'exécution de ce titre et donne lieu à un droit fixe. Tel est le cas 1° de la liquidation après séparation de biens énumérant les reprises résultant du contrat de mariage de la femme (8); 2° de l'acte par lequel l'héritier du mari se reconnaît débiteur envers la femme du douaire porté au contrat de mariage de celle-ci (9); 3° de la reconnaissance par le mari que des capitaux propres à sa femme ont été touchés par lui durant le mariage (10); 4° de la liquidation dans laquelle le mari reconnaît devoir aux héritiers de sa femme des sommes reçues pour son compte et énumérées en l'inventaire (11).

6592. Mais le droit proportionnel serait incontestablement exigible, dans ces hypothèses, s'il y avait novation (12).

6593. Il a été cependant reconnu que le règlement des fermages dus en vertu d'un bail enregistré n'était pas un simple acte de complément, et justifiait la perception du droit de 1 p. 0/0 (13).

6594. L'héritier bénéficiaire étant légalement dépositaire du reliquat jusqu'à la distribution judiciaire, le droit de 1 p. 0/0 ne saurait être perçu (14).

6595. Lorsque le reliquat est à la charge de l'oyant et qu'il s'engage à le payer, le droit d'obligation est exigible, sans qu'il y ait à examiner si le compte repose ou non sur un titre enregistré (15). (V. *Compte, supra n° 6345, etc.*; *Décharge, n° 6385, etc.*; et *Quittance, infra n° 6726*.)

6596. II. *Transaction.* Quand on transige, c'est pour remplacer une situation douteuse par un état ou un titre nouveau qui servira désormais de règlement aux droits des parties. Elle emporte donc presque toujours novation et donne lieu à l'impôt proportionnel.

6597. Si l'un des contractants abandonne la propriété d'une chose à laquelle il semblait avoir droit, le contrat est aux yeux de la Régie le titre d'une mutation mobilière ou immobilière selon le cas, *infra n° 7468*.

6598. Si la partie, tout en conservant la possession des valeurs dont elle était saisie, paye une somme d'argent pour mettre fin au procès, on considère l'opération comme une quittance sujette au droit de 50 c. p. 0/0, *infra n° 7229*.

6599. Enfin, le droit d'obligation est exigible, quand la partie s'engage seulement à payer cette somme à son cocontractant. On l'a spécialement décidé pour la somme promise par un acquéreur au

(1) Dalloz, 4591; Garnier, 8944; contra, Champ., 978.
(2) Cass., 14 janv. 1832; Inst., 1920, § 2.
(3) Garnier, 8912; Dalloz, 4592; Boulanger, *Noration*, 45, etc.; Cass., 16 juillet 1855; Inst., 2054, § 8.
(4) contra, Inst., 1236, § 2; J. N., 6474; D. N., *Compte*, n° 83.
(5) Cass., 13 nov. 1820; R. G., 3124, § 1; D. M. F., 26 nov. 1823; Inst., 1132, § 2; J. N., 4643.
(6) Versailles, 21 mars 1833; R. G., 3424; *Arg.* de Marseille, 13 juin 1837; J. N., 10407.
(7) Déi., 3 mars 1824; J. N., 4742; D. N., *Compte*, 86.
(8) Cass., 27 juin 1809, 6 juin 1811 et 13 oct. 1813; D. N., *Compte*, 92.
(9) Cass., 10 déc. 1817; D. N., *Compte*, 93. V. Cass., 13 avril 1830; Inst., 1838, § 2; J. N., 7162; R. G., 3436.
(10) Cass., 1er avril 1822; D. N., *loc. cit.*, 94; Cass., 16 mai 1832; J. N., 1789; R. G., 3424; Cass., 16 juill., 1855, *supra n° 6575*; contra, Cass., 27 juin 1809.

(11) Cass., 11 déc. 1838; D. N., *loc. cit.*, 96; R. G., 3424; Inst., 1587; J. N., 10220, 10363. *Comp.* Cass., 18 fév. 1833; J. N., 7996; R. G., 3424; Douai, 29 déc. 1852; R. P., 31.
(12) Montauban, 19 avril 1846; Strasbourg, 15 avril 1823; R. G., 3424; Seine, 3 déc. 1853; Montluçon, 21 août 1863; le Havre, 24 juin 1864; R. P., 1436, 1813, 1944.
(13) Dél., 8 sept. 1833; Cass., 8 avril 1839, 14 nov. 1849, 23 mai 1854; Inst., 1001-8, 1857-9, 2010. § 3; J. N., 15267; Rambouillet, 10 déc. 1847; Cambrai, 4 déc. 1856; R. P., 770; contra, Vitré, 22 juill. 1835, 13 juill. 1836, 30 août 1837; Saint-Sirons, 4 juill. 1849; D. N., *loc. cit.*, 89; R. G., 9417; J. N., 13804.
(14) Sol., 16 juillet 1825; J. N., 5458; D. N., *Compte*, 36; R. G., 3437.
(15) Garnier, 3125; D. M. F., 10 déc. 1827; J. N., 6474; D. N., *loc. cit.*, 85; Seine, 3 déc. 1853, 13 janv. 1865; Rép. P., 20, 1120, 2092.

nu-propriétaire afin d'obtenir la ratification de la vente faite en son nom par l'usufruitier (1), ou au vendeur afin d'éteindre une action en nullité du contrat (2) ; pour celle qu'un héritier s'oblige de payer à un légataire qui opte pour tel objet plutôt que pour tel autre, dans un legs alternatif (3) ; pour la confirmation d'une libéralité ou d'une vente, faite, moyennant une somme d'argent payable à terme, par les héritiers de l'ancien propriétaire (4) ; et pour la renonciation faite, dans les mêmes conditions, par les héritiers naturels au droit d'attaquer le testament de leur auteur (5) ; ou par un légataire dépossédé de son legs par jugement au droit d'interjeter appel de cette décision (6).

6600. III. *Modifications de la dette.* Lorsqu'une convention ne fait qu'augmenter ou diminuer le capital de la dette, celle-ci ne s'éteint pas pour être remplacée par une autre obligation, et si le premier titre a été enregistré, le droit n'est exigible que sur l'excédant constaté par le second (7).

6601. Cela s'applique notamment aux stipulations d'intérêts. Celle qui est contenue dans le contrat obligatoire lui-même est une disposition secondaire affranchie de l'impôt (8). Et il en est ainsi encore de celle qui intervient après ce contrat pour transformer en prêt à intérêt un prêt pur et simple (9).

6602. Mais les reconnaissances d'intérêts *échus* constituent en général une obligation particulière quand le chiffre de la dette nouvelle est déterminé, et le droit d'obligation peut être alors perçu sur ce chiffre (10).

6603. La prorogation de délai ou la clause pénale ajoutée ultérieurement à la créance ne la novent pas et ne sauraient justifier l'exigibilité d'un droit proportionnel (11).

6604. IV. *Changement du titre.* On peut, sans acquitter un nouveau droit proportionnel, convertir une obligation sous signature privée en obligation notariée et réciproquement (12), lors même que le second acte contiendrait une affectation hypothécaire qui n'existait pas dans le premier (13).

6605. Mais si le second titre a une nature différente et se trouve spécialement tarifé, il est passible du droit applicable à sa nature. C'est ce qu'on a décidé pour la reconnaissance par acte civil d'une créance résultant de billets à ordre ou de lettres de change enregistrées (14) ; à moins, dans ce dernier cas, que la reconnaissance ne résulte d'un acte imposé par la loi même (15).

6606. Et c'est ce qu'il faudrait décider aussi pour la constatation d'une dette civile en la forme commerciale.

V. *Const. de vente, infra n° 6671.*

SECTION. VII. — EFFETS DE COMMERCE.

6607. Les effets de commerce, tels que le billet à ordre ou la lettre de change, peuvent être passés devant notaires (16), *supra n°s 5252 et suiv.;* et ils constituent alors des actes notariés soumis à l'enregistrement dans les délais ordinaires (17). Mais ces effets profitent de la réduction de droits accordée aux créances commerciales. Les billets à ordre acquittent 50 c., et les lettres de change 25 c. p. 0/0 (*Lois 22 frim. an 7, art. 69, § 2, n° 6, et 28 avril 1816, art. 10*).

---

(1) Dél., 8 fév. 1828 ; D. N., *Trans.,* 193.
(2) Rouen, 28 nov. 1827 ; Dél., 19 fév. 1828 ; D. N., *loc. cit.,* 194 ; R. G., 13810 ; Cass., 29 avril 1850 ; J. N., 6441, 14064 ; Inst., 1875, § 12 ; R. G., 13801.
(3) Dél., 9 mai 1828 ; D. N., *loc. cit.,* 201 ; R. G., 13822.
(4) Seine, 3 janv. 1850 ; D. N., *loc. cit.,* 202 ; J. N., 12278, 13955 ; contra, Dél., 22 mai 1827 ; R. G., 13810.
(5) Sol., 7 juill. 1810, 29 juin 1826 ; Inst., 1226, § 11 ; R. G., 13807.
(6) Cass., 21 août 1848 ; J. N., 13389 ; R. G., 13808 ; Toulouse, 15 fév. 1850 ; R. G., 641 ; contra, Gourdon, 24 fév. 1847 ; R. G., 13808, § 4.
(7) Evreux, 12 fév. 1848 ; R. G., 8024 ; arg. de l'art. 69, § 2, n° 9 de la loi du 22 frim. an 7.
(8) Champ., 983 ; Dalloz, 1625 ; Sol., 17 oct. 1829, 31 juill. 1824 ; Inst., 1130, § 14 ; Dél., 29 mai 1819 ; R. G., 7654, § 2.
(9) R. G., 7654, § 3 ; Champ., 986.
(10) D. M. F., 3 fév. 1822 ; J. N., 4117 ; Sol., 9 oct. 1824 ; Inst., 1027, 1150, § 3 ; Dél., 3 sept. 1833 ; Dalloz, 1630 ; Dél., 28 mai 1825 ; Saverne, 23 août 1845 ; R. G., 7651, § 4 ; contra, Dél., 5 oct. 1831, 7 oct. 1836 ; Champ., 987 ; R. G., 9223 ; Dalloz, 1634.

(11) Dél., 20 avril 1822 ; R. G., 8943, § 2 ; Strasbourg, 18 avril 1823 ; Dél., 24 sept. 1823 ; Montauban, 19 avril 1846 ; D. N., *Novat.,* n° 137.
(12) Garnier, 8930 ; Champ., 1000.
(13) Dél., 24 janv. 1824 ; D. N., *Novat.,* 138 ; V. le Rép. gén., n°s 1311 et 1312, et Cass., 20 fév. 1837 ; Inst., 1539, § 1 ; J. N., 4581, 9708.
(14) Cass., 17 prairial an 12, 8 pluv. an 13, 23 déc. 1807, 1er fév. 1813, 5 août 1833, 20 août 1834, 30 mars et 18 août 1835, 5 avril 1854 ; R. P., 473 ; D. N., v° *Affect. hyp.,* 29 ; Cass., 8 avril 1839, 14 nov. 1849 ; Inst., 290-11, 1446-8, 1473-5, 1601-8, 1857-9, 2019-7 ; J. N., 8149, 8629, 13324, 13888, 15356.
(15) Sol., 26 juill. 1826 ; Inst., 1204, § 1.
(16) Merlin, Rép., *Lettre de change,* § 2 ; Pardessus, II, 330 ; Nouguier, I, p. 73 ; Dalloz, *Effet de comm.,* 38 ; Cass., 30 juill., 1828 ; 10 fév. 1834, 28 janv. 1835 ; J. Pal., *à sa date.*
(17) Cass. 10 fév. 1834, 28 janv. 1835, 19 juin 1835 ; R. G., 3289, *supra* n° 6152 ; J. N., 8021, 8360, 8966 ; D. N., v° *Lett. de ch.,* 232 ; Inst., 1458-3, 1490-5, 1498-1.

6608. Le droit est le même, bien que l'effet soit causé valeur en marchandises ou en prix de vente d'immeubles (1).

6609. Pour que les effets de commerce jouissent de la réduction du tarif, il faut qu'ils contiennent les caractères ou du billet à ordre ou de la lettre de change, sans quoi on les considérerait comme des obligations ordinaires sujettes au droit de 1 p. 0/0.

6610. Décidé à cet égard que les effets tirés de place en place à *l'ordre du tireur* sont, quoique non endossés, de véritables lettres de change sujettes au droit de 25 c. p. 0/0 (2). Si la traite n'est point tirée *d'un lieu sur un autre*, on doit y voir un billet à ordre soumis au droit de 1/2 p. 0/0 (3) ; mais quand elle a été tirée sur une autre place, il est sans importance qu'elle soit, en fait, payée dans la ville même du tireur (4). Par contre, on peut tirer une lettre sur un habitant de la même ville pourvu que l'effet soit payable en un lieu différent (5).

6611. Décidé encore que si la lettre de change porte intérêts et un long terme de payement, elle ne doit pas être pour cela seul réputée billet à ordre sujet au droit de 50 c. p. 0/0 (6).

6612. Du reste, si l'acte contenait soit une affectation hypothécaire, soit une autre condition que celles qui sont de l'essence des effets de commerce, l'obligation serait passible du droit de 1 p. 0/0 (7).

SECTION VIII. — OBLIGATIONS NÉGOCIABLES DES DÉPARTEMENTS, COMMUNES, ÉTABLISSEMENTS ET COMPAGNIES.

6613. Les actes passés dans l'intérêt des communes et des départements ayant été assujettis aux mêmes droits que ceux qui intéressent les particuliers (*Loi 18 avril 1831, art. 17*), l'emprunt contracté par une commune suivant acte notarié, constitue une véritable obligation sujette au droit de 1 p. 0/0 (8).

6614. Cette disposition ne s'applique toutefois qu'aux obligations non négociables, c'est-à-dire dont la cession, pour être parfaite, a besoin d'être signifiée au débiteur ou acceptée par celui-ci. Les autres ont été soumises par la loi du 5 juin 1850, art. 27, à un droit proportionnel de timbre et d'enregistrement de 1 p. 0/0 du montant du titre.

6615. Ces dernières obligations sont tirées d'un registre à souche, sous peine d'une amende de 10 p. 0/0 du montant du titre, et le registre doit être communiqué aux préposés de l'enregistrement (*Loi 5 juin 1850, art. 28 et 29*).

6616. Le droit est avancé par les communes ; il suit les sommes et valeurs de 20 fr. en 20 fr. inclusivement et sans fraction, et se perçoit sur les titres relatifs aux intérêts comme sur les obligations concernant le principal lui-même (*Loi 5 juin 1850, art. 29*) (9).

6617. Les communes peuvent s'affranchir des obligations précédentes en contractant avec l'État un abonnement pour toute la durée des titres (10). Le droit est alors annuel et de 5 c. par 100 fr. du montant de chaque titre. Le payement en a lieu à la fin de chaque trimestre au bureau de l'enregistrement du lieu où la commune a le siège de son administration (*Loi 5 juin 1850, art. 31*).

6618. Pour l'abonnement comme pour le payement du droit ordinaire, les obligations sont revêtues à Paris ou dans les départements, selon les cas, d'un timbre particulier qui constate l'accomplissement de la formalité et l'acquit de l'impôt (11).

6619. Aux termes de l'art. 15 de la loi du 5 juin 1850, le payement du droit de 1 p. 0/0 dispense de tout droit et de toute formalité d'enregistrement les cessions des titres négociables des

(1) Cass., 1er avril 1811, 13 vent. an 13 ; Dél., 14 oct. 1831 ; D. N., Lett. de ch., 237 ; Billet, 166 ; Sol., 11 juin 1830 ; R. G., 5271.
(2) Dél., 20 avril 1830 ; J. N., 7157 ; D. N., Lett. de ch., 233 ; CONTRA, Dél., 20 janv. 1829 ; Inst., 1282, § 3 ; J. N., 6778.
(3) Sol., 27 avril 1832 ; Inst., 1410, § 3 ; D. N., Lettre de ch., 234 ; Garnier, 3283 à 5288.
(4) D. M. F., 31 oct., 15 nov. 1805 ; Inst., 410, § 1 ; D. N., loc. cit., 235 ; D. M. F., 10 mai 1832 ; J. N., 7737 ; R. G., 5285.
(5) Dél., 22 sept. 1857 ; Inst., 2111, § 1 ; R. P., 945 ; CONTRA, Dél., 15 nov. 1842 ; D. N., loc. cit., 236.
(6) Sol., 27 avril 1832 ; Inst., 1410, § 7 ; R. G., 5287.
(7) D. M. F., 6 pluv. an 11 ; J. N., 4367 ; Cass., 3 pluv. an 11 ; D. M.

F., 27 déc. 1808 ; Châlon-sur-Saône, 12 juin 1850 ; J. N., 133 et 15857 ; D. N, Lettre de ch., 238, et Billet, 108.
(8) D. M. F., 1er août 1832, 13 nov. 1833, 21 oct. 1834, 19 mai 1837 ; 9 mai 1843, 28 déc. 1824 ; R. G., 5555 ; Cass., 5 août 1840 et 11 nov. 1846 ; J. N., 10729 et 12885 ; Inst., 1156-9, 1634, § 10, et 1786, § 8 ; D. N., Commune, 178 et 179.
(9) J. N., 14065 ; Inst., 1831, § 4, 1873 ; R. G., 5430 ; D. M. F., 21 mars 1851, Inst., 2003, § 7.
(10) Cons. Seine, 17 janv. 1863 et 8 avril 1864 ; R. P., 1740, 1913.
(11) Décret, 27 juill. 1850, art. 4 et 5 ; J. N., 14085, 14139 ; Inst., 1851 et 1873.

communes. Depuis lors, la loi du 23 juin 1857 a soumis ces transferts à un droit fixé à 20 c. par chaque mutation pour les titres nominatifs, et à 12 c. par an pour les titres au porteur; mais les actes civils destinés à constater les négociations continuent à acquitter le droit fixe de 2 fr. quand ils sont présentés à la formalité (1).

6620. La Cour suprême a même fait une application remarquable de ce principe, en décidant qu'il fallait assimiler à des cessions les actes notariés ou autres par lesquels un créancier consentait à prêter à la commune, à condition de recevoir en garantie des titres d'obligations négociables (2).

SECTION IX. — QUESTIONS DIVERSES.

6621. La loi ne tarife l'obligation de sommes à 1 p. 0/0 qu'autant qu'elle n'est pas le prix d'une transmission. Si elle est causée pour prix de marchandises et que l'acte de vente de ces marchandises n'ait pas été enregistré, il faut percevoir le droit de 2 p. 0/0 (sauf en cas d'effets de commerce, *supra* n° 6608). C'est ce qu'on a décidé au sujet d'obligations pour fournitures effectuées de comestibles ou autres objets mobiliers (3); pour avances faites en lingots par une maison de commerce à un bijoutier (4), et pour prix de fournitures diverses (5). Mais l'obligation souscrite pour dommages-intérêts ne donnerait ouverture qu'au droit ordinaire de 1 p. 0/0. Et même s'il s'agissait de la fixation d'une clause pénale dans l'acte même, aucun droit ne serait exigible (*Loi 22 frim. an 7, art. 11*). Quant à l'obligation qui a pour cause le payement d'une indemnité, elle est assujettie au droit de 50 c. p. 0/0 par l'art. 69, § 2, n° 8, de la loi du 22 frim. an 7. Si la promesse d'indemnité était indéterminée et non susceptible d'évaluation, le droit fixe de 2 fr. devrait seul être perçu (*Loi 28 avril 1816, art. 43, n° 18*).

6622. Le droit de la convention primitive est donc toujours perçu; d'où il suit que si cette convention était dispensée de l'impôt ou soumise au droit fixe, l'obligation nouvelle contractée sans novation ne donnerait pas elle-même naissance au droit proportionnel. Ainsi l'engagement pris par un fabricant de sucre de payer l'impôt est passible du droit fixe (6), de même que l'obligation pour prix d'un navire (7); celle qui résulte d'une indemnité donne seulement lieu au droit de 50 c. p. 0/0 (8).

6623. Lorsque la cause d'une obligation n'est pas indiquée, on n'en saurait exiger la déclaration ni percevoir le droit de 2 p. 0/0 sous le prétexte qu'elle a pu avoir pour objet le prix d'une transmission mobilière (9). Si l'acte constate uniquement qu'une somme a été reçue par un individu, il faut conserver à l'opération son caractère de quittance (10).

6624. L'acte qui ratifie une obligation naturelle n'est sujet qu'au droit de 1 p. 0/0 et non pas à celui de donation (11). Le droit ne serait même pas exigible s'il ne résultait de l'acte qu'une simple intention de s'obliger moralement (12).

6625. Le contrat par lequel un individu fait garantir par un autre, moyennant une prime payable comptant ou à terme, ses maisons, bâtiments, effets mobiliers ou autres biens des risques de l'incendie ou autres dangers est une obligation ordinaire sujette au droit de 1 p. 0/0 (13). Le droit est assis sur la valeur de la prime; en temps de guerre, les polices d'assurances maritimes produites en justice acquittent seulement le demi-droit (*Loi 28 avril 1816, art. 51, n° 2*).

V. *Adhésion, supra* n° 6302.

(1) Seine, 20 août 1858, 23 juin 1860; Bordeaux, 21 mars 1860; Cass., 11 fév. 1861; Inst., 2201, § 3 ;
(2) Cass., 15 mai 1860, 27 mai 1862, 16 avril 1866; Mont-de-Marsan, 30 juin 1861; B. P., 1320, 1630, 1631, 1941, 2271; CONTRA, D. M. F., 6 fév. 1857 ; Inst., 2003, § 1; Seine, 30 déc. 1859 et 23 juin 1860; av. cons. d'Et. du 17 janv. 1860; D. M. F., 3 juin 1863; R. P., 847, 1359, 1678, 1836.
(3) D. M. F., 6 sept. 1816; Inst., 766, § 2; D. N., v° *Oblig.*, 305; Pontoise, 24 janv. 1850; Sol., 17 oct. 1803; Tours, 10 août 1864; R. P., 756, 1851, 1976.
(4) Seine, 1er déc. 1848; J. N., 13704; D. N., *Oblig.*, 306; R, G., 2585, § 1.

(5) Dreux, 26 août 1846; J. N., 13035; D. N., *Oblig.*, 399.
(6) Dél., 14 avril 1848; R. G., 9075; D. N., *Oblig.*, 472.
(7) Dél., 18 avril 1827 ; D. N., *Oblig.*, 473; Champ., 828.
(8) D. N., *Indemnit.*, 13 et suiv.
(9) D. N., *Oblig.*, 400; Décis., 9 déc. 1828, *eod.*
(10) Garnier, R. G., 9094, § 1; Champ., 924.
(11) Cass., 3 juill., 1811, 10 mars 1818; J. N., 1818, 2803; D. N., *Oblig.*, 394.
(12) Cass., 3 janv. 1827; R. G., 9075 bis.
(13) D. M. F., 14 juin 1821; Inst., 983, § 2; J. N., 3989.

CHAPITRE ONZIÈME.

DES CESSIONS ET DÉLÉGATIONS DE CRÉANCES.

SOMMAIRE

SECTION 1. — CESSIONS DE CRÉANCES.

6626. I. *Tarif.* Les cessions et rétrocessions de créances à titre onéreux sont sujettes au droit de 1 p. 0/0 (*art. 69, § 5, n° 5 de la loi du 22 frim. an 7*).

6627. Ces actes n'étant autre chose que des *ventes* de créances exigent le consentement du cédant et du cessionnaire. Si le dernier n'acceptait pas, on ne pourrait évidemment percevoir le droit proportionnel ; et, par suite, l'acte postérieur dans lequel il ferait connaître son intention de ne pas profiter du transport ne serait pas une rétrocession sujette au droit de 1 p. 0/0 (1).

6628. Le tarif s'applique aux créances échues comme aux créances à terme (2), et même aux créances conditionnelles telles que les arrérages ou intérêts futurs (3); les fermages à échoir (4); le prix d'une vente à réaliser ultérieurement (5) ou des droits d'auteurs sur des ouvrages à publier (6). Mais dans ces dernières hypothèses ce n'est pas le capital de la créance conditionnelle qui sert de base à la perception, c'est la valeur estimative de ses chances de réalisation.

6629. Du reste si la cession était elle-même subordonnée à une condition suspensive, le droit fixe seul serait exigible (7).

6630. Le transport d'une créance verbale faite en l'absence du débiteur ne saurait constituer au

---

(1) Sol., 29 avril 1828; Seine, 5 mai 1847; 8 mars 1840; J. N., 6644, 13631, 13650; Garnier, R. C., 2574, 2607. Cⁱᵉ ₜₚ. Seine, 5 avril 1843, 7 août 1844; J. N., 13631.
(2) Champ., 1130; Dalloz, 1730; Garnier, 2776.
(3) Nantes, 10 nov. 1840; R. G., 2578.
(4) Seine, 17 fév. 1840; R. G., 2578; *Conf.*, J. N., 4056; Seine, 21 mars 1802; R. P., 1641.

(5) Seine, 16 déc. 1840; R. G., 278; D. N., *Cess. de créance*, 299.
(6) Dél., 9 oct. 1821; D. M. F., 2 nov. 1824 ; Seine, 21 avril 1840, D. N., *Cess. de créances*, 295.
(7) Sol., 18 oct. 1826; Inst., 1205, § 5; R. G., 2379.

profit du créancier un titre de la dette et justifier la perception du droit d'obligation. Mais cet impôt serait dû sur l'acceptation faite sans réserve par le cédé (1).

6631. Le prix de la cession doit être en argent. S'il consistait en meubles ou en immeubles, on considérerait l'acte comme une vente mobilière ou immobilière passible du droit de 2 ou de 5 fr. 50 p. 0/0 (2).

6632. II. *Liquidation.* D'après l'art. 14, n° 2 de la loi de frimaire, le droit est liquidé sur le capital exprimé dans l'acte et non pas sur le prix de la cession. Cette règle a eu pour but de prévenir de fausses énonciations dans le prix des transports; aussi a-t-on reconnu que pour les adjudications faites soit en justice, soit devant un notaire commis, où la fraude n'est pas possible, le droit se perçoit sur le prix (3). Mais les adjudications volontaires ne semblent pas jouir du même privilège, et c'est une différence que nous avons déjà constatée en matière d'expertise, *supra* n° 6267 (4).

6633. Les créances litigieuses ou sur un failli sont, comme les autres, sujettes au droit sur leur capital nominal (5). Cependant on a restitué le droit perçu sur une créance de faillite dont le dividende était justifié inférieur au capital cédé (6).

6634. La cession de la nue propriété d'une créance donne ouverture à l'impôt sur le capital entier de la créance (7). Par exception, on a décidé que le droit n'était dû que sur moitié pour le transport de la nue propriété à l'usufruitier (8) ou pour la cession de l'usufruit de la créance (9).

6635. III. *Gage.* Lorsqu'une créance est donnée en simple nantissement, soit dans l'acte même d'obligation, soit par acte ultérieur, aucun droit proportionnel n'est exigible, puisque le débiteur conserve sa propriété. Mais l'acte serait un véritable transport si le dessaisissement du débiteur était complet. C'est dans les circonstances de l'affaire et les termes de l'acte qu'il faut rechercher l'intention des parties. Le droit de 1 p. 0/0 a été, par exemple, jugé exigible dans des cas où le débiteur autoriserait le créancier à *céder les créances* transportées et à en conserver le montant comme *à-compte* (10); ou dispensait le créancier de se faire autoriser en justice pour disposer du gage (11).

6636. Mais il n'y a qu'un gage éventuel dans la cession que la femme, obligée solidairement avec son mari, fait de ses reprises au créancier jusqu'à due concurrence (12), non plus que dans le transport consenti par l'emprunteur, de l'indemnité à laquelle il aurait droit en cas d'incendie (13), ou le nantissement de marchandises déposées par le souscripteur d'un billet pour en garantir le payement aux donneurs d'aval (14).

6637. Si la cession en garantie se transforme plus tard en un transport réel, le droit proportionnel devient exigible (15). Mais il ne saurait, en tous cas, dépasser le montant du capital garanti (16).

6638. Quand la cession n'a pas opéré le transport de la créance, il en résulte que la renonciation au gage de la part du créancier ne saurait constituer une rétrocession passible du droit proportionnel (17). Nous avons fait déjà une semblable remarque précédemment, n° 6627.

6639. IV. *Intérêts.* La cession d'une créance et des intérêts échus donne lieu au droit sur ces

(1) D. M. F., 17 avril 1817; Sol., 27 fév. 1828; Dél., 31 déc. 1831; Garnier, R. G., 2580 et 2582; D. N., *loc. cit.*, 293; CONTRA, Champ., 1249; Dalloz, 1750; Saint-Lô, 16 mars 1842; J. N., 11458.

(2) Seine, 1er déc. 1848; Laon, 26 sept. 1850; J. N., 13704, 14277; Sol., 9 août 1825, 14 mars 1837; R. G., 2585; CONTRA, Dalloz, 93, et Champ., 38 et 84.

(3) Cass., 1er avril 1816; Dél., 29 mars 1823; R. G., 1213; Dél., 8 déc. 1829, 19 mars 1833; Iust., 1307, § 1; J. N., 1307, 1847, 7050; D. N., *loc. cit.*, 281.

(4) *Arg.* Cass., 3 juill. 1855; J. N., 15535; D. N., *loc. cit.*, 283; Garnier, *loc. cit.*, 2589; CONTRA, Reims, 6 sept. 1834; Champ., *Supp.*, 491; Dalloz, 4501.

(5) Dél., 2 oct. 1829; D. N., *loc. cit.*, 283; Seine, 7 mars 1831; J. N., 14383.

(6) Dél., 25 sept. 1829; R. G., 2590, § 1. V. Seine, 28 avril 1830; D. N., *loc. cit.*, 285.

(7) Dél., 17 mai 1831; Saint-Omer, 27 août 1834; Seine, 16 août 1838; D. N., *loc. cit.*, 286; R. G., 2591.

(8) Sol., 29 sept. 1832; Dél., 29 av. 1831; R. G., 2591, § 3; D. N., *loc. cit.*, 287, 288 *bis* et 289.

(9) Sol., 10 mai 1833; D. N., 288; R. G., *loc. cit.*

(10) Mortagne, 26 avril 1850; D. N., *loc. cit.*, 309. V. Seine, 5 juin 1863; J. N., 17780; le Havre, 27 avril 1864; R. P., 2007.

(11) Seine, 27 janv. 1847, *ibid.*; Seine, 24 janv. 1855, 4 déc. 1857; R. P., 577, 978.

(12) Dél., 14 juin 1826; J. N., 5921.

(13) Dél., 2 mars 1830; J. N., 7155; R. G., 2592, § 4; CONTRA, Dél., 28 avril 1829; Inst., 1293, § 10; J. N., 6988; R. G., *loc. cit.*; D. N., *loc. cit.*, 31.

(14) Nevers, 8 mars 1861; R. P., 4919.

(15) Dél., 2 nov. 1831 et 2 juin 1834; Sol., 23 déc. 1828; R. G., 2592, § 2; CONTRA, R. P., *loc. cit.*, 313; J. N., 8643.

(16) Toulouse, 9 juill. 1841; D. N., *loc. cit.*, 311; R. G., 2592, § 3.

(17) Dél., 2 juill. 1835, 12 juin 1841; D. N., 314; Seine, 12 juill. 1851; R. P., 230; J. N., 15295.

intérêts comme sur le capital (1). Il se perçoit sur tous les intérêts compris dans l'acte, sans égard à la prescription quinquennale (2); mais si le transport s'appliquait à tous intérêts échus sans en indiquer le chiffre, il faudrait borner la perception à cinq années (3).

6640. V. *Cession d'hypothèque.* Le transport d'hypothèques n'ayant pas été tarifé est sujet au droit fixe. La Régie enseigne cependant que si la cession de priorité d'hypothèque a pour effet de faire toucher à un créancier des sommes auxquelles il n'aurait eu aucun droit sans cela, le droit de 1 p. 0/0 est exigible (4). Cette solution ne doit pas être suivie, car le transport laisse au cédant la propriété entière de sa créance (5).

6641. VI. *Cessions diverses.* Bien qu'un officier public paye comptant le prix d'une vente mobilière faite à terme, il n'y a pas cession de créances, l'officier se libère seulement par anticipation (6).

6642. Mais le droit serait dû sur la clause d'un bail par laquelle le principal locataire d'un immeuble déjà affermé en partie prendrait l'engagement de toucher les sous-locations à ses risques (7); ou sur l'acte portant cession de la plus-value annuelle d'une sous-location (8), ou enfin sur la convention qui attribuerait un prix de vente d'immeubles à un légataire de somme d'argent en payement de son legs (9).

6643. VII. *Endossements.* Les endossements notariés sont sujets au droit fixe de 2 fr. (10). Mais cette disposition est spéciale aux effets de commerce. L'endossement d'un billet simple ou d'un effet négociable ne valant que comme simple promesse constituerait une véritable cession de créances sujette au droit de 1 p. 0/0 (11). Et il en serait de même de l'endossement d'une obligation notariée stipulée transmissible en cette voie (12).

6644. VIII. *Titres négociables.* Doivent être enregistrés au droit fixe les actes notariés contenant la cession d'actions ou obligations soumises au droit de timbre proportionnel créé par la loi du 5 juin 1850 (*Loi 5 juin 1850, art. 13*). Et on assimile à un transfert de l'espèce de contrat par lequel un prêteur livre ses fonds en échange des actions ou des obligations (13).

6645. Lorsque les actions n'ont pas donné lieu à l'émission de titres soumis à la loi du 5 juin 1850, leur cession pendant l'existence de la société donne lieu au droit de 2 p. 0/0 quand le fonds social n'est pas divisé en actions proprement dites ou en fractions en tenant lieu, quel que soit d'ailleurs le caractère négociable ou non négociable des actions (14). Dans le cas où cette division a été faite, c'est le droit de 50 c. p. 0/0 qui est applicable (15).

SECTION II. — SUBROGATION.

6646. I. *Subrogation conventionnelle.* Il y a subrogation quand un tiers acquitte de ses deniers l'obligation du débiteur et se trouve substitué dans les garanties du créancier (16). Cette substitution s'opère dans certains cas par la force de la loi sans qu'il soit besoin d'une convention particulière. Elle ne s'effectue, au contraire, dans d'autres hypothèses, qu'en vertu de la stipulation des parties, *supra n° 5289 à 5311.*

6647. Quand la subrogation résulte de la volonté des parties, on considère qu'il y a non-seulement transmission des garanties de la dette, mais encore cession de la créance elle-même, ce qui entraîne la perception du droit de 1 p. 0/0 (17).

6648. On l'a, en conséquence, reconnu exigible sur le payement avec subrogation fait à un bailleur de fonds pour obtenir le privilège de second ordre sur un cautionnement (18), sur l'acte par lequel le mari paye à sa femme, sous le régime dotal, le prix des acquisitions des biens dotaux de

(1) Dél., 1er fév. 1822; R. G.,2595.
(2) Seine, 31 juill. 1822; Inst., 1249, § 7; D. N., 291; R. G., 2595.
(3) Arg. D. M. F., 28 juin 1808; Inst., 390, § 11; R. G., 7535.
(4) Inst., 380, § 11; R. G., 1326, § 1.
(5) Dalloz, 1744; Champ., 1238; D. N., *Cess. d'antér.*, 13 et 14.
(6) Dél., 1er août 1824; R. G., 1488, § 9.
(7) Seine, 17 fév. 1840; D. N., *loc. cit.*, 299; CONTRA, Seine, 5 déc. 1863; R. P., 1942.
(8) Seine, 21 mars 1862; R. P., 1611; J. N., 17405.
(9) Seine, 16 août 1843; Lyon, 19 août 1846; Seine, 8 mars 1853; Dél., 28 fév. 1834; R. G., 4518. § 1; D. N., v° *Dél. de legs*, 87.
(10) Garnier, R. G., 5260, § 3; J. N., 9596; D. N., v° *Endoss.*, 40.

(11) D. M. F., 31 août 1815; Inst., 648; R. G., 5359; D. N., *loc. cit.*, 43.
(12) Cass., 5 pluv. an 11; D. M. F., 27 déc. 1808; J. N., 183; D. N., *loc. cit.*, 44; Châlon-sur-Saône, 12 juin 1856; R. P., 727.
(13) *Supra n° 6619 et 6620.*
(14-15) V. *infra* n° 6923.
(16) Il n'y a pas besoin d'expressions sacramentelles. Béziers, 11 mai 1858; R. P., 1069.
(17) Champ., 1253; Dalloz, 1858; Garnier, 11926; Dél., 28 déc. 1832; R. G., 11027.
(18) Dél., 29 janv., 1823; R. G., 11030; D. N., *Subrog.*, 282.

celle-ci, afin d'être substitué à ses droits contre les acquéreurs (1); sur la subrogation qu'une femme séparée de biens reçoit de son mari (2) ou qu'un tuteur obtient du mineur devenu majeur (3).

6649. Mais le droit de quittance ne saurait être perçu cumulativement avec le droit de cession, puisque la créance ne s'éteint pas, et que, s'éteignît-elle, cette libération serait une dépendance de l'obligation correspondante (4).

6650. II. *Subrogation légale.* Lorsque la subrogation s'opère de plein droit, il n'y a plus qu'un transport des garanties attachées à l'ancienne créance et non pas une cession de cette créance elle-même qui s'éteint. Dès lors le droit de quittance est exigible, comme nous le verrons *infra* n° 6740 ; seulement, il faut restreindre cette perception au cas de la subrogation légale proprement dite, et le droit de 1 p. 0/0 deviendrait exigible, si le payement avait lieu en dehors des conditions dans lesquelles elle peut s'effectuer.

6651. Tel est le cas où le tiers qui paye les créanciers inscrits du débiteur ne justifie pas qu'il est primé par ceux-ci (5), ou généralement désintéresse un créancier qui n'a sur lui aucun motif de préférence (6) ; celui où le débiteur *conjoint* acquitte avec subrogation la part de son codébiteur, ce qui s'applique notamment à l'époux soldant la dot d'un enfant commun (7), ou au cohéritier payant seul une dette divisible de la succession (8) ; celui enfin où l'acheteur qui a été command et qui était obligé solidairement avec le command paye le prix de l'acquisition pour se décharger de son engagement (9).

SECTION III. — DÉLÉGATION DE CRÉANCES.

6652. La délégation est l'acte par lequel un débiteur pour s'acquitter donne au créancier une tierce personne qui s'oblige à sa place. Si le débiteur, le tiers et le créancier acceptent tous trois la convention, la délégation est parfaite, c'est-à-dire que le tiers devient débiteur personnel du créancier à la place du délégant. Si au contraire le tiers ou le créancier n'acceptent pas, il y a délégation imparfaite et le premier débiteur n'est pas libéré.

6653. La loi du 22 frim. an 7, art. 69, § 3, n° 3, ayant assujetti au droit de 1 p. 0/0 toutes les délégations de créances à terme, sans exception, on en a conclu avec raison que ce tarif est applicable aux délégations imparfaites comme aux autres (10).

6654. La délégation imparfaite par le défaut d'acceptation du délégué diffère de la cession de créances en ce que le délégant ne perd pas comme le cédant toute espèce de droits sur la créance; et en ce qu'il demeure garant de la solvabilité du débiteur cédé. Mais elle lui ressemble sous les autres aspects et donne lieu comme elle à un droit de transmission.

6655. Ce droit est donc indépendant de celui qui a été ou qui doit être perçu sur le titre de la créance déléguée. Et si, par exemple, le délégué débiteur verbal intervenait pour reconnaître son obligation, il faudrait exiger à la fois et le droit de titre et le droit de délégation (11).

6656. Comme la cession de créance, la délégation peut être conditionnelle ou produire les effets d'un simple nantissement. Alors le droit proportionnel est remplacé par le droit fixe, sauf à être réclamé à l'événement de la condition. Ainsi de la délégation de fermages faits à titre de garantie par un emprunteur pour assurer le payement exact des intérêts (12), à moins que la cession ne soit

---

(1) Cass., 16 juill. 1849 ; J. N., 13840 ; Inst , 1844, § 5 ; D. N. *loc. cit.*, 230.
(2) D. M. F., 23 oct. 1820 ; Inst., 1205, § 11 ; Dél., 27-31 oct. 1835 ; R. G., 11933 ; D. N., *loc. cit.*, 229 ; J. N., 6080-
(3) Dél., 31 oct. 1835, ci-dessus ; CONTRA, D. N., *loc. cit.*, 255 ; J. N., 9132.
(4) Bourg, 25 fév. 1856 ; Strasbourg, 3 juin 1856 ; Lyon, 11 janv. 1857 ; 2 arrêts de cass., 19 janv. 1858 ; R. P., 644, 707, 803, 902 ; CONTRA, Seine, 6 fév. 1855 ; Pau, 6 juin 1856 ; Seine, 29 août 1857 ; R. P., 615, 726, 904. Voir J. N., 7914, 8273, 15736, 15761, 15834, 15969, 16101, 16173, 16221, 16233.
(5) Seine, 28 nov. 1842 ; R. G., 11942, § 1 ; D. N. *loc. cit.*, 342.
(6) Seine, 15 mars 1843. 5 juill. 1843 ; R. G., 11942, § 3 ; D. N., 343.

(7) Dél., 27 août 1833 ; R. G., 11932 ; CONTRA, D. N., *loc. cit.*, 251 ; J. N., 8218.
(8) Garnier, R. G., 11044, § 5.
(9) Cass., 16 juin 1845 ; J. N., 12405 ; Inst., 1743, § 13 ; R. G., 2803 *bis* ; CONTRA, D. N., *loc. cit.*, 250
(10) D. M. F., 26 oct. 1821 ; Cass., 11 nov. et 11 déc. 1822, 31 déc. 1823 (5 arrêts) ; Dél., 7 fév. 1824 ; Inst., 1132, § 5, et 1270 ; J. N., 3961, 4297, 4324, 4544, 4614 et 6838 ; R. G., 446 ; Seine, 26 fév. 1839 ; Semur, 1er avril 1803 ; Marseille, 23 juill. 1863 ; R. P. 1235, 1813, 1846. (11) Inst., 299, § 21 ; D. N., *Délég.*, 45.
(12) Dél., 13 août 1825 et 18 oct. 1826 ; Inst., 1205, § 5 ; Montbéliard, 10 janv. 1849 ; J. N., 5167, 5941 et 13673 ; D. N., *loc. cit.*, 47 ; R. G., 4470, § 3, 4480.

complète et le débiteur déchargé du service des intérêts (1). Ainsi encore de la délégation de sommes en payement d'une dette que le délégant se propose de contracter (2).

6657. Le droit ne serait pas exigible non plus si la délégation avait le caractère d'un acte de gestion ; comme quand la femme consent à ce que son mari se rembourse sur ses paraphernaux des avances qu'il a faites pour payer le prix de biens acquis par elle en remploi (3).

SECTION IV. — DÉLÉGATION DE PRIX.

6658. I. *Délégation de prix dans le contrat.* Lorsqu'un débiteur, en aliénant un objet, charge le nouveau propriétaire, dans le contrat même de cession, de verser certaines sommes à ses créanciers, cette disposition n'est qu'un mode de payement du prix ou de la valeur de l'objet. Elle se confond avec la transmission même et ne donne ouverture à aucun droit. Mais elle emporte reconnaissance formelle de l'obligation que l'acquéreur doit acquitter, et si cette obligation ne résulte pas d'un titre enregistré, le droit de 1 p. 0/0 est exigible. Tel est le motif du tarif appliqué par l'art. 69, § 3, n° 3 de la loi du 22 frim. an 7, « aux délégations de prix stipulées dans un contrat pour acquitter des » créances à terme envers un tiers sans énonciation de titres enregistrés, sauf pour ce cas, la resti- » tution dans le délai prescrit, s'il est justifié d'un titre précédemment enregistré. »

6659. Par conséquent, lorsque le titre de la créance a été soumis à la formalité, on ne saurait exiger aucun droit proportionnel. Le seul impôt à percevoir est celui de deux francs sur l'acceptation du délégataire (4), encore que cette acceptation intervienne après le contrat (5).

6660. Mais l'absence d'un titre enregistré motive toujours la perception du droit proportionnel, sans qu'il y ait à examiner si le créancier a accepté ou non l'aveu du débiteur (6).

6661. Quand le titre a été enregistré et qu'il n'est pas nové, on n'a pas à se préoccuper du droit perçu (7). Toutefois l'impôt acquitté pour le capital n'en dispenserait pas la délégation des intérêts *échus*, qui constituent une créance particulière non encore frappée de l'impôt (8).

6662. D'après le même principe, aucun droit ne serait exigible si la créance s'éteignait par l'effet même de la délégation comme quand le délégué se libère de suite (9) : si l'obligation du délégant était conditionnelle, et s'appliquait, par exemple, à des intérêts à échoir (10) ; si le délégant imposait au délégataire l'obligation de justifier préalablement d'un titre régulier (11) ; ou enfin si le créancier n'avait pas besoin de titre pour obtenir collocation, comme les créanciers inscrits d'une succession bénéciaire (12).

6663. On a jugé que si le prix d'une vente est délégué aux *créanciers hypothécaires*, cette qualité indique suffisamment que les titres sont conformes et dispense du droit proportionnel (13). Quand le prix est stipulé payable aux mains d'un tiers sans indication de la cause du versement, la Régie décide que le droit de délégation n'en est pas moins exigible (14). Mais cette opinion est combattue par le *Journal des notaires*, art. 8565, et nous croyons, en effet, qu'on n'y saurait voir qu'un mandat.

6664. Il faut du reste appliquer à cette perception la plupart des règles que nous avons indiquées à propos des reconnaissances de dettes, *supra* n° *6554 à 6575*, puisque c'est sur le même principe qu'elle se fonde.

6665. Et on devrait, par suite, exiger le droit sur la délégation renfermée dans tout contrat, bien qu'il ne contînt pas à proprement dire *de prix* dans le sens de l'art. 69, § 3, n° 3 de la loi de l'an 7.

---

(1) Dél., 13 août 1825 et 18 oct. 1826, *précitées.*

(2) Dél., 28 avril 1824 ; J. N., 5064 ; D. N., *loc. cit.,* 49. *Comp.,* Dél., 1er fév. 1826 ; J. N., 5368 ; D. N., *loc. cit.,* 50 ; Clermont-Ferrand, 3 déc. 1850 ; R. G., 4481.

(3) Cass., 3 mai 1864 ; R. P., 1907 ; contra, le Havre, 18 août 1848 ; R. G., 4482.

(4) Cass., 5 sept. 1827, 2 avril et 21 juill. 1828 ; J. N., 6406, 6538, 6623, 6838 ; Inst., 1270 ; R. G., 4449.

(5) Cass., 26 mai 1830 ; J. N., 7222 ; Inst., 1577, § 7 ; R. G., 4452 ; D. N., *Délég.,* 62.

(6) Cass., 11 nov. 1822, 31 déc. 1823 ; Inst., 1270. *Conf.,* Inst., 290, § 21 ; D. M. F., 3 mai 1826, 26 oct. 1824 ; Dél., 7 fév. 1824 ; Inst., 1132, § 5 ; Dél., 20 mars 1829, 10 avril 1833 ; J. N., 3961, 4297, 4321, 4511 et 4614 ; R. G., 4451 ; Seine, 7 fév. 1862 ; R. P., 1655 ; contra,

Champ., 1167-4176 : Duvergier, *Vente,* II, 469 ; Dél., 1er mai 1827 ; R. G., *loc. cit. Cons.,* Cass., 15 mai 1861 ; R. P., 1490.

(7) Champ., 4140 ; Dalloz, 1687 ; Garnier, 4453 ; Arg. de l'Inst., 1130, § 3, n° 2.

(8) Dél., 6 oct. 1824 ; Inst., 1158, § 3, n° 2 ; Saverne, 23 août 1845 ; R. G., 4453, § 2.

(9) Cass., 4 juill. 1815 ; R. G., 4454.

(10) Dél., 23 déc. 1828 ; Dall., 1429 ; Versailles, 2 juill. 1840 ; Dél., 8 mai 1846 ; R. G., 4453, § 4.

(11) Sol., 19 déc. 1832 ; Dél., 18 janv. 1826 ; R. G., 4459.

(12) Roll., *Délég.,* 74 ; Seine, 6 nov. 1833 ; R. G., 4471 ; contra, Inst., 1132, § 5 ; Privas, 19 avril 1845 ; Dieppe, 5 déc. 1849 ; R. G., 4471, § 4.

(13) Seine, 27 fév. 1840 ; D. N., *loc. cit.,* 65 ; R. G., 4450.

(14) Dél., 23 mai 1834 ; D. N., 65.

C'est ce qu'on a spécialement décidé pour un bail (1), une donation (2), un contrat de mariage (3) et une ratification de vente (4).

6666. II. *Délégation de prix hors contrat.* Les délégations de prix faites en dehors du contrat d'aliénation rentrent dans la catégorie des délégations de créances à terme et doivent l'impôt proportionnel, bien que le droit de titre ait été payé sur la créance du délégataire (5). Il y a seulement quelques embarras pour savoir si l'acte postérieur constate la délégation même ou s'il complète celle qui est exprimée dans le premier contrat.

6667. La délégation ne résulterait pas, par exemple, de la clause alternative d'un contrat portant que le prix sera payé au vendeur *ou* à ses créanciers (6); ni de la simple intention de déléguer ultérieurement (7), lors même que l'acquéreur s'obligeait d'ores et déjà à exécuter cet ordre futur (8).

6668. Mais la délégation doit être considérée comme faite dans le contrat de vente aux créanciers inscrits, bien qu'ils n'y soient pas nominativement désignés, du moment que ce prix est « *expressément délégué* aux créanciers inscrits du vendeur (9). » Il ne suffit pas néanmoins de dire que le prix sera *payable* aux créanciers (10).

6669. Et on doit assimiler à une délégation véritable soumise à l'impôt proportionnel, l'acte qualifié ordre amiable par lequel le vendeur distribue entre les créanciers même hypothécaires les sommes non antérieurement déléguées, dues par les acquéreurs présents à l'acte (11). L'ordre amiable proprement dit intervient entre les créanciers sans la participation directe du vendeur. Il constitue alors une sorte de règlement étranger au débiteur et sujet au droit fixe (12).

6670. III. *Indication de payement.* Quand le contrat n'investit pas le créancier d'un droit personnel contre le débiteur délégué, mais que le délégant a simplement voulu régler la forme de sa libération en donnant à son propre obligé l'ordre d'aller verser ses fonds entre les mains du créancier, ce dernier ne peut forcer le délégué à se libérer qu'en excipant des droits de son propre débiteur, et l'acte produit uniquement l'effet d'un mandat ou d'une indication de payement sujet au droit fixe de 2 fr. (13).

CHAPITRE DOUZIÈME.

DES CONSTITUTIONS, CESSIONS ET DÉLÉGATIONS DE RENTES.

SOMMAIRE

---

(1) D. M. F., 15 mars 1814; R. G., 4448, § 1; D. N., *loc. cit.*, 70; Marseille, 23 avril 1858; R. P., 999.

(2) Cass., 2 avril 1828; Inst., 1270, 1470, § 3; Clermont, 2 mars 1847; Nevers, 6 janv. 1851; Mâcon, 2 juin 1843; D. N., 68; J. N., 8538, 6838, 13100; R. G., 4448, § 2.

(3) Reims, 1er juin 1846; Mâcon, 2 juin 1843; R. G., 4448, § 2.

(4) Nogent-sur-Seine, 13 mai 1830; Dél., 23 juill. 1830; J. N., 7230; D. N., *loc. cit.*, 64.

(5) D. M. F., 3 mai 1820, 26 oct. 1821; Cass., 11 déc. 1822; 31 déc. 1823, 26 mai 1834; Inst., 1132, § 5, 1270 et 1467, § 1; J. N., 3580, 3061, 4321, 4511, 4614, 6823, 8532; R. G., 4465.

(6) Mamers, 2 fév. 1847; Dél., 16 août 1893; Seine, 18 janv. 1838; R. G., 4466.

(7) Dél., 25 fév. 1834; Cass., 7 janv. et 27 fév. 1839; J. N., 8529, 10235, 10357, 12214; Inst., 1590, § 4 et 1601, § 3, 1723-2.

(8) Metz, 8 janv. 1833; Dél., 1er oct. 1833, 16 août 1833, 25 janv.

1834; le Havre, 17 déc. 1846; Tarascon, 30 avril, 1846; J. N., 8529 R. G., 4467.

(9) Cass., 27 avril 1840; Seine, 17 fév. 1841; Inst., 1723, § 2; J. N., 10649, 11011, 12214; D. N., *Délég.*, 74.

(10) Confolens, 19 juin 1847; Seine, 15 juin 1852; Hazebrouck, 3 juin 1853; R. G., 4468; J. N., 14939; D. N., *loc. cit.*, 75.

(11) Cass., 15 juill. 1840, 19 avril 1843, 24 avril 1854; J. N., 10710, 11730 et 13278; Inst., 1634, § 2, 1697, § 3, 2019, § 4; R. G., 4469; R. P., 71.

(12) Sol., 26 déc. 1830, 21 avril, 19 juin 1835; Cass., 31 janv. 1815; R. G., 4469, 9280; D. N., *Ordre*, 336, et *supra* n° *6445*; Fontenay, 27 avril 1864; R. P., 2075.

(13) V. Pothier, *Oblig.*, 569; Larombière, *1277*, § 1; Dalloz, *Oblig.*, 2406; Mourlon, *1277*; Marcadé, *art. 1277*; Zach., *édit.* Aubry et Rau, II, p. 394, note 28; Semur, 1er avril 1863; Tours, 13 fév. 1864; R. P., 1843, 2074; CONTRA, Sol., 5 nov. 1863; J. N., 17972; R. P., 2074.

6671. I. *Constitution*. L'art. 69, § 5, n° 2 de la loi du 22 frim. an 7 tarife au droit de 2 p. 0/0 les constitutions de rentes, soit perpétuelles, soit viagères et de pensions à titre onéreux; les cessions, transports et délégations qui en sont faits au même titre.

6672. Ainsi que le porte le texte, le droit de 2 p. 0/0 est spécial aux constitutions de rente à titre onéreux. Celles qui auraient lieu gratuitement acquitteraient l'impôt des donations (1). Quant aux moyens de les distinguer l'une de l'autre, ils sont laissés à l'appréciation des tribunaux. Et, à cet égard, on a interprété, tantôt comme libéralité tantôt comme constitution de rente, l'acte par lequel une personne remet un capital à un tiers que s'oblige de lui servir viagèrement une rente égale au taux de l'intérêt (2).

6673. Il ne s'agit pas ici non plus de ces conventions à titre onéreux dans lesquelles la rente est le prix de la cession d'un immeuble ou d'un objet mobilier; c'est l'aliénation de l'immeuble ou des meubles qui forme alors la disposition principale du contrat et motive la perception, *infra n° 6951*. Par conséquent si la transmission était exempte de tout droit proportionnel, comme la vente d'un navire ou de biens étrangers, la constitution de rente qui en représente le prix en serait également dispensée (3).

6674. Il a été jugé cependant que, malgré l'exemption dont profitent les cessions de rentes d'État, celles qui auraient lieu moyennant une rente viagère devraient acquitter le droit de 2 p. 0/0, *infra n° 6690*.

6675. Le prêt d'une somme remboursable avec intérêts à la volonté de l'emprunteur est une véritable constitution de rente (4) ; de même qu'il faut considérer comme une obligation ordinaire la constitution d'une rente remboursable au gré du prêteur (5), ou comme une cession de créance pure et simple le transport d'une rente qui est, à la suite d'un jugement ou d'une convention, devenue exigible pour défaut de payement des arrérages pendant deux ans (6).

6676. II. *Cession et délégation*. Les cessions ou délégations de rentes sont gouvernées par les règles indiquées précédemment pour les transports ou les délégations de créances, *supra n° 6626 et suiv.* (7). Si le titre constitutif n'était pas enregistré et que la cession en pût tenir lieu, le droit de 2 p. 0/0 serait exigible indépendamment du droit de transport (8).

6677. La délégation du prix d'une rente faite dans le contrat, pour acquitter une rente constituée sans titre, donnerait donc ouverture au droit de 2 p. 0/0 (9).

6678. III. *Liquidation*. L'impôt se liquide différemment pour les créations ou cessions de rentes selon qu'il y a ou non un capital constitué. Dans le premier cas, c'est ce capital qui sert de base à la perception, quel que soit le prix du transport (*Loi 22 frim. an 7, art. 14, n°s 6 et 7*). On n'a pas à examiner pour cela si la rente est cédée en payement d'une dette plus ou moins importante que le capital constitué (10), ni si la rente viagère est arrivée presque à sa fin (11); mais c'est le prix du transport qui devrait être accepté néanmoins en cas d'adjudication en justice ou devant un notaire commis, *supra n° 6652*; et si une partie seulement de la rente était cédée, le droit ne devrait être liquidé que sur une part correspondante du capital aliéné (12). En cas de réserve d'usufruit par le cédant, le droit n'en est pas moins dû sur le capital entier (13).

6679. Quand il n'y a pas eu de capital constitué, le droit est établi sur un capital formé de vingt fois la rente perpétuelle et de dix fois la rente viagère ou la pension, quel que soit le prix stipulé pour le transport ou l'amortissement et sans faire aucune distinction entre les rentes viagères et pensions créées sur une ou plusieurs têtes. (*Loi 22 frim. an 7, art. 14, n° 9*).

6680. Le droit devrait donc être perçu sur le capital légal quand bien même on aurait indiqué

---

(1) D. N., *Donat.*, 459 ; Garnier, 10764.
(2) Châtillon-sur-Seine, 28 déc. 1838; Civray, 31 déc. 1838; Castres, 1er juill. 1859; R. P., 1202, 1343. Voy. Grasse, 18 juill. 1864; R. P., 1963.
(3) Garnier, 10773, § 3; D. N., *Vente de nav.* et *Rente*, 191.
(4) Guingamp, 7 janv. 1826; Carpentras, 9 janv. 1850; R. G., 10776; D. N., *Rente const.*, 188 et 189.
(5) Pothier, *Const.*, 43 ; Garnier, 10774.
(6) Dalloz, 1737; Champ., 1133; Garnier, 10783.
(7) D. M. F., 24 nov. 1820; Argentan, 29 mai 1849; Dél., 27 déc. 1837 ; R. G., 10781, 10785; D. N., *Rente*, 197.

(8) *Arg.* Dél., 29 mars 1836; Inst., 1528, § 15; D. N., *Rente*, 192, Forcalquier, 10 août 1843; R. G., 10785; Cass., 28 mai 1830; J. N., 7222, 9248.
(9) Sol., 27 avril 1838 ; Inst., 1577, § 7; R. G., 10785.
(10) Versailles, 1er avril 1852; R. G., 10788; Seine, 6 déc. 1849, J. N., 13999.
(11) Dél., 15 mai 1838; R. G., 10794.
(12) Rouen, 12 juill. 1848 ; J. N., 14485.
(13) Cass., 1er sept. 1806; R. G., 10793.

dans le contrat la somme par laquelle elle serait rachetable (1) et cette règle s'applique également aux mutations entre-vifs à titre gratuit ou par décès (2).

6681. Lorsqu'il s'agit de rentes ou pensions stipulées payables en nature, on les évalue aux mêmes capitaux, estimation faite des objets d'après les mercuriales (formées en exécution de la loi du 15 mai 1818, art. 75), ou d'après la déclaration des parties, s'il ne s'agit pas d'objets compris dans les mercuriales (*Loi 22 frim. an 7, art. 14, n° 9*).

6682. A l'égard des rentes temporaires créées sans expression de capital, nous croyons qu'il faut les assimiler aux rentes viagères, si leur durée dépasse dix ans, mais que si elles doivent être servies pendant une période plus courte, il faut seulement établir le capital par la réunion de ces années (3).

6683. Si la cession s'applique à des rentes antérieures au Code Napoléon et réputées immeubles, le droit de transcription est exigible à cause de la nécessité de la purge, en vertu de l'art. 54 de la loi du 28 avril 1816 (4), à moins qu'on ne justifie d'une transcription déjà faite (5).

6684. IV. *Novation.* La conversion d'un prêt ou d'une créance ordinaire en une rente soit viagère, soit perpétuelle, opère novation et donne lieu au droit de 2 p. 0/0 (6). Il y a également novation passible de 1 p. 0/0 si on convertit une rente viagère en une somme annuelle payable pendant un certain temps (7). C'est le droit de 2 p. 0/0 qui est exigible quand on stipule qu'une rente viagère précédemment transformée en une obligation à terme continuera d'être servie (8).

6685. La conversion d'une rente viagère en une pension en nature ou réciproquement nove aussi l'objet de la dette et motive la perception du droit de 2 p. 0/0 (9).

6686. Il en est de même du changement d'une rente perpétuelle en rente viagère ou de la conversion d'une rente viagère en rente perpétuelle (10).

6687. Mais il n'y a plus novation lorsque le débiteur d'une rente perpétuelle s'oblige à en rembourser le capital à une époque déterminée, parce que le débiteur n'offre le payement que de ce qu'il doit. L'acte n'est donc qu'un complément passible du droit de 2 fr. (11).

6688. V. *Rentes sur l'Etat.* L'art. 70, § 3, n° 3 de la loi du 22 frim. an 7 exempte de la formalité de l'enregistrement les transferts et mutations des inscriptions sur le grand-livre de la dette publique. Mais si ces transferts résultent d'un acte notarié, ils sont sujets à l'enregistrement au droit fixe de 2 fr., *supra n° 6142.*

6889. Le bénéfice du droit fixe se restreint d'ailleurs aux actes qui constatent uniquement le transfert : les autres dispositions du contrat resteraient assujetties aux droits ordinaires (12).

6690. Par exemple : la clause du contrat qui réserve au vendeur la faculté de demander après un certain délai le remboursement du prix, est une obligation soumise au droit de 1 p. 0/0 (13); celle qui convertit le prix en une rente viagère donne lieu au droit de 2 p. 0/0 (14); l'obligation du cessionnaire de payer les intérêts du prix et la dation d'une hypothèque qui l'accompagne constitue un prêt ordinaire (15); l'abandon de rentes sur l'Etat en payement d'une dette donne ouverture au droit de quittance (16).

V. *Donation, n°ˢ 6787 et suiv.*; *Quittance, infra n°ˢ 6744 à 6746.*

---

(1) Cass., 22 fév. 1832; Bernay, 22 fév. 1836; Laon, 28 déc. 1843 ; Seine, 13 avril 1842 ; Cass., 17 déc. 1834, 10 mai 1833 ; Reims, 10 juill. 1839; Sol., 8 mai 1833; Dél., 9 juill. 1834 et 6 sept. 1826; R. G., 10799 ; Seine, 19 fév. 1864; R. P., 1947; Seine, 14 fév. 1863; J. N., 17715; contra, Dél., 30 déc. 1825, 28 juill. 1827 : Sol., 4 juin 1830, 26 déc. 1834, 7 janv. 1835 et 18 mars 1844 ; R. G., 10790. V. J. N., 12070; Inst., 1481, § 4.
(2) Cass., 28 mess. an 13 et 4 mai 1807 ; R. G., 10800; Champ., 3651-3607.
(3) Voir Garnier, 10778.
(4) Cass., 22 déc. 1823 ; Inst., 1146, § 9, 12 mai 1824 et 4 mars 1825; R. G., 10803.
(5) Villefranche, 30 déc. 1847; R. G., 10803, § 1. *Comp.*, Sol., 5 août 1828 ; J. N., 6751; Inst., 1263, § 1.
(6) Sol., 4 janv. 1823; D. N., *Novat.*, 145; Toullier, VII, 280; Marcadé, *art. 1273;* Cass., 7 déc. 1844; Caen, 21 oct. 1826; Champ., 4316; Dalloz, 1525; Garnier, 8956 et 8957.
(7) Av. cons. d'Etat, 15 juin 1831 ; J. N., 7409; R. C., 8962.
(8) Dél., 20 nov. 1835; D. N., *Nov.*, 147; R. G., 8962.
(9) Cass., 12 janv. 1847; Inst., 1796, § 40 ; Nantes, 29 avril 1840;

R. G., 8968; Lille, 24 juin 1861; R. P., 1501; J. N., 12923, 13907, 17240; contra, Dél., 30 avril 1825 ; J. N., 5238; D. N., *Nov.*, 151.
(10) Garnier, 8967; Sol., 24 nov. 1856; R. P., 825; contra, Cass., 5 déc. 1827; J. N., 6406; D. N., *Nov.*, 148.
(11) Dél., 14 mai et 13 sept. 1823; Clermont-Ferrand, 4 fév. 1835; Cass., 11 août 1836; J. N., 4516, 8889 et 9369; Marvejols, 24 avril 1838 ; D. M. F., 7 mars 1844; Inst., 1710, § 6; R. G., 8958; D. N., *Nov.*, 134; contra, D. M. F., 29 sept. 1824; Inst., 1027, § 2 ; J. N., 4118.
(12) D. M. F., 14 sept. 1825; Cass., 7 nov. 1826; Inst., 1180-4, 1205, § 12; R. G., 10812.
(13) Cass., 29 juin 1835; Inst., 1498, § 9 ; Cass., 24 avril 1839; J. N., 8922, 10377.
(14) Cass., 7 nov. 1826; R. G., 10773; D. M. F., 14 sept. 1825; Cass., 20 fév. 1839; Inst., 1180-4, 1205-12, 1590, § 3 ; Saint-Brieuc, 9 juill. 1860; R. P., 4384; J. N., 10299, 10973.
(15) Cass., 5 mai 1840; Inst., 1630, § 5; Seine, 31 déc. 1851 ; J. N., 10657, 14558. Cependant voir Cass., 28 août 1837 ; J. N., 9753.
(16) Cass., 31 déc. 1834 ; J. N., 8763; Sol., 2 août 1831 ; J. N., 7521, 8763; Inst., 1388-8, 4481-6.

CHAPITRE TREIZIÈME.

DU CAUTIONNEMENT.

SOMMAIRE

SECTION Ire. — CAUTIONNEMENT.

6691. L'art. 69, § 2, n° 8 de la loi du 22 frim. an 7 a tarifé au droit de 50 c. p. 0/0 les cautionnements de sommes et objets mobiliers, les garanties comme les indemnités de même nature. Le texte ajoute : Le droit est perçu indépendamment de celui de la disposition que le cautionnement, la garantie ou l'indemnité a pour objet, mais sans pouvoir l'excéder. Il n'est perçu qu'un demi-droit pour les cautionnements des comptables envers l'Etat.

6692. Le cautionnement doit émaner d'un tiers étranger à la dette, car le débiteur dont tous les biens sont le gage du créancier ne saurait se cautionner lui-même. La clause par laquelle il concéderait des garanties particulières serait ou dispensée de l'impôt si elle se trouvait dans le contrat obligatoire (1) ou sujette au droit fixe de 2 fr. si elle fait l'objet d'un acte ultérieur (2).

6693. C'est ce qu'on a décidé pour la caution qui s'oblige comme débiteur principal en suite de l'insolvabilité de celui qu'il cautionne (3); pour un tuteur qui vend avec stipulation de garantie les biens de ses pupilles (4); ou en général pour celui qui agit sans mandat au nom d'autrui en garantissant son fait personnel (5). Mais le droit serait dû s'il s'agissait d'un mandataire qui cautionne expressément son mandant (6); et même l'engagement du simple porte-fort y donnerait ouverture lors de la ratification de l'acte si la promesse de garantie s'étendait au delà de cette ratification et aux obligations personnelles du garanti (7).

---

(1) Dél., 10 juin 1807, 16 nov. 1813, 9 mai 1817, 10 juill. 1838; J. N., 10083; Sol., 30 juill. 1828, 20 oct. 1832, 11 mars 1834, 14 déc. 1835, 15 avril 1834; J. N., 8428. 8420, 8639; R. G., 1310 et 1311; D. N., v° Gage, 94.

(2) Cass., 20 fév. 1837; J. N., 9556, 0708; Inst., 1530, § 1; Dél., 4 oct. 1832; Réthel, 5 juin 1834; Troyes, 9 déc. 1834; J. N., 8160, 8576, 8780; Seine, 17 fév. 1836; Sarreguemines, 10 août 1836, 12 janv. 1842 et 12 mai 1844; R. G., 1312; D. N., Inc. cit., 96 à 98 ; CONTRA, Dél., 10 juill. 1833; J. N., 8160; Inst., 1437. § 3 ; Seine, 17 déc. 1834 J. N., 8860.

(3) Dél., 20 déc. 1823; R. G., 2412, § 1.
(4) Cass., 18 avril 1831; Inst., 1381, § 8; R. G., 2412, § 3; Charolles, 5 janv. 1857; R. P.. 806; D. N., Caut., 165.
(5) Sol., 7 sept. 1830; R. G., 2412. § 4; Dél., 6 nov. 1834 et 22 déc. 1836; R. G., 2428.
(6) Dél., 6 oct. 1826, 28 oct. 1828; Cosne, 0 juin 1849; R. G., 2443. § 4; Charolles, 5 janv. 1857; R. P., 806.
(7) Champ., 1369; R. G., 2428. Consultez Sol., 25 mars 1828; Inst., 1249, § 6.

6694. Il est clair qu'on peut cautionner un débiteur à son insu, *supra n° 5404*, même à l'insu du créancier : malgré son caractère unilatéral, l'acte n'en donne pas moins ouverture au droit proportionnel (1).

6695. Lorsque plusieurs personnes garantissent la même dette avec ou sans solidarité, il n'est dû néanmoins qu'un seul droit (2). Et on a appliqué ce principe au renfort de caution donné par acte distinct du premier contrat (3). Quant au certificateur de caution, son engagement est tarifé au droit fixe de 2 fr. par l'art. 43, n° 6 de la loi du 28 avril 1816, lors même qu'il est solidaire avec celui de la caution (4).

6696. L'obligation du débiteur principal de désintéresser la caution du payement qu'elle serait contrainte d'opérer n'a pas d'existence actuelle, d'où il suit que le cautionnement qui en serait fait par un tiers ne motiverait pas la perception du droit de 50 c. p. 0/0 (5).

6697. Il y a cautionnement passible de l'impôt non-seulement quand le tiers s'oblige sur tous ses biens, mais encore quand il se borne à affecter ses immeubles (6) ; et le droit de 50 p. 0/0 se perçoit alors sur le total de la dette garantie, quoique l'affectation soit moindre (7) ou supérieure (8).

6698. Mais le cautionnement ne se présume pas, il doit être exprès (*C. N., 2015*). Par conséquent c'est le droit fixe qui est seul dû sur l'acte portant invitation de prêter de l'argent à un tiers dont on affirme la moralité (9), à moins que cette sorte de mandat ne dissimule une véritable garantie, auquel cas le droit proportionnel devient exigible lors du prêt (10).

6699. 1. *Obligations solidaires.* Le droit de 50 c. p. 0/0 est dû dans le cas de cautionnement solidaire comme dans l'hypothèse d'un cautionnement pur et simple, parce que les deux engagements demeurent tout à fait distincts même au regard du créancier (11). En est-il de même pour les obligations solidaires ? La Cour suprême avait admis que quand les coobligés ont des parts inégales dans la dette, il n'y a dispense du droit de cautionnement que jusqu'à concurrence des sommes égales que prennent les coobligés solidaires, parce que pour ces parts égales ils sont à la fois débiteurs principaux et cautions, tandis qu'ils sortent pour le surplus des effets de la solidarité et deviennent de simples cautions (12). Mais elle a récemment reconnu que la perception du droit de cautionnement doit être restreinte au cas où l'un des coobligés ne prend rien dans la dette et se trouve ainsi, de par la loi même, réputé caution des autres (13) (*C. N., 1216*). La preuve que l'un des coobligés est personnellement étranger à la dette résulte d'ailleurs ou du contexte de l'acte obligatoire (14), ou de faits contemporains trouvés dans des contrats opposables aux parties (15).

6700. Ces règles s'appliquent notamment aux acquisitions prononcées *solidairement* au profit de plusieurs acquéreurs qui se divisent les biens dans des proportions différentes (16).

6701. Quant aux covendeurs, leur titre les astreint de plein droit à la garantie complète de l'aliénation, quelle que soit leur part de copropriété dans la chose cédée. Par conséquent, cette clause de garantie ne saurait motiver la perception d'un droit de cautionnement (17), sauf le cas où le contrat dissimulerait un cautionnement véritable (18), et celui où les deux ventes seraient distinctes l'une de l'autre (19).

---

(1) Dalloz, 4420 ; Garnier, 2414 ; Cass., 20 mai 1833 ; Inst., 1437, § 4 ; CONTRA, Champ., 1418.
(2) Dél., 25 mars 1828 ; Inst., 1249, § 6, n° 2 ; J. N., 6576 ; *arg.* Dél., 28 avril 1823 ; J. N., 4372 ; D. N., *Caut.*, 134 ; CONTRA, Dalloz, 4417.
(3) Dél., 21 juill. 1807 ; R. G., 2429, § 2 ; CONTRA, Dalloz, 4418 ; Garnier, *loc. cit.*
(4) Dél., 28 avril 1823 ; J. N., 4372.
(5) Champ., 1430.
(6) Cass., 10 août 1836 ; J. N., 9336 ; Inst., 1328, § 2 ; 7 août 1837 ; J. N., 9715 ; Inst., 1562, § 1 ; Seine, 29 juin 1831 ; Mâcon, 2 fév. 1847 ; R. G., 1313 ; Clermont-Ferrand, 29 mai 1855 ; R. P., 425.
(7) D. M. F., 28 mars 1827 ; Inst., 1210, § 2 ; Caen, 3 août 1843 ; R. G., 2431, § 4 ; Dél., 16 fév. 1827 ; J. N., 6197.
(8) Bayonne, 15 juin 1830 ; Dél., 27 juill. 1830 ; J. N., 7220 ; R. G., 245, § 2. V. Cosne, 12 juill. 1864 ; J. N., 18240 ; R. P., 2154 ; Provins, 16 août 1850 ; J. N., 14494 ; D. N., v° *Caut.*, 128.
(9) Dalloz, 4403 ; Garnier, 2415, § 1.
(10) Pothier, *des Oblig.*, 366 et 447 ; Garnier, 2430 ; CONTRA, Champ., 1307.
(11) V. cependant Champ., 1363.

(12) Dict. not., *Caut.*, n° 151 ; Cass., 21 fév. 1836, 27 janv. 1840 ; Inst., 1577-21, 1618-7 ; J. N., 9037, 10641.
(13) Cass., 3 janv. 1865 ; J. N., 18265, 18466 ; R. P., 2035 ; Inst., 2325, § 1. *Conf.*, D. M. F., 26 oct. 1831 ; Inst., 1384, § 2 ; Dél., 15 avril 1813 ; J. N., 1027, 7592 ; Compiègne, 7 déc. 1848 ; R. G., 2445 ; Seine, 8 août 1857 ; R. P., 943.
(14) Chartres, 21 mai 1842 ; Seine, 12 juin 1844 ; Bernay, 22 juin 1846 ; R. G., 2444, § 1 ; Inst., 1403, § 1.
(15) Angers, 30 juin 1838 ; Moulins, 6 fév. 1840 ; Châlon-sur-Saône, 29 mai 1845 ; Versailles, 15 juin 1847 ; R. G., *loc. cit.*, et 2444 bis ; Auxerre, 15 déc. 1858 ; R. P., 1139.
(16) *Pour le droit*, Seine, 25 mars 1854 ; Montpellier, 14 janv. 1801, 19 mai 1862 ; R. P., 254, 1517, 1634 ; D. N., *Caut.*, 153, 154 ; CONTRA, Sol., 2 avril 1849 ; Seine, 22 nov. 1838 ; R. G., 2444 ; Lille, 17 janv. 1863 ; R. P., 1737.
(17) Cass., 7 mai 1834 ; J. N., 7809, 8180 ; Dél., 1er oct. 1834 ; arrêt d'admission du 21 juill. 1854 ; R. P., 156 ; D. N., *Caut.*, 150 ; Cass., 7 mai 1856 ; R. P., 685 ; CONTRA, Sol., 12 août et 2 déc. 1851 ; R. G., 2443, § 3.
(18) Le Havre, 22 mars 1855 ; R. P., 334.
(19) Seine, 9 juill. 1847 ; R. G., 2443, § 2.

6702. On pourrait d'ailleurs soutenir que même dans l'hypothèse de l'art. 1216 C. N., où l'un des coobligés ne prend rien à la dette, l'obligation solidaire n'est pas passible du droit de cautionnement (1). Mais ce système, si rationnel qu'il soit, se trouverait en opposition avec l'arrêt du 3 janvier 1865, *supra n° 6699*, et avec la jurisprudence d'après laquelle l'acquéreur qui élit command et demeure solidairement obligé avec lui au payement du prix est considéré comme une caution et doit acquitter le droit de 50 p. 0/0 (2).

6703. Cependant il est reconnu que le droit n'est pas exigible sur les obligations solidaires prises par deux époux à l'occasion d'une dette personnelle à l'un d'eux (3), lors même que l'engagement de la femme serait postérieur à l'obligation du mari (4). Mais on a décidé, bien que cela soit contestable, que cette dispense ne s'applique pas au cas où l'un des époux déclare expressément vouloir cautionner l'autre(5).

6704. II. *Modalités du cautionnement.* Le cautionnement ne peut pas être étendu au delà des limites dans lesquelles il a été contracté; mais lorsqu'il est indéfini, il garantit toute la dette en capitaux, intérêts et frais. Et si les valeurs cautionnées ne sont pas indiquées, il faut en faire la déclaration (6).

6705. Le cautionnement est conditionnel en ce sens que la caution ne doit payer que si le débiteur principal ne se libère pas. Cette modalité n'empêche cependant pas l'obligation d'exister actuellement et de donner ouverture à l'impôt. On l'a maintenu, avec raison, sur la garantie d'éviction donnée à un acquéreur par un tiers (7), ou sur la même promesse faite à un futur par son père pour le cas de dépossession de la dot de la future (8), et en général sur toute garantie de recours (9) ou cautionnement en cas d'insolvabilité (10).

6706. Mais lorsque l'obligation principale à laquelle le cautionnement se rapporte est elle-même conditionnelle ou future, le droit de 50 c. p. 0/0 est suspendu jusqu'à la réalisation de cet engagement. Ainsi décidé pour le cautionnement d'une somme à emprunter ultérieurement (11); d'une ouverture de crédit (12); et d'une somme à parfaire (13).

6707. Il est encore de l'essence du cautionnement que la caution soit astreinte au payement *si le créancier l'exige*. Nul doute que cette clause n'empêcherait pas la perception du droit (14).

6708. Le cautionnement d'une obligation verbale ne dispense pas le créancier de justifier d'un titre pour exiger son payement. Aussi ne saurait-on percevoir sur cet acte le droit de reconnaissance de dettes, si le débiteur n'intervient pas pour en avouer l'existence (15). Mais quand la caution s'oblige solidairement, c'est le droit d'obligation et non celui de cautionnement qui est exigible (16).

6709. III. *Son étendue.* L'obligation accessoire ne pouvant excéder l'obligation principale, il en résulte que le droit de cautionnement ne saurait dépasser celui de la disposition qu'il a pour objet. Par exemple, la garantie d'un gain de survie stipulé au profit de la future dans un contrat de mariage ne donne lieu qu'au droit de 5 fr. perçu pour ce gain de survie (17). Et on ne soumet qu'au droit fixe les cautionnements en matière de douane (18); de ventes de navire (19), ou de cessions de rentes sur l'État (20). Si même la disposition principale était affranchie du droit, comme la reconnaissance de

---

(1) Champ., 1337, etc.; Dél., 25 mai 1822, 9 juill. 1825, 24 sept. 1830, 27 oct. 1832; Vienne, 19 mars 1834; Toul, 30 avril 1834; Moissac, 11 août 1835; Pontoise, 6 avril 1837; Seine, 5 juin, 25 juill. 1836, 20 juill. 1841, 17 avril 1844; R. G., 2441 et 2443 (en note); J. N., 6389, 7271, 7603, 7980, 8140, 8508, 8611, 8037, 9108, 10291.
(2) Cass., 10 nov. 1846, 28 déc. 1847, 20 août 1850; Inst., 1780-2, 1814-4, 1875-2; J. N., 2920, 13256, 14130; 10 nov. 1858; R. P., 1108. Voir en outre de nombreux jugements cités au *Dict. du Not.*, v° *Command.* au Rép. gén., 2898 et au Rép. pér., n°s 108, 474, 475, 492, 289, 1108, 1475, 1517, 1892, 1912, 1987.
(3) D. M. F., 19 avril 1814; Dél., 4 juin 1818, 10 juin 1827, 7 juill. 1829, 5 mars 1830; J. N., 505, 1177, 1407, 6151, 7608. 7399; D. M. F. et av. cons. d'État du 14 juill. 1832; Inst., 1403; R. G., 2445; D. N., *Caut.*, 456; Sol., 13 juill. 1851; R. P., 1149.
(4) Pithiviers, 28 janv. 1816; Dalloz, 1379; Sol., 18 juin 1800; R. P., 934.
(5) Dél., 10 août 1836, 30 août 1845; R. G., 2445. *Comp.* Rouen, 27 mai 1847, *loc. cit.*
(6) Charolles, 29 mai 1830; Dél., 9 nov. 1830; J. N., 7315.
(7) Cass., 17 mai 1841; J. N., 10004; 10 avril 1838; Inst., 1661-3. 1577, § 3; R. G., 2434.
(8) Dél., 10 sept. 1833.

(9) Dél., 25 mars 1828; Inst., 1249; § 6; R. G., *loc. cit.*
(10) Limoges, 19 déc. 1863; R. P., 1852.
(11) Dél., 25 nov. 1834; Seine, 8 mars 1848; J. N., 13490; D. N., *Caut.*, 132.
(12) Dél., 9 avril 1833, 10 juill. 1838; J. N., 10007; D. N., v° *Crédit.*
(13) Argentière, 23 août 1843; Dél., 20 sept. 1826; R. G., 2419; contra, Seine, 7 juill. 1830, *loc. cit.*
(14) Havre, 20 juill. 1855; Digne, 31 déc. 1880; R. P., 475, 1472, 1892; J. N., 17050.
(15) Dél., 23 janv. 1827; 30 oct. 1835; J. N., 9076; R. G., 2422; D. N., *Caut.*, 119; contra, Mulhouse, 15 nov. 1861; J. N., 11550.
(16) Altkirch, 16 déc. 1847; Rennes, 6 mai 1830; Nantes, 22 juill. 1850; Saint-Quentin, 20 août 1851; R. G., 2422, § 2; Seine, 4 juin 1838; R. P., 1621.
(17) Dél., 29 déc. 1824; J. N., 4957; D. N., *Caut.*, 171; contra, Dalloz, 1454; Champ., 1424.
(18) D. M. F., 18 juin 1811, 27 oct. 1812; Dél., 23 nov. 1840; Inst., 1613, § 5.
(19) Dél., 8 janv. 1836; R. G., 2438, § 6; D. N., *Caut.*, 473.
(20) Dél., 6 oct. 1826; R. G., 2438, § 8; D. N., *Caut.*, 473.

l'apport de la future par le futur dans le contrat de mariage, le cautionnement en serait également dispensé (1). C'est encore d'après ce principe qu'on exige seulement 25 cent. p. 0/0 sur les cautionnements des lettres de change (2) à moins qu'il n'y ait changement dans la nature du titre, *supra* n° 6604.

6710. L'art. 9 de la loi du 27 ventôse an 9 a tarifé les cautionnements de baux à ferme et à loyer à la moitié seulement du droit principal auquel ces baux donnent lieu, et la loi du 16 juin 1824 a étendu cette disposition aux baux de pâturage et nourriture d'animaux, aux baux à cheptel ou reconnaissance de bestiaux et aux baux pour nourriture de personne. Mais nous pensons que si le cautionnement avait pour objet non-seulement les années à courir, mais encore des fermages échus, le droit ordinaire de 50 c. p. 0/0 serait exigible sur ces deniers (3).

6711. L'aval ou cautionnement destiné à assurer le payement de lettres de change ou billets à ordre n'est sujet à aucun droit quand il est placé sur l'effet (4). S'il fait l'objet d'un acte séparé, il donne lieu au droit fixe de 2 fr. (5). Dans tous les cas, le cautionnement souscrit par un tiers qui n'est ni tireur ni endosseur ne saurait être assimilé à un aval et il donne lieu au droit proportionnel de 25 c. p. 0/0 (6). Quant à la garantie que le tireur conférerait aux endosseurs, pour les indemniser, le cas échéant, des sommes qu'ils seraient obligés de payer, elle s'applique à une dette conditionnelle, et nous croyons qu'elle est passible du droit fixe (7).

6712. IV. *Cautions judiciaires.* Les cautions judiciaires peuvent être données par acte civil, mais l'origine du cautionnement ne change pas le droit à percevoir (8). Celles qui sont fournies en matière de police pour représenter les contrevenants ou garantir le payement des condamnations, s'enregistrent au comptant (9).

6013. V. *Garanties de droit.* Les garanties de droit, même lorsqu'elles sont surabondamment stipulées dans le contrat, dépendent nécessairement de la convention et ne peuvent donner ouverture à un impôt particulier (10). Telles sont notamment les garanties données par le bailleur au preneur pour tous les vices de la chose louée (*C. N., 1721*); l'obligation imposée à l'avoué qui élit command de répondre de l'insolvabilité du command élu (11); le cautionnement que fournit sur ses propres immeubles l'héritier bénéficiaire (12). Quand la garantie de droit fait l'objet d'un acte particulier, sa nature reste la même, et il ne faut percevoir que le salaire de la formalité.

6714. On peut même étendre quelquefois la garantie de droit au delà de ces limites sans donner ouverture à l'impôt. C'est ce qui a lieu, par exemple, quand on garantit la solvabilité actuelle et future du débiteur dans une cession de créances (13).

6715. VI. *Cautionnements divers.* Il ne doit être perçu que 25 c. p. 0/0 sur les cautionnements des comptables envers l'Etat (*Loi 22 frim. an 7, art. 69, § 2, n° 8*), encore que le cautionnement soit fourni en immeubles (14) et quelle qu'en soit la cause (15). Mais il faut qu'il s'agisse d'un comptable envers l'Etat; un receveur d'hospice, par exemple, ou un receveur municipal, qui n'est pas en même temps un percepteur, devraient acquitter l'impôt ordinaire (16).

6716. Plusieurs cautionnements de l'espèce sont même sujets au droit fixe. Ce sont ceux des armateurs de bâtiments armés en course (17); ceux des conservateurs d'hypothèques (18); des propriétaires de journaux (19); des receveurs particuliers de la navigation intérieure (20), etc.

---

(1) Dél., 7 oct. 1836; Dijon, 22 mars 1837; Nimes, 7 juin 1836; J. N., 8254, 9428; Orange, 25 août 1854; R. P., 422. *Cons.* J. N., 12851, 6074; Inst., 1205, § 1, 1256, § 2, 1514; D. N., *Caut.*, 169 à 173.

(2) R. G., 2438, § 5; Dél., 28 mai 1835; Dalloz, 3644; D. N., *Lett. de change*, 243.

(3) *Conf.*, Garnier, R. G., 1830. *Comp.* Caen, 24 mai 1849, *loc. cit.*

(4) Loi 22 frim. an 7, art. 70, § 3, n° 15; D. M. F., 7 août 1810; Inst., 488; Dél., 19 nov. et 21 déc. 1830, 21 janv. 1834; J. N., 7370-8379; Dél., 20 mars 1835; Dalloz, 3644; R. G., 1725.

(5) Sol., 19 nov. 1842; R. G., 1725, § 1; contra, D. M. F., 7 août 1810; Inst., 488.

(6) Dél., 28 mars 1835; Dalloz, 3644; R. G., 1725.

(7) *Conf.*, Nevers, 8 mai 1861; R. P., 1913; contra, Dél., 10 avril 1822, 26 juill., 1823, 3 avril 1824; R. G., 2454.

(8) Loi 28 avril 1816, art. 50; Cass., 3 prairial an 12; R. G., 2147; Champ., 1416; Inst., 744 et 1203, § 2.

(9) Arras, 10 août 1853; R. G., 102.

(10) D. N., *Garantie*, 432; *Caut.*, 148.

(11) Garnier, R. G., 2404, § 1.

(12) J. N., 1151; D. N., *Caut.*, 146.

(13) Garnier, R. G., 2437, § 3.

(14) D. M. F., 22 prairial an 10; Cass., 11 brum. an 12; Inst., 1425, § 4.

(15) D. M. F., 29 août 1814; R. G., 2466.

(16) D. M. F., 2 mars 1833; Inst., 1425, § 4; Seine, 26 déc. 1833; Inst., 260, § 14; Garnier, R. G., 2473; Nantes, 15 fév. 1830; R. G., 2473.

(17) Inst., 472.

(18) Loi 21 vent. an 7, art. 5; Sol., 11 juin 1825; R. G., 2465.

(19) Inst., 892; R. G., 2408.

(20) Loi 7 germ. an 8; arrêté du gouv., 8 prairial an 11; R. G., 2469.

6717. Sont également sujets au droit fixe de 2 fr. les actes ayant pour objet de constituer des nantissements au profit des sous-comptoirs de garantie par transport ou autrement et d'établir leurs droits comme créanciers (1); mais cette disposition ne s'applique pas au comptoir national d'escompte, ni aux obligations des compagnies consenties avec affectation hypothécaire (2).

SECTION II. — GAGE.

6718. Le gage ou nantissement offre au créancier en faveur duquel il est consenti une véritable garantie mobilière; et, sous ce rapport, il se trouve assujetti par l'art. 69, § 2, n° 8 de la loi du 22 frim. an 7, au droit de 50 c. p. 0/0 (3). Il y faudrait donc appliquer les règles que nous avons indiquées précédemment pour la garantie donnée par le débiteur ou par un tiers, soit dans le contrat obligatoire, soit par acte postérieur, *supra n°s 6692 et suiv.*

6719. Le gage ne transporte pas au créancier la propriété de la chose, mais le dessaisissement s'opère quelquefois et peut alors motiver la perception d'un droit de mutation, *supra n° 6655 à 6657.*
V. *Antichrèse, infra n° 6892.*

SECTION III. — INDEMNITÉS.

6720. Les indemnités mobilières ont été tarifées au même droit que les cautionnements et par le même article de loi.

6721. On ne distingue pas, pour l'application du tarif, entre les indemnités promises et les indemnités payées (4); si la promesse se rapportait à une indemnité indéterminée et non susceptible d'estimation, elle serait seulement passible du droit fixe de 2 fr. (5).

6722. La promesse d'indemnité est souvent une disposition dépendante d'un contrat et échappe, par cela même, à toute perception. Telle est la clause pénale insérée dans un acte pour le cas où l'une des parties n'exécuterait pas une obligation (6); la promesse d'une indemnité dans un bail au profit des locataires, pour le cas d'éviction (7); la stipulation d'une promesse de vente qui permet à l'une des parties de se délier, moyennant indemnité (8).

6723. L'indemnité promise ou payée par un locataire au propriétaire pour obtenir la résiliation du bail est sujette au droit de 50 c. p. 0/0 (9); de même que celle due au preneur expulsé par l'acquéreur (10). Mais si la somme est payée par le propriétaire pour obtenir la résiliation du bail, c'est le droit de rétrocession de jouissance à 20 c. p. 0/0 qui est exigible (11). Quand le fermier sortant cède au propriétaire des récoltes pendantes par racines, en payement de fermages arriérés, il y a simple règlement d'indemnité passible du droit de 50 c. p. 0/0 (12). Et c'est ce qu'il faut décider aussi pour la somme moyennant laquelle le propriétaire conserve, en vertu d'une stipulation du bail, les constructions élevées par le locataire sur le terrain loué (13).

6724. Le droit de 50 c. p. 0/0 est encore exigible sur l'indemnité promise ou payée à un fermier pour les pertes causées par des travaux de réparation (14), celle due ou payée par le fermier pour détérioration (15); sur la subvention à un entrepreneur de théâtre (16); et sur la somme payée à un acheteur évincé (17).

6725. L'indemnité ne diffère pas des dommages-intérêts pour la perception à établir sur les actes civils; mais en matière judiciaire, la condamnation à payer des dommages-intérêts est passible du droit de 2 p. 0/0 (*Loi 22 frim. an 7, art. 69, § 5, n° 8*).

---

(1) Décret, 24 mars 1848; Cass., 11 mars 1863; R. P., 1761; J. N., 17742.
(2) Cass., 31 août 1858; R. P., 408; J. N., 10401. Voyez Seine, 2 juill. 1856, 5 mai 1860; Seine, 29 juin 1864; J. N., 17174; R. P., 785, 1338.
(3) Dict. not., *Gage*, 93; Dalloz, 1541; Garnier, 6757; contra, Champ., 1411.
(4) Champ., 1383; D. N., *Indemn.*, 15; Garnier, 7224.
(5) Loi 28 avril 1816, art. 43, n° 18.
(6) Inst., 348; D. N., *loc. cit.*, 15; Cass., 18 avril 1834; Inst., 1381, § 8; R. G., 7219.
(7) D. N., *Indemn.*, 10, et *Bail*, 173.

(8) Sol., 26 fév. 1861; R. P., 1959.
(9) Sédan, 6 août 1840; D. N., *Indemn.*, 18.
(10) R. G., 1854, § 1.
(11) D. N., *Indemn.*, 19.
(12) Sol., 23 août 1863; R. P., 1880.
(13) Inst., 1354, § 3; J. N., 14490; D. N., *Indemn.*, 17; R. G., 7216; arg. de cass., 2 juill. 1851; J. N., 14410; Inst., 1900, § 2; Seine et Péronne, 3 et 4 janv. 1838; R. G., 3688, § 11.
(14) Dél., 25 janv. 1826; D. N., *Indemn.*, 20.
(15) D. N., *Bail*, 177 et suiv.
(16) Case., 16 nov. 1847; J. N., 13229; Inst., 1814, § 15; R. G., 7217.
(17) Dél., 31 juill. 1821; D. N., *Indemn.*, 21.

CHAPITRE QUATORZIÈME.

DES QUITTANCES.

SOMMAIRE

6726. Les quittances et autres actes ou écrits portant libération de sommes et valeurs mobilières sont sujets au droit de 50 c. p. 0/0 sur le total des sommes ou capitaux dont le débiteur se trouve libéré (*Loi 22 frim. an 7, art. 14, nos 3 et 69, § 2, no 11 ; loi 5 mai 1855, art. 15*).

6727. La libération résulte quelquefois indirectement de l'acte, comme quand le créancier donne quittance d'un dernier à-compte pour *solde* ou *payement final*. Mais le droit n'en est pas moins exigible sur le total de la dette (1).

6728. La quittance d'un capital et des intérêts échus motive la perception sur la somme indiquée dans l'acte pour les intérêts (2). A défaut d'indication, le droit se liquide sur cinq années d'arrérages, ou sur les intérêts réellement échus si le titre a une date moins ancienne (3). Quand la quittance ne fait mention que du payement du capital sans réserve des intérêts, le droit ne saurait être perçu que sur le capital (4).

6729. D'après l'art. 10 de la loi du 22 frim. an 7, dans le cas de transmission de biens, la quittance donnée par le même acte pour tout ou partie du prix entre les contractants n'est point sujette à un droit particulier d'enregistrement. On a appliqué ce principe : 1° à la remise d'un prix de vente faite, dans le contrat même d'aliénation, aux syndics d'une faillite par l'héritier du débiteur, avec charge de le distribuer aux créanciers inscrits (5) ; — 2° au payement des frais du contrat entre les mains du notaire rédacteur (6) ; — 3° ou d'une somme représentant les intérêts à échoir du prix (7) ; — 4° à la quittance donnée par le vendeur dans la déclaration de command (8) ; — 5° au payement constaté dans la ratification d'une vente soumise à la condition suspensive de cette ratification (9).

6730. Mais le droit devient exigible quand la quittance n'est plus une dépendance nécessaire du contrat. Tel est : 1° le payement effectué dans l'acte même par l'acquéreur aux créanciers du vendeur (10) ; si le payement fait aux créanciers inscrits avait lieu par acte séparé, il ne serait dû qu'un seul droit de quittance et un droit fixe de 2 fr. pour le consentement du vendeur (11) ; — 2° l'acte

---

(1) Dél., 10 sept. 1833; D. N., *Quitt.*, 142; Saint-Dié, 23 avril 1851 ; Cass. Belg., 21 oct. 1852; R. G., 10234 ; J. N., 4966, 1998; Sol., 9 déc. 1856; R. P., 831. V. Seine, 10 déc. 1864; R. P., 2005.

(2) Sol., 10 mars 1819, 26 juill. 1821, 12 sept. 1829, 14 août 1843; D. N., *Quitt.*, 52.

(3) D. M. F., 23 juin 1808; Inst., 390; D. N., *Quitt.*, 49; R. G., 7655; J. N., 2750; Sol., 9 déc. 1856; R. G., 831.

(4) Dél., 27 mars 1827; Inst., 1229, § 9; J. N., 6153; R. G., 7655. V. Seine, 21 janv. 1865; R. P., 2104.

(5) Cass., 21 juill. 1828; Inst., 1273, § 13; J. N., 6823, 6842; D. N., *Quitt.*, 56.

(6) J. N., 13809; CONTRA, Limoges, 20 juin 1849; D. N., *Quitt.*, 59.

(7) J. N., 8572; CONTRA, Dél., 3 juin 1834; D. N., *Quitt.*, 60.

(8) D. M. F., 15 mars 1808; Inst., 386, § 15; R. G., 10211; D. N., *Déclar. de comm.*, 131.

(9) Dél., 29 avril 1842; J. N., 11332; D. N., *Quitt.*, 63; Dél., 11 mai 1842; D. N., *Quitt.*, 65; R. G., 10240. 10247.

(10) Cass., 4 juill. 1815; Laon, 15 janv. 1833; Seine, 10 déc. 1834; Lyon, 10 août 1841; Seine, 17 juin 1852; R. G., 10243; D. N., *Quitt.*, 57 et 58; J. N., 13040.

(11) Limoges, 30 juin 1835; et 2 mars 1837; Saumur, 21 juill. 1830; J. N., 8383, 9618, 9932; Sol., 4 août 1837; Inst., 1562, § 24; D. N., *Quitt.*, 77.

ultérieur qui constate le payement de billets souscrits par l'acquéreur au moment du contrat pour libération du prix (1); — 3° la quittance contenue dans une ratification quand la vente a été faite sans la condition suspensive de cette ratification (2), ou dans l'acte notarié rédigé pour servir de titre à une promesse de vente antérieure constatée par un jugement qui a été assujetti au droit proportionnel (3).

6731. En principe la quittance d'une obligation verbale ne saurait justifier la perception cumulative des droits d'obligation et de quittance (4). Ils seraient dus néanmoins si l'acte énonçait que le prêt résulte d'un billet (5), ou d'un engagement écrit (6), ou d'une ouverture de crédit, *supra* n° *6582*.

6732. Quant aux quittances de prix de vente d'objets mobiliers, elles sont sujettes au droit de la convention si elles peuvent servir de titre (7); il en est de même des quittances de location (8), ou de marchés de travaux (9). Cependant le droit n'est pas exigible dans le cas où la transmission repose sur la loi, comme quand le survivant des père et mère paye la valeur des meubles non représentés en nature (10), ou que les héritiers de l'usufruitier remboursent au nu-propriétaire le prix du mobilier dont leur auteur avait la jouissance et qu'il a vendu (11).

6733. On ne saurait non plus exiger que le droit de quittance sur l'acte par lequel l'acquéreur d'un immeuble paye une seconde fois le montant d'une dette hypothécaire (12), ou verse une somme en sus de son prix, pour éviter l'action en délaissement (13).

6734. Les mentions de payements insérées dans les actes ne sont d'ailleurs sujettes au droit proportionnel que quand elles paraissent avoir été faites pour conférer un titre libératoire. Elles en seraient donc dispensées dans les inventaires et même dans les partages si les débiteurs n'étaient pas présents, *supra* n° *6535* (14). On a spécialement décidé que le notaire, n'étant pas partie dans l'acte qu'il rédige, la clause qui constate le payement de ses honoraires ne donne pas lieu au droit de quittance (15).

6735. La quittance est passible du droit proportionnel parce qu'elle transfère la propriété des sommes auxquelles elle s'applique. Il en résulte que quand le débiteur se borne à restituer au créancier une valeur qui appartenait à ce dernier, il n'est dû qu'un droit fixe; c'est ce qu'on décide pour : les délivrances de legs; — les remboursements par le mari des capitaux touchés en qualité d'administrateur des biens de sa femme (*supra* n° *6575*), et notamment la restitution de la dot ou des reprises à la dissolution du mariage (16); — le rapport fait par le cohéritier des sommes données ou prêtées (17); — la restitution des sommes payées par erreur (18), ou du prix d'une vente annulée pour cause de nullité radicale (19); — le remboursement par un gendre à son beau-père de la dot revenant à celui-ci en vertu d'une clause de retour (20); — et le payement des soultes stipulées dans un partage testamentaire (21).

6736. C'est ce qui est appliqué surtout en matière de décharge de compte. Quand le mandataire verse entre les mains du mandant le reliquat de son compte, il opère une simple restitution qui ne saurait donner lieu au droit proportionnel, *supra* n° *6590 à 6595*. Mais le droit de quittance devient exigible sur le payement des sommes dont le mandataire était débiteur personnel, par exemple sur les intérêts causés par son retard (22), — ou sur les avances faites par le mandataire et dont le mandant lui tient compte (23). On ne saurait, d'ailleurs, admettre sans justification, que le payement d'une somme résulte d'un règlement de compte; il faut, au contraire, le considérer comme se rapportant à une obligation ordinaire (24).

(1) Cass., 5 nov. 1834; R. G., 10215; Cass., 26 mars 1849; J. N., 8726, 13709; Inst., 1481-12-1837, § 4; R. G., *loc. cit.*
(2) Laon, 26 fév. 1849; D. N., *Quitt.*, 75; R. G., 10214, § 4.
(3) Douai, 4 déc. 1862; J. N., 17665.
(4) D. N., *Quitt.*, 91.
(5) J. N., 1178.
(6) Cass., 4 avril 1849; J. N., 13727; R. G., 9444; Cass., 23 mai 1859; Inst., 1844-2, 2160-5.
(7) Sol., 16 avril 1831, 22 mars 1846; Valenciennes, 17 août 1853; R. G., 14292; D. N., *Quitt.*, 96. Voir Rouen, 21 janv. 1861; R. P., 1903; contra, Champ., Supp., 7; J. N., 10036; Vendôme, 12 déc. 1833; Mauriac, 3 juill. 1846.
(8) Sol., 11 août 1841; R. P., 1903; J. N., 1327. V. D. N., *Bail*, 5.
(9) Seine, 18 déc. 1844; R. G., 8422; Altkirch, 8 juill. 1854; Rouen, 21 janv. 1861; R. P., 329, 1903; J. N., 18073; contra, le Havre, 28 déc. 1864; J. N., 18294; R. P., 2174; Seine, 13 janvier 1866; R. P., 2311.
(10) Inst., 548; D. N., *Quitt.*, 98.
(11) Dél., 1er juin 1825; J. N., 5639; D. N., *Quitt.*, 99.
(12) Sol., 22 mai 1827; Inst., 1229, § 10; J. N., 6321; R. G., 11943.

(13) Sol., 22 mai 1829; Inst., 1393, § 9; J. N., 6993; D. N., *Quitt.*, 110.
(14) *Adde* Vitry-le-François, 20 déc. 1854; R. P., 328. Cependant Abbeville, 9 mai 1853, *loc. cit.*
(15) Sol., 18 déc. 1846; Inst., 1780, § 9; Seine, 12 août 1845; J. N., 12775; Cass., 17 juill. 1851; R. P., 200; D. N., *Honor.*, 479 et 480.
(16) Lyon, 29 août 1862; R. P., 1708; Garnier, *Dissert.*, R. P., 2124; Cass., 30 janvier 1866; R. P., 2229.
(17) D. N., *Partage*, 816, et *Quitt.*, 141; Dél., 5 juin 1838; R. G., 10205, § 4; contra, sur le dernier point; Dél., 19 mars 1833; J. N., 10004.
(18) Garnier, R. G., 10206; contra, Seine, 12 mai 1860; R. P., 1361.
(19) Garnier, 10208; contra, Sol., 11 juin 1825.
(20) Dél., 8 nov. 1839; J. N., 10549.
(21) D. N., *Quitt.*, 132.
(22) Dél., 19 janv. 1839; J. N., 7075; Sol., 19 janv. 1836; Inst., 1320, § 3; R. G., 3422, § 1.
(23) Dalloz, 870; Champ., 1539.
(24) Cass., 9 mai 1864; R. P., 1808.

6737. A l'égard des quittances servant à justifier les payements du mandataire, elles doivent être enregistrées si elles sont produites réellement au soutien du compte (4), à l'exception toutefois de celles qui sont affranchies de la formalité par l'art. 537 du Code de procédure.

6738. Les décharges établissent souvent que des tiers se sont libérés. Si cette mention est insérée parmi les éléments d'un compte proprement dit, elle conserve le caractère simplement énonciatif dont nous avons précédemment parlé, et aucun droit de libération n'est exigible. Il en est autrement quand, la décharge se rapportant au seul fait du payement du tiers, les parties semblent avoir principalement voulu conférer à ce dernier un titre de sa libération. Telle est surtout l'hypothèse des décharges de prix de vente données aux notaires chargés de recevoir, avec indication des acquéreurs libérés (2). On a même prescrit de percevoir, en outre, le droit fixe pour la décharge à l'officier public (3).

6739. On ne peut assimiler au versement d'un reliquat de compte, et il faudrait, par conséquent, exiger le droit proportionnel, sur le payement au donataire par les héritiers du donateur d'une somme dont la délivrance était retardée au décès de ce dernier (4) ; — sur le payement, par acte postérieur au contrat de mariage, de la dot constituée à l'un des époux (5) ; — ou sur le remboursement, par le mari à la femme des sommes qu'il avait reçues à titre de prêt (6).

6740. Le droit proportionnel ne se restreint pas seulement à l'extinction de la dette par le payement, il s'étend encore à la plupart des autres modes de libération. Ainsi, la subrogation légale ayant pour objet de désintéresser le créancier sans produire le transport de l'obligation, donne ouverture au droit de quittance (7), mais si le payement avait lieu en dehors des conditions de l'art. 1251 C. N., c'est le droit de transport qui serait exigible, comme nous l'avons dit *supra* n° 6650.

6741. De même la compensation conventionnelle est passible du droit de 50 c. p. 0/0 (8). Mais on discute sur la question de savoir s'il en est ainsi pour l'acte qui constate la compensation légale (9).

6742. Quant à la confusion, elle échappe à tout impôt parce qu'elle n'opère aucune transmission d'une tête sur une autre (10).

6743. La remise de dette est encore sujette au droit de quittance, quand elle n'a pas le caractère d'une donation. Telles sont : 1° les réductions volontaires d'un prix de bail (11); — 2° la renonciation par un frère ou un tuteur au droit de réclamer à son frère ou au pupille un solde de compte (12); — 3° l'abandon d'une partie de la créance à condition de recevoir le payement du surplus (13); — 4° la renonciation à tout recours, de la part de la caution qui a payé la dette (14). C'est aux tribunaux à décider, dans tous les cas semblables, quel est le caractère de l'acceptilation. Mais nous croyons que la remise de dette, pour donner lieu au droit de quittance, n'a pas nécessairement besoin d'être acceptée par le débiteur (15).

6744. *Remboursement de rente.* Il est dû 50 c. p. 0/0 comme quittance sur les remboursements ou rachats de rentes, pensions et redevances de toute nature (*Loi 22 frim. an 7, art. 69, § 2, n° 11*). — Le droit se liquide sur le capital constitué, quel que soit le prix stipulé pour l'amortissement (*id., n° 7, art. 14*). — Si la rente a été constituée sans expression de capital, on fait la perception sur un capital formé de 20 fois la rente perpétuelle et 10 fois la rente viagère, quel que soit le prix du rachat (*id., n° 9*). Il en est de même si la rente est stipulée payable en nature, mais dans ce cas on évalue le pro-

(1) Sol., 26 messid. an 7; Dalloz, 1163; Cass., 8 mai 1826; J. N., 5725; R. G., 3449.
(2) Cass., 5 mai 1840, 7 juill. 1816; J. N., 10668, 12742; Inst., 1630, § 4, 1788, § 3; Sol., 30 juill. et 17 déc. 1857; Seine, 10 mars 1865; R. P., 1014, 2131.
(3) Inst., 1630, § 4; Vitry-le-François, 26 janv. 1847; Dél., 10 août 1827; J. N., 6500; R. G., 4274; D. N., *Quitt.*, 95.
(4) Cass., 10 mars 1851; J. N., 14302; Inst., 1883, § 12; R. G., 10203; D. N., *Quitt.*, 89.
(5) Cass., 26 nov. 1839; J. N., 10553; Inst., 1615, § 6; R. G. 16201; D. N., *Quitt.*, 86.
(6) Cass., 16 juill. 1855; J. N., 15593; R. P., 434 (*supra* n° 6575.)
(7) Cass., 24 déc. 1839, 27 juin 1842; J. N., 10563, 11386; Inst., 1615-8. 1683, § 9; R. G., 11942.
(8) Cass., 11 mars 1854; J. N., 15228; R. P., 36; Inst., 2015, § 5; Seine, 22 nov. 1843; Dél., 28 août 1829; R. G., 3273, § 1.
(9) Aff. Seine. 16 déc. 1835, 13 mars 1844; Dél., 8 sept. 1821 et 10

janv. 1824; Dalloz, 1019; D. M. F., 6 août 1823; Inst., 1097; Garnier, R. G., 3273; Joigny, 20 août 1860; R. P., 4350; Lyon, 6 mars 1863; J. N., 14537, 17813; Valenciennes, 17 janv. 1866; R. P., 2266. *Nég.*, Saint-Omer, 25 mars 1854; Seine, 19 nov. 1851; Dalloz, 1027; Champ., 1622, et *Supp.*, 344; D. N., *Quitt.*, 113; Seine, 6 janv. 1865; R. P., 107, 2126; J. N., 14537, 15281.
(10) D. N., *Conf.*, 25, et *Quitt.*, 116; Garnier, 3574; Dél., 13 avril 1827; R. G., 3429.
(11) Sol., 3 juin 1828; J. N., 6645; Inst., 1250, § 1; Seine, 25 juin 1843; Dalloz, 3118; Garnier, 148.
(12) Bourges, 10 avril 1848; Châlon-sur-Saône, 1er août 1850; J. N., 13546, 14475. *Conf.*, Sol., 3 déc. 1861; R. P., 1618.
(13) Oloron, 20 mai 1843; R. G., 448.
(14) Embrun, 10 juin 1865; R. P., 2027.
(15) Inst., 1562, § 23; Sol., 3 déc. 1861; J. N., 17626; CONTRA, Op., J. N., *loc. cit.*

duit annuel d'après les mercuriales (*id*). — Enfin, on ne fait aucune distinction entre les rentes et pensions créées sur une ou plusieurs têtes (*id.*), *supra n° 6679*.

6745. Le remboursement du capital d'une rente constituée verbalement ne saurait justifier la perception du droit de 2 p. 0/0, puisque l'impôt frapperait sur une convention qui n'existe plus (1). Il en est de même de l'acte notarié, portant quittance au profit d'une compagnie d'assurances sur la vie non représentée à l'acte, d'un semestre de rentes viagères dont le titre constitutif n'est point énoncé (2). — Mais le droit de constitution serait exigible, si la quittance pouvait servir de titre à la convention, *supra n° 6732* ; si, par exemple, le créancier libérait le débiteur présent à l'acte des arrérages d'une rente due verbalement (3).

6746. Quant au droit de transcription exigible sur certaines cessions de rentes, *supra n° 6683*, il n'est jamais exigible pour les actes de remboursement (4).

6747. Nous avons dit précédemment que la libération pouvait résulter indirectement de la quittance, comme quand on reçoit du débiteur un solde d'obligation, *supra n° 6727*. Cette remarque s'applique surtout aux mainlevées d'inscriptions qui constatent l'extinction de la créance garantie, et nul doute que le droit de quittance ne soit alors exigible (5).

6748. C'est ce qu'on a décidé : 1° pour des mainlevées énonçant que l'inscription subsistait sans cause (6) ; — que le créancier se désistait de tous droits quelconques résultant des obligations (7) ; — et qu'il avait remis au débiteur la grosse de l'obligation inscrite (8) ; — 2° pour des mainlevées auxquelles se trouvaient jointes des pièces constatant le payement, telles que l'expédition d'une autorisation du conseil de préfecture relative au versement des fonds (9) ; — la décharge donnée à la caisse des consignations (10) ; — la quittance des fermages pour lesquels l'inscription avait été requise (11).

6749. Lorsqu'un acte d'aliénation n'est sujet qu'au droit fixe, comme les ventes de biens situés à l'étranger et les ventes de navires, la quittance du prix renfermée dans le contrat est affranchie de l'impôt (12). — Mais le droit de libération serait exigible, si la quittance faisait l'objet d'un acte séparé (13).

6750. Les récépissés des versements à la caisse des consignations sont, en eux-mêmes, sujets au droit fixe de 2 fr. (14). Cependant ils deviennent passibles du droit de quittance quand il s'agit d'un acquéreur déposant son prix de vente en vertu d'une clause du contrat, parce qu'alors le récépissé constate sa libération (15).

6751. Sont exempts de l'enregistrement les quittances des intérêts de rentes d'État, les acquits de mandats ou ordonnances de payement sur les caisses publiques, les quittances de contributions payées à l'État, celles pour charges locales, celles des fonctionnaires et employés salariés par l'État pour leurs traitements et émoluments, celles relatives aux décharges ou réductions, remises ou modifications d'impôt ; les récépissés délivrés par les receveurs de deniers publics ; les quittances pour prêts et fournitures tant pour le service de terre que pour le service de mer ; enfin les quittances ou acquits de lettres de change, billets à ordre ou autres effets négociables (*Loi 22 frim. an 7, art. 70, § 3, n° 3*).

6752. L'acte notarié qui constaterait l'acquit d'un effet de commerce devrait être enregistré dans le délai ordinaire et serait sujet au droit proportionnel de quittance. Mais lorsque c'est l'État qui paye une somme dont il est débiteur, la quittance notariée délivrée par le créancier ou le fournisseur doit être enregistrée gratis (16).

---

(1) Dél., 12 juin 1824 ; J. N., 4730 ; D. N., *Quitt.*, 102.
(2) Rennes, 20 nov. 1847 ; J. N., 13299 ; D. N., *Quitt.*, 104.
(3) Dél., 24 avril 1829 ; D. M. F., 22 brum. an 8 ; D. N., *Quitt.*, 103.
(4) Dél., 26 juill. 1818 ; Sol., 30 sept. 1833, 27 mars 1835, 8 mars 1843 ; R. G., 10017.
(5) Dél., 29 juin 1832. V. Cass., 11 mars 1863 ; J. N., 17712.
(6) Sol., 27 mars 1827 ; Inst., 1229, § 9.
(7) Seine, 19 août 1837, 10 mai 1838 ; Nantes, 19 juin 1839 ; Seine, 20 déc. 1843 ; Rouen, 11 juin 1851 ; Bar-le-Duc, 12 janv. 1855 ; R. P., 309 ; R. G., 8294 ; J. N., 10242, 11927. V. cependant Seine, 23 nov. 1842 ; Versailles, 20 avril 1843 ; Beaune, 30 janv. 1846 ; Seine, 25 juill. 1863 ; J. N., 11696, 11714, 12851, 17915 ; Cognac, 4 janv. 1865 ; R. P., 2490.
(8) Sol., D. M. F., 1er janv. 1814 ; Sol., 29 nov. 1818 ; R. G., 8295, § 2.
(9) Dél., 27 sept. 1815 ; Amiens, 20 juin 1844 ; Seine, 23 mars 1852 ; J. N., 11067 ; R. G., 8297, § 2.

(10) Beauvais, 10 avril 1850 ; Versailles, 8 juin 1847 ; Saint-Gaudens, 14 avril 1845 ; R. G., 8295, § 4.
(11) Bordeaux, 15 janv. 1849 ; R. G., 8295, § 3.
(12) Dél., 11 août 1821, 9 avril 1825 ; Valenciennes, 24 fév. 1841 ; J. N., 5092, 11146 ; Champ., 3787 ; Garnier, 10219 ; D. N., *Vente de nav.* et *Quitt.*, 82 ; contra, Sol., 25 juill. 1832, 12 juill. 1833, 20 janv. et 11 mars 1837 ; Dalloz, 2027 ; R. G., *loc. cit.*
(13) Seine, 13 mars 1833 ; Dél., 20 déc. 1841 ; D. N., *Quitt.*, 80 et 81 ; R. G., 10219.
(14) J. N., 272, 7345.
(15) Evreux, 17 juin 1837 ; Dalloz, 550 ; D. N., *Caisse des cens.*, 89 ; R. G., 2334. Voy. Evreux, 9 avril 1804 ; J. N., 9339, 12049, 18438 ; R. P., 2043.
(16) D. M. F., 27 avril 1858 ; Inst., 2123, § 6 ; R. P., 1031 ; contra, D. M. F., 12 sept. 1835 ; D. N., *Quitt.*, 147, 148 ; Dél., 29 mai 1824 ; J. N., 4867.

CHAPITRE QUINZIÈME.

DES DONATIONS.

SOMMAIRE

SECTION 1re. — DES DONATIONS ORDINAIRES.

6753. I. *Tarif.* Les donations entre-vifs faites en ligne directe sont aujourd'hui passibles du droit de 2 fr. 50 p. 0/0 pour les meubles et de 4 p. 0/0 pour les immeubles (*Lois 22 frim. an 7, art. 69, § 6, no 2; 28 avril 1816, art. 54, et 18 mai 1850, art. 10*).

6754. Dans le dernier tarif de 4 p. 0/0, se trouve compris le droit de transcription de 1 fr. 50 qu'il faut ajouter d'office lors de l'enregistrement (1), lors même que l'indivision cesserait (2).

6755. Quand la donation en ligne directe est faite par contrat de mariage, le tarif est réduit à 1 fr. 25 sur les meubles et 2 fr. 75 sur les immeubles (*mêmes articles de loi*).

6756. On ne perçoit que 1 p. 0/0, sans distinction entre les meubles ou les immeubles, si la donation a lieu à titre de partage anticipé; mais alors le droit de 1 fr. 50 p. 0/0 est exigible sur les immeubles lors de la transcription de l'acte au bureau des hypothèques (*Loi 16 juin 1824, art. 5*).

6757. En dehors de la ligne directe, les droits sont gradués d'après le degré de parenté des parties, et diffèrent selon la nature de l'acte qui contient la libéralité. Le tableau suivant présente le détail de toutes les quotités du tarif.

---

(1) Dél., 18 juin 1850; J. N., 14968; R. G., 4807.
(2) Dél. 24 mai 1832 et 14 janv. 1834; Orléans, 24 nov. 1834

Epernay, 24 août 1834; Bar-sur-Aube, 24 août 1837; Seine, 7 mai 1840; R. G., 4200; Dict. not., Don., 464; J. N., 8992.

DEGRÉS DE PARENTÉ.	DONATIONS par contrat de mariage.		DONATIONS HORS CONTRAT DE MARIAGE.			
			Sans partage anticipé.		Avec le partage.	
	meubles.	immeubl.	meubles.	immeubl.	meubles.	immeubl.
	fr. c.	fr. c.	fr. c.	fr. c.	fr. c.	fr. c.
Ligne directe....................	1.25	2.75	2.50	4.00	4.00	4.00
Entre époux.....................	1.50	3.00	3.00	4 50	3.00	4.50
Frères, sœurs, oncles, neveux......	4.50	4.50	6.50	6.50	6.50	6.50
Grands-oncles, petits-neveux, cousins germains.....................	5.00	5.00	7.00	7.00	7.00	7.00
Parents au delà du 4ᵉ degré jusqu'au 12ᵉ	5.50	5.50	8.00	8.00	8.00	8.00
Non parents....................	6.00	6.00	9.00	9.00	9.00	9.00

6758. On voit que les donations mobilières en ligne collatérale et entre étrangers sont tarifées comme les donations d'immeubles, et acquittent par conséquent le droit de transcription (1). Ce résultat pourrait être contesté (2).

6759. Sont considérées comme faites en ligne directe les donations aux enfants naturels reconnus, aux enfants adoptifs, ou celles que ces enfants font à leurs père et mère adoptifs ou naturels (3); il en est de même de la donation par l'aïeul à l'enfant légitime de son fils naturel reconnu (4); mais si la donation était faite à l'enfant naturel non reconnu, ou bien à l'enfant naturel reconnu, par les parents de sa mère ou de son père, et réciproquement, le droit serait dû aux taux fixés pour les étrangers. Les alliés sont également traités comme des personnes non parentes (5).

6760. La donation *à une succession* est censée faite à ceux qui doivent la recueillir (6). Cependant la donation par un père à son fils d'un immeuble qui devra appartenir à la communauté existant entre le donataire et sa femme, n'est sujette qu'au droit en ligne directe (7).

6761. Les donations d'immeubles situés à l'étranger sont assujetties à un droit maximum de 10 fr. (*Loi 16 juin 1824, art. 4*). Et cette disposition s'étend, par analogie, aux valeurs mobilières ayant leur assiette en pays étranger (8). Cependant la loi du 18 mai 1850, art. 7, a soumis au droit proportionnel ordinaire les transmissions entre-vifs à titre gratuit de fonds publics et d'actions des sociétés étrangères faites *au profit d'un Français*; d'où on a conclu que la donation de ces valeurs à une étrangère, même dans son contrat de mariage avec un Français, n'est sujette qu'au droit maximum de 10 fr. (9).

6762. II. *Bases de la perception.* Le droit proportionnel se liquide différemment selon qu'il s'agit de meubles ou d'immeubles. Pour les meubles la perception s'établit sur la valeur vénale, déterminée — ou par le capital de la créance et de la somme d'argent faisant l'objet de la libéralité, — ou par le capital au denier 10 ou 20 de la rente viagère ou perpétuelle, — ou dans les autres cas par l'estimation des parties (*Loi 22 frim. an 7, art. 14, nᵒˢ 2, 8, 9 et art. 16*).

6763. Les donations de valeurs cotées à la Bourse acquittent le droit sur le capital fixé d'après le cours moyen de la Bourse au jour de la transmission (10). On suit le cours de la Bourse du lieu de la mutation (11), et s'il n'y a pas eu de cote le jour de cette transmission, on prend la dernière (12).

(1) Seine, 26 mars 1851 ; Cass., 17 nov. 1851; J. N., 14332, 14512.
(2) D. N., Don., 478.
(3) D. N., Don., 482 ; R. G., 4609.
(4) Dél. 17 juin 1834 et 27 sept. 1843; D. N., Don., 488.
(5) D. M. F., 1ᵉʳ mai et 20 juill. 1820; Cass., 22 déc. 1829, 28 janv. 1839; J. N., 4052, 7126, 10372; Inst., 1599, ; 5; R. G., 4813.
(6) Cass., 22 déc. 1829; J. N. 7126 ; Inst., 1307, § 6; R. G., 4814.
(7) Dél., 12 juin 1830, 20 mai 1831; J. N., 7287, 8578; R. G, 3795.

(8) Cass., 21 avril 1828; D. M. F., 11 mars 1829; Inst., 1282, § 6; Dél., 2 août 1831 ; J. N., 6883, 7493.
(9) Seine, 27 déc. 1854 ; J. N., 15426; D. N., Don., 472. V. Sol., 2 déc. 1805; R. P, 2223.
(10) Loi 18 mai 1850, art. 7; Inst., 1652, § 3; Lyon, 29 août 1848; Sol., 7 fév. 1849 ; J. N., 11902, 13021, 14050, 14055.
(11) Lyon, 19 juin 1863; J. N., 17391, 17801.
(12) Inst., 747. Sol., 7 fév. 1849; J. N., 13021.

6764. Enfin, les donations d'usufruit de meubles sont assujetties à l'impôt sur la moitié de la valeur de l'objet donné (*Loi 22 frim. an 7, art. 14, n° 11*).

6765. Le droit, pour les donations de biens immeubles, est liquidé d'après l'évaluation qui doit en être faite et portée : pour la propriété entière, à 20 fois le produit des biens ou le prix des baux courants, et pour l'usufruit à dix fois le même produit, sans distraction des charges (*Loi 22 frim. an 7, art. 15, n°s 7 et 8*).

6766. La donation de la nue propriété est tarifée comme celle de la propriété entière (1) ; mais le donataire n'acquitte plus aucun droit proportionnel lors de la réunion de l'usufruit (*Loi 22 frim. an 7, art. 15, n° 7*), et même, si cette nue propriété fait l'objet de donations intermédiaires avant la réunion de la jouissance, elle n'est sujette au droit que sur la moitié de la valeur (2). Quant à la donation de la nue propriété faite à l'usufruitier, elle n'est pas dispensée du droit proportionnel comme la *consolidation* de l'usufruit sur la tête du nu-propriétaire (*Loi 22 frim. an 7, art. 15, n° 8*) ; il semble seulement qu'elle n'est passible de l'impôt que sur la moitié de la valeur de la propriété.

6767. Les charges grevant les biens donnés ne sauraient être déduites pour la liquidation du droit. Cette disposition ne s'applique pas toutefois aux *réserves* faites par le donateur, lesquelles constituent de véritables distractions sur l'importance du capital imposable (3). De même on a décidé, et avec raison, que, pour percevoir le droit sur une donation d'ascendants, il y a lieu de déduire la somme antérieurement donnée à l'un des enfants par acte enregistré et non encore payée au moment du partage (4).

6768. Une donation simultanée de meubles et d'immeubles n'est assujettie qu'aux droits fixés pour chaque nature de biens ; il suffit pour cela que l'évaluation des meubles soit faite séparément. La règle contraire de l'art. 9 de la loi du 22 frim. an 7 est spéciale aux ventes (5).

6769. Nous avons indiqué précédemment le mode d'évaluation du revenu des immeubles et les moyens de contrôle appartenant à la Régie sur les différentes estimations des parties (*supra*, chapitre VI).

6770. III. *Formation du contrat*. La donation est un contrat bilatéral dont la perfection est soumise à la nécessité d'une acceptation expresse. Par conséquent, si cette acceptation fait défaut, l'acte n'est sujet qu'au droit fixe ; mais le droit proportionnel devient exigible sur l'acte ultérieur qui renferme le consentement du donataire (6).

'6771. Il faut d'ailleurs que l'acceptation soit conçue en termes exprès, à moins qu'il ne s'agisse de donations faites aux futurs dans leur contrat de mariage (7). Mais l'emploi de la forme sous seing privé ne dispenserait pas le contrat de l'impôt proportionnel (8).

6772. L'acceptation, pour être valable et motiver la perception du droit, doit émaner d'un donataire capable de la faire ou de ses représentants légaux. On ne pourrait, par exemple, exiger l'impôt sur une donation acceptée par un simple porte-fort (9), par une femme non autorisée (10), par un mineur ou par un interdit (11).

Voir cependant *infra, 6857*.

6773. Le droit applicable aux donations offertes aux communes et aux établissements publics ne peut être perçu que sur l'acceptation définitive passée après l'autorisation du gouvernement, par les administrateurs compétents (12). Il n'est pas dû sur l'acceptation provisoire de la libéralité (13).

6774. D'après l'art. 932 C. N., la donation ne produit d'effet, *à l'égard du donateur*, que du jour où l'acceptation lui a été notifiée. Il avait été admis d'abord que le droit proportionnel ne devenait

(1) Sol., 28 oct. 1825; Inst., 1187, § 5 ; R. G., 4820 et 13228.
(2) Cass., 2 avril 1845 et 27 déc. 1847 ; Inst., 1816 ; R. G., 13220; J. N., 10425 (*Comp.*, les autorités nombreuses, citées ; R. G., *loc. cit.*, et J. N., 10425, 11408, 11547, 12067, 12087, 12186, 12489, 12563, 13426; Inst., 2035, § 3 ; R. G., 13255.
(3) Cass., 28 janv. 1818 ; J. N., 6246 ; cependant Dél., 29 mai 1827.
(4) Sol., 14 juin 1804 ; R. P., 1971, § 4 ; Arg. de Cass., 29 juill. 1862; R. P., 1818.
(5) Dél., 1er juin 1837 ; R. G., 4888, § 1 ; D. N., *Don.*, 516.
(6) Inst., 290, § 29 ; D. N., *Don.*, 480 ; R. G., 4842.
(7) C. N., 932, 1087; Dél., 5 mai 1835; R. G., 3785, 4845 ; Castel-Sarrazin, 31 déc. 1847 ; Nevers, 26 déc. 1848; Dalloz, 3884 ; Champ., *Supp.*, 804 ; R. G., 3785, 4845, 4846.
(8) Garnier, 4837, § 1 ; Dél., 5 fév. 1825 ; Cass., 21 déc. 1831 et

9 août 1836 ; Thionville, 27 août 1834 ; Marennes, 31 déc. 1835 ; J. N., 5234, 7611, 8675, 9184, 9321 ; Inst., 1562, § 9 ; CONTRA, Dalloz, 3694; Champ., 2236 ; Inst., 1187, § 9 et 1437, §12; Belfort, 6 janv. 1836; J. N., 6999.
(9) Dalloz, 3702 ; Champ., 2239 ; Garnier, 4860.
(10) Cass., 1er août 1836 ; J. N., 9325 ; R. G., 4864 ; D. N., *Don.*, 527.
(11) J. N., 9492, 9670.
(12) Sol., 14 mars 1827, 19 juin 1828, 7 janv. 1832 ; D. N., *Don.*, 534 ; Saint-Dié, 20 août 1836 ; J. N., 9387-9403 ; D. M. F., 9 avril 1860 ; Inst., 2181, § 1 ; R. P., 1402, 1917.
(13) Dél., 11 juill. 1837 ; J. N., 9788 ; D. M. F., 9 avril 1860; Inst., 2181, § 1 ; R. P., 1402

exigible qu'à partir de cette signification (1) ; mais la pratique est établie en sens contraire, et nous croyons, en effet, que l'obligation de faire notifier est une condition résolutoire sans influence sur la transmission actuelle de propriété (2).

6775. IV. *Donation conditionnelle.* La donation peut être affectée de toutes les conditions ordinaires. Il est permis notamment d'en subordonner l'accomplissement à un événement inconnu, et devant cette condition suspensive le droit fixe de 2 fr. est seul exigible (3). Les libéralités faites par contrat de mariage devraient être rangées dans cette catégorie, puisque leur existence dépend de la célébration ; cependant la pratique contraire a prévalu, et on perçoit l'impôt proportionnel, sauf à le restituer quand le mariage n'est pas célébré, *infra nos 7490 et suiv.*

6776. Mais en dehors de cette exception, le droit reste en suspens. Ainsi décidé pour une donation faite à un enfant sous la condition que son frère se mariera (4) ; ou que les dettes du donateur ne s'élèveront pas à un certain chiffre à telle époque (5) ; ou que le donataire laissera à son décès des enfants issus de son mariage (6) ; ou enfin que les biens lui seront attribués lors du décès d'un tiers (7).

6777. Il ne faudrait pas confondre la condition suspensive avec le terme, car la donation d'une valeur payable à terme est passible du droit proportionnel (8). Il en serait de même d'une libéralité soumise à une condition simplement résolutoire (9).

6778. La condition potestative imposée au donataire n'empêche pas l'exigibilité du droit proportionnel, puisqu'il dépend du donataire de recueillir la libéralité. Par exemple, l'engagement de nourrir une personne ou de lui payer 80,000 fr. si elle quitte la maison du donateur, est sujet au droit sur 80,000 fr. (10). De même pour la stipulation d'un contrat portant que le père du futur s'engage à entretenir les époux chez lui, ou, en cas de séparation, à leur donner la jouissance d'un immeuble (11). Mais le droit fixe serait seul exigible si le donateur *promettait* seulement de donner dans l'hypothèse prévue (12).

6779. V. *Donation alternative.* La donation alternative est évidemment sujette au droit proportionnel, puisqu'il est certain qu'un objet a été donné. Mais comment se liquide l'impôt? On perçoit le droit le moins élevé si le choix appartient au donateur (13), ou s'il a été laissé au donataire pour être exercé après le décès du donateur (14), sauf à réclamer l'excédant lors de l'option ultérieure (15). Si le choix appartient au donataire sans condition, l'obligation est alors assimilable à un engagement potestatif, et le droit est perçu au taux le plus élevé (*supra n° 6778*).

6780. On doit considérer comme donation alternative la clause d'un contrat de mariage par laquelle le père du futur se réserve de remplacer les immeubles constitués en dot par d'autres immeubles (16), ou de les reprendre pour une certaine somme si le futur veut les aliéner (17). Mais ce caractère n'a pas été reconnu à l'abandon d'un immeuble dont le donateur se réserve de faire la vente en en cédant une partie au donataire. Il y a libéralité actuelle soumise à une condition résolutoire (18).

6781. Nul doute, d'ailleurs, que si aucune alternative n'a été stipulée dans le contrat, l'acte par lequel l'objet donné est remplacé par une valeur différente ne motive la perception d'un droit de dation en payement, d'échange, de quittance, etc. (19).

6782. VI. *Donation éventuelle.* Quand l'effet de la libéralité est subordonné au décès du donateur, le droit de transmission entre-vifs n'est pas exigible. La clause donne lieu seulement à un droit fixe de 5 fr. ; et, lors de l'événement, on perçoit l'impôt des mutations par décès. Nous avons épuisé cette

(1) Inst., 200, § 29 ; Dél., 23 mai 1843 ; J. N., 11667 ; R. G., 5857 ; Champ., 2324 ; Dalloz, 3608 ; D. N., *Don.*, 520.
(2) Arg. de Grenier, 381 *bis*; Demante, *Themis*, VII, 380 ; Coin-Delisle, *932*, 13 et 15 ; Marcadé, *932*, 5.
(3) D. N., *Cond.*, 139, etc. ; Garnier, R. G., 3521 et 4914 ; Champ., 2347 et 2319 ; Dalloz, 3600.
(4) Cass., 14 déc. 1840 ; J. N., 10851 ; R. G., 4910.
(5) Dél., 3 déc. 1843 ; D. N., *Don.*, 597.
(6) Cass., 20 avril 1846 ; J. N., 12665 ; Dél., 2 nov. 1840 ; R. G., 3789.
(7) Cass., 20 fév. 1865 ; J. N., 18234 ; R. P., 2055.
(8) Cass., 17 avril 1826 ; R. G., 4913.
(9) D. N., *Cond.*, 145.
(10) Cass., 18 avril 1821 ; J. N., 3654 ; D. N., *Don. par mar.*, 191.
(11) Dél., 6 mai 1828 ; Lyon, 8 mai 1850 ; Cass., 9 juill. 1838 ; R. G.,

5783, 3759 ; Saint-Palais, 13 août 1856 ; R. P., 742 ; CONTRA, Tarbes, 15 avril 1862 ; R. P., 1745 ; Nontron, 19 fév. 1862 ; J. N., 17684, 17810.
(12) Dél., 30 mai 1845 ; J. N., 12110 ; D. N., *Don.*, 195.
(13) Cass., 15 juin 1808 ; Inst., 405 ; Sol., 7 avril 1837 ; R. G., 4941.
(14) Sol., 9 avril 1825 ; Inst., 1173, § 3 ; J. N., 5096 ; Cass., 20 août 1827 ; J. N., 5096, 6340 ; D. N., *Don.*, 605.
(15) D. M. F., 3 fév. 1847; Inst., 766 ; J. N., 5096 ; D. N., *Don.*, 603. Voir Chaumont, 31 déc. 1836 ; R. P., 807.
(16) J. N., 11639.
(17) J. N., 9746.
(18) Cass., 17 août 1831 ; J. N., 7534; Inst., 1388, § 2 ; R. G., 4945.
(19) Cass., 2 avril 1828 ; J. N., 6558 ; Inst., 1272, § 7 ; D. N., *Don.*, 609 ; Dél., 4 mai 1827 ; J. N., 6360.

matière, dans la section des droits fixes, en parlant des contrats de mariage, nᵒˢ 6364 à 6376 et des testaments, nᵒˢ 6519 à 6524.

6783. VII. *Donation secondaire*. En principe, lorsque le donataire est chargé de remettre à un tiers une valeur dont le donateur fait également donation à ce dernier, on ne peut percevoir le droit proportionnel que sur la disposition principale (1). C'est ce qui a été décidé pour la charge de payer certaines sommes à des tiers (2); de nourrir une personne désignée (3).

6784. Mais il ne faut pas considérer comme donation secondaire dispensée du droit, la clause par laquelle une femme, intervenant dans la donation que le mari fait de ses biens à ses enfants, abandonne également à ces derniers les reprises dont ces biens sont grevés (4). Seulement, le droit ne pourrait être liquidé sur la partie des reprises qui excède la valeur des biens (5).

6785. Si la donation formait l'accessoire d'un contrat à titre onéreux, il est clair qu'alors elle subirait l'impôt sans égard aux perceptions établies sur la disposition principale. Ainsi de la clause par laquelle des parents après avoir vendu un meuble ou un immeuble à leur fils, lui font donation du prix (6).

6786. La stipulation de réversibilité ou les constitutions de rente dont le prix est fourni par un tiers, constituent aussi des donations secondaires. Il en a été parlé *supra nᵒˢ 6519 et suiv.*

6787. VIII. *Donation indirecte*. Les libéralités indirectes sont dispensées des solennités de la donation ordinaire. Il n'est donc pas nécessaire, pour percevoir le droit proportionnel, qu'elles aient été acceptées en termes exprès; il suffit que le consentement du donataire soit manifesté comme dans les autres contrats (7).

6788. Ce principe reçoit une fréquente application à propos des remises de dettes. Toutes les fois que les circonstances qui environnent l'acte, ou les termes dans lesquels il est conçu, confèrent à cet acte un caractère de libéralité, le droit de donation est exigible (8).

6789. Telle est la clause par laquelle un neveu voulant donner une preuve d'amitié à sa tante, réduit de 3,200 à 2,000 fr., le prix d'une vente antérieure consentie à celle-ci (9); — la stipulation par laquelle le créancier fait *donation* au débiteur de sa créance (10); — la dispense de rapport accordée gratuitement à un cohéritier (11), bien qu'il soit allégué, sans preuve, que cette dispense est l'exécution de la volonté du défunt (12); — la renonciation par un héritier à faire supporter à la veuve légataire de l'usufruit, sa portion dans un legs particulier de rente perpétuelle (13), ou par une veuve à demander le payement, soit de son legs (14), soit de son douaire (15).

6790. On peut encore ranger parmi les libéralités indirectes les délivrances par un héritier de legs verbaux, quand il y a fraude. Si l'existence du legs verbal paraît démontrée, l'acte de délivrance n'est pas sujet au droit de donation (16); mais il a tout l'effet d'une libéralité dans le cas contraire (17).

6791. Lorsque les parties ont dissimulé la donation sous l'apparence d'un contrat à titre onéreux, la Régie peut prouver la fraude au moyen des circonstances, afin de faire restituer à l'acte sa véritable nature et de percevoir le droit de donation. C'est ce que la jurisprudence a plusieurs fois décidé à propos de donations ayant la forme de cession de créances (18), ou de simple prêt à intérêt (19), ou de constitution alimentaire (20).

---

(1) Arg. de l'av. du cons. d'Etat du 10 sept. 1808; Garnier, R. G., 4902. Voyez Cass., 21 mars 1860 ; J. N., 16289.
(2) Cass., 21 janv. 1812; R. G., 4602; D. N., *Don.*, 370.
(3) Déc., 22 sept. 1821; D. N., *Don.*, 571.
(4) Auch., 9 avril 1845; J. N., 12356; Grasse, 14 juill. 1845 ; Garnier, R. G., 4878 et 10990; Dalloz, 3705; *contra*, D. N., *Don.*, 508 ; Castres, 19 juill. 1845; J. N., 12408; Champ., *Supp.*, 487.
(5) Dél., 16 août 1843; J. N., 11721.
(6) Cass., 14 mai 1817; D. N., *Don.*, 575 ; 6 déc. 1817; Inst., 1814, § 16; Seine. 19 fév. 1852; J. N., 13216, 14855; R. G., 140; Dalloz, 3773; Cass., 22 janvier 1866; R. P., 2233. Voir cependant Douai, 10 juin 1846; J. N., 12309.
(7) Toulouse, 14 juin 1827; R. G., 4870, § 1.
(8) Sol., 4 janv. 1844; R. G., 145; D. N., *Rem. de dette*, 98.
(9) Dél., 29 sept. 1821; J. N., 4843; D. N., *loc. cit.*, 100 ; R. G., 145.
(10) Clermont, 8 avril 1847; Cognac, 10 juill. 1848; R. G., 145, § 2; J. N., 13100.

(11) Versailles, 1er avril 1852; R. G., 145, § 3; *contra*, Tours, 4 juin 1864; R. P., 1974.
(12) Saint-Etienne, 21 déc. 1847; R. G., 145, § 3.
(13) Marseille, 11 avril 1851 ; J. N., 14372; R. G., 145, § 4.
(14) Tours, 4 juin 1864 ; R. P., 1974.
(15) Dél., 14 avril 1826; R. G., 145, § 5.
(16) Cass., 3 août 1814 ; R. G., 4883; 19 déc. 1860; R. P., 1439. *Arg.* de cass., du 17 mars 1858; R. P., 995 ; La Réole, 4 mars 1816 ; J. N., 12602.
(17) Saint-Jean-d'Angely, 29 mars 1838; Seissons, 23 déc. 1846; Seine, 11 juin 1845 : Agen, 11 fév. 1847; Condom, 17 juill. 1841; R. G., 4881.
(18) Cass., 21 mars 1855; le Havre, 4 août 1859; Cass., 9 juill. 1861; Dieppe, 28 nov. 1861; Neufchâtel, 6 mai 1864; Orthez, 27 mai 1864; J. N., 15499, 17484, 17344; R. P., 1225, 1517, 1553, 1717-2, 2006.
(19) Châtillon-sur-Seine, 28 déc. 1858; Civray, 31 déc. 1858; Castres, 1er juill. 1859; R. P., 1202, 1343; J. N., 16628, 16784.
(20) Muret, 18 juin 1859; R. P., 1217 ; J. N., 16712.

6792. Il a été spécialement reconnu sur ce dernier point que si une somme a été donnée à un hospice, à charge de servir des rentes viagères à des tiers désignés, et, après l'extinction de ces rentes, d'employer l'intérêt de la somme à l'entretien des vieillards admis dans l'hospice, il n'y a pas simple constitution de rente, mais donation (1).

6792 *bis.* Au contraire, l'engagement par une compagnie de chemin de fer de payer une pension à la veuve d'un employé tué à son service, est une constitution ordinaire tarifée au droit de 2 p. 0/0 (2).

6793. Les dons manuels sont soumis à d'autres règles, *infrà 6810 ;* et quoique, par exemple, il paraisse résulter des circonstances que l'apport d'un futur dans son contrat de mariage lui provienne d'une donation manuelle, la Régie ne saurait exiger le droit proportionnel (3).

6794. Si l'impôt à titre onéreux a été perçu sur la donation déguisée et qu'un acte ultérieur constate le véritable caractère de la convention, le droit de donation devient exigible, mais sous l'imputation de celui déjà payé pour le premier acte (4).

6795. IX. *Donations onéreuses.* Les libéralités, on vient de le voir, sont quelquefois grevées de charges qui en diminuent l'importance. Il a été soutenu que l'acte ne perd jamais son caractère gratuit, en droit fiscal, lors même que ces charges égaleraient la valeur de l'objet cédé ; et on a prétendu, par suite, qu'il fallait toujours percevoir l'impôt des donations (5).

6796. Cette opinion paraît trop absolue. Il est certain, en effet, que si les libéralités se déguisent fréquemment sous la forme d'un contrat onéreux, elles peuvent servir réciproquement aussi à couvrir des ventes, des échanges ou des dations en payement. Or, la Régie a le devoir de rechercher le véritable caractère des conventions, et ce caractère se détermine moins par les qualifications des actes que par les stipulations réelles des parties, *supra n° 6296.* Il en résulte qu'en matière d'enregistrement, le droit de mutation à titre onéreux devra être perçu sur tout acte de donation qui résistera tout à fait par sa substance, à l'idée d'un contrat gratuit (6).

6797. Ce n'est pas, à la vérité, une recherche facile que celle qui consiste à découvrir la vérité d'une convention sous les artifices de la forme ; mais une telle détermination constitue un point de fait laissé à la sagacité des tribunaux, et n'engage pas les principes de la perception même.

6798. Et d'abord, quand les charges sont inférieures à la valeur de l'objet donné, le contrat renferme une libéralité ; libéralité amoindrie, sans doute, par les conditions de l'acte, suffisante toutefois pour conserver à l'acte, dans son ensemble, le caractère de la donation, sans qu'on puisse le traiter comme une mutation onéreuse pour la partie correspondante aux charges (7). C'est pourquoi le droit de donation a été seul reconnu exigible : 1° sur la donation d'un immeuble par un mari à sa femme séparée, à condition de payer les dettes du disposant pour une partie de la valeur de l'objet (8) ; et 2° sur une constitution de dot avec charge de payer au donataire une partie de l'objet (9).

6799. Au sujet de cette dernière question, comme sur d'autres semblables, il a été cependant jugé que la clause donnait lieu, à la fois, au droit de vente et de donation (10) ; et même au droit de vente sur la totalité de l'objet (11). Mais nous répudions complétement la dernière solution, et nous n'admettons la première que dans le seul cas où il est manifeste que les parties ont voulu faire deux conventions distinctes dans le même contrat : une cession à titre onéreux jusqu'à concurrence des charges, et une donation du surplus (12).

6800. La difficulté est plus grande quand les charges égalent l'objet donné. Mais comme il s'agit toujours d'une appréciation variant avec les circonstances de chaque affaire, on se bornera à rapporter quelques solutions d'espèces indiquant brièvement l'esprit de la jurisprudence.

---

(1) Cass., 21 mai 1860; J. N., 10858.
(2) Sol., 3 mars 1862 ; R. P., 1813; J. N., 17542.
(3) Cass., 23 et 28 nov. 1859; R. P., 1209 ; J. N., 16710 *à rapprocher* de : Cass., 21 mars 1855; R. P., 376.
(4) D. N., *Don. dég.*, 44 à 47 ; Napoléon, 8 déc. 1856; R. P., 923; Seine, 6 mai 1865; R. P., 2157.
(5) D. N., *Donat.*, 526; J. N., 4841, 12544.
(6) Champ., 2251, § 2; Dalloz, 3735; Garnier, 4893.
(7) Voir not., Coin-Delisle, *art. 894 ;* Marcadé, *id.*
(8) Altkirch, 15 nov. 1843; R. G., 4897.

(9) Senlis, 15 mai 1844; R. G., 4897; Rethel, 7 août 1846; D. N., *Don.*, 347.
(10) Épernay, 31 déc. 1846 ; Reims, 27 déc. 1845 ; Saint Quentin, 11 mars 1846 ; Vervins, 17 juill. 1846, Castres, 20 août 1842 ; Bordeaux, 20 juill. 1846 ; le Havre, 25 mai 1848 ; Châtillon-sur-Seine, 19 juin 1840 ; R. G., 4897 *en note ; J.* N., 12955 ; D. N., *Don.*, 549.
(11) Laon, 22 avril 1846 ; Strasbourg, 27 janv. 1845 ; Avignon, 14 août 1851 ; R. G., 4897.
(12) Saint-Quentin, 13 mars 1844 ; Périgueux, 14 mars 1845 ; Cass., 11 déc. 1838; R. G., 4898.

6801. Voici des contrats considérés comme des libéralités : 1° partage anticipé d'immeubles d'un revenu de 350 fr., à charge de payer 10,520 fr. de dettes (1) ; 2° donation d'une maison d'un revenu de 500 fr., sous réserve d'un usufruit estimé 50 fr. par an, et à condition d'acquitter 10,000 fr. de passif (2); 3° don d'un immeuble d'un revenu de 600 fr. au capital de 16,000 fr., que la future imputera sur sa part héréditaire et pour lequel elle servira une rente de 600 fr. (3); 4° donation à la future d'un domaine de 100,000 fr. sur lequel la future rendra 40,000 fr. à sa mère (4); 5° donation par contrat de mariage d'un immeuble d'un revenu de 500 fr., à charge de servir des rentes perpétuelles de 1,028 fr. (5) ; 6° donation par un père à son fils d'un immeuble sous réserve d'usufruit, à charge d'en payer le prix encore dû (6); 7° ou d'en rapporter l'estimation à la masse lors du décès du donateur (7), ou d'en imputer la valeur sur sa part héréditaire (8); 8° lors même que le père aurait expressément donné par préciput la différence entre la somme à rapporter et la valeur vénale de l'immeuble (9).

6802. Voici, au contraire, d'autres actes assujettis au droit à titre onéreux : 1° donation d'objets estimés 12,200 fr., à charge de payer au donateur 12,200 fr., et avec stipulation que les biens donnés appartiendront à la communauté qui en versera le prix (10); 2° donation d'un immeuble sous la condition de payer au donateur ou à des tiers une somme ou une rente viagère égale à sa valeur (11) ; 3° même quand le donateur se réserverait le droit de retour (12); 4° donation d'un immeuble en compensation d'une créance due au donataire pour constitution de dot ou autrement (13).

6803. Quand le contrat est à titre onéreux, ce n'est pas toujours le droit de vente qui est exigible, mais souvent celui d'échange ou de constitution de rente, selon les cas (14).

V. *infra : Donation rémunératoire*, nos 6807 à 6809.

6804. X. *Donation mutuelle*. Pour la donation mutuelle, le droit est perçu sur l'une des choses respectivement transmises, bien qu'il s'opère réellement deux mutations. On le liquide sur la disposition qui paraît principale, quelle que soit d'ailleurs la quotité de l'impôt à percevoir (15).

6805. Par exemple, si un père donne des immeubles à ses enfants avec réserve d'usufruit et sous la condition de jouir d'autres biens appartenant à ceux-ci du chef de leur mère, et produisant un revenu supérieur aux immeubles donnés, le droit est dû sur la valeur de la jouissance abandonnée par les enfants (16). On considère même comme disposition secondaire affranchie du droit la clause d'une donation par laquelle le donateur qui s'est réservé l'usufruit des biens attribue au donataire, en compensation de cette réserve, soit la jouissance d'autres biens (17), soit une rente ou un loyer déterminé (18).

6806. On conçoit que la donation mutuelle puisse dissimuler un échange ou un autre contrat à titre onéreux. Mais il ne faudrait admettre cette interprétation que si la volonté des parties paraissait manifeste. Ainsi, doit être considéré comme donation et non comme cession d'usufruit, l'acte par lequel une veuve abandonne ses biens à ses enfants qui lui cèdent la jouissance de ceux de la succession de leur père (19); ou renonce à la communauté et à un legs, moyennant une rente viagère (20). On ne peut pas davantage considérer de telles conventions comme un échange (21).

6807. XI. *Donation rémunératoire*. Si la donation rémunératoire a pour objet de récompenser des services appréciables à prix d'argent et pouvant produire une action civile, le contrat est à titre oné-

(1) Béthune, 18 fév. 1851 ; J. N., 14418, D. N., *Don.*, 512; Sol., 16 fév. 1849; J. N., 13631.

(2) Mantes, 24 août 1850 ; J. N., 14381.

(3) Limoges, 29 mai 1849 ; Altkirch, 29 juin, 1831 ; J. N., 13895; Montmorillon, 20 nov. 1849; J. N., 13991.

(4) Op. J. N., 13895.

(5) Dél., 27 avril 1827 ; J. N., 13047; D. N., *Don.*, 513.

(6) Falaise, 31 janv. 1845; J. N., 12306.

(7) Cass., 9 janv. 1856; J. N., 15709; contra, Agen, 26 nov. 1856; J. N., 15967.

(8) Langres, 25 mars 1854, avec arrêt d'admission du 13 fév. 1855 ; D. N., *Don.*, 530.

(9) Cass., 17 déc. 1855; R. P., 603.

(10) Péronne, 30 août 1843; R. G., 4805.

(11) Strasbourg, 7 mai 1845; Laon, 17 avril, 1845; Domfront, 6 août 1848; Lisieux, 17 mai 1844; Beaupréau, 30 mai 1849; Mantes 6 nov. 1846; R. G., 4805.

(12) Montpellier, 26 mars 1849; R. G., 4805, § 2.

(13) Vitry-le-François, 20 déc. 1842 ; Reims, 27 déc. 1845 ; Auxerre, 26 mai 1849 ; R. G., 4895, § 3.

(14) Garnier, R. G., 4903.

(15) Cass., 15 déc. 1832, 6 janv. 1834, 19 avril 1849; Tulle, 11 janv. 1842; Rouen, 16 déc. 1840 ; R. G., 4900, 4970; D. N., *Don. par mar.*, 180 ; J. N., 8319.

(16) Sol., 13 déc. 1833 ; D. N., *Don.*, 563; Cass., 13 déc. 1833; J. N., 15128 ; Sol., 13 juin 1834 ; Meaux, 20 mars 1834 ; R. G., 4900; Comp. Cass., 7 sept. 1807, 10 mars 1819 et 7 avril 1823 ; D. N., *Don. par cont. de mar.*, 178 ; Avranches, 16 avril 1844.

(17) Dél., 22 mai 1846 ; J. N., 12735; contra, Oloron, 1er déc. 1842; D. N., *Don. entre époux*, 205.

(18) Dél., 28 janv. 1834 ; J. N., 8388; Ploermel, 29 avril 1864; R. P., 2057, *infra*, 6862.

(19) Cass., 19 avril 1847; J. N., 13009; D. N., *Don.*, 538; Mortagne, 6 sept. 1845; J. N., 12538.

(20) Cass., 9 août 1848 ; J. N., 13479; D. N., *Don.*, 539.

(21) Senlis, 25 mai 1841 ; J. N., 14032; D. N., *Don.*, 564; R. G., 4900, § 1, et 4968; Dalloz, 3746.

reux; il constitue une véritable dation en payement quand la chose donnée n'excède pas le prix des services (1).

6808. C'est une libéralité sujette aux droits ordinaires lorsque les services n'emportent aucune action civile, mais imposent seulement une obligation de conscience (2).

6809. On range notamment dans la classe des obligations civiles celles qui résultent de l'accomplissement de services religieux commandés par le donateur. L'acte par lequel il gratifierait un ministre du culte ou un établissement de piété de certaines valeurs en dédommagement de ses services, serait ou un louage, ou une constitution de rente, ou une dation en payement (3). Il n'y aurait donation que si l'importance des objets cédés dépassait de beaucoup la valeur des services (4), ou si l'intention de faire une libéralité était évidente.

6810. XII. *Donation manuelle.* Il avait été reconnu que la déclaration d'un don manuel, faite par le donataire sans le concours du donateur, ne constituait pas un contrat et ne pouvait motiver la perception du droit proportionnel. Mais *l'art. 6 de la loi du 18 mai 1850* a disposé, au contraire, que :
» les actes renfermant soit la déclaration par le donataire ou ses représentants, soit la reconnaissance
» judiciaire d'un don manuel, seraient sujets au droit de donation. »

6811. Cet article ne régit pas les dons manuels antérieurs à sa promulgation. On ne saurait donc exiger le droit sur une libéralité de l'espèce dont la date est constatée, soit par le décès du donateur antérieur à la loi de 1850 (5), soit par son énonciation dans un inventaire, un partage ou tout acte ayant date certaine avant la même époque (6).

6812. Il en serait autrement si la date de la libéralité n'était établie que par l'affirmation de la partie (7), ou s'il était constant qu'elle a fait l'objet d'un acte écrit (8).

6813. La déclaration doit émaner du *donataire* ou de ses représentants. Celle du donateur, si explicite qu'elle fût, ne justifierait pas la perception (9). Le droit ne pourrait être exigé non plus sur la description faite dans un inventaire, en présence des héritiers, d'une note du défunt constatant le don manuel fait à l'un d'eux (10), si ce dernier n'avouait pas expressément le fait (11).

6814. Il a été jugé à cet égard que le mari est le représentant de sa femme, mais non d'une belle-sœur qui ne lui avait donné aucun mandat (12).

6815. La déclaration émanée du donataire n'a pas besoin de renfermer l'indication du donateur; et c'est ce qui arrive souvent pour les cadeaux qu'un futur se constitue en dot (13). Les parties peuvent demander alors à faire la déclaration du degré de parenté des donateurs (14).

6816. C'est la nature du droit exigible sur le contrat renfermant la déclaration de don manuel qui détermine celle du droit à percevoir sur le don lui-même. Il n'acquitterait que 1 p. 0/0 s'il se trouvait dans un partage anticipé (15), ou le droit établi pour les donations par contrat de mariage s'il était renfermé dans un acte de l'espèce (16).

6817. Le don manuel ne peut comprendre des objets incorporels réputés meubles par la loi, tels qu'une rente ou une créance. Une future déclarerait donc en vain dans son contrat de mariage apporter une rente viagère que doit lui servir son frère absent; le droit proportionnel ne serait pas exigible (17).

(1) Pothier, *Vente*, 608; Grenier, 188; Toullier, V, 186; Delvincourt, II, 287; Duranton, VIII, 567; Coin-Delisle, *art. 894*; Troplong, *Vente*, n° 8; D. N., *Don.-rémun.*, 19.
(2) Garnier, 4975 : Yvetot, 13 nov. 1863; R. P., 1867.
(3) Dalloz, 3609; Garnier, R. P., 197; Romorantin, 22 déc. 1837; Bayeux, 8 juin 1838; Mirecourt, 20 mars 1843; J. N., 9963, 10142, 11625.
(4) Dél., 29 avril 1835, 31 janv. 1834; R. G., 4077.
(5) Mirecourt, 14 juin 1851; Dunkerque, 19 juill. 1853; Cass., 24 juill. 1854; J. N., 14689, 15055, 15100; R. G., 4772; Seine, 28 mai 1856; R. P., 734.
(6) Coulommiers, 9 juill. 1852; Strasbourg, 19 avril 1853; Dél., 21 fév. 1851; Seine, 14 avril 1853; J. N., 14809, 15101, 14300, 14955; D. N., *Don manuel*, 72 à 75.
(7) Clermont-Ferrand, 21 août 1854; Seine, 31 août 1854; Domfront, 27 fév. 1857; Senlis, 4 juill. 1857; J. N., 15408; R. P., 491, 824, 919; CONTRA, Vassy, 30 mai 1855; R. P., 491.
(8) Cass., 28 déc. 1853; Inst., 1099, § 8; R. G., 4772 *bis*.

(9) Douai, 25 mai 1852; J. N., 14899; D. N., *Don manuel*, 80.
(10) Épernay, 12 oct. 1850; J. N., 14255; R. G., 4778.
(11) Cass., 13 août 1860; R. P., 1370. V. Pontoise, 21 nov. 1861; J. N., 16922, 17850.
(12) Cherbourg, 13 avril 1856; R. P., 749.
(13) Dél., 4 oct. 1850; Seine, 9 avril 1851, 9 mai 1851; J. N., 14171, 14344, 14389; Dél., 16 juin 1851; R. G., 4776. *Cons.* Pithiviers, 29, juill. 1858; R. P., 1087; CONTRA, J. N., *loc. cit.*, et 14174; D. N., *Don manuel*, 77.
(14) Sol., 16 juin 1851; Seine, 28 mai 1851; J. N., 14389; R. G., 4777.
(15) Sol., 30 oct. et 8 déc. 1829; Inst., 1307, § 5; R. G., 4779, § 4; J. N., 7048.
(16) D. N., *Don manuel*, 79; J. N., 14550; Garnier, R. G., 3809 et 4779, § 2. V. Pont et Rodière, I, 252; Domfront, 27 fév. 1857; Senlis, 30 juill. 1857; R. P., 824, 924.
(17) Sol., 10 janv. 1859; R. P., 1131; Seine, 15 juill. 1859; R. P., 1221. *Cons.* Senlis, 30 juill. 1857; R. P., 924.

SECTION II. — DES DONATIONS FAITES AUX ÉPOUX PAR CONTRAT DE MARIAGE.

6818. Le tableau des tarifs que nous avons dressé précédemment, *supra n° 6757*, fait voir que les donations contenues dans les contrats de mariage acquittent des droits moins élevés que les autres (*Lois 22 frim. an 7, art. 69, § 4, n° 1 ; 28 avril 1816, art. 54, et 21 avril 1832, art. 55*).

6819. Cette réduction se restreint étroitement aux libéralités faites dans le contrat de mariage même au profit des futurs époux. On ne l'appliquerait donc ni aux donations faites aux futurs par acte antérieur ou postérieur (1) ; ni à celles qui devraient profiter à d'autres qu'aux époux (2).

6820. Mais il faut considérer comme renfermée dans le contrat la donation antérieure qui est seulement acceptée dans cet acte (3) ; ou bien celle qui a lieu, avant la célébration, par un acte additionnel écrit à la suite du contrat, en présence de toutes les parties (4). Il a même été soutenu que la réduction du tarif profitait aux libéralités renfermées dans les contrats de mariage passés après la célébration, lorsque la législation du pays le permet (5).

6821. Parmi les libéralités faites aux époux dans le contrat de mariage, on distingue surtout les donations de biens présents et à venir et les donations de sommes payables au décès. Les premières constituent, en général, de simples dons éventuels soumis au droit fixe de 5 francs ; on ne perçoit l'impôt proportionnel que quand le donateur est actuellement investi de tout ou partie des biens présents : il en a été question à propos du contrat de mariage, *suprà*, n°ˢ 6375 et 6574.

6822. Les donations de sommes payables du décès sont aussi des libéralités éventuelles, quand elles ne confèrent au donateur qu'un droit subordonné au décès du disposant. Nous avons donné plusieurs exemples ci-dessus n° 6376. Mais il faut exiger le droit proportionnel si le donateur se dessaisit *hic et nunc* de sa propriété : c'est ce que la jurisprudence a appliqué aux donations de sommes à prendre sur les biens du donateur : 1° avec dessaisissement actuel (6) ; 2° avec stipulation d'hypothèque (7) ; 3° réserve d'usufruit (8) ; 4° ou clause de retour (9) ; 5° en avancement d'hoirie (10) ; 6° stipulées payables dans l'année du décès sans intérêts (11) ; 6° rapportables à la succession (12), etc.

6823. S'il est exprimé dans le contrat de mariage ou s'il est justifié par des actes tels qu'un inventaire ou un partage, que la dot constituée par le père ou la mère survivant se compose en entier d'effets mobiliers et de sommes existant dans la succession de l'ascendant prédécédé, la constitution de dot est considérée comme une simple déclaration d'apport exempte de tous droits (13) ou donnant lieu au droit de décharge quand la délivrance en est faite dans le contrat (14).

6824. Mais le droit de donation est exigible lorsque le contrat n'énonce pas ou qu'il n'est pas justifié que les valeurs existent dans la succession de l'ascendant prédécédé (15).

6825. Si le futur, moyennant cette constitution de dot, renonce à demander compte et partage de la succession du prédécédé, il ne s'ensuit pas, par cela seul, qu'il abandonne ses droits au constituant. La clause n'exprime que l'ajournement du compte et la continuation dans les mains du père ou de la mère survivant, de la gestion des biens héréditaires. Pour qu'on y puisse voir une cession d'usufruit ou de nue propriété, il faut que l'intention des parties soit clairement manifestée (16). Telle est la stipulation portant que le père de la future ne pourra être recherché de son vivant à raison de la succession (17), ou jouira des biens de cette succession (18).

(1) Cass., 30 janv. 1839, 7 nov. 1842 ; J. N., 10280, 11472 ; Inst., 1500 § 6, 1693, § 2 ; R. G., 3808 ; D. N., *Don. en fav. de mar.*, 7 à 9 ; Dél., 16 juill. 1832 ; R. G., 3812 ; Circ. Rég., 1721.
(2) Dél., 29 déc. 1837 ; D. M. F., 5 janv. 1838 ; R. G., 3844.
(3) Cass., 9 avril 1828 ; R. G., 3843 ; Sol., 9 fév. 1847 ; J. N., 6573, 13316 ; Inst., 1796, § 8.
(4) Seine, 12 mai 1841 ; Dél., 24 mars 1843 ; R. G., 3844 *bis*.
(5) J. N., 11065 ; D. N., *Don. par cont.*, 124.
(6) Cass., 8 juill. 1822, 15 mars 1825 ; R. G., 3910 ; R. P., 388 ; J. N., 5210.
(7) Seine, 26 mai 1841 ; Toulouse, 7 juill. 1844 ; Cass., 6 août 1817 ; Figeac, 14 déc. 1855 et 6 nov. 1856 ; R. P., 640 et 755 ; R. G., 3944.
(8) Tulle, 8 mars 1832 ; Clermont, 11 janv. 1848 ; Loudun, 9 déc. 1846 ; Seine, 23 fév. 1842 ; R. G., 3910 et 3911.

(9) D. M. F., 24 mai 1832 ; Launion, 10 mai 1837 ; Cass., 17 avril 1826, 13 déc. 1828, 8 déc. 1831, 28 janv. 1839, 17 janv. 1844 ; Seine, 26 déc. 1863 ; R. P., 4883 ; J. N., 5752, 6781, 7646, 10172, 11885 ; Inst., 1482-6, 1200-5, 1272-5, 1398-2, 1590-5, 1713-4.
(10) Cass., 9 juill. 1840 ; R. G., 3911, § 5.
(11) Dél., 20 janv. 1835 ; Inst., 1489, § 2 ; R. G., 3910, § 7.
(12) Versailles, 16 mars 1843 ; R. G., 3910, § 2.
(13) Sol., 5 fév. 1830 ; Inst., 1333, § 1 ; R. G., 3817, J. N., 7246, § 4.
(14) Inst., 1333, § 4.
(15) Idem.
(16) Cass., 20 mai 1828, 9 mai 1834 ; Dél., 5 fév. 1830 ; Inst., 1333, § 2 ; J. N., 6432, 6588, 7216, 9415.
(17) Inst., 1333, § 2 ; Privas, 16 mai 1842 ; R. G., 3822-4.
(18) Dijon, 2 janv. 1845 ; R. G., 3823. Cependant Besançon, 14 mars 1836 ; D. N., *Don. par cont. de mar.*, 156.

SECTION III. — DES DONATIONS ENTRE ÉPOUX.

6826. Les époux peuvent se faire soit, par contrat de mariage, soit pendant le mariage, telles donations qu'ils jugent à propos ; et, sauf la différence de tarif, ces donations sont soumises, en droit fiscal, aux mêmes règles que les libéralités faites dans le contrat en faveur du mariage par des tiers.

6827. Le droit proportionnel est donc immédiatement exigible sur les donations par contrat de mariage qui contiennent un dessaisissement actuel ; telles que la clause par laquelle la future déclare se constituer une corbeille dont le futur lui fait cadeau (1) ; — ou la déclaration du futur qu'il donne à la future une somme d'argent (2).

6828. Mais il n'est dû que le droit de 5 fr. quand l'effet de la libéralité est subordonné au décès du disposant, c'est un point que nous avons éclairci précédemment n° 6782. Il convient seulement d'ajouter ici qu'au moment du décès, l'impôt à acquitter est un droit de succession et non pas un droit de donation par contrat de mariage (3).

6829. Les donations que les époux se font pendant leur mariage étant toujours révocables, quoique qualifiées entre-vifs, on en a conclu qu'elles devaient être rangées dans la classe des donations à cause de mort et, comme ces dernières, soumises à la formalité au droit fixe de 5 fr. dans les trois mois du décès du donateur (4). — On a cependant décidé que le droit proportionnel est exigible si le donataire est mis immédiatement en possession des objets (5) ; — et même s'il s'agit de donations entre-vifs de biens présents (6).

CHAPITRE SEIZIÈME.

DES PARTAGES ANTICIPÉS.

SOMMAIRE

(1) Dél., 2 nov. 1840 ; R. G., 3777 ; D. N., *Don entre époux*, 94.
(2) Dél., 5 nov. 1830 ; J. N., 7308.
(3) Inst., 1467, § 5 ; quatre arrêts de cass., 20 mars et 7 juill. 1840 ; J. N., 8687, 10664, 10708 ; D. N., *loc. cit.*, 96.
(4) Inst., 290, § 27 ; Cass., 20 juill. 1836 et 22 janv. 1838 ; Loches, 28 avril 1837 ; Niort, 14 juin 1837 ; Orléans, 1er août 1837 ; Château-roux, 22 août 1837 ; Vitré, 30 août 1837 ; D. M. F., 22 mars 1838 ; Inst., 1377, § 10 ; R. G., 4957 ; D. N., *loc. cit.*, 98 et 99.
(5) Dél., 16 nov. 1814, 26 fév. 1833, 11 fév., 18 nov. 1834 ; Cass., 31 août 1853 ; J. N., 1473, 8008, 8467, 8778 et 15050 ; R. P., 98 ; R. G., 4937.
(6) Sol., 22 mars 1856 ; R. P., 606 ; R. G., 4958 ; Dél. belge, 18 juin 1855 ; R. P., 98, 453.

§ 6. — **Clauses diverses.**

Bail à vie, 6858.

Sommes données entre-vifs, 6859.

Modifications ultérieures, 6861.

Compensation de la réserve d'usufruit, 6862.

SECT. II. — DES PARTAGES TESTAMENTAIRES.

Tarif, 6863.

Caractères. — Préciput, 6864.

Droit de soulte. Acceptation, 6865.

Date certaine, 6866.

SECTION I. — DES PARTAGES ANTICIPÉS.

6830. 1. *Tarif.* Les partages faits, par actes entre-vifs, conformément aux art. 1075 et 1076 C. N., par les père et mère ou autres ascendants entre leurs enfants ou descendants, sont sujets au droit proportionnel de 1 p. 0/0 sur les meubles et sur les immeubles (*Lois 16 juin 1824, art. 3, et 18 mai 1850*).

6831. Ce sont là de véritables donations; et quoique les valeurs soient divisées entre les enfants, il n'est dû aucun droit particulier de partage (1); — mais ce droit deviendrait exigible si les donataires réunissaient aux biens de l'ascendant ceux de son conjoint prédécédé afin de faire le partage du tout (2).

6832. Pour que le contrat jouisse de la réduction du tarif, il faut qu'il revête les caractères du partage anticipé (3); — il faut en outre, qu'il soit régi par les art. 1075 et 1076 C. N., c'est-à-dire que les donataires soient les héritiers présomptifs du disposant et qu'il y ait partage ou attribution de quotité.

6833. II. *Qualité des donataires.* Ainsi le bénéfice de la loi de 1824 ne s'appliquerait pas à la donation faite à un enfant unique (4), lors même qu'elle aurait lieu à charge de restitution au profit de ses enfants nés ou à naître avec stipulation de partage entre eux (5), — non plus qu'à la donation adressée à l'enfant unique et aux enfants de celui-ci avec partage entre eux (6).

6834. Si les petits-enfants étaient donataires de leur aïeul et de leur père par le même contrat, la libéralité du père profiterait seule de la réduction du tarif et celle de l'aïeul acquitterait le droit ordinaire (7). — On a cependant décidé avec raison que la donation à titre de partage anticipé faite entre deux époux à l'enfant unique de l'un deux et aux enfants de leur second lit est dans son ensemble une donation sujette au droit de 1 p. 0/0 (8).

6835. Comme la Régie n'est point juge de la nullité des actes, le partage anticipé ne perd pas son caractère, quoique tous les enfants n'y soient pas appelés (9). Il en est de même *a fortiori* de l'acte par lequel l'ascendant, après avoir fait une donation à l'un de ses héritiers présomptifs, fait une libéralité nouvelle à ses autres héritiers pour rétablir l'égalité (10); mais la réduction du tarif ne serait pas applicable si la seconde donation était faite à un seul enfant (11).

6836. Par la même raison, l'absence ou le défaut d'acceptation de quelques-uns des enfants ne s'oppose pas à la perception du droit de 1 p. 0/0 (12); mais nous croyons, contrairement à la Régie, que l'impôt ne saurait être liquidé que sur la part des donataires acceptants (13).

(1) Dél., 6 janv. 1829 ; R. G., 9508 bis.

(2) Dél., 29 janv. 1825 et 30 juin 1829 ; J. N., 4994; Inst., 1582; R. G., 9529, § 1; contra, Dreux, 26 août 1846; J. N., 10274, 12847.

(3) Cass., 8 juin 1831 ; D. N., Part. d'asc., 267 ; R. G., 9521. Voir Cass., 26 avril 1836; R. G., 9520, § 9; Lyon, 25 mars 1851; J. N., 6346, 9242, 11036, 14547.

(4) Inst., 1150, § 5 ; 1577, 8; Cass., 13 août 1838; Seine, 30 janv. 1833, 16 mai 1839; Digne, 6 mai 1844; R. G., 9512; J. N., 4945, 9021 et 10090.

(5) Cass., 20 janv. 1819 ; J. N., 16588; Inst., 1618, § 1 ; R. G., 9512, § 2.

(6) Dict. not., Part d'ascend., 244, 245 ; Cass., 4 janv. 1817, 26 janv. 1848, 5 juin 1848, 12 mars 1849; J. N., 12912, 13280, 13390, 13520, 13712; R. G., 9514, § 1 ; Inst., 1796-7, 1814-9, 1825-4, 1837-3; contra, Cass., 30 déc. 1834; D. N., Part d'asc., 238, 260; J. N., 7143, 8131, 8446, 8742, 10344.

(7) Cass. (5 arrêts), 21 juill. 1851; J. N., 14421 ; Inst., 1900, § 3; Conf., Dalloz, 3805 et 3893; Garnier, R. G., 9514, § 2 ; Corbeil, 5 déc. 1833 ; Avesnes, 6 sept. 1845 ; Versailles, 18 déc. 1845; Mâcon, 18 août 1846; Pontoise, 13 août 1846; Rambouillet, 9 août 1841; Blois, 27 août 1845 ; Dieppe, 3 déc. 1846; Lyon, 3 fév. 1847 ; Bergerac, 8 fév. 1848 ; Wissembourg, 30 mars 1819; Montluçon, 3 mai

1850 ; R. G., 9511-2; contra, Champ., Suppl., 557 ; Cass., 30 déc, 1844 ; J. N., 8035, 8131, 8446, 8742, 10344, 12798 ; Inst., 1481, § 2.

(8) Château-Thierry, 18 avril 1846 et Dél., 13 mai 1846 ; J. N., 12319; R. G. 9512, § 2; contra, Vitry-le-François, 6 janv. 1847; J. N., 14106; D. N., loc. cit., 246 et 257.

(9) Champ., 2605 et 2648 ; Cass., 26 avril 1836, 15 avril 1850; J. N., 9242, 11036; Inst., 1875, § 3 ; R. G., 9513; D. N., loc. cit., 249.

(10) Cass., 9 août 1837; Dél., 14 fév. 1834, 20 avril 1838 ; Angers, 27 mai 1836; Barbezieux, 26 déc. 1827; R. G., 9514 ; J. N., 8459, 9021, 9382, 9724, 10009.

(11) Saint-Omer, 22 mai 1847 ; Péronne, 11 juill. 1845; Seine 23 janv. 1838; Cass., 23 janv. 1828 ; Dél., 25 avril 1837 et 25 janv. 1838; R. G., 9514, § 1 ; J. N., 6147, 10040; contra, Sol., 20 avril 1838 ; Chinon, 10 nov. 1830; J. N., 10009, 14346.

(12) R. G., 9519; Cass., 14 avril 1838; Inst., 1577, § 9; Cass., 30 déc. 1839 ; Pontivy, 26 août 1833 ; Saverne, 20 mai 1834 ; Guingamp. et Metz, 12 et 29 janv. 1838; J. N., 6465, 7503, 8648, 8785, 9992, 10002, 10294, 10600, 12633.

(13) En ce sens, D. N., loc. cit., 264 ; J. N., 8832, 10294, 13481; Neufchâtel, 25 nov. 1835; J. N., 13724; contra, Inst., 1577, § 9; Garnier, 9517.

6837. En tous cas, est valable pour la perception, l'acceptation faite au nom d'un mineur par son père (1) ou par un étranger qui se porte fort (2). Voir cependant *supra* n° 6772.

6838. Nul doute d'ailleurs que les enfants naturels puissent figurer dans un partage anticipé quand ils ont une vocation légale à la succession du disposant (3).

6839. III. *Division des biens.* Le partage anticipé peut ne comprendre qu'une partie des biens du donateur ; par exemple l'argent et les créances à l'exclusion des immeubles (4) ; ou certaines valeurs dont le disposant se réserve une partie (5).

6840. La division matérielle des biens entre les enfants n'est pas nécessaire pour motiver la réduction du tarif. On a décidé que cette réduction s'appliquait à la simple assignation de la quotité afférente à chacun des donataires (6) ; — par exemple, à l'attribution à deux enfants pour moitié indivisément, et à l'exclusion du troisième, des différents immeubles (7), lors même que ces biens seraient indivis entre le donateur et des tiers (8) ; — à l'attribution aux enfants pour une part égale d'une somme d'argent et du tiers d'un immeuble déterminé (9) ; — enfin à l'acte portant que les biens donnés avec assignation de quotité ne seront partagés qu'au décès du disposant (10) ; ou au partage conditionnel et ne désignant pas tous les biens de chaque lot (11).

6841. La Régie a même reconnu que la loi de 1824 est applicable à l'acte qui ne contient aucune désignation formelle de quotité, parce que la portion des enfants résulte suffisamment du principe d'égalité de l'art. 745 C. N. (12).

6842. A plus forte raison en est-il ainsi quand le partage matériel s'opère dans un acte simultané ou qu'on s'engage à le réaliser dans un certain délai (13).

6843. L'inégalité des parts attribuées aux enfants ne met pas obstacle à l'application de la loi du 16 juin 1824. Le disposant peut donc faire un préciput à l'un d'eux (14), ou même attribuer tous les biens à titre de préciput à chaque donataire (15).

6844. Il faut encore considérer comme un partage anticipé l'acte par lequel le disposant donne ses biens à un ou à quelques-uns des enfants, à charge de payer une somme d'argent aux autres (16).

6845. De même que pour la donation ordinaire, *supra* n° 6771, la Régie n'a pas à se prévaloir de la nullité du partage anticipé résultant de ce qu'il a été fait sous seing privé, et l'acte conserve, par conséquent, le bénéfice de la réduction des droits (17).

6845 bis. Mais quand l'abandon consenti a manifestement le caractère d'un contrat à titre onéreux, il est clair que c'est le droit à titre onéreux qui devient exigible. Tel est le cas où des parents cèdent leurs biens à des enfants pour en recevoir des valeurs égales ou supérieures (18) ; ou être libérés d'une dette (19). Voir cependant *supra* n°s 6795 à 6802.

6846. La loi de 1824 ne doit point être étendue aux donations qui ne constituent pas le dessaisissement actuel du disposant (20) : on l'a décidé notamment pour l'abandon à titre de partage anticipé d'une somme payable à la volonté des donataires, imputable sur la succession du prémourant des donateurs et

(1) Seine, 25 juin 1849 ; R. G., 9516, § 1 ; Dél., 4 avril 1832 ; D. N., 261.

(2) Dél., 20 mai 1834 ; J. N., 8648, 9460 ; D. N., loc. cit., 261-262. Voir Cass., 14 mai 1838 ; J. N., 10600 ; Inst., 4615, § 4.

(3) Dél., 10 mars 1835 ; R. G., 9518 ; J. N., 9001.

(4) Dél., 22 juin 1827 ; J. N., 6346 ; Dél., 6 juin 1830 Garnier, R. G., 9518.

(5) D. M. F., 14 sept. 1829 ; Inst., 1303, § 7 ; R. G., 9519 ; D. N., Part d'ascend., 231.

(6) D. M. F., 30 mai 1826 ; Dél., 3 mai 1826, 27 oct. 1827, 8 janv. 1828, 30 avril 1830, 15 avril et 12 juill. 1831 ; Seine, 13 et 20 avril 1831 ; Cass., 26 avril 1836 et 11 avril 1838 ; J. N., 5784, 7078, 7400, 8671, 9242, 10002 ; contra, Inst., 1336, § 5, 1187, § 4, 1205, § 5.

(7) Cass., 28 avril 1829 ; J. N., 6376 ; R. G., 9520, § 3 ; Inst., 1354, § 2.

(8) Cass., 29 mars 1831 ; J. N., 7106 ; contra, D. M. F., 14 sept. 1829 ; J. N., 6909.

(9) Cass., 11 fév. 1832 ; Cass., 26 mars 1833 ; J. N., 7654, 8036 ; Inst., 1401-3, 1425, § 6 ; R. G., 9520, § 1.

(10) Dél., 24 nov. 1840 ; J. N., 12970 ; Sol., 17 janv. 1820 ; D. N., loc. cit., 281.

(11) Dél., 10 août 1831 ; R. G., 9520, § 10.

(12) Dél., 6 janv. 1837 ; J. N., 9501 ; R. G., 9520, § 5.

(13) Dél., 23 mars 1828, 40 sept. 1828, 12 mai 1829, 22 janv. et 30 avril 1820, 1er oct. 1833 ; D. M. F., 14 sept. 1829 ; Cass., 10 août

(14) Dél., 14 avril 1826, 24 mars 1828, 30 avril 1830 ; Cass., 29 mars 1831 ; Inst., 1336-5, 1370, § 3 ; J. N., 7078, 7490 ; R. G., 9520, § 6 ; D. N., 268 à 270.

1831 ; J. N., 4915, § 2, 5298, 6999, 7400 et 7562 ; Mielle, 12 fév. 1840 ; D. N., 284 à 286 ; R. G., 9520, §§ 1 et 2 ; Inst., 1303-7, 1336-5.

(15) Angers, 27 mai 1836 ; J. N., 9382.

(16) Dél., 30 avril 1830 et 28 fév. 1837 ; Cass., 1er déc. 1820, 26 avril 1836, 14 mai 1838 ; J. N., 9242, 10000 ; R. G., 9520, § 8 ; Inst., 1336-5, 1354-2, 1645-1. Voir cependant Cass., 18 juin 1841 ; J. N., 11056 ; Inst., 1651, § 5, 28 déc. 1855 ; Péronne, 17 août 1860 ; R. P., 508, 1476. Saverne, 26 juillet 1864 ; Vissembourg, 29 avril 1864 et 3 février 1865 ; Saint-Quentin, 7 février 1866 ; R. P., 2265.

(17) Cass., 21 déc. 1834, 9 août 1836 ; J. N., 7611, 8675 ; Inst., 1562, § 9 ; D. N., 229 ; R. G., 9521 ; contra, D. M. F., 14 sept. 1820 ; J. N., 6909 ; Inst., 1437, § 12.

(18) Cass., 28 mars 1820.

(19) Cass., 11 déc. 1838 ; Inst., 1590, § 7 ; Metz, 14 déc. 1840 ; Vitry, 29 déc. 1842 ; Seine, 12 juill. 1843 ; R. G., 4247 ; Périgueux, 14 mars 1845 ; Reims, 22 déc. 1845 ; J. N., 10200, 12396. Cons., Auch, 8 déc. 1841 ; Limoges, 17 déc. 1842 ; Versailles, 18 août 1842 ; Valence, 4 mai 1843 ; Dél., 27 janv. 1846 ; R. G., 9533 ; J. N., 11301, 11336, 11588, 11714, 12396.

(20) Cass., 11 juill. 1807, 13 avril 1815 ; D. M. F., 28 avril 1818 ; J. N., 4560, 2321, 2769.

hypothéquée sur les immeubles de ceux-ci (1) ; — ou bien d'une somme stipulée payable avec intérêts, au décès du donateur, sur les plus clairs biens de la succession (2).

Le contraire a été jugé cependant pour les donations d'une somme payable à l'époque de la majorité du donataire (3).

Quant à l'usufruit, on a soutenu que devant s'éteindre au décès de l'usufruitier, ce dernier ne pouvait en faire l'objet d'un partage anticipé (4) mais la question est controversée (5).

6847. IV. *Transcription.* Le droit de transcription hypothécaire à 1 fr. 50 n'est pas exigible lors de l'enregistrement du partage anticipé : il ne le devient que si la formalité est requise au bureau des hypothèques (*Loi 16 juin 1824, art. 3*). La Régie admet que cette disposition s'applique à l'acte par lequel un ascendant renonce gratuitement à l'usufruit qu'il s'était réservé dans le partage de ses biens fait entre ses enfants, parce qu'elle voit dans ce désistement un complément du partage (6), — mais elle prétend que le droit de 1 50 p. 0/0 est exigible quand la renonciation à l'usufruit réservé a lieu au profit seulement d'un ou de quelques-uns des enfants pour les biens attribués à leurs lots (7).

6848. La dispense du droit de transcription est générale. On doit l'étendre même au partage anticipé qui contiendrait une clause de substitution (8). — Toutefois, si un tel acte était présenté à la transcription, le droit serait régulièrement perçu sur la donation directe (9).

6849. V. *Soulte.* D'après *l'art. 5 de la loi du 18 mai 1850*, les règles de perception concernant les soultes de partage sont applicables aux donations portant partage, faites par actes entre-vifs par les père et mère et autres ascendants.

6850. Il faut par conséquent soumettre ces soultes aux principes que nous indiquerons plus tard à l'occasion des partages ordinaires, *infrà n°s 6876 et suiv.* ; mais il convient de rapporter ici quelques décisions spéciales aux donations d'ascendants.

6851. Lorsque l'un des enfants est chargé de payer une somme déterminée à un tiers en l'acquit du donateur et qu'il reçoit en compensation la propriété exclusive de certains immeubles, le droit de soulte est exigible sur l'excédant de sa part dans la dette (10). — Le droit est également dû sur l'excédant de la portion virile du donataire dans la somme ou dans la rente viagère à payer au donateur lui-même (11) ; — mais si cette charge particulière se rapporte à l'attribution d'un préciput, il n'y a plus de soulte ni de droit à percevoir (12).

6852. Si les enfants lotis en toute propriété s'obligent à payer une rente à leur frère pour l'indemniser de la réserve de jouissance applicable à son lot, le droit proportionnel de soulte est exigible (13).

6853. Mais on ne saurait le percevoir sur la clause par laquelle un enfant rapporte une somme qui lui a été donnée antérieurement dans son contrat de mariage par ses père et mère et s'oblige à la payer à un autre enfant (14), — lors même que la somme rapportée serait le prix d'un immeuble donné à l'enfant et aliéné plus tard (15).

6854. Si, par un premier acte, des père et mère donnent leurs immeubles à l'un de leurs enfants avec dispense de rapport en nature, mais à charge de rapporter une somme d'argent à leurs successions, puis par un second acte contenant partage anticipé distribuent la somme entre les autres enfants, on considère cette valeur comme une soulte déguisée (16).

(1) Cass., 3 avril 1852; J. N., 14013; Inst., 4029, § 4; R. G., 9558.
(2) Seine, 21 mars 1855; Cass., 10 déc. 1855; J. N., 15819 et 15685; Inst., 2060, § 2; Angoulême, 20 avril 1857; R. P., 361, 894.
(3) Angers, 27 mai 1836; J. N., 9382; D. N., *loc. cit.*, 237. Voir aussi Dél. Régie, 23 juin 1803; J. N., 17929 ; Verdun, 9 août 1864; R. P., 2413.
(4) Sol., 24 août 1861 ; R. P., 1530.
(5) CONTRA, Dreux, 6 mai 1803; R. P., 1915; Avesnes, 12 mars 1810; Nantes, 22 avril 1812; Étampes, 29 juin 1841 ; R. G., 9549, § 2 ; Sol., 19 août 1842; Inst., 1683, § 2.
(6) R. G., 9549; Inst., 1683, 2 ; Dél., 28 juill. 1830, 10 août 1842; Avesnes, 12 mars 1840 ; Étampes, 20 juin 1841; Nantes, 21 avril 1842; Tarascon, 23 août 1850 ; J. N., 7485, 10745, 11058, 16994; CONTRA, Senlis, 25 mars 1831 ; D. N., *loc. cit.*, 333.
(7) Senlis, 4 août 1831; Dijon, 13 janv. 1864 ; J. N., 11413, 18014; CONTRA, Seine, 28 juill. 1855: J. N., 15696.
(8) Dél., 16 mars 1844 ; J. N., 10926, 12901.
(9) Cass., 14 fév. 1848; J. N., 13293; CONTRA, Rennes, 23 mars 1846; J. N., 12902.

(10) Lure, 14 avril 1855; Troyes, 25 avril 1855; Belfort, 17 mai 1858 ; R. P., 480, 413, 1005; J. N., 15551.
(11) R. G., 9552; Riethel, 28 août 1852 ; Cahors, 13 déc. 1854; Cambrai, 6 déc. 1860; R. P., 1533 ; J. N., 14799, 15489, 17087; CONTRA, Beziers, 22 déc. 1852 ; J. N., 14960; D. N., 311.
(12. Châlon-sur-Saône, 17 janv. 1856; R. G., 9576; Mâcon, 17 déc. 1862; Besançon, 8 juill. 1864; Gray, 20 juill. 1864; R. P., 1785, 1953. Voir cependant Montpellier, 4 juill. 1864; R. P., 2056.
(13) Cass., 21 juill. 1851; J. N., 14421; D. N., 314; Vouziers, 8 juin 1836 et Saint-Étienne, 21 déc. 1847; R. G., 9479. Voir Lure, 14 avril 1855; R. P., 493 ; J. N., 17776. Ce point-là est contestable.
(14) Cass., 11 déc. 1855 ; J. N., 15668; Seine, 23 janv. 1857 : Cass., 27 avril 1858 ; R. P., 663, 745, 780, 1012; CONTRA, Alais, 12 juin 1855; J. N., 15561; R. G., 9555.
(15) Voir Villeneuve-sur-Lot, 6 juin 1856 ; J. N., 15949; R. P., 740, 826.
(16) Cass., 22 déc. 1856; J. N., 15956; R. P., 826.

6855. Le droit de soulte à 4 p. 0/0 et non celui de vente à 5,50 a été reconnu exigible sur la cession que trois des donataires font de leurs droits au quatrième, lorsque le partage anticipé ne contient pas la division par lots des immeubles donnés (1) ; mais le tarif de la vente serait applicable si les biens avaient été divisés en nature par l'ascendant (2).

6856. Ici, comme dans les partages ordinaires, il faut déduire, pour calculer le droit de soulte, les valeurs mobilières dont l'existence n'est pas justifiée, *infra n° 6871 et suiv.* — On a décidé, à cet égard, que la réalité de la somme d'argent expressément donnée aux enfants avec les immeubles devait être acceptée par la Régie, jusqu'à preuve contraire (3).

6857. On doit d'ailleurs imputer le droit de soulte de la façon la plus avantageuse aux parties (4); — et compenser les soultes réciproques que se doivent les copartageants, de manière à ne percevoir l'impôt que sur la différence s'il en existe (5).

6858. VI. *Clauses diverses.* En principe, il n'est rien dû sur les charges stipulées par le donateur à son profit comme condition de la libéralité. — Cependant s'il était convenu que l'ascendant pourra gérer indéfiniment les biens personnels des donataires moyennant une somme annuelle, le droit de bail à vie, 4 p. 0/0, serait exigible (6).

6859. Les sommes antérieurement données entre-vifs à l'un des enfants et non payées au moment du partage anticipé doivent être déduites de la masse des biens, pour la liquidation de l'impôt (7).

6860. Si les biens sont indivis entre le donateur et *quelques-uns* des enfants et que l'ascendant impose à ceux-ci l'obligation de partager la totalité des biens également entre eux et leurs frères, il est dû un droit de vente sur la portion cédée par les premiers (8).

6861. L'acte ultérieur qui modifie les attributions faites dans un partage anticipé refait pour une cause quelconque, n'est pas un simple complément sujet au droit fixe, mais opère une transmission nouvelle passible du droit proportionnel. Le droit d'échange est exigible, par exemple, si les père et mère font passer d'un lot dans un autre des immeubles précédemment donnés (9). — De même il y a rétrocession si le père retient les immeubles attribués à un donataire non acceptant et les remplace dans un nouvel acte par une somme d'argent (10).

6862. Si le donateur, s'étant réservé l'usufruit, s'engage à servir une rente aux donataires pour leur tenir lieu de cette jouissance, cette clause forme une disposition dépendante dispensée d'un droit particulier (11).

SECTION II. — PARTAGES TESTAMENTAIRES.

6863. Le partage testamentaire ne produisant son effet qu'au décès du disposant, le seul droit auquel il donne ouverture est celui de 5 fr. applicable aux donations éventuelles, sauf la perception ultérieure du droit de succession (12). — Mais la loi du 18 mai 1850 a soumis cet acte aux règles de perception concernant les soultes de partages ordinaires; et il faudrait aussi, par conséquent, l'assujettir à celles des partages d'ascendants.

6864. Ainsi, il a été décidé que le testament par lequel un père déclare léguer à un enfant un de ses immeubles à charge par le légataire de payer une certaine somme à un autre enfant, est passible du droit de soulte (13). — Mais si les valeurs léguées n'excèdent pas la quotité disponible, la somme d'argent n'est pas censée représenter une soulte et le droit n'est pas dû (14).

6865. On considère que le partage testamentaire est obligatoire pour les enfants tant qu'il n'est pas annulé ; d'où il suit que le droit de soulte est exigible sur le testament même, sans que la Régie soit

(1) Auch, 10 déc. 1855; J. N., 15727; R. G., 9560, § 2.
(2) Château-Thierry, 21 janv. 1846; Montpellier, 1er juill. 1850; D. N., 322; Sol., 7 nov. 1829: R. G., 9560, § 1.
(3) Del., 4 avril 1851, 23 juin 1861; D. N., 323; R. G., 9556; R. P., 1906; contra, Cass., 5 avril 1852 et 8 déc. 1855; R. G., 9558; R. P., 1900.
(4) Inst., 342 et 1852; J. N., 14035; D. N., 303.
(5) J. N., 17776; contra, Jonzac, 30 mars 1857; R. P., 1738.
(6) Vitré, 19 mai 1847 ; R. G., 9558; D. N., 210.
(7) Sol., 14 juin 1864; R. P., 1971, § 4; Arg. de cass., 29 juill. 1882; Inst., 2234, § 1 ; contra, Seine, 3 août 1852; Nevers, 12 juin 1840; J. N., 13879 et 13088.
(8) Metz, 14 oct. 1840; R. G., 9564.

(9) Del., 1er mai 1827; R. G., 9545; D. N., 223 ; contra, Bar-sur-Aube, 19 nov. 1850; J. N., 14295.
(10) Dél., 11 déc. 1836; J. N. 9102; contra, J. N., 9472, 9530, et 9670; D. N., 224 et 225.
(11) Ploermel, 29 avril 1864; J. N., 18184; contra, Garnier, R. P., 2057. V. *suprà*, n° 6805 et *infrà*, n° 6882.
(12) D. N., *Part. d'asc.*, 101.
(13) Belfort, 17 mai 1858; Péronne, 12 mai 1858; le Mans, 12 fév. 1858; Yvetot, 2 juill. 1858; Morlaix, 21 août 1860; R. P., 1605, 1646, 1047, 1068, 1121.
(14) Châlon-sur-Saône, 17 janv. 1856; R. G., 9576; Mâcon, 17 déc. 1862; Besançon, 8 juill. 1861 ; Gray, 20 juill. 1864; R. P., 1785, 1 83; J. N., 17694.

obligée de justifier de son acceptation (1). — Seulement si le testament n'est point exécuté, le droit de soulte perçu devient restituable (2).

6866. La loi de 1850 dispose que les actes et mutations ayant date certaine avant sa promulgation seront régis par les lois antérieures. Or, la mutation résultant du partage testamentaire ne prenant date certaine qu'au décès du testateur, le droit de soulte sera exigible suivant les lois en vigueur à cette époque (3) toutes les fois que ce décès se produira après la loi, quelle que soit la date du testament (4), — et lors même que le testament aurait été reçu en la forme authentique avant cette époque (5). — Mais si, après le testament, il intervient selon la volonté du défunt, une liquidation qui élève la soulte stipulée. ce n'est pas la date de la liquidation qu'il faut considérer pour appliquer la loi de 1850. Cet acte n'est que le complément du partage testamentaire (6).

CHAPITRE DIX-SEPTIÈME.

DES PARTAGES.

SOMMAIRE

6867. Nous avons expliqué précédemment que la perception du droit fixe sur les partages était subordonnée à deux conditions : la première, qu'il y ait une copropriété quelconque entre les parties, et la seconde qu'il soit justifié de cette copropriété, *supra* nos 6449 et suiv.

6868. I. *Copropriété.* La copropriété, avons nous dit, résulte de l'indivision, c'est-a-dire de l'état d'une chose sur la totalité et sur chaque partie de laquelle plusieurs personnes ont des droits communs. Ainsi il ne saurait y avoir de partage entre l'usufruitier et le nu-propriétaire, parce qu'ils possèdent des démembrements tout à fait distincts, et la convention qui interviendrait entre eux serait un échange (7).— Mais c'est le droit fixe de partage qui est seul exigible, si le nu-propriétaire a une portion de la jouissance (8).

6869. Il ne suffit pas que l'indivision ait existé, il faut qu'elle existe encore au moment du partage. On devrait donc acquitter le droit d'échange si les parties se cédaient réciproquement leurs lots après le partage (9) ; — ou le droit de cession immobilière si l'attributaire d'un immeuble le rendait à son copartageant pour recevoir du mobilier (10).— Il ne faudrait pas non plus, et par une raison semblable,

(1) Garnier, R. G., 9574; Sol., 15 déc. 1856; le Mans, 12 fév. 1858; R. P., 772, 1047 ; contra, Napoléon, 8 déc. 1856; R. P., 023.
(2) Sol., 1er août 1863, 4 mars 1864; J. N., 18191; R. P., 2030; contra, Napoléon, 8 déc. 1856 ; R. P., 023.
(3) Coutances, 27 mai 1857 ; R. P., 878.
(4) Caen, 7 août 1856; Coutances, 27 mai 1857; R. P., 720, 878; J. N., 15914.
(5) Garnier, R. G., 9573, § 3 ; Coutances, 27 mai 1857 ; R. P., 878; J. N., 15914; contra, J. N., 14674; R. N., 305.
(6) Cass., 29 nov. 1854 ; J. N., 15302 ; R. P., 271.
(7) D. N., Part., 736; R. G., 6381; Cass., 14 août 1838; Condom,

10 et 25 fév. 1855; Cambrai, 6 fév. 1817; Versailles, 6 fév. 1851; J. N., 12281, 13212.
(8) Dict. not., Part., 730 à 734; Inst., 1156-11; R. G., 6382; Cass., 16 juin 1824, 8 août 1836, 4 janv. 1865; Bougé, 29 oct. 1827; Dél., 8 fév. 1828; Seine, 19 mai 1830; J. N., 4782, 18191; R. P., 2002. Voy. Bordeaux, 26 janv. 1864; R. P., 2141.
(9) D. M. P., 19 juill. 1808; Dél., 2 nov. 1825, 1er mai 1827; R. G., 9366, § 2, 9408, 9545, § 1.
(10) Villefranche, 30 déc. 1817; Bourgneuf, 28 juin 1830; R. G., 9366, § 2.

faire figurer dans le partage les rapports de sommes *égales* données entre-vifs à *tous* les successibles (1) ; — ni les créances égales dues par les héritiers et éteintes par confusion (2) ; — ni les sommes données à titre de préciput et payées (3).

6870. On ne doit pas, dans le partage, faire figurer des biens étrangers à l'indivision, et la Régie peut les distraire de la masse pour établir sa perception. Ainsi décidé notamment au sujet des bénéfices faits en commun après la mort du défunt dont la succession est divisée (4) ; — ou des revenus perçus pour le compte de la masse par un des communistes, depuis le décès (5) ; — ou des biens antérieurement partagés (6).

On a décidé également, mais à tort selon nous, que si un partage comprend des biens de diverses origines inégalement répartis, le droit de soulte est dû (7).

6871. II. *Justification de la copropriété.* Quant à la justification de la copropriété, elle doit porter sur l'existence réelle des valeurs introduites dans la masse à partager, et sur les droits des parties à intervenir à l'opération.

6872. Par application de ce principe on a autorisé la Régie à distraire de l'actif, pour la perception du droit d'enregistrement, les prétendus dons manuels retenus en moins prenant par le cohéritier et non établis par titres ou écrits ayant date certaine (8).

6873. Il en est de même pour l'argent ou les valeurs en portefeuille présumés fictifs (9), — alors surtout que les valeurs cédées au cohéritier sans justification d'existence ne sont pas désignées (10), — ou qu'elles n'ont pas figuré dans la déclaration de succession relative au partage (11).

6874. Une règle semblable s'applique aux reprises introduites dans un partage sans justification ; par exemple s'il est déclaré que, le prix ostensible d'un acte étant de 500,000 fr., l'époux vendeur reprend néanmoins 620,000 fr. (12).

6875. La loi n'a pas déterminé le genre de justification à fournir, d'où il suit qu'il suffit d'une preuve par toutes voies légales. Mais la Régie n'est pas obligée d'accepter la simple déclaration des parties (13) ; et ce n'est pas à elle d'en prouver le défaut de sincérité (14). — Les débiteurs peuvent s'appuyer sur des papiers domestiques, des notes, des livres de compte (15) ; — produire en général tous documents de famille (16). — Spécialement en ce qui concerne le partage d'une société, la Régie ne saurait exiger la preuve de l'existence des valeurs provenant de l'industrie sociale et inégalement attribuées aux ayants droit (17).

6876. III. *Soulte.* L'art. *68*, § *5*, *no 2, de la loi du 22 frim. an 7* ne soumet les partages au droit fixe, qu'avec la restriction que s'il y a retour, le droit sur ce qui en sera l'objet sera perçu au taux réglé pour les ventes. — Complétant cette disposition, l'art. *69* tarife : § *5*, *no 7* au droit de 2 p. 0/0 les retours et partages de biens meubles ; — et § 7, *no 5* au droit de 4 p. 0/0, les retours et partages de biens immeubles.

6876 bis. Quoique les textes précédents ne parlent ni des créances ni des rentes, leur combinaison avec les autres articles de la loi porte à décider qu'il faut appliquer le droit de 1 p. 0/0 aux soultes concernant les créances, celui de 2 p. 0/0 à celles qui ont pour objet des rentes sur particuliers, et exempter de tout impôt celles qui sont relatives aux rentes sur l'État.

(1) Beauvais, 14 fév. 1855; R. G., 4037; Argentan. 29 déc. 1859; Mamers, 19 mai 1863; J. N., 15456, 17970; R. P., 1303, 1822.
(2) Cass., 23 mars 1853; J. N., 14919.
(3) Toulouse, 30 mars 1863; J. N., 18367; R. P., 2473.
(4) Abbeville, 18 août 1843; R. G., 9460; D. N., 738.
(5) Saint-Mihiel, 4 déc. 1814; Seine, 10 avril 1830; Mirecourt, 12 déc. 1863; J. N., 14272, 13470; R. G., 9461. Voy. cependant Cass., 11 août 1830; D. N., v° *Part.*, 709; R. G., *loc. cit.*
(6) Cass., 25 mai 1811; J. N., 11068; Inst., 1061, § 9; R. G., 9421; D. N., 826; Argentan, 29 déc. 1859; R. P., 1303.
(7) Saint-Quentin, 20 juin 1862; J. N., 17576; Dalloz, v° *Enreg.*, 3398, 3599; Garnier, R. G., 11835, V. contra, J. N., 10900; 11495; Inst., 1732, § 10, et les arrêts cités au Dict. not., v° *Part. d'asc.*, 207.
(8) Le Havre, 5 déc. 1846, 27 août 1851; J. N., 14346, 22 fév. 1817; Foix, 5 fév. 1859; Mayenne, 28 août 1850; J. N., 12990, 14535 ; R. G., 9380; D. N., *loc. cit.*, 716; contra, J. N., 12662, 12990, 14555; Issoudun, 10 mars 1846; Vassy, 11 mars 1817; Versailles, 1er juill. 1817; Bel-

fort, 8 mai 1850; J. N., 12682, 13108, 14460; Lyon, 16 août 1854; R. P., 326.
(9) Limoges, 29 mai 1850; Orléans, 20 août 1851; Pontarlier, 5 juin 1858; Cass., 13 mai 1862; R. G., 9303, 9304; D. N., 710; R. P., 1033, 1057; J. N., 17340.
(10) Seine, 3 mai 1843; R. G., 9391.
(11) Cosne, 6 juin 1849; D. N., 710; R. G., 9305.
(12) Gien, 10 août 1817; Nontron, 10 août 1843; D. N., 720; R. G., 9392.
(13) Cass. Belg., 6 mars 1851; R. G., 9389.
(14) Contra, Châlons-sur-Marne, 8 mai 1845; Issoudun, 10 mars 1846; Vassy, 11 mars 1817; Versailles, 1er juill. 1817; Belfort, 8 mai 1850; R. G., 9389; J. N., 12682, 13108, 14460.
(15) Périgueux, 29 déc. 1840; J. N., 15606; Toulon, 30 mai 1865; R. P., 2221; J. N., 18429.
(16) Saint-Quentin, 17 mars 1852; J. N., 11820.
(17) Cass., 9 mars 1831; D. N., 721.

6877. La soulte s'impute, pour la perception du droit, de la façon la plus avantageuse au débiteur, c'est-à-dire d'abord sur le montant des rentes sur l'État, puis sur les créances, ensuite sur les meubles ou rentes sur particuliers et enfin sur les immeubles partagés (1). — Si donc, dans le partage d'une succession comprenant des meubles et des immeubles, l'un des cohériers reçoit dans son lot une somme d'argent à payer par ses cohéritiers, il n'y a soulte immobilière que pour ce qui excède l'actif mobilier (2). — Le tribunal de Versailles a cependant décidé que si le cohéritier débiteur d'un rapport en nature retient cette somme et demeure en outre chargé d'une soulte, il ne faut pas imputer la soulte sur le rapport (3). Mais cette solution ne paraît pas fondée (4).

6878. D'ailleurs si le lot du copartageant chargé de la soulte se compose d'immeubles et de meubles non détaillés estimés article par article, le droit de 4 p. 0/0 est dû sur le total de la soulte (art. 9 de la loi du 22 frim. an 7) (5). Le contraire a été cependant quelquefois décidé par la Régie.

6879. IV. *Charges du passif.* La soulte s'entend pas seulement de la somme que le copartageant remet de ses deniers aux autres communistes, mais encore de celles qu'il promet de payer en leur acquit pour les décharger d'une obligation.— Si donc un cohéritier reçoit une portion de biens plus considérable que sa part, à charge de solder une plus forte partie des dettes de la succession, il y a soulte pour la fraction du passif dont il n'était pas tenu (6).

6880. Il en est de même pour les partages de communauté. La jurisprudence a décidé que si le mari ou ses héritiers se chargent du payement de toutes les dettes de la communauté, le droit de soulte est exigible sur l'excédant de leur part (7) ; — ou si c'est la femme qui, ayant accepté la communauté, reçoit un lot plus fort que sa part à charge de payer un excédant de passif (8). — Mais si la communauté, quoique acceptée par la veuve, ne donne aucun émolument à son profit, l'abandon qu'elle fait de tout l'actif aux héritiers du mari, à la charge d'acquitter toutes les dettes, n'est point une cession passible du droit proportionnel (9).

6881. Quand le montant des dettes imposées au copartageant n'est pas indiqué dans l'acte, il faut en faire la déclaration estimative (*Loi 22 frim. an 7, art. 16*). — Si les parties certifient qu'elles n'en connaissent pas, la Régie ne peut percevoir aucun droit de soulte jusqu'à ce qu'elle ait prouvé l'erreur de cette déclaration (10).

6882. Toute répartition inégale des charges autre que le passif proprement dit peut amener la perception du droit de soulte. Lorsque, par exemple, un lot se trouve grevé d'un usufruit pendant que les autres, d'une valeur égale, en sont dispensés, le droit de soulte est dû sur ce qui excède la part virile du copartageant dans cette jouissance (11). — Et il en est ainsi, à plus forte raison, si les autres lots sont chargés de lui servir une rente pour compenser la privation d'usufruit (12).

6883. L'obligation d'acquitter le passif avec les valeurs attribuées en sus de la portion héréditaire du cohéritier peut résulter d'un mandat et échapper dès lors au droit de soulte. On l'a ainsi décidé pour l'abandon à un copartageant d'une somme dont il était débiteur et que ses communistes le chargent de distribuer aux créanciers (13), — et pour l'attribution faite dans les mêmes termes d'une somme existant en numéraire (14), — ou même de créances actives (15).

6884. Quand le mandat est formellement exprimé, aucun doute ne saurait plus subsister sur la non-exigibilité du droit de cession, sauf le cas toutefois où le prétendu mandataire serait dispensé de rendre compte (16). — A défaut d'une stipulation expresse, l'existence du mandat doit être déduite des circon-

---

(1) Inst., 342; R. G., 9155, D. N., 752; Seine, 31 août 1851; J. N., 15416.

(2) Cass., 6 mars 1843; J. N., 11733.

(3) Versailles, 6 fév. 1851; R. G., 0158. Cons. aussi Jonzac, 30 mars 1857; R. P., 1758.

(4) D. N., loc. cit., 756. (V. infra n° 6890.)

(5) Dél., 7 juill. 1837, 17 nov. 1843; D. N., 755; R. G., 9457.

(6) Cass., 6 therm. an 12; Blois, 21 août 1845; Montargis, 23 déc. 1845; Arras, 31 août 1840 ; Saintes, 14 déc. 1837; Vendôme, 29 juill. 1842; Dijon, 30 juin 1842; Caen, 21 fév. 1845; D. N., 774; R. G., 9471. Conf., Dalloz, 2687; Champ., 2681.

(7) Dict. not., Part., 831, 833; R. G., 9745, 10 et 3°; Cass., 20 déc. 1813, 2 juill. 1844; Montluçon, 19 nov. 1817; Seine, 21 juin 1848; Inst., 1710-5, 1732-5; J. N., 11858, 12040.

(8) Cass., 15 août 1850; J. N, 14142; Inst., 1875, § 7; D. N., 832; R. G., 9475, § 2.

(9) Dél., 19 août 1834, 24 juill. 1838; Cass., 12 fév. 1840 ; J. N., 10108, 10595; R. G., 9476.

(10) Inst., 1200, § 3, n° 3 ; J. N., 6189.

(11) Charolles, 22 mars 1845; R. G., 9479; D. N., 789.

(12) D. N., 788; R. G., 9479; Saint-Étienne, 21 déc. 1847; Vouziers, 8 juin 1836; Cass., 21 juill. 1851; J. N., 14121. V. suprà, n° 6805 et 6862.

(13) Dél., 27 mars 1824, 27 mars 1828; J. N., 4592, 31 ; R. G., 9481; D. N., 781.

(14) Dél., 19 mars 1823; J. N., 4551.

(15) R. G., 9483; Seine, 31 janv. 1839; Cass., 12 fév. 1840; Dél., 4 avril 1834; J. N., 8465.

(16) Rouen, 14 mai 1851 ; D. N., 737.

stances (1) : elle résulterait, par exemple, de ce que les héritiers ont commencé par distraire une portion de l'actif pour faire face aux dettes, et l'ont, après les lotissements, attribuée avec cette destination expresse à l'un d'eux (2). — Mais, dans l'hypothèse du mandat tacite, la clause est une dépendance du contrat et ne donne lieu à aucun droit particulier (3).

6885. Le droit de cession à titre onéreux est encore exigible, si les biens sont abandonnés au cohéritier en payement d'une créance personnelle sur la succession ; on perçoit alors à 4 p. 0/0 sur les immeubles, à 2 p. 0/0 sur les meubles et à 1 p. 0/0 sur les créances cédées, jusqu'à concurrence de la part contributive des autres héritiers dans la dette (4). — Si c'est de l'argent comptant que reçoit l'héritier, le droit de quittance est seul exigible (5).

6886. On a appliqué ces principes à l'attribution consentie à une mère, de valeurs mobilières destinées à l'indemniser de l'avance faite à son enfant lors de son contrat de mariage (6), — et à la cession de biens de communauté faite par le survivant des père et mère à l'héritier du prédécédé pour se libérer de sa moitié dans la dot constituée conjointement (7).

6887. V. *Rapports.* Le rapport d'un immeuble en nature n'opère aucune soulte, qu'il soit, ou non, assigné au lot du donataire (8), — et encore bien que l'immeuble ait été donné au cohéritier avec dispense de rapport (9).

6888. Si le cohéritier, au lieu de l'immeuble en nature, fait la remise d'une somme d'argent qui est ensuite attribuée à un autre copartageant, le droit de soulte n'est pas non plus exigible, parce que les parties peuvent renoncer au droit d'exiger le rapport en nature (10).

6889. Mais nous croyons qu'il devrait être perçu sur la somme que le donataire ou le légataire paye à ses cohéritiers pour conserver la totalité de l'immeuble dont la valeur dépasse sa portion héréditaire (11).

6890. Il n'est pas douteux que le droit de soulte n'est point exigible quand le donataire d'une somme d'argent en fait le rapport et la reçoit ensuite dans son lot (12). On doit décider de même quand la somme est attribuée à un autre et que le donataire reçoit des immeubles (13), à moins que cette somme, après avoir été placée dans le lot du donataire, ne soit ensuite stipulée payable à l'autre cohéritier à titre de soulte (14).

6891. En principe, il n'est dû aucun droit d'obligation ou de quittance sur les rapports des sommes dans les partages, quoiqu'il n'existe pas de titre (15). Toutefois, si un cohéritier rapporte à la masse une somme qui lui a été prêtée sans titre, et si cette somme est attribuée à un autre, le droit d'obligation devient exigible (16).

6892. On a également maintenu la perception du droit de quittance sur la remise à la masse par un cohéritier d'une somme reçue du défunt à titre de dépôt (17), ou du prix d'une vente que ses cohéritiers lui avaient consentie depuis le décès (18).

6893. Il faut, du reste, remarquer que le partage de la communauté et celui de la succession de l'époux prédécédé constituant deux opérations distinctes, le rapport des sommes dues à l'un des époux doit être fait à la succession de cet époux et non à la communauté (19).

6894. Si le cohéritier légataire d'une somme d'argent par préciput reçoit des meubles ou des im-

(1) Dreux, 19 juill. 1810 ; J. N., 12708 ; R. G., 9483.

(2) Chartres, 16 fév. 1850 ; le Mans, 12 mars 1847 ; D. N., 785 ; R. G., 9483, 9480.

(3) Dreux, 19 août 1846 ; J. N., 12708 ; le Mans, 9 oct. 1862 ; R. P., 1688 ; contra, Belfort, 2 avril 1841.

(4) Dél., 1er juin 1825, 8 nov. 1833 ; Rambouillet, 12 déc. 1845 ; Bagnère, 22 mars 1855 ; D. N., 772 ; R. G., 9444, § 3, et 9496 ; Inst., 1173-10, 1209, § 2, n° 4.

(5) Rambouillet, 12 déc. 1845, supra.

(6) Cass., 31 juill. 1833 ; R. G., 9433, § 3 ; J. N., 8194.

(7) Cass., 23 mars 1853. R. G., 9433, § 4 ; J. N., 14022.

(8) J. N., 2243.

(9) Garnier, R. G., 9445, § 2 ; J. N., 1308 3 ; Sol., 30 sept. 1830 ; D. N., 802.

(10) D. N., 803 ; Seine, 20 août 1858 ; P., 1070 ; contra, J. N., 2234.

(11) Saverne, 27 août 1844 ; Saint-Pol, 23 mars 1839 ; D. N., 805, 806, contra, D. N., 803 ; Sol., 12 juin 1832 ; R. G., 9445, § 5.

(12) Saint-Étienne, 16 déc. 1850 ; R. P., 807.

(13) Dél., 11 janv. 1832 ; Cass., 11 déc. 1855 ; Montauban, 26 mai 1852 ; Seine, 23 janv. 1857, 20 août 1838 ; J. N., 11440, 13683, 16124 ; R. P., 789, 1070 ; R. G., 9445, § 5 ; contra, Alais, 12 juin 1855 ; J. N., 15801.

(14) Cass., 1er juin 1853 ; J. N., 15026 ; Inst., 1982, § 6 ; R. G., 9408 ; D. N., 810.

(15) Amiens, 19 déc. 1839 ; Dunkerque, 8 nov. 1844 ; Grenoble, 14 nov. 1848 ; J. N., 13396 ; Sainte-Menéhould, 11 mars 1851 ; Corbeil, 6 mai 1846 ; D. N., 813, 814 ; R. G., 9445, § 6, 9444, § 1 ; le Mans, 9 oct. 1862 ; R. P., 1688.

(16) Cass., 2 mai 1820 ; J. N., 8728 ; Seine, 13 mai 1859 ; R. P., 1180 ; 15801.

(17) Dél., 19 mars 1833 ; R. G., 9445, § 7 ; D. N., 818.

(18) Seine, 21 juin 1855 ; J. N., 15094.

(19) Cass., 31 mars 1810 ; R. G., 9445, § 1.

meubles, le droit de soulte est dû sur la portion afférente aux copartageants dans les valeurs cédées (1); — mais il n'en est plus ainsi, et le droit fixe de délivrance de legs est seul exigible, quand le legs est d'une somme à prendre sur les biens de la succession (2).

6895. VI. *Reprises.* Lorsque la femme accepte la communauté, ses reprises peuvent être soldées au moyen de l'abandon des valeurs qui la composent, sans que le droit de cession soit dû. Il en est de même si elle préfère un payement en deniers et qu'elle laisse aux héritiers du mari les biens en nature (3).

6896. Quand elle opte pour le prélèvement des valeurs existantes, rien n'oblige les parties à suivre l'ordre de l'art 1471 C. N,; et on ne pourrait motiver aucune perception de droit proportionnel sur cette circonstance (4). — Nous avons déjà dit que la femme acceptante a la faculté de s'en tenir à ses reprises et d'abandonner toute la communauté aux héritiers du mari à charge de payer tout le passif, *supra n° 6880*; cet abandon ne donnerait pas ouverture au droit de soulte (5). Il en est de même de l'attribution qui lui est faite à elle-même de toute la communauté quand c'est l'exécution d'une convention de mariage (6).

6897. Mais, la renonciation de la femme, attribuant au mari tous les biens de la communauté dissoute, il en résulte que la cession de ces valeurs en payement des reprises est sujette au droit de vente (7).

6898. C'est ce qui aurait lieu aussi si la cession comprenait, en cas d'acceptation, des biens propres du mari (8); — ou si elle avait pour cause le payement d'un gain de survie stipulé en argent ou des frais de deuil dus à la veuve (9).

6899. VII. *Clauses diverses.* Si la veuve présente, dans le partage, le compte de l'administration qu'elle a eue des biens communs, et si le reliquat de ce compte est payé au moyen de délégation sur certaines valeurs de la masse, cette disposition est une dépendance du partage ne donnant lieu à aucun droit (10).

6900. Il faudrait néanmoins percevoir le droit d'obligation si le mandataire se reconnaissait débiteur du reliquat et s'engageait à le payer à terme, avec intérêts (11). — Le droit fixe de 2 fr. serait dû pour la décharge au notaire rédacteur du dépôt d'une somme remise verbalement entre ses mains par le défunt (12).

6901. En ce qui concerne les reconnaissances de dettes, voyez *supra n° 6560.*

6902. VIII. *Partages divers.* Les règles précédentes s'appliquent non-seulement aux partages proprement dits, mais encore à tous les actes en tenant lieu, tels qu'échanges (13), transaction et autres contrats désignés à l'art. 888 C. N. On ne fait même pas de distinction entre les partages provisionnels et les partages définitifs (14). En ce qui concerne les partages judiciaires, les dispositions qui les gouvernent sont rappelées *supra n°s 6455 et suiv.*

6903. Le partage partiel des biens d'une succession, doit être considéré *isolément* pour la perception des droits d'enregistrement. Si les biens sont inégalement répartis entre les ayants droit, tout ce qui excède la part virile des copartageants dans les lots à eux attribués est passible du droit de soulte.

6904. Il en est ainsi lors même qu'il serait stipulé que l'inégalité *sera* couverte par des sommes à prendre sur le produit de la vente future des immeubles restés indivis (15); — ou que les parties se régleront définitivement lors de la liquidation générale de la succession (16); — ou que lors de cette liquida-

---

(1) Dél., 25 sept. 1822; Seine, 21 juin 1855; D. N., 790, 791; J. N., 15691.

(2) Dél., 1er juin 1832; D. N., 792; R. G., 9472.

(3) Brives, 21 mars 1852; Cass., 13 déc. 1864; R. P., 1984; J. N., 18166. Voir Seine, 9 avril 1854; R. P., 1024.

(4) Dél., 28 mai 1823; J. N., 4449, § 2; R. G., 9443, 10983.

(5) Sol., 24 juill. 1838; Inst., 1577, § 45; J. N., 10108; R. G., 10986.

(6) Cass., 7 avril 1856, 7 avril 1862; J. N., 17390; R. P., 1803.

(7) Inst., 1347-5, 1562-28, 1577-17; Cass., 22 nov. 1837, 14 et 28 août 1838, 11 juill. 1854, 2 janv., 8 mai et 10 juill. 1855, 3 et 21 août 1858, 24 déc. 1860, 30 janv. 1865; R. G., 9499-2; R. P., 448, 306, 383, 430, 1065, 1096, 1561, 2020; J. N., 17008,

(8) Cahors, 24 déc. 1848; Cass., 8 avril 1850, 9 mars 1852; 3 août 1858; Rethel, 11 déc. 1856; R. P., 776, 1065; J. N., 10503, 14064, 14638; Inst., 1829-5, 1875-8.

(9) Cass., 12 fév. 1840; Sol., 27 sept. 1843; R. G., 9437; J. N., 10395. Vcependant Cass., 23 mars 1853; J. N., 14922.

(10) Cass., 23 mars 1853; J. N., 14922; R. G., 9430; Dél., 19 mai 1847; J. N., 9576.

(11) Dél., 3 mars 1821; R. G., 9130; J. N., 4742.

(12) Cass., 26 fév. 1850; Nantes, 31 août 1841; R. G., 9131; J. N., 13074; Inst., 1875-1.

(13) Bar-le-Duc, 16 juill. 1863; R. P., 1803; J. N., 17834.

(14) *Supra n° 6454.*

(15) Cass., 12 nov. 1811; Seine, 10 mars 1817; J. N., 12178; Inst., 1732, § 7; R. G., 9411, 9418; D. N., 820, 825.

(16) Cass., 29 avril et 19 nov. 1845; J. N., 12383, 12582; Inst., 1743-9, 1755, § 11; R. G., 9115, 9116; D. N., 821, 822; Saint-Malo, 11 janv. 1862; R. P., 1821.

tion chaque cohéritier loti actuellement fera le rapport de son lot en moins prenant (1), — ou fera le rapport de la valeur de l'immeuble attribué (2) ; — ou lorsqu'il est dit que les inégalités des lots *seront* compensées par la remise future des deniers comptants, rentes et créances détaillés dans l'inventaire (3).

6905. Mais aucun droit de soulte ne serait exigible si cette compensation était dès à présent établie avec les valeurs demeurées indivises et détaillées soit dans le partage partiel, soit dans un acte auquel ce partage se réfère expressément (4).

6906. Lorsqu'un ou plusieurs copartageants reçoivent en biens français plus que leurs parts dans ces mêmes biens, l'excédant compensé pour les autres lots par des biens étrangers doit être considéré comme une soulte sujette au droit d'enregistrement (5).

6907. Cette règle doit être suivie lors même que les biens situés en France seraient attribués à des héritiers français et les biens situés à l'étranger à des héritiers étrangers (6). — Mais on ne l'appliquerait pas aux partages de biens situés en partie dans les colonies où l'enregistrement est établi, malgré la différence existant dans les tarifs de ces colonies et de la métropole (7).

6908. On doit assimiler à un partage sujet au droit fixe de 5 fr., l'acte par lequel il est procédé au cantonnement de droits d'usage forestiers soumis à ce mode d'extinction (8).

6909. IX. *Transcription.* Les partages n'étant point soumis à la transcription à cause de leur caractère déclaratif, on en a conclu que les soultes ne sont jamais assujetties qu'au droit de 4 p. 0/0 (9), — lors même que la soulte se rapporterait à des immeubles indivis entre les copartageants (10), ou entre ceux-ci et des tiers (11).

CHAPITRE DIX-HUITIÈME.

DES SOCIÉTÉS.

SOMMAIRE

6910. I. *Tarif.* Les actes de société, dont il a été question déjà précédemment à propos des droits fixes *supra* nᵒˢ 6499 *et suiv.*, sont soumis au droit proportionnel, quand ils portent obligation, libération

---

(1) Inst., 1873-9; R. G., 9317; Cass., 22 avril 1839; Nantes, 1er juill. 1840; Seine, 25 juill. 1843, 11 juin 1845, 10 août 1854; J. N., 11026, 15513.

(2) Lectoure, 12 mars 1816; D. N., 825; R. G., 9419.

(3) Bordeaux, 18 août 1845; D. N., 825; R. G., 9420.

(4) Sol., 23 juin 1864; R. P., 2004; arg. de Cass., 22 avril 1850; J. N., 11026; Inst., 1873-9.

(5) Cass., 11 nov. 1836, 8 déc. 1840, 12 déc. 1843, 7 avril et 11 nov. 1844 (ch. réun.), 15 juin 1847, 28 août 1848; J. N., 10213, 10819, 11854, 11966, 12140, 13077, 13520; R. G., 900.

(6) Cass., 28 août 1848; J. N., 13530; D. N., 766.

(7) D. N., 771; Sol., 13 avril 1864; J. N., 13700, 13126; R. P., 2140.

(8) Sol., 17 déc. 1844, 9-13 mars 1849, 16-16 août 1849, 30 mai 1859; R. P., 1329.

(9) Cass., 29 juill. 1819, 14 juill. et 10 août 1824; D. M. P., 8 oct. 1819, 14 oct. 1824; Inst., 903 et 1130, § 8 ; J. N., 3104, 4771, 4934; R. G., 9490 à 9493; R. P., 631.

(10) Dél., 19 nov. 1832, 28 juin 1833, 22 déc. 1836; J. N., 7017, 8111, 13981; R. P., 631, 782; contra, Cahors, 13 juill. 1861; R. P., 1515; J. N., 17209.

(11) J. N., 8878; contra, Sol., 17 avril 1835; D. N., 769.

ou transmission de biens meubles ou immeubles entre les associés ou autres personnes (*Lois 22 frim. an 7, art. 68, § 5, n°4, et 28 avril 1816, art. 45, n° 2.*)

6911. Le principe général en cette matière est que tous les engagements des associés, intervenus dans l'intérêt général de la société, soit par l'acte même d'association, soit par des actes supplétifs , n'opèrent que le droit fixe (1); — tandis que le droit proportionnel est exigible quand l'associé agit en son nom personnel et ne soumet pas le résultat de sa convention aux risques sociaux.

6912. Mais il est assez difficile souvent de distinguer un contrat de l'autre. Nous allons indiquer brièvement les principales espèces sur lesquelles la jurisprudence a prononcé.

6913. II. *Obligation et cautionnement.* La perception du droit d'obligation à 1 p. 0/0, est autorisée : 1° si l'un des associés verse la mise de l'autre en stipulant qu'il en fera le retrait au fur et à mesure des payements de ce coassocié à la masse (2), ou remet à la société une somme qui échappe aux risques de l'entreprise (3); — 2° si le gérant doit recevoir un traitement à payer par ses coassociés personnelle- ment (4); — et 3° si les parties s'engagent à payer une certaine somme pour honoraires à leurs con- seils (5).

6914. Elle ne pourrait avoir lieu si le traitement de l'associé gérant devait être payé sur les béné- fices (6) ou si l'associé promettait seulement d'avancer la mise du coassocié (7). — Ni ce droit d'obliga- tion, ni même celui de cautionnement ne serait exigible sur la garantie fournie par les associés pour la mise de fonds du commanditaire (8) ; ou sur celle que l'un d'eux donne particulièrement en l'acte pour la garantie des opérations de la société ou à un des tiers (9). — Mais il faudrait acquitter le droit de nantissement à 50 p. 0/0, si un associé versait une somme pour garantir l'exécution d'un engagement personnel (10) ou faisait cautionner sa dette par la société (11).

6915. III. *Bail.* L'apport d'un bail en société n'est assujetti à aucun droit particulier, *supra n° 6505.* — Il en est autrement si l'associé loue son immeuble à la société moyennant un prix qui n'entre pas dans les risques de l'entreprise (12), ou s'il devient lui-même fermier de la société (13).

6916. IV. *Vente mobilière.* Est passible du droit de 2 p. 0/0 : 1° l'apport d'un fonds de commerce dont la valeur doit être payée à l'associé avec les premiers deniers disponibles (14); — 2° la clause por- tant que l'associé qui a apporté les objets mobiliers pour une valeur supérieure à l'apport des autres, sera remboursé de l'excédant sur les bénéfices (15), ou par les autres associés personnellement (16) : — 3° ou recevra en compensation le produit des actions attribuées à ses coassociés (17).

6917. Il en est de même de l'apport mobilier fait à charge par la société de payer le passif qui le grève. Mais pour liquider le droit, il faut alors déduire le numéraire et les billets à ordre compris dans l'apport, et les sommes dues par le sociétaire à un autre associé qui a fait apport de sa créance (18).

Ce droit ne serait pas dû sur l'engagement par un associé de livrer à la société, moyennant un certain prix, les récoltes de ses terres pour l'exploitation de la société (19).

6918. V. *Vente d'immeubles.* Il y a lieu d'exiger le droit de vente immobilière lorsque la valeur des immeubles mis en société est compensée par le prélèvement d'un certain nombre d'actions que l'associé négociera afin d'en toucher le prix (20), ou dont le placement s'opérera aux risques de la société (21); — lorsque la société qui reçoit l'immeuble s'engage à en payer le prix encore dû au précédent ven-

---

(1) Inst., 290. § 9 et 360; D. N., Soc., 391.

(2) D. N., *Société,* 401 et suiv.; Cass., 30 juill. 1861, 29 juill. 1863; Seine, 16 nov. 1860; Victot, 28 juin 1864; R. P., 2121; J. N., 17096, 17210, 17790.

(3) Seine, 31 mars 1841, 13 déc. 1843, 22 janv. 1845; D. N., 406.

(4) Seine, 20 août 1858; J. N., 15749, 16380.

(5) Angers, 18 mars 1847; D. N., 477.

(6) Dél., 25 janv. 1825, 15 mai 1827, 7 fév. 1843, 11 juin 1844; Seine, 20 août 1858; J. N., 4092, 16380; D. N., 415 à 419.

(7) Cass., 3 avril 1854 ; D. N., 432.

(8) Dél., 18 juin 1823; D. N., 410.

(9) Dél., 23 prairial an 12; D. N., 411.

(10) Cass., 26 déc. 1832; J. N., 7755. Voir Cass., 7 nov. 1859; R. P., 4270.

(11) Seine, 29 nov. 1801; R. P., 4554 et 1912.

(12) Seine, 15 mai 1847; R. P., 862.

(13) Mirecourt, 11 déc. 1858; R. P., 4141; Seine, 21 juill. 1865; R. P., 2241.

(14) Cass., 8 juill. 1846, 30 janv. 1850; Seine, 21 avril 1851; Seine, 1er déc. 1841; J. N., 12738, 13147, 14069.

(15) Seine, 17 mars 1857, 23 avril 1851; Rouen, 8 mai 1850; D. N., 429; R. G., 11799, § 3. Voir Saint-Quentin, 21 juin 1848; D. N., 430.

(16) D. N., 431, 436; Metz, 31 août 1835; Seine, 14 juin 1838; Compiègne, 8 fév. 1849; Rouen, 15 janv. 1851; Cass., 8 juill. 1846; Inst., 4786, § 10; J. N., 12738.

(17) Cambrai, 28 juin 1858 ; Seine, 28 avril 1841, 11 juin 1845; Dél., 13 mai 1849; D. N., 440, R. G., 11799, § 4.

(18) Seine, 19 janv. 1861; Cass., 20 mars 1855, 20 nov. 1861; Meaux, 21 août 1855; R. P., 1463, 2138; J. N., 15623, 17266.

(19) Cass., 6 janv. 1835; Cass., 18 nov. 1857; J. N., 8814, 16214.

(20) R. G., 11799; Cass., 8 mars 1812; 18 août 1842, 8 nov. 1864; Va- lenciennes, 27 juin 1839; Seine, 28 avril 1841, 29 déc. 1854 ; Tours, 21 juill. 1843; Bordeaux, 11 juin 1845; Lyon, 23 mai 1849; Ayes- nes, 1er juin 1859; J. N., 11273, 11437, 18459; R. P., 1186.

(21) Amiens, 9 déc. 1852; J. N., 11000.

deur (1) et que l'acquisition n'a pas eu lieu pour son compte (2) ; — lorsque le reliquat du prix est mis à la charge des associés personnellement (3).

6919. Mais il n'y a qu'une répartition inégale de l'actif et non pas une vente si on se borne à attribuer à l'associé qui apporte un immeuble des actions soumises à toutes les chances de la société (4).

6920. VI. *Transcription.* Le droit de transcription n'est pas dû, lors de l'enregistrement, sur les actes de société contenant des apports en immeubles (5), — lors même qu'il serait stipulé que la purge aura lieu (6).

6921. Il devient exigible si le contrat est présenté volontairement à la transcription (7), sans distinction entre les immeubles par nature et les immeubles par destination (8) ; — ni même entre les meubles proprement dits et les immeubles quand la réquisition de transcrire s'applique clairement à ces meubles (9).

6922. VII. *Cession d'actions.* Les règles sont différentes selon qu'il a été ou non émis des *titres* d'actions. — Si le fonds social a donné lieu à l'émission de certificats d'actions, la loi du 23 juin 1857 soumet la cession de ces titres à un droit proportionnel dont la compagnie fait l'avance et qui varie d'après la nature des actions. Mais les transferts constatés dans les contrats civils, notamment par actes notariés, acquittent alors le simple droit fixe de 2 fr. (10).

6923. Quand la compagnie n'a pas émis de titres transmissibles, la loi de 1857· cesse de recevoir son application, et les transferts d'actions opérés pendant l'existence de la société sont de véritables ventes de meubles sujettes au droit de 2 p. 0/0 (11). — Ce tarif a été réduit à 50 c. p. 0/0 pour les sociétés dont le fonds est divisé en actions ou parts d'intérêts, assimilables à des actions et sans qu'il soit nécessaire que ces parts d'intérêts soient négociables ou transmissibles par voie d'endossement (12).

6924. Ces dernières dispositions se restreignent du reste aux cessions effectuées pendant l'existence de la société. Après sa dissolution, chaque associé devient propriétaire du fonds social et la vente qu'il en ferait donnerait lieu à l'impôt ordinaire selon la nature des biens cédés (13). C'est aussi ce qui se produirait s'il s'agissait d'une société dont l'existence ne soit pas établie (14).

6925. Enfin, il faut remarquer que les cessions à titre gratuit sont sujettes au droit de donation, et non pas à ces droits de 2 fr. ou de 50 c. p. 0/0 (15); et que, même pendant l'existence de la société, la cession d'actions serait passible du droit immobilier s'il apparaissait que les parties ont voulu faire une vente d'immeubles avec droit de purger les hypothèques inscrites (16).

Dans aucun de ces cas on ne saurait imputer sur ce droit exigible la taxe de mainmorte qu'une société anonyme acquittait pour ces immeubles en vertu de la loi du 20 février 1849 (17).

Lorsque les cessions d'actions se dissimulent sous l'apparence d'une sous-société, le droit proportionnel n'en est pas moins exigible (18).

6926. VIII. *Dissolution et partage.* Les partages de sociétés sont soumis à la plupart des règles des partages ordinaires en ce qui concerne le droit de soulte, *supra* n° 6876 *et suiv.*

---

(1) Dict. not., 445 et suiv. ; R. G., 11799-7 ; Cambrai, 28 juin 1838 ; Nantes, 21 août 1843 ; Saint-Quentin, 30 août 1848 ; Seine, 6 mars 1844, 16 nov. 1860 ; Altkirch. 8 déc. 1848, Rethel, 9 juin 1854 ; Compiègne, 3 juin 1859 ; Marseille, 9 mai 1805 ; Cass., 8 mars et 18 août 1842, 8 juill. 1846, 20 mars 1855, 20 nov. 1861, 8 nov. 1864 ; J. N., 11272, 11487, 15607, 15623, 17000, 18157 ; R. P., 1235, 2001, 2136.

(2) Seine, 16 août 1854 ; Cass., 20 mars 1855, 23 mai 1859 ; J. N., 15623 ; Inst., 2042, § 9 ; R. P., 1181.

(3) Cass., 5 janv. 1853 ; J. N., 14878 ; D. N., 452.

(4) Cass., 30 août 1844, 30 janv. 1850 ; J. N., 11401, 13947 ; Inst, 1857, § 15 ; R. G., 11799.

(5) Cass., 23 mars 1846, 8 juill. 1846, 5 janv. 1848 ; J. N., 12042, 12738, 13269 ; D. N., 457 ; R. G., 11808.

(6) Cass., 5 fév. 1859 ; J. N., 13970 ; contra, Cass., 13 déc. 1843, 3-4 janv. 1848, 3 janv. et 4 déc. 1849 ; J. N., 13206, 13927 ; D. N., 461 ; R. G., 11809.

(7) Besançon, 31 déc. 1860 ; Seine, 2 fév. 1861 ; Cass., 13 déc. 1843, 23 juin 1846, 12 janv. 1847, 21 fév., 26 mars, 17 avril et 2 mai 1849, 30 janv. et 21 août 1850, 20 nov. 1861, 27 juill. 1863 ; J. N., 11770, 12740, 12039, 13060, 13681, 13774, 13848, 13947, 14229 ; R. P., 1522, 1551, 1817.

(8) Cass., 17 avril 1849 ; J. N., 13774 ; Inst., 1844, § 20.

(9) Cass., 6 déc. 1864 ; R. P., 2013 et 2299 ; Inst. 2321. Voir Tours,

22 mars 1844 ; Vervins, 1er mars 1844 ; D. N., 466, 467 ; R. G., 11810, 11811.

(10) Décis. min. fin., 13 juin 1801 ; Seine, 20 avril 1858, 23 juin 1860 ; Bordeaux, 21 mars 1800 ; Cass., 11 fév. 1861 ; R. P., 1400, 1858, 1459, 1574 ; J. N., 16155, 16270, 16377, 17011, 17263 ; Inst., 2201, § 3.

(11) Cass., 27 janv. 1841, 12 juill. 1842, 14 déc. 1842, 11 janv. 1843 ; J. N., 10867, 11402, 11539, 11558. Cons. R. G., 1010 ; Cass., 23 mai 1853 ; Inst., 1982, § 7.

(12) Cass., 8 fév. 1837, 21 août 1837, 27 janv. 1844, 16 juill. 1845, 3 mai 1861 ; J. N., 3523, 9791, 10867, 12425 ; R. P., 1907 ; Seine, 21 janv. 1865 ; R. P., 2103 ; Cass., 7 mars 1866 ; J. N., 18480 ; R. P., 2254.

(13) Seine, 30 juill. 1858 ; Abbeville, 31 août 1858 ; Cass., 6 août 1845, 5 janv. 1848, 2 nov. 1853, 8 nov. 1864 ; J. N., 12438, 13098, 15209 ; R. P., 1065, 1089, 2009.

(14) Montpellier, 4 fév. 1861 ; R. P., 1494 ; Cass., 18 juin 1862, 3 janv. 1865 ; Seine, 31 mars 1865 ; J. N., 17476, 18205 ; R. P., 1494, 1603, 2035, 2183.

(15) Valenciennes, 16 juin 1857 ; Cass., 23 mai 1859 ; R. P., 859, 1170 ; J. N., 16594 ; D. N., 483 ; contra, Dalloz, 1792 ; Champ., 3691.

(16) Marseille, 24 janv. 1858 ; Cass., 6 fév. 1860 ; R. P., 971, 1262 ; J. N., 16703.

(17) Carcassonne, 10 janv. 1800 ; R. P., 1432, 1503. V. av. cons. d'État, 30 mai 1861 ; R. P., 1545.

(18) Cass., 6 déc. 1865 ; R. P., 2230.

6927. Ce qui les en distingue surtout, c'est que si un des associés reçoit dans son lot des immeubles apportés par un autre associé ou s'en rend adjudicataire sur licitation, le droit de vente à 5,50 p. 0/0 est exigible sur la valeur intégrale de ces immeubles (1), — sans qu'il y ait à examiner si l'auteur de l'apport a antérieurement cédé ses actions soit à la société (2), soit même à l'adjudicataire (3).

6928. Ce résultat est encore moins contestable quand la société ayant été contractée verbalement, rien n'établit la réalité des apports d'immeubles (4).

6929. Le droit de mutation n'est d'ailleurs exigible que d'après la valeur de l'immeuble au jour de l'apport. Il ne doit être perçu sur les améliorations postérieures que pour l'excédant de la part de l'associé dans ces améliorations (5).

6930. Si l'un des associés cède sa part dans la société dissoute, qu'il s'agisse d'une société civile ou commerciale, le droit ne saurait être liquidé que sur la valeur *nette* de la portion cédée (6). — Mais alors le droit doit être perçu au taux immobilier s'il dépend des immeubles de la société (7). Le droit de vente immobilière est également dû sur les immeubles que l'un des associés avait reçus en qualité de liquidateur après la dissolution de l'entreprise et qu'il a cédé à un ancien associé (8).

6931. C'est le droit de licitation à 4 p. 0/0 et non celui de vente à 5,50 qui est exigible sur la licitation des immeubles composant le fonds social (9); mais on perçoit celui de vente à 5,50 quand il s'agit de l'attribution de l'immeuble à l'associé qui n'en a pas fait l'apport (10). — Il en est de même de l'adjudication des biens sociaux prononcée au profit des anciens associés reconstitués en une société nouvelle (11), ou de la cession à des associés des immeubles dont la jouissance seule avait été mise en commun (12), — ou enfin de l'abandon d'immeubles sociaux fait à un commanditaire qui se retire, en payement de ses actions (13).

6932. L'abandon fait à l'un des associés, lors du partage d'une société en nom collectif, de marchandises et valeurs dépendant du fonds commun pour lui tenir lieu de sa part dans les bénéfices réalisés et laissés en compte courant n'a pas le caractère d'une dation en payement sujette au droit proportionnel (14).

6932 bis. Quand il a été stipulé, dans un acte de société, qu'en cas de dissolution par le décès de l'un des associés, le survivant aura la propriété de la part du défunt en payant à ses héritiers le montant de l'estimation faite dans le dernier inventaire, le droit de vente est exigible lors de la réalisation de cette promesse (15). — Le dépôt de l'inventaire dans les minutes du notaire ou l'existence d'un inventaire sous seing privé suffit pour constater l'importance de la mutation (16), et le droit se perçoit alors selon la nature des valeurs sociales (17).

6933. Il en est de même quand la promesse de vente a eu lieu à condition de rembourser la mise sociale du défunt (18) ; mais une semblable disposition insérée dans un contrat de mariage sous le régime de la communauté ou de la société d'acquêt pourrait être une simple convention de mariage dispensée du droit proportionnel (19).

6934. Le droit de transmission devrait être d'ailleurs immédiatement perçu si la stipulation précédente, au lieu de constituer une promesse de vente à réaliser au décès des sociétaires, était simplement une vente à terme (20). Par contre la dissolution de la société ne suffirait pas pour autoriser la demande de l'impôt dans le cas où un nouvel acte serait nécessaire à la réalisation de la promesse de vente (21).

(1) Cass., 12 août 1839, 29 janv. et 13 juill. 1840, 6 juin 1842 (ch. réun.), 9 nov. 1842, 21 fév. 1833, 8 nov. 1864, 14 fév. 1806; J. N., 10177, 10643, 10743, 14340, 14890; R. P., 2000, 2258; R. G., 11827.
(2) Cass., 2 nov. 1853 ; J. N., 15008.
(3) Cass., 8 nov. 1864; R. P., 2000.
(4) Cass., 3 janv. 1832, 17 nov. 1857 ; D. N., 8442, 16245. Voy. Cass., 3 janv. 1805; J. N., 18205.
(5) Reims, 31 mars 1840; Cass., 17 déc. 1834, 10 juill. 1840, 8 nov. 1864 ; J. N., 10228,10743,16157 , R. P., 1371, 2000.
(6) Cass., 9 mai 1864; J. N., 18157 ; R. P., 1898.
(7) Cass., 17 août 1865 et 8 nov. 1864, 3 janv. 1865; J. N., 18157, 18205 ; R. P., 1898, 2001, 2035.
(8) Cass., 17 août 1865 ; J. N., 18350; R. P., 2138.
(9) Inst., 3528, § 11 ; R. G., 11832; Cass., 17 août 1830, 14 août 1847; J. N., 9372, 13017.
(10) Cass., 13 juill. 1840; J. N., 10743; R. G., 11832, § 2; 6 juin 1842 (ch. réun.); J. N., 11340; Cass., 14 fév. 1866; J. N., 18460.
(11) Cass., 15 déc. 1857. V. Beauvais, 13 mars 1860; Seine 23 janv. 1864, 3 mars 1865; J. N., 10282; R. P., 960, 1127, 1912 2005.

(12) Cass., 21 avril 1833, 12 août 1839; J. N., 8046, 10177; D. N., 511 et 512.
(13) Cass., 5 avril 1834; J. N., 15492.
(14) Reims, 29 janv. 1865; R. P., 2236.
(15) Aix, 18 mai 1858; Seine, 17 janv. 1862; Rouen, 25 nov. 1863; Cass., 20 mars 1849, 18 avril et 8 juin 1859, 9 mai 1864, 7 fév. 1866 ; J. N., 15004, 16571, 16610; R. G., 11837; R. P., 1008, 1160, 1187, 1591, 1878, 1898, 2237.
(16) Seine, 13 fév. 1858, 3 mars 1860, 5 janv. 1861; Cass., 18 avril 1859; J. N., 16365, 16574; R. P., 1341, 1474; Yvetot, 25 avril 1865; R. P., 2142; Verviers, 2 déc. 1863; R. P., 2243.
(17) Seine, 23 janv. 1861; R. P., 1910; J. N., 18105. V. cependant Cass., 7 fév. 1860; J. N., 18458; R. P., 2257.
(18) Seine, 19 mars 1850; J. N., 15003.
(19) Lille, 27 août 1853; Cass., 7 avril 1856; J. N., 15159 et 15777; Seine, 17 août 1855; R. G., 14250.
(20) Seine, 21 mars 1860; R. P., 1319.
(21) Seine, 1er fév. 1862, 22 août 1863; Rouen, 11 fév. 1834; J. N., 17115, 17943, 18181; R. P., 1683.

6935. Si un acte de société porte que la société ne sera pas dissoute par la mort d'un ou de plusieurs associés, et que les parts des défunts accroîtront aux survivants, un droit de mutation est exigible au décès de chacun des associés tant sur la valeur de son apport que sur sa part dans les bénéfices sociaux. Il en est ainsi encore de toute clause semblable insérée dans une acquisition faite en commun (1).
— Dans ces hypothèses, c'est le droit de mutation à titre onéreux, et non celui de mutation par décès, qui doit être perçu au décès de chacun des associés ou des coacquéreurs (2).

6936. Mais aucun droit ne serait dû, si de pareilles stipulations étaient insérées dans des associations *tontinières* (3).

CHAPITRE DIX-NEUVIÈME.

DES BAUX ET ANTICHRÈSES.

SOMMAIRE

SECTION 1re. — DES BAUX ORDINAIRES.

6937. I. *Liquidation du droit.* Les baux à ferme ou à loyer des biens meubles ou immeubles, les baux

---

(1) Cass., 22 août 1842, 15 juin 1847, 8 août 1848, 7 janv. 1850, 10 août 1853, 26 juill. 1851, 19 nov. 1851, 15 déc. 1852, 12 juill. et 25 août 1853, 26 avril 1854, 19 mars 1855, 9 avril 1856, 11 juin 1858; J. N., 11480, 13093, 13482, 13938, 15040, 15289, 14524, 14860, 15020, 13248, 15639, 15782 et 16333; R. G., 1670; R. P., 766, 1009.

(2) Caen, 2 avril 1857; Seine, 30 nov. 1861; Cass., 15 déc. 1852, 12 juill., 19 et 25 août 1853, 26 avril et 26 juill. 1854, 9 avril 1856, 11 juin 1858; J. N., 14860, 15020, 15040, 15073, 15248, 15589, 15782, 16333; R. C., 1670 bis; R. P., 46, 73, 159, 617, 922, 1018, 1556.

(3) Cass., 1er juin 1858; J. N., 16432; D. N., 532.

de pâturage et nourriture d'animaux, les baux à cheptel ou reconnaissance de bestiaux et les baux ou conventions pour nourriture de personnes, lorsque la durée est limitée, sont soumis au droit de 20 cent. p. 0/0 sur le prix cumulé de toutes les années. (*Loi 16 juin 1824, art. 1.*)

6938. Si le prix consiste en denrées, on l'estime d'après les mercuriales, ou, à défaut de mercuriales, par une déclaration demandée aux parties. (*Lois 22 frim. an 7, art. 16 et 15 mai 1818, art. 75.*)

6939. Le prix se compose non-seulement de la somme remise au bailleur, mais encore des charges que le preneur doit supporter en son acquit. Telles sont : les contributions foncières (1), que la Régie évalue d'office au quart du prix annuel sauf justification (2) ; — les deniers d'entrée, épingles ou pots-de-vin (3) ; — les faisances en général (4) ; — la valeur des constructions que le preneur est obligé de faire sans indemnité pour le bailleur (5), — ou des plantations qu'il est tenu de faire dans les mêmes conditions (6) ; — enfin le curage des puits et des lieux d'aisances (7).

6940. Mais on ne considérerait pas comme des charges le payement anticipé du prix de location (8) ; — les réparations locatives, les contributions mobilières et celles des portes et fenêtres (9).

6941. D'après l'*art. 69, § 3, n° 2, de la loi du 22 frim. an 7*, les baux à ferme ou à loyer faits pour 3, 6 ou 9 ans sont considérés, pour la liquidation et le payement des droits, comme des baux de 9 ans (10).

6942. Si, dans un bail de 9 ans, le preneur se réserve la faculté d'en demander la continuation pour une autre période au bailleur qui s'oblige dès à présent à la lui accorder, le droit n'est cependant exigible actuellement que sur 9 ans (11).

6943. Quant à la jouissance par tacite réconduction, elle n'opère qu'un bail verbal (*C. N., 1738, 1776*), et ne donne lieu à aucun impôt tant qu'il n'est pas justifié d'un nouvel écrit (12).

6944. II. *Cautionnement.* Le droit d'enregistrement des cautionnements de baux à ferme ou à loyer est de moitié de celui fixé pour les baux (*Lois 27 vent. an 9, art. 9, et 16 juin 1824, art. 1*), — lors même qu'il serait donné après le contrat de bail (13). Mais si la garantie s'appliquait à des fermages échus, c'est le droit de 50 c. p. 0/0 qui deviendrait exigible (14).

6945. III. *Sous-baux, cessions et rétrocessions de baux.* Ces conventions acquittent le droit des baux, et l'impôt se liquide d'après les mêmes bases sur le prix des années restant à courir. On avait douté un instant que la résiliation du bail emportât transmission de jouissance au profit du propriétaire qui rentrait dans sa chose (15) ; mais il est certain aujourd'hui qu'elle opère une rétrocession véritable passible du droit proportionnel (16).

6946. Il ne faudrait pas, du reste, confondre avec la rétrocession l'acte par lequel le propriétaire, agissant en vertu d'une clause du contrat, donne congé au locataire à la fin de la première période d'un bail de 3, 6 ou 9 ans. Le congé ne résilie pas alors le contrat ; il l'empêche seulement de continuer (17).

6947. Si le cessionnaire paye une indemnité au cédant pour labours ou autre cause, c'est une charge à ajouter au prix pour la perception (18).

6948. IV. *Bail verbal.* Les baux ne donnent lieu au droit d'enregistrement que quand ils sont constatés par écrit (19) et que leur existence est juridiquement établie. Sur ce dernier point il a été jugé que des énonciations précises contenues dans un inventaire ou autre acte notarié peuvent, appuyées sur les circonstances, révéler suffisamment l'existence de l'acte (20).

6949. V. *Bail-vente.* Certaines conventions dissimulent sous la forme d'une transmission de jouis-

(1) Bordeaux, 26 août 1846; Cass., 16 août 1847; R. G., 1818.
(2) Dél., 9 brum. an 7; J. N., 2843; 19 juin 1835; R. G., 1818, § 2; D. N., *Bail à ferme*, 160; R. P., 1123.
(3) Champ., 3545; Roll., *Denier d'entrée*, n° 2.
(4) Dél., 18 avril 1828; R. G., 1818, § 4; D. N., *loc. cit.*, 158.
(5) Dél., 31 mars 1833, 14 mars 1834; Seine, 11 juill. 1853; J. N., 8462, 15017; D. N., *loc. cit.*, 163.
(6) J. N., 2516; D. N., 103; R. G., 1818, § 7.
(7) Seine, 14 juill. 1853; R. G., 1818, § 4.
(8) Seine, 2 fév. 1831; Dél., 3 sept. 1833; Dalloz, 3616; D. N., *loc. cit.*, 165; D. M. F., 10 août 1815 et Dél., 6 déc. 1820, J. N. 1286.
(9) D. N., 164; R. G., 1817.
(10) Seine, 18 août 1852, 14 juill. 1853; R. G., 1911; D. N., *loc. cit.*, 440.
(11) Sol., 11 avril 1832, 19 mai 1835, 20 mars 1827; Dijon, 10 juill. 1831; Briey, 3 mars 1842, Toulouse, 23 déc. 1843; Montmorillon, 27 déc. 1840; Seine, 23 avril 1838; J. N., 8636, 9262, 11942, 14095; D. N., *loc. cit.*, 142 à 144; R. G., 1913; R. P., 1003. *Conf.* Champ., 3531; Demante, 352; contra, Cass., 3 juill. 1844; Inst., 1732, § 13;

J. N., 12043; Seine, 16 mai 1857, 19 fév. et 13 août 1864; R. P., 880, 1890 et 1978.
(12) Cass., 12 juin 1811; R. G., 1861.
(13) Garnier, R. G., 1829.
(14) Garnier, R. G., 1830; contra, Caen, 21 mai 1839; D. N., 186.
(15) Coulommiers, 10 juill. 1825; Champ., 294.
(16) Inst., 1219, § 5; Dalloz, 3145; R. G., 1846; Dél., 22 sept. 1824; Bar-le-Duc, 7 nov. 1841; R. G., 1837.
(17) Dél., 4 juill. 1828; R. G., 1853.
(18) Dél., 21 avril 1826 et 5 nov. 1830; R. G., 1818, § 5.
(19) Cass., 3 fév. 1807, 24 juin 1812, 12, 17, 26 juin et 3 déc. 1811, 6 mars 1812, J. N., 659, 1317, 4094; Inst., 356, 557; D. N., *Bail verbal*, 4; R. G., 1800.
(20) Meaux, 5 juin et 29 nov. 1850; Epinal, 4 juill. 1848; Seine, 7 mai 1851, 16 déc. 1853, 9 janv. 1858, 11 juill. 1862; Dunkerque, 10 fév. et 15 juill. 1853; Saint-Quentin, 1er avril 1863; Seine, 18 et 19 nov. 1864, 24 déc. 1864, 20 et 27 janv., 21 mars, 19 août 1865, 27 janv. 1866; R. G., 1847, 1805; R. P., 1010, 1706, 1847, 2077, 2095, 2403, 2203, 2288; J. N., 9201, 13053, 14289, 14875, 15003, 15373, 16658, 16275, 16306, 16515, 16905, 17079.

sance de véritables cessions mobilières. Ce sont notamment les locations de carrières ou l'affermage des récoltes sur pied.

6950. Ainsi, on a reconnu passible du droit de 2 p. 0/0 le bail du droit d'extraire d'une carrière, pendant un certain temps, du plâtre (1), des marbres ou des pierres (2), de la houille (3), de la tourbe (4), — lors même que la concession se limiterait à quelques années et ne devrait pas avoir lieu jusqu'à épuisement (5).

6951. Mais cette aliénation des matériaux ne saurait être considérée comme une cession du sol lui-même et acquitter le droit immobilier (6), — à moins que le fonds ne soit vendu en même temps (7).

6952. On devrait aussi considérer comme cession mobilière l'acte par lequel on a cédé à un tiers le péage d'un pont ou d'un lac (8) ou le droit d'exploiter un chemin de fer (9) ou celui de creuser un canal d'irrigation sur une rivière non navigable ni flottable avec le droit d'exproprier les terrains nécessaires (10).

6953. Il y a bail sujet au droit de 20 c. p. 0/0 lorsque la jouissance d'un bois comprend la totalité du sol forestier et s'étend à tous les fruits (11). — Il y a, au contraire, vente de coupes passible de 2 p. 0/0 quand la jouissance est expressément limitée à l'exploitation et à l'enlèvement des coupes (12).

6954. Les mêmes principes s'appliquent à toutes les récoltes sur pied. Ainsi l'adjudication d'herbes faite sous forme de bail au moment de la maturité et pour une période très-courte est une vente, si les conditions imposées au preneur sont exclusives d'un droit réel de jouissance sur le fonds, tel que l'élagage des arbres ou haies, la faculté de pâturage (13). — Mais si, outre les récoltes en foin et regains, le droit de faire paître les bestiaux après l'enlèvement de la dernière coupe est accordé à l'adjudicataire, il y a bail (14), lors même que le droit de vaine pâture appartiendrait à tous les habitants de la commune (15).

6955. Si on convient, en louant une usine, qu'un certain nombre de cordes de bois sera pris dans les forêts du bailleur, pour les besoins de l'usine, moyennant un prix déterminé, et avec stipulation que le pâturage, la chasse et autres produits sont réservés au propriétaire, le droit de vente est dû (16). — C'est le droit de bail qui a été cependant jugé exigible sur l'acte par lequel on cède pour un certain temps la récolte des écorces de chêne-liége (17).

6956. Quant aux concessions pour fourniture d'eaux, on a reconnu qu'elles étaient, à titre de bail, passibles du droit de 20 p. 0/0 (18), de même que les adjudications pour l'enlèvement des boues d'une ville (19).

6957. VI. *Clauses diverses.* Lorsqu'un bail remonte à une date antérieure au contrat et que le preneur se reconnaît débiteur des termes échus du prix, il semble, contrairement à l'avis de la Régie, que le droit de 20 p. 0/0 est le seul à percevoir sur cette somme (20). — Si la quittance du prix est contenue dans l'acte, il n'y a même pas de droit particulier à percevoir pour cela, d'après *l'art. 10 de la loi du 22 frim. an 7* (21).

6958. Sont considérées comme dépendances du bail, et à ce titre dispensées de l'impôt, les clauses relatives à l'avance au preneur des denrées ou instruments dont il devra laisser pareille quantité à sa

(1) Cass., 22 août 1842; J. N., 11416.
(2) R. G., 1876-3; Versailles, 21 avril 1842; les Andelys, 29 avril 1843; Mâcon, 24 avril 1843; Saint-Etienne, 11 mars 1845; Château-dun, 24 août 1845; Narbonne, 24 août 1846; Besançon, 24 fév. 1848; Cass., 20 janv. 1847, 28 janv. 1857; R. P., 815; J. N., 12952.
(3) Cass., 17 janv. 1844; J. N., 11893; 6 mars 1855; R. P., 357.
(4) Cass., 31 juill. 1839, 23 avril 1845; J. N., 10505 et 12423.
(5) Cass., 17 janv. 1844. 26 janv. 1847; J. N., 11893, 12952.
(6) Cass., 12 août 1833, 11 janv. 1843; J. N., 11538; R. G., 1876, § 4.
(7) Sol., 11 fév. 1834; J. N., 8577.
(8) Seine, 6 janv. 1865; R. P., 2093; CONTRA, Cass., 6 juin 1837; la Flèche, 7 juin 1847; R. G., 1790, § 2.
(9) Cass., 13 mai 1861; R. P., 1490.
(10) Seine, 7 mars 1837; R. P., 875.
(11) Cass., 23 fév. 1842; J. N., 11217, 11218; Dalloz, 2858; Garnier, R. G., 1877, § 1.
(12) Cass., 3 déc. 1832, 20 mai 1839, 21 mai 1846; J. N., 6757, 7916, 10386, 13738; R. G., 1877; D. N., *Bail de bois*, 9 à 17.

(13) Cass., 26 août 1839, 19 mars 1845; J. N., 10383, 12325; D. N., v° *Bail à ferme*, n° 141. V. Lyon, 20 janv. 1835; R. P., 396.
(14) Cass., 9 fév. 1837, 19 mars 1845; J. N., 9130, 9525, 11701, 11816, 12325; D. N., *loc. cit.*, 150; R. G., 1879, § 2; Altkirch, 7 déc. 1851; R. P., 373.
(15) Belfort, 24 fév. 1863; R. P., 4911; J. N., 17840.
(16) R. G., 1882; Cass., 21 mai 1819; Toulon, 17 déc. 1844; Seine, 21 nov. 1844, 9 janv. 1855; Dél., 1er juill. 1828, 16 sept. 1835; Châtillon-sur-Seine, 19 fév. 1845; J. N., 6757, 13738; D. N., *Bail d'usine*, n° 10; R. P., 761; CONTRA, Dél., 1er juin 1825; Inst., 1219, § 5; Limoges, 3 mars 1836; Seine, 28 fév. 1844; D. N., *loc. cit.*; R. G., *loc. cit.*; Châtillon-sur-Seine, 17 janv. 1860; R. P., 1333.
(17) Cass., 7 déc. 1819; R. G., 1894; Sol., 11 oct. 1858; R. P., 1085.
(18) Sol., 9 juin 1843; R. G., 1899.
(19) Cass., 24 et 28 nov. 1860; R. P., 1416 et 1360; J. N., 17019; CONTRA, Dunkerque, 31 juill. 1857; Angers, 10 juill. 1843; Reims, 5 mars 1849; R. P., 800, 1037, 1151. *Comp.* R. G., 1921.
(20) R. G., 1905 *bis*; CONTRA, Dél., 21 oct. 1834; J. N., 6083.
(21) D. M. F., 10 août 1815; Dél., 3 juin 1824; J. N., 5100; R. G., 1944.

sortie (1) ; — à l'indemnité due en cas d'éviction (2) ; au payement anticipé du prix (3).

5959. La cession que le bailleur fait de ses droits au bail n'est autre chose qu'un transport du prix à recevoir du preneur. Il faudrait donc acquitter sur cette stipulation le droit de 1 p. 0/0 (4). — S'il s'agissait d'un bail à mi-fruits, ce serait une vente mobilière tarifée à 2 p. 0/0 (5). Et on devrait considérer comme simple règlement d'indemnité passible du droit de 50 c. p. 0/0 l'abandon par un fermier au propriétaire des récoltes sur pied en compensation de fermages arriérés (6).

SECTION II. — BAIL A CHEPTEL.

5960. Les baux à cheptel ou reconnaissance des bestiaux sont passibles du droit de 20 p. 0/0 sur le prix cumulé de toutes les années (*Loi 16 juin 1824, art. 4*). — S'il n'est pas stipulé de prix annuel, le droit se liquide sur la valeur du bétail à évaluer conformément à *l'art. 16 de la loi de frim. an 7* (7).

5961. La même règle s'applique aux cheptels à moitié, l'on n'y saurait voir un contrat de société (8).

5962. Le cheptel donné au fermier n'est passible d'aucun droit quand il fait partie intégrante du bail (9) ; — le montant de l'estimation ne peut même entrer dans la liquidation du droit de bail à percevoir sur l'immeuble (10). Mais il faudrait considérer non comme un cheptel dépendant du bail mais comme un prêt, la remise au fermier d'une somme à employer en achat de bestiaux et remboursable *en espèces* à la fin du bail (11).

5963. S'il est convenu que pendant la durée du bail ou à la fin, le preneur pourra garder les bestiaux moyennant un prix déterminé, cette clause ne constitue qu'une promesse unilatérale de vente, puisque le preneur n'a point encore consenti à acheter, et le droit de deux p. 0/0 n'est pas exigible (12). — L'impôt serait dû actuellement si le fermier prenait l'engagement de payer la valeur de ces meubles (13).

III. BAIL A NOURRITURE DE PERSONNES.

5964. Le droit est de 20 c. p. 0/0 sur le prix cumulé de toutes les années lorsque la durée est limitée. — Si le bail est d'une durée illimitée, le droit est de 2 p. 0/0 sur le capital au denier 20 de la pension annuelle, et sur le capital au denier 10 lorsque le bail est à vie (14).

5965. Le bail à nourriture d'un mineur, fait sans durée limitée, est censé finir à sa majorité (15). Celui d'un interdit est présumé fait à vie (16). — C'est également un bail à nourriture illimitée que l'acte par lequel une personne apporte à une congrégation religieuse une dot moyennant laquelle elle sera reçue et entretenue dans la maison (17).

5966. Si l'obligation corrélative à celle de nourrir consiste dans l'abandon de meubles ou d'immeubles, il y a vente et le droit de transmission est exigible (18) ; — mais le droit de bail doit être seul perçu quand le prix de la nourriture consiste dans l'abandon de la jouissance temporaire d'une chose (19).

5967. Le bail devient une véritable donation, quand il ne comporte pas de prix : telle est la clause d'un contrat de mariage par laquelle les père et mère d'un époux s'obligent à nourrir les futurs (20). — Mais aucun droit ne serait dû si la condition de nourrir était elle-même la charge accessoire d'une libéralité (21).

(1) R. G., 1892, 1903-1 ; Déi., 3 janv. 1838.
(2) Sol., 2 germ. an 10 ; Inst., 348, § 6 ; R. G., 1892 ; Del., 30 déc. 1823 ; J. N., 4590.
(3) D. M. F., 10 août 1815 et 6 déc. 1820 ; J. N., 1288 ; Seine, 2 février 1831 ; Dél. 3 sept. 1833 ; Dalloz, 3646 ; D. N., loc. cit., 165.
(4) Champ., 3053 ; Garnier, 1810 ; Seine, 17 fév. 1846 ; R. G., 2378, § 2 ; contra, Seine. 5 déc. 1863 ; R. P., 1642 ; J. N., 1799).
(5) Joigny, 3 juill. 1852 ; R. P., 1669.
(6) R. G., 1947 ; D. N., v° Bail à cheptel, 130 ; Angoulème, 1er av. 1854 ; R. P., 805, 1289 ; Sol., 25 fév. 1859 ; R. P., 1289.
(7) Dalloz, 2012 ; Garnier, 3117 ; D. N., loc. cit., 122. Décidé cependant que le droit est dû sur l'évaluation des bénéfices: Saint-Amand, 17 mai 1861 ; J. N., 17268.
(8) Inst., 260, § 26 ; D. N., loc. cit., 123 ; R. G., 1951.
(9) Sol., 10 mai 1830 ; R. G., 1893 ; J. N., 7931.
(10) Cass., 16 fructidor an 6 ; J. N., 9605 ; Sol., 16 mars 1827, R. G., 4931 ; Dalloz, 2014 ; Champ., 3117 ; D. N., 127.
(11) D. N., 125 ; Dalloz, 2015 ; Champ., 3116 ; Sol., 6 mai 1861 ; R. P., 1531 ; J. N., 7697, 17358 ; contra, Garnier, 1936.

(12) Tours, 27 juin 1862 ; R. P., 1736. V. Diss., J. N., 17213.
(13) R. G., 1960 ; Dél., 5 janv. 1825 ; D. N., Bail à nourriture, n° 11.
(14) Dél., 4 mai 1822 et 10 avril 1823, 13 sept. 1825 ; R. G., 1966 ; D. N., 13.
(15) Sol., 17 mai 1828, 4 août 1830 ; D. N., 11.
(16) Figeac, 14 déc. 1855 ; R. P., 612.
(17) Del., 4 juin 1841 ; Inst., 1661, § 4 ; Figeac, 10 août 1853, 4 déc. 1855 ; Cass., 7 novembre 1855 et 9 avril 1856 ; J. N., 15642 et 15762 ; R. P., 165, 583, 766 ; R. G., 11170, § 5.
(18) Sol., 8 fruct. an 8 ; Seine, 22 janv. 1845 ; Dalloz, 2030 ; D. N., 16 ; Garnier, 1964.
(19) Sol., 8 fruct. an 8 ; D. N., 17.
(20) Dél., 8 fév. 1831 ; Uzès, 28 juin 1839 ; Charolles, 2 janv. 1842 ; R. G., 1962.
(21) Dél., 13 août 1833 ; R. G., 1965.

6968. Il suffit du reste, pour qu'il y ait un prix, que le débiteur de la pension s'acquitte ainsi d'une obligation ou conventionnelle ou légale. Ainsi les constitutions de pensions alimentaires faites dans les cas déterminés par la loi sont des véritables baux à nourriture sujets aux droits de cette convention. — On l'a décidé pour les aliments promis : 1° par un gendre et sa femme à leur mère et belle-mère lors même qu'ils devraient être fournis après le décès de la femme (1); — par un enfant naturel reconnu à son père ou à sa mère (2); — par un époux séparé de corps à son conjoint (3); — par l'héritier du père d'un enfant adultérin à celui-ci (4); — par le futur au profit de la future (5).

6969. Si le créancier de la pension reçoit une jouissance d'immeuble, il n'est dû que 20 c. p. 0/0, quand il n'y a pas création d'usufruit, mais simple délégation des revenus de l'immeuble pour servir la pension (6). — Mais c'est le droit ordinaire de cession immobilière qui est dû s'il y a dation d'un véritable usufruit (7).

6970. Il va sans dire que la constitution de pension est une libéralité dans les cas où elle n'est point imposée formellement à celui qui la fournit (8); telle est l'hypothèse notamment des aliments accordés par l'enfant d'un premier lit à la seconde femme de son père (9), ou de la dot constituée à l'enfant (10).

6971. Enfin, pour rendre le droit proportionnel exigible, il faut le concours des deux volontés; d'où il suit que la simple promesse non acceptée des parents d'un aliéné de payer sa pension dans un hospice n'est sujette qu'au droit fixe (11).

LOUAGE D'OUVRAGES. — V. Marché (infra nos 6995 et suiv.)

SECTION IV. — BAIL A VIE.

6972. Le droit d'enregistrement des baux à vie d'immeubles a été fixé à 4 p. 0/0 par l'art. 69, § 7, n° 2, de la loi du 22 frim. an 7; celui des baux à vie de meubles est de 2 p. 0/0, d'après l'art. 69, § 3, n° 2, de la même loi (12).

6973. Le droit se liquide, sans distinction des baux faits sur une ou plusieurs têtes, sur un capital formé de dix fois le prix et les charges annuelles en y ajoutant les deniers d'entrée. — Cependant si le bail était consenti sur plus de trois têtes, on devrait le considérer comme une vente (13).

6974. On doit voir un bail à vie dans la faculté accordée à l'une des parties de proroger le bail à sa volonté (14), lors même que le bailleur se réserverait de faire cesser la jouissance en vendant l'immeuble; mais il n'en serait plus ainsi si la faculté de proroger ou de faire cesser le bail appartenait à l'un ou à l'autre des contractants (15).

6975. Le bail à vie diffère de la cession d'usufruit en ce que le bailleur conserve la jouissance des fruits civils de l'objet donné à bail dont le preneur ne perçoit que les fruits naturels, tandis que l'usufruitier jouit des uns et des autres. — Il en résulte que les baux à vie ne doivent acquitter le droit de transcription que quand ils sont volontairement présentés à la formalité (16).

6976. Sont des baux à vie : les concessions à vie des bancs ou chaises d'église (17); — la clause d'un contrat de mariage portant que le père de la future jouira de ses biens jusqu'à ce qu'il le jugera bon, moyennant une rente annuelle (18), — ou que le futur cultivera les biens de son père à mi-fruits, jusqu'au décès de celui-ci (19).

(1) Dél., 11 fév. 1824; J. N., 4539; Cass., 17 mars 1856; R. P., 739; R. G., 1501.
(2) Sol., 27 juill. 1825; J. N., 5171.
(3) Cass., 28 juill. 1815; Dél., 8 nov., et D. M. F., 10 déc. 1823; J. N., 3871; R. G., 1497; Rouen, 2 mai 1857; Cass., 2 avril 1861; R. P., 1034, 1493.
(4) J. N., 0005; D. N., Aliments, 123. R. G., 1104; Dijon, 17 août 1860; R. P., 4372.
(5) Seine, 20 avril 1812; R. G., 1490.
(6) Inst., 430 et 1132, § 10; Dél., 19 janv. 1841; Seine, 7 fév. 1850; J. N., 4017, 10872, 13983; D. N., loc. cit., 420.
(7) Dél., 8 oct. 1833, 11 avril 1835; Nantua, 19 août 1832; R. G., 1490; Rambouillet, 21 déc. 1835; Châlon-sur-Saône, 18 déc. 1836; R. P., 591, 811; Arg. de Seine, 22 janv. 1815; J. N., 12310; contra, Dalloz, 3718; Champ., 2244; J. N., 12310, 11773; Etampes, 7 mai 1836; R. G., 1490, en note.
(8) Garnier, 1484; D. N., 423.
(9) Dél., 16 août 1833; Inst., 1440, § 0; J. N., 8786.

(10) Muret, 18 juin 1850; R. P., 1217.
(11) Inst., 1730; R. G., 1901.
(12) Cons. Cass., 18 janv. 1825; Privas, 6 juin 1843; J. N., 5266, 12454; D. N., v° Bail à vie, 12.
(13) Cass., 6 janv. 1852; R. G., 2000; Dalloz, 2019; contra, Champ., 3077.
(14) Cass., 7 déc. 1813; D. M. F., 10 sept. 1834; Tulle, 19 juill. 1849; R. G., 2003; Seine, 4 juill. 1865; Toulouse, 15 fév. 1866; R. P., 2261.
(15) Sol., 11 avril 1832, 19 mai 1837; R. G., 1913; Dalloz, 4014; Champ., 3080; contra, Dél., 15 mai 1822; Cass., 7 germ. an 12; R. G., 2004.
(16) Garnier, 2001; D. N., 21; arg. de cass., 30 août 1836.
(17) D. M. F., 29 vent. an 12; Dél., 19 juin 1824; R. G., 2007 bis, D. N., Bail de bancs, 21.
(18) Cass., 10 mars 1819; J. N., 2576; Dél., 1 et 5 sept. 1835; R. G., 2003.
(19) Privas, 6 juin 1843; J. N., 12454; Seine, 27 janv. 1865; R. G., 2608.

IV.   23

6977. La rétrocession du bail à vie donne lieu au même droit proportionnel que le bail lui-même; l'impôt se liquide également sur un capital formé de 40 fois le prix dont le preneur était tenu (1).

SECTION V. — BAIL A DURÉE ILLIMITÉE.

6978. Ce contrat diffère du précédent en ce que le bail ne se limite pas à l'existence de l'une ou de l'autre des parties, mais doit continuer encore après leur mort, au profit de leurs héritiers. — Le tarif et le mode de liquidation sont les mêmes; seulement le droit s'établit sur le capital au denier 20 de la rente ou du prix annuel (2).

6979. On considère comme des baux à durée illimitée : 1° celui qui est fait pour 5 ans, avec stipulation que le preneur aura le droit de perpétuer sa jouissance à son gré (3); — 2° celui portant qu'à défaut de renonciation expresse, le bail continuera indéfiniment aux mêmes conditions que pour la première période (4); — 3° celui dans lequel il est convenu qu'il ne cessera qu'à l'extinction de la postérité du preneur (5); — 4° la concession du droit de poser sous le sol d'une rue des tuyaux de conduite d'eau (6); 5° les concessions faites dans les cimetières à perpétuité ou renouvelables indéfiniment (7), *infrà n° 7025*.

SECTION VI. — BAUX DIVERS.

6980. Le bail *héréditaire* avait une durée indéfinie, mais ne se transmettait qu'à la descendance mâle en ligne directe; on lui a reconnu le caractère de l'emphytéose dont nous parlerons plus loin (8).

6981. Le bail à complant donne ouverture au droit de 5 50 p. 0/0, s'il a pour objet une vente à rente ou une vente à temps, c'est-à-dire si le bailleur se dépouille de sa propriété. S'il ne s'agit, au contraire, que d'un bail à ferme ordinaire, la convention est passible du droit de 20 c. p. 0/0 ou de 4 p. 0/0, selon que le bail est ou non limité (9). — On appliquerait le même tarif aux cessions de ces baux (10).

6982. Le bail à convenant tient du louage et de la vente. Il y a louage par rapport au fonds, et vente résoluble par rapport à la superficie. Deux droits sont donc exigibles : le droit de bail se liquidant sur le montant cumulé de la rente convenancière pendant toute la durée du bail, en y ajoutant les charges; celui de vente à 5 50, pour la transmission des édifices ou superficies, sur les deniers d'entrée ou le prix stipulé (11).

6983. Si le foncier cède sa redevance, le droit de cession de rente à 2 p. 0/0 se perçoit sur le capital au denier 20 de cette rente. — S'il cède la redevance avec le fonds, c'est le droit de vente immobilière qui est dû sur le prix stipulé, y compris les charges (12).

6984. La cession faite par le domanier s'appliquant à la fois à la jouissance et aux édifices, le droit immobilier est exigible tant sur le prix de la cession que sur le montant de la redevance (13).

6985. Le foncier ou son cessionnaire qui exerce le congément après l'expiration du bail n'est pas tenu de purger les hypothèques créées par le preneur, et le droit de transcription n'est pas dû (14).

6986. Les baux à locaterie perpétuelle, à culture perpétuelle, à rente, à cens, à métairie perpétuelle sont de véritables ventes passibles du droit de 5 50 p. 0/0 sur un capital formé de 20 fois la rente, en y ajoutant les charges; ou sur le capital exprimé, s'il est supérieur à ce résultat (15). — Si le propriétaire cède une partie de la propriété au fermier pour faire cesser le bail, il y a vente tarifée au droit de 5 50 p. 0/0 (16).

(1) Cass., 18 janv. 1825; J. N., 3206; Inst., 1172, § 2; Seine, 30 déc. 1845; R. G., 2013; D. N., v° *Bail à vie*, n° 19.
(2) D. N., *Bail à durée illim.*, n°s 1 et 2; R. G., 2016.
(3) Cass., 7 déc. 1819; D. N., 4.
(4) Cass., 7 germ. an 12; Dél., 3 déc. 1820, et 15 mai 1822; D. N., n° 5.
(5) D. N., 6; R. G., 2020.
(6) Seine, 31 août 1855; R. P., 555.
(7) Lyon, 4 avril 1863; R. P., 2205; J. N., 18409; contra, Coutance, 9 déc. 1846; J. N., 13074.
(8) Cass., 16 juin 1852; R. G., 2024; arg. de cass., 24 nov. 1837; J. N., 9862. *Consultez* R. G., 2025 et D. N., *Bail héréclit.*, n° 5.

(9) Garnier, R. G., 2035; D. N., *Bail à complant*, 16 à 19.
(10) Dalloz, 6029; Garnier, 2037 à 2040.
(11) R. G., 2044; D. N., *Dom. congéable*, 57.
(12) Dél., 18 mai 1825; R. G., 2046; contra, D. N., 75.
(13) Cass., 13 nov. 1826; Inst., 1265, § 3; R. G., 2048; Cass., 19 juin 1828; R. G., *loc. cit.*, D. N., *loc. cit.*, 63; J. N., 6076, 6083.
(14) Cass., 11 nov. 1833, 5 mai 1831; Inst., 1467, § 2; R. G., 2051; V. Loudéac, 4 juill. 1845; Lorient, 18 fév. 1846; J. N., 8282, 8400 à 12505, 12885.
(15) Garnier, 2065, 2066; Agen, 11 juill. 1859; R. P., 1353.
(16) Chambon, 21 mars 1862; R. P., 1696.

SECTION VII. — BAIL EMPHYTÉOTIQUE.

6987. Le bail emphytéotique est un acte translatif de propriété divisant l'immeuble en deux parts distinctes, dont l'une, le *domaine direct*, reste entre les mains du bailleur, et l'autre, *le domaine utile*, passe à l'emphytéote qui peut l'aliéner. — D'où la conséquence qu'il faut assujettir au droit de vente immobilière, le bail emphytéotique lui-même, et la cession ou rétrocession que le preneur fait de son domaine utile (1).

6988. Mais il règne une très-grande divergence sur le mode de liquidation du droit; les uns proposant de capitaliser la redevance par 10 ou par 20 selon la durée de l'emphytéose, les autres de multiplier cette redevance par le nombre d'années de jouissance; ceux-ci demandant que la valeur de l'emphytéose soit fixée d'après les tableaux annexés à la loi du 27 avril 1794 ; ceux-là une répartition variable entre les deux propriétaires selon l'époque où la transmission intermédiaire s'opère, et fixée d'après les circonstances; d'autres enfin selon les règles de l'usufruit (2).

6989. Toutes ces évaluations sont arbitraires, puisqu'elles ne reposent sur aucun texte de la loi; nous croyons, pour nous, que la seule liquidation légale doit s'opérer sur un capital déterminé par la déclaration des parties, conformément à l'*art. 16 de la loi du 22 frim. an 7* (3).

6990. Il faut ajouter au capital les charges imposées à l'emphytéote, tels que les deniers d'entrée et les constructions à faire sans indemnité pour le bailleur ; — mais non pas les contributions, qui sont de plein droit à la charge du preneur (4), ni les intérêts du prix payé par anticipation (5).

6991. Les baux emphytéotiques ne se distinguent quelquefois des baux ordinaires à longue durée, lesquels sont tarifés au droit de 2 c. p. 0/0 sur le prix cumulé de toutes les années. Voici quelques exemples de ces divers contrats. — Ont été considérés comme baux ordinaires : 1° celui consenti pour 99 ans, mais sous la condition de ne pouvoir diviser les biens ou les sous-louer en détail (6) ; 2° le bail de 50 ans contenant les clauses des locations ordinaires (7); 3° le bail fait pour 36 ans avec stipulation que le preneur pourra donner congé à mi-terme (8), et 4° le bail qui n'a été consenti pour 97 ans que pour mettre sa durée en rapport avec une concession accordée au preneur par le gouvernement et rendant nécessaire l'occupation temporaire de l'immeuble (9). — Mais on a reconnu le caractère emphytéotique au bail d'un terrain loué pour 40 ans, avec faculté au preneur d'élever des constructions qui appartiendront sans indemnité au bailleur (10), et à celui qui impose au preneur toutes les charges de la propriété (11).

SECTION VIII. — ANTICHRÈSE.

6992. Les antichrèses ou engagements d'immeubles ont été tarifés à 2 p. 0/0 par l'*art. 69, § 5, de la loi du 22 frim. an 7*, et le droit se liquide sur les prix et sommes pour lesquels ils sont faits. — Si l'antichrèse garantit le payement des intérêts à échoir d'une créance, le droit de 2 p. 0/0 est dû sur le total des intérêts calculés jusqu'au jour de l'exigibilité (12).

6993. Ce contrat diffère du bail ou de la vente en ce que c'est le revenu seul des biens qui fait l'objet de l'engagement et que le débiteur peut faire cesser la jouissance en se libérant avant terme. Ainsi doit être considéré comme vente et non comme antichrèse l'abandon de la jouissance d'un immeuble en payement d'une rente viagère (13); de même la cession à titre d'antichrèse à toujours rachetable d'un immeuble moyennant un prix dont une partie est payée comptant (14).

6994. Mais il y aurait antichrèse dans le dernier cas, si la vente était subordonnée au défaut de

(1) Dict. not., *Bail emphyt.*, 71; Bricy, 6 juin 1833 ; Lille, 11 mai 1839, 1er fév. 1840, 13 fév. 1841; Seine, 29 déc. 1840, 17 août 1842; Cass., 1er avril 1840, 18 mai 1847, 23 fév. et 26 juill. 1853; Iust., 1982, § 1; R. G., 2077; J. N., 10412, 10649, 13054, 11911, 11363. Cons. *pour le droit de succession :* Cass., 2 avril 1840, 24 juill. 1843, 6 mars 1850; Inst., 1857, § 7 ; D. N., *loc. cit.*, 72; J. N., 10649, 11090, 11003.
(2) Voir les jugements et décisions rapportés J. N., 3222, 8098, 9998, 10170, 10888, 10825, 10412, 11493, 13828, 14826; R. G., 2082.
(3) Lille, 11 mai 1839, 1er fév. 1840, 13 fév. 1841, 8 janv. 1846; Amiens, 15 juill. 1841 ; Seine, 17 août 1842; J. N., 10412, 11493; D. N., 79. *Conf.* Dalloz, 4621; Garnier, 2082, § 4.
(4) Av. cons. d'État, 24 janv. 1809; Iust., 421; R. G., 2033, 2034.
(5) Seine, 2 fév. 1831; Dél., 3 sept. 1833; D. N., 83.

(6) Dél., 8 oct. 1833; J. N., 8224. *Comp.* Seine, 31 août 1855; R. P., 355.
(7) Dict. not., *loc. cit.*, 71; Seine, 28 août 1844; Cass., 11 nov. 1861 ; R. P., 4530; J. N., 12333, 17272.
(8) Sol., 3 août 1841; J. N., 11078.
(9) Cass., 24 août 1857 ; R. P., 901.
(10) Cass., 6 mars 1850; J. N., 11003 ; D. N., 75; R. G., 1991, § 2.
(11) Cass., 26 avril 1853; J. N., 11063 ; R. G., 1991, 2.
(12) Inst., 1796-5; Cass., 25 janv. 1847; Seine, 23 déc. 1840, 22 mai 1844, 9 juill. 1847; R. G., 1555, § 2 ; J. N., 12933, 13177. V. cependant D. M. F., 3 nov. 1820; R. G., 1556.
(13) Cass., 16 fév. 1831; J. N., 7410; Inst., 1370, § 8.
(14) Cass., 4 mars 1807; R. G., 1563, § 2.

remboursement de l'obligation garantie (1). C'est ce qu'on devrait encore décider pour une constitution de dot payable au décès du survivant des époux, auxquels on abandonne le revenu d'un immeuble pour que leurs successeurs en jouissent jusqu'au solde de la créance (2).

CHAPITRE VINGTIÈME.

DES MARCHÉS.

SOMMAIRE

SECTION 1re. — DISPOSITIONS GÉNÉRALES.

6995. Les marchés et adjudications au rabais pour constructions, réparations, entretien, approvisionnements et fournitures, dont le prix doit être payé directement ou indirectement par le trésor public, ainsi que les cautionnements y relatifs, sont sujets au droit fixe de 2 fr. (*Lois 15 mai 1818, art. 75, et 18 mai 1850, art. 8*).

6996. Les mêmes marchés, lorsque le prix est à la charge des administrations locales ou des établissements publics, sont sujets au droit de 1 p. 0/0, sans distinction entre le marché proprement dit et le marché qui constate la vente d'objets mobiliers (*Loi 28 avril 1816, art. 51, n° 5*).

6997. Enfin les marchés entre particuliers sont tarifés, savoir : au droit de 1 p. 0/0 s'ils ne contiennent ni vente ni promesse de livrer des marchandises, denrées et autres objets mobiliers; — et au droit de 2 p. 0/0 s'ils sont translatifs de propriété à titre onéreux de meubles (*Loi 21 frim. an 7, art. 69, § 3, n° 1 et 69, § 5, n° 3*).

6998. Quand le marché donne lieu au droit proportionnel, cet impôt se liquide sur le prix exprimé, ou, à défaut, sur l'évaluation des objets qui en sont susceptibles (*Loi 22 frim. an 7, art. 14, n°s 4 et 16* (3).

6999. C'est le maximum de l'obligation et par suite du prix correspondant qu'il faut considérer pour asseoir la perception, sans égard à la faculté que l'une des parties peut s'être réservée de ne pas exiger l'exécution complète de l'obligation (4).

---

(1) Cass., 17 janv. 1816; R. G., 1563. § 2.
(2) Cass., 6 janv. 1813; Dalloz, 3157. *Conf.* J. N., 11765; R. G., 1551.

(3) D. M. F., 29 mai 1850; Inst., 1862; J. N., 14149.
(4) Cass., 10 août 1848, 29 avril 1851, 21 nov. 1851; R. G., 8120 : J. N., 15195.

7000. Lorsqu'une déclaration a été faite, à défaut de prix, il est dû un supplément de droit si la Régie peut établir ultérieurement que l'importance du marché est plus considérable (1), et ce droit supplémentaire est alors prescriptible par 30 ans à compter du jour où la Régie a connu l'importance du marché (2). Mais aucune restitution ne saurait être réclamée, dans le cas contraire, par les parties, attendu que le droit a été régulièrement perçu (3).

SECTION II. — MARCHÉS CONCERNANT L'ÉTAT.

7001. Le prix d'un marché peut être à la charge du trésor ou directement ou indirectement : dans les deux cas le droit fixe est également exigible. Sont *directement* à la charge de l'État, les adjudications de travaux pour les digues de la mer (4); les bâtiments domaniaux (5); — la fourniture des fourrages de la gendarmerie (6), et en général des objets nécessaires aux services de la guerre ou de la marine (7); — les marchés concernant les lycées (8).

7002. Mais on considère comme ne tombant qu'*indirectement* à sa charge les travaux à faire à une caserne de gendarmerie départementale (9), — aux prisons (10), — et aux routes départementales (11); — ceux à faire aux propriétés de l'État, lors même que le prix serait payé volontairement par une commune (12). La question a été cependant décidée en sens contraire, sur ce dernier point, pour les rues de Paris (13).

7003. Quant aux cessions de marchés faits avec l'État, ils sont soumis au droit proportionnel ordinaire, puisqu'il ne s'agit plus d'un contrat direct avec le trésor (14), et encore bien qu'elles doivent être approuvées par l'autorité supérieure (15).

SECTION III. — MARCHÉS CONCERNANT LES ÉTABLISSEMENTS PUBLICS.

7004. Le droit proportionnel de 1 p. 0/0 est toujours exigible, quoiqu'il s'agisse d'une fourniture ou d'une vente d'objets mobiliers et quoique le marché ait lieu par adjudication publique ou de gré à gré (16).

7005. Mais si l'entrepreneur cède à un tiers le bénéfice de son marché, il y a transmission à titre onéreux de valeurs mobilières éventuelles, et le droit de 2 p. 0/0 devient exigible sur le prix de la cession (17); sans y ajouter la valeur estimative des travaux ou fournitures restant à faire (18).

7006. Par exception à la règle générale, les marchés ayant pour objet exclusif la construction, l'entretien ou la réparation des chemins vicinaux, ne sont passibles que du droit fixe de 1 fr. (*Loi 21 mai 1856, art. 20*).

SECTION IV. — MARCHÉS ENTRE PARTICULIERS.

7007. La difficulté en cette matière est de distinguer le marché proprement dit tarifé à 1 p. 0/0 de la vente mobilière sujette au droit de 2 p. 0/0; mais on ne saurait poser de règles précises à cet égard, et la question se résout d'après la nature de l'acte et les circonstances qui le produisent.

7008. Nul doute ne saurait s'élever en ce qui concerne le simple louage de service, quand l'entrepreneur ne s'oblige à aucune fourniture. Seulement on avait pensé autrefois que cette convention était un véritable bail sujet au droit de 20 p. 0/0; mais il a été reconnu depuis que le droit de marché à 1 p. 0/0 devait être perçu (19).

7009. On l'a ainsi décidé notamment pour : 1° le traité par lequel une compagnie de chemin de fer s'engage à transporter les voitures d'une entreprise de messageries (20); — 2° l'engagement d'un acteur

(1) D. M. F., 29 mai 1850; Cass., 20 mai 1863; J. N., 14149, 17739; 4 avril 1864; R. P., 1909.
(2) Cass., 27 juill. 1853, 8 déc. 1856, 4 avril 1864; J. N., 15076, 15949, 18004; D. N., *Marché*, 27; R. P., 33, 675, 1909.
(3) R. G., 265; Inst., 1862; le Havre, 19 janv. 1837; Cass., 4 avril 1864; R. P., 1909; J. N., 14149, 18004.
(4) Dél., 3 niv. an 11; R. G., 248.
(5) Inst., 320.
(6) Cass., 21 mars 1825; Inst., 1166, § 6.
(7) D. M. F., 30 sept. 1830; D. M. F., 9 janv. 1850 ; Cass., 4 avril 1827; Inst., 1219, § 2, 1347-10, 1845.
(8) D. M. F., 2 mars 1854; Reims, 23 juin 1855; Périgueux, 17 mai 1850; R. P., 447, 4029; Inst., 1991, 2123-1.
(9) Sol., 6 avril 1840; R. G., 249, § 2; D. N., 11.
(10) D. M. F., 29 sept. 1816; R. G., 240, § 2.

(11) Sol., 15 oct. 1844; Inst., 1732, § 1; R. G., 249, § 5.
(12) Sol., 10 mars 1840; Inst., 1608; R. G., 250; D. N., 12.
(13) Cass., 17 juin 1857, 24 nov. 1858, 1er juill. 1861; Seine, 3 janv. 1862; R. P., 884, 1424, 1513, 1764; J. N., 17487; CONTRA, Cass., 11 fév. 1846; J. N., 13624; R. G., 252; D. N., n° 13.
(14) Dél., 10 fév. 1832; D. N., 15.
(15) Seine, 5 août 1829; D. M. F., 16 avril 1832, 16 janv. 1826; R. G., 271; Inst., 366-7, 1410-2, 1414-1.
(16) R. G., 261; D. N., 41;
(17) Cass., 3 déc. 1839, 9 juill. 1849; J. N., 10375, 13793; R. G., 268; Inst., 1844, § 4.
(18) Inst., 1661, § 8; J. N., 11357; R. G., 268.
(19) Garnier, R. P., 431, 463, 495, 305, 359, 609.
(20) Cass., 31 juill. 1854, 6 fév. 1855; R. P., 195 et 317; R. G., 8429 ; J. N., 15340, 15433. Voir cependant R. G., 8439.

envers un directeur de théâtre (1); — 3° la stipulation d'honoraires pour un médecin ou un mandataire (2); — 3° et en général pour l'engagement contracté par un ouvrier qui se met au service d'un maître (3), ou pour le salaire payé au mandataire (4).

7010. Le remplacement militaire est une variété bien connue du louage de services. Quoique la Cour suprême l'ait considéré, en droit fiscal, comme une obligation de sommes (5), nous préférons y voir un véritable bail d'industrie sujet au droit de marché à 1 p. 0/0 ; dissentiment sans influence d'ailleurs sur la perception, puisque le droit d'obligation est le même (6).

7011. Il est admis en pratique que la condition pesant sur le contrat, c'est-à-dire l'acceptation du remplaçant par l'autorité, ne s'oppose pas à la perception actuelle du droit proportionnel (7). D'où il suit que le droit acquitté l'ayant été régulièrement n'est pas sujet à restitution quand le remplaçant n'est point agréé (8). — Mais si une réduction de prix avait été stipulée pour le cas où le remplacé ne serait pas compris dans le contingent, il y aurait lieu à remboursement des droits dans le cas prévu (9).

7012. La quittance du prix d'un remplacement militaire donne lieu au droit de libération lorsque le traité primitif a été enregistré et au droit de la convention même, 1 p. 0/0, dans le cas contraire (10).

7013. Si l'entrepreneur ou l'ouvrier chargé d'un travail fournit en même temps la matière, on perçoit 1 p. 0/0 ou 2 p. 0/0, selon que l'objet principal du contrat paraît être la matière elle-même ou simplement sa mise en œuvre.

Jugé, par exemple, qu'il faut appliquer le tarif de la vente mobilière à l'engagement par un mécanicien de fournir une machine à vapeur (11) ou d'autres appareils semblables (12); — à celui d'un homme de lettres qui promet donner des feuilletons pour un journal (13); — et au compte de dépenses d'auberges (14).

7014. Mais dans les marchés pour constructions, on décide que la fourniture des matériaux est un élément accessoire de l'industrie et ne motive pas la perception du droit de 2 p. 0/0 (15), lors même que le propriétaire céderait à l'entrepreneur les matériaux d'une démolition dont la valeur doit être admise en compensation (16). Il en est de même de l'engagement pris par une compagnie d'éclairer une ville au gaz en fournissant tous les appareils (17).

CHAPITRE VINGT-UNIÈME.

DES VENTES.

SOMMAIRE

(1) Seine, 14 mars 1855; R. P., 352; D. N., 67.
(2) Seine, 23 mai 1855; R. P., 304, 548; R. G., 8030. Voir D. M. F., 20 janv. 1818; R. G., 4017, § 7.
(3) Seine, 31 janv. 1855; Lille, 17 nov. 1855; Lyon; 28 fév. 1862; R. P., 305, 525, 1024; J. N., 15494, 15722.
(4) Seine, 26 nov. 1858; R. P., 1200; CONTRA, Garnier, 8366, § 2.
(5) Cass., 12 mai 1847; Inst., 1796, § 21; Dél., 24 juin 1851; R. P., 493; J. N., 13059, 11463; D. N. Voir Remp. milit., 00.
(6) Conf., Garnier, 8143; Roll., Remp. milit., n° 1.
(7) Garnier, 8445; CONTRA, Civray, 25 oct. 1844; Vitry-le-François, 21 juill. 1840; J. N., 12194; R. G., 8445; D. N., 66.
(8) D. M. F., 4 sept. 1835; J. N., 9211, 12 nov. 1832; R. G., 8117; CONTRA, D. M. F., 10 août 1813 et Dél., 7 fév. 1831; J. N., 8374; D. N., 66.

(9) Dél., 30 avril 1823 et 16 fév. 1827; J. N., 4405; D. M. F., 10 août 1813; R. G., 8449.
(10) Cass., 12 mai 1847; Angers, 1er sept. 1846; Nîmes, 7 mai 1845; Laon, 4 janv. 1840; Limoges, 9 mai 1849; R. G., 8450; J. N., 13059.
(11) Nantes, 12 avril 1843; R. G., 8438, § 1.
(12) Seine, 23 fév. 1848; R. G., 8458, § 1; D. N., 57.
(13) Seine, 10 nov. 1848; D. N., 58; R. G., 8459.
(14) Dél., 3 janv. 1838; R. G., 8046.
(15) Sol., 27 avril 1835; D. N., 51.
(16) Sol., 30 déc. 1829; D. N., 55; R. G., 4245.
(17) Cambrai, 10 fév. 1858; R. P., 961.

SECTION I. — DISPOSITIONS GÉNÉRALES.

7015. Les ventes d'immeubles ont été tarifées à 5 50 p. 0/0, y compris le droit de transcription, par l'*art. 52 de la loi du 28 avril 1816*. — Les autres actes translatifs de propriété ou d'usufruit d'immeubles à titre onéreux sont soumis au droit de 4 p. 0/0 (*Loi 22 frim. an 7, art. 69, § 7, n° 1*), sauf l'addition du droit de 1 50 p. 0/0 dans tous les cas où ils sont de nature à être transcrits (*Loi 28 avril 1816, art. 54*).

7016. Les ventes de biens appartenant à l'État ne sont assujetties qu'au droit de 2 p. 0/0 (*Loi 26 vendém. an 7, 15 et 16 floréal an 10*); mais il ne faudrait pas considérer comme biens de l'État ceux qui proviennent d'une succession en déshérence (1), ni ceux que l'acheteur revend à un tiers (2).

7017. Les ventes d'immeubles situés en pays étranger ou dans les colonies françaises où l'enregistrement n'est pas établi, ne sont sujettes qu'au droit fixe de 10 fr., sans que, dans aucun cas, le droit fixe puisse excéder le droit proportionnel qui serait dû s'il s'agissait de biens situés en France (*Loi 16 juin 1824, art. 4*) (3). — Les ventes d'immeubles situés dans les colonies où l'enregistrement est établi sont sujettes en France au droit fixe de 2 fr. seulement (4).

7018. L'expression biens immeubles comprend non-seulement les immeubles par nature ou corporels, mais encore ceux qui le deviennent par la détermination de la loi, ou les immeubles incorporels, tels que les actions qui tendent à revendiquer un immeuble (5) ; les actions immobilières de certaines sociétés comme la banque de France ou les canaux du Midi, d'Orléans et du Loing (6) ; la redevance due au propriétaire d'une mine et aliénée avec la surface (7) ; le droit d'exiger la réalisation d'une promesse de vente immobilière (8).

---

(1) D. M. F., 11 août 1828; D. N., *Déshér.*, n° 44; R.G., 4666.
(2) Cass., 14 août 1861; R. P., 1542.
(3) J. N., 4636; Inst., 1136, § 4.
(4) Uzès, 20 juill. 1836; Seine, 26 avril 1843; Dél., 28 nov. 1843 ; J. N., 9342, 11749, 11896; R. G., 914; D. N., *Colonies*, 123.
(5) D. N., *Vente*, 397; Dél., 6 avril 1827, 12 juin 1835, 11 mai 1842.

Lyon 9 mars 1838, 25 janv. 1841; R. G., 1022, 1023; Dél. 1er déc. 1843 ; J. N., 11842.
(6) D. N., *Action de la Banq.*, n° 26 ; Garnier. R. G., 13987.
(7) Loi 21 avril 1810, art. 18; R. G., 13990; D. N., *Mines*, n°s 155 et suiv.
(8) Seine, 21 déc. 1861 ; R. P., 1067. V. encore R. P., 2367.

7019. Constituent également des droits immobiliers passibles du droit de 5 50 p. 0/0 : l'usufruit (1), l'habitation (2), l'usage ordinaire et l'usage forestier (3), la servitude (4), le droit de mitoyenneté (5), les actions dans une société dissoute dont le fonds social est immobilier (6), l'emphytéose (7).

7020. Les constructions sont immeubles par nature, aussi bien que le terrain sur lequel elles sont placées (*C. N. 518*). Si elles ont été élevées par un fermier et que ce dernier les cède à un tiers avec le droit au bail du sol, le tarif des ventes d'immeubles est applicable (8) ; — nonobstant la condition imposée au fermier ou au cessionnaire de les démolir à première réquisition (9) ; — ou la faculté appartenant au bailleur de les prendre à la fin du bail moyennant estimation (10) ; — ou l'obligation prise par le fermier de les enlever à l'expiration de sa jouissance (11). Les mêmes règles s'appliqueraient à la cession faite au bailleur, soit avant, soit depuis l'expiration du bail (12).

7021. Mais lorsque le locataire n'a érigé les constructions que sous la condition qu'elles appartiendront, en fin de bail, au propriétaire sans indemnité de sa part, le fermier qui les cède au bailleur, n'abandonne qu'un droit de jouissance passible du droit de 20 p. 0/0 (13). — Et même quand, à l'expiration du bail, le propriétaire paye au fermier l'indemnité promise à celui-ci pour les constructions élevées sous la condition qu'elles appartiendraient au bailleur moyennant dédommagement, il n'est dû que 50 p. 0/0 à titre d'indemnité (14).

7022. En cette matière, la présomption est, sauf justification contraire, que les constructions appartiennent au maître du sol (15). D'où il suit que la vente du terrain est censée comprendre aussi les bâtiments, et que si, par exemple, un immeuble indivis est licité, le droit de mutation est dû sur la part du cédant dans la totalité du sol et des bâtiments, bien qu'il soit déclaré, sans preuve, que les constructions ont été faites par l'acquéreur (16).

7023. Il faut, du reste, qu'il s'agisse de constructions véritables, et non de simples édifices temporaires sans adhérence définitive au sol. A cet égard, on a réputé immeubles donnant lieu au droit de 5 50 p. 0/0 des ateliers de fonderie bâtis en planches sur un terrain loué (17), et des moulins à vent simplement posés sur piliers en maçonnerie (18).

7024. Quant aux matériaux, ceux qui proviennent de la démolition d'un édifice sont meubles, et on y assimile ceux d'une construction dont la démolition doit avoir lieu de suite. Mais le tarif immobilier serait applicable si la démolition n'avait pas eu lieu (19) ou si la clause qui s'y rapporte n'était pas sérieuse (20).

7025. Les concessions de terrain dans les cimetières, faites à perpétuité, ou pour trente ans avec la faculté de renouvellement indéfini de la part des concessionnaires, sont sujettes au droit de 4 p. 0/0, comme conférant un droit d'usage indéterminé et non susceptible d'hypothèque (21). — Les concessions simplement temporaires, sans faculté de renouvellement, acquittent le droit de bail (22).

7026. Les ventes d'immeubles non enregistrées dans le délai prescrit sont passibles d'un droit en sus calculé, comme le droit simple, à raison de 5 50 p. 0/0, y compris le droit de transcription, et quoique ce dernier impôt se trouve déjà renfermé dans le droit simple (23).

(1) Orléans, 24 janv. 1845 ; R. G., 13981 ; Loi 22 frim. an 7, art. 69, § 7, n° 1.
(2) Seine, 8 août 1849 ; J. N., 13882 ; Dél., 8 août 1831 ; Inst., 1388, § 6 ; R. G., 7121.
(3) Dél., 23 oct. 1824, 5 janv. 1835 ; Dél. 26 juin 1850 ; Château-Chinon, 28 juin 1850 ; R. G., 13883, 13993 *bis*. L'usage forestier *cantonable* est même considéré comme un droit indivis dont le cantonnement opéré par l'abandon d'une portion du sol en toute propriété donne lieu au droit de partage. Sol., 17 déc. 1831, 6-13 mars 1849, 10-16 août 1849, 30 mai 1859 ; R. P., 1390.
(4) Sol., 24 sept. et 4 oct. 1826 ; Inst., 1205, § 13 ; D. M. P., 18 sept. 1841 ; R. G., 13984 ; D. N., *Abandon d'un immeub. grevé de servit.*, n°s 12 et 13.
(5) Seine, 6 sept. 1849 et 23 nov. 1853 ; J. N., 15146 ; Sol., 4 oct. 1826 ; Inst., 1205, § 13 ; R. G., 13989.
(6) Cass. 6 août 1845, 7 fév. 1853 ; Inst., 1755-14, 1967, § 10 ; Seine, 30 août 1851 ; R. G., 13994.
(7) *Supra*, n° 6987.
(8) Cass., 18 nov. 1835, 2 fév. 1842, 26 juill. 1843, 3 et 26 août 1844, 1er juill. 1845, 15 avril 1846 et 5 janv. 1848, 7 avril 1862 ; J. N., 9091, 11216, 11696, 12043, 12081, 12128, 12716, 13209 ; Lyon, 12 mars 1861 ; Seine, 13 fév. 1864, 21 avril et 26 juill. 1865 ; le Havre, 25 fév. 1864 ; Grenoble, 11 janv. 1865 ; R. P., 1523, 1703, 1988, 2081, 2097, 2116, 2163, 2176.

(9) Cass., 18 nov. 1835 ; J. N., 9094 ; Inst., 1313, § 7 ; R. G., 3088, § 4.
(10) Cass., 2 fév. 1842, 3 juill. 1844 ; J. N., 11216, 12043.
(11) Cass., 1er juill. 1845 ; J. N., 12428.
(12) Garnier, R. G., 3692 ; contra, Lyon, 25 fév. 1858 ; R. P., 1007.
(13) Cass., 2 juill. 1851 ; J. N., 14410 ; Inst., 1900, § 2 ; R. G., 3689 ; Seine, 13 janv. 1860 ; R. P., 1431.
(14) Dél., 23 nov. 1850 ; Inst., 1354, § 3 ; J. N., 7319, 14190.
(15) Cass., 26 juin 1837, 15 et 22 avril 1840 ; J. N., 9700, 10662, 10674 ; Inst., 1630, § 8.
(16) Cass., 26 juin 1837 ; J. N., 9700 ; Seine, 6 juin 1855 ; Cass., 18 mars 1856 ; R. P., 475, 703.
(17) Cass., 26 août 1844 ; J. N., 12081.
(18) Inst., 1467-10 ; Cass., 12 mai 1834, 19 avril 1861 ; J. N., 8538 ; R. P., 1047 ; contra, Moulins, 25 nov. 1899 ; R. P., 1302.
(19) Cambrai, 11 fév. 1831 ; J. N., 10938.
(20) Cass., 26 août 1844, 18 nov. 1835 ; J. N., 9094, 12081 ; R. G., 3684.
(21) Inst., 1757 ; D. M. P., 12 mai 1846 ; Avranches, 1er avril 1851 ; J. N., 12723, 14377. Voir cependant Coutances, 9 déc. 1846 ; J. N., 12723, 13074 et *supra* n° 6979.
(22) D. M. P., 12 mai 1846, précitée.
(23) Cass., 11 juill., 21 nov. 1836 ; J. N., 9296, 9466 ; D. N., *Vente*, 127.

§ 2. — LIQUIDATION.

7027. Aux termes de *l'art. 15. n° 6, de la loi du 22 frim. an 7*, la valeur de la propriété, de l'usufruit ou de la jouissance des immeubles est déterminée, pour la liquidation du droit proportionnel sur les actes translatifs à titre onéreux, *par le prix exprimé, en y ajoutant toutes les charges en capital*, ou par une estimation d'experts dans le cas autorisé.

7028. I. *Prix.* Si le prix convenu entre les parties n'est pas exprimé, les contractants doivent y suppléer par une déclaration estimative (1). Cette déclaration n'est pas nécessaire lorsque le prix a été fixé provisoirement entre les parties, sauf détermination définitive par des experts : le droit proportionnel devient exigible alors sur le prix provisoire (2) sans restitution possible dans le cas où les experts refusent d'agir (3), mais sauf payement d'un droit complémentaire, si l'expertise augmente le prix (4).

7029. Il en est de même quoique le prix soit stipulé payable éventuellement en actions d'une société industrielle qui devait se former, et que les objets acquis fussent destinés par les acquéreurs à être apportés dans la société projetée (5).

7030. La vente n'est pas parfaite, et l'impôt ne saurait être par conséquent perçu lorsque la fixation du prix est laissée à des tiers (6). Cependant si les contractants, au lieu de désigner les experts chargés de cette détermination, commettent ce soin au président du tribunal, il devient certain que le prix sera connu, et la Régie peut alors percevoir l'impôt sur la déclaration à faire (7).

7031. Les ventes consenties moyennant une rente viagère donnent lieu au droit sur la valeur de la rente évaluée par les parties et non pas sur le capital au denier 10 de cette rente (8). Mais s'il s'agit d'une rente perpétuelle, le droit est exigible sur son capital au denier 20, quel que soit le prix stipulé pour le rachat (9). On n'appliquerait pas toutefois cette dernière solution à la vente dont le prix est payé avec une inscription sur le grand-livre de la dette publique (10).

7032. Il faut déduire du prix les droits d'enregistrement et les honoraires du notaire mis à la charge du vendeur (11), mais non les frais de la quittance que le vendeur s'engagerait à payer plus tard (12).

7033. II. *Charges.* Les charges sur le montant desquelles le droit s'établit sont toutes les prestations qui augmentent le prix. Ce sont notamment : 1° les rentes, même foncières, que l'acquéreur est chargé d'acquitter (13); — 2° les rentes viagères ou les dettes imposées à l'acheteur (14); — 3° l'impôt foncier antérieur à l'entrée en jouissance (15), pourvu qu'il ne s'agisse pas seulement du douzième courant (16); — 4° les intérêts du prix également antérieurs à la jouissance (17), lors même qu'il s'agirait d'un prix payé comptant ou d'une jouissance retardée (18); — 5° les revenus dont le vendeur ferait la réserve pour un temps postérieur à l'époque du payement du prix ou de l'exigibilité des intérêts, excepté le terme courant des revenus à échoir au moment de la vente (19); — 6° par exemple, dans ce cas, les loyers payés d'avance (20).

7034. Il faut encore considérer comme charges à ajouter au prix, les centimes additionnels à payer en sus du prix principal par l'acheteur et qui dépassent le montant des frais de la vente (21); — les obligations éventuelles, comme celle de supporter, le cas échéant, un usufruit légué pour le cas

(1) Loi 22 frim. an 7, art. 16 ; D. M. F., 10 et 22 janv. 1812 ; Inst., 566; D. N., *Vente*, 473.

(2) Dél., 14 avril 1826 ; Tournon, 10 nov. 1847; R. G., 14063; Rodez, 11 fév. 1847 ; J. N., 5922, 13150.

(3) Dél., 14 avril 1826; Arg. de cass., 19 mars 1850 ; J. N., 5922, 13996; Inst., 1857, § 8.

(4) Sol., 25 germ. an 8, 24 juill. 1828 ; J. N., 6742 ; R. G., 14063, § 2.

(5) Cass., 11 mai 1859; R. P., 1189.

(6) Pamiers, 25 avril 1825; Monde, 20 mai 1841 ; J. N., 6571, 11107; D. N., *Vente*, 477 et 480; R. G., 14001.

(7) Dél., 27 sept. 1833; Dalloz, 2305; R. G., 14064; Cass., 19 mars 1850 ; J. N., 13996; Inst., 1857, § 18.

(8) Cass., 21 déc. 1829, 23 août 1836; Dél., 2 juill., 28 nov. 1828, 17 mars 1835; Inst., 1526, § 19; J. N., 7112, 8870, 9380, 9476.

(9) Cass., 19 mai, 17 déc. 1834; J. N., 8521 et 8745. *Conf.*, J. N., 7873; D. N., *Vente*, 463.

(10) Dél., 22 prairial an 13; D. M. F., 11 therm. an 13 ; D. N., *loc. cit.*, 467.

(11) Cass., 20 pluv., 25 germ. an 10 ; D. N., 476; Seine, 2 juin 1853, 9 déc. 1859; J. N., 14083 et 16771; R. G., 14075; R. P., 1437.

(12) Dél., 24 août 1827 ; D. N., 472 ; R. G., 14075, § 2.

(13) Cass., 13 niv., 19 prairial an 11, 9 fruct. an 12, 7 fév. 1827;

J. N., 6203; Inst., 678 ; les Andelys, 23 mai 1842; Cherbourg, 17 janv. 1849 ; Pont-Audemer, 9 mai 1851; R. G., 14082.

(14) Dél., 6 mars 1817., Inst., 1210, § 10; Cass., 21 déc. 1829 ; Inst., 1210-10 ; J. N., 6201, 7112.

(15) Cass., 19 mai 1849 ; J. N., 3199; R. G., 14073.

(16) Sol., 9 mai 1831 ; D. N., 488; R. G., *loc. cit.*

(17) Dél., 19 mars 1823 ; D. N., 469 ; Saverne, 23 août 1845; R. G., 14077.

(18) Dél., 12 oct. 1825; J. N., 5626.

(19) D. M. F., 23 août 1808; Inst., 400, § 12; Dél., 12 juill. 1823 ; D. N., 492; Sol., 31 octob. 1804; J. N., 18271; R. P., 2016.

(20) Cass., 19 fév. 1845, 16 juin 1847, 30 nov. 1853, 25 nov. 1857; Seine, 23 juill. 1851; R. P., 937 ; Inst. 1743-15, 1796-26, 1999-11; R. G., 14079; J. N., 12297, 13417, 14528, 15112, 16219.

(21) Cass., 10 déc. 1816; J. N., 4996 ; Turnhout (Belg.), 6 juin 1855 ; R. P., 683 : La Régie admet que les frais à la charge légale de l'acheteur sont de 10 p. 100 du montant du prix et elle fait ajouter au prix tout ce qui excède. Inst., 1150, § 2 ; J. N., 1940; Sol., 8 mai 1806; R. P., 2318. Mais on peut toujours contester cette opération et requérir la taxe (Cass., 10 déc. 1810 précité, J. N., 4314 ; le Havre, 30 mars 1849 : R. G., 14071). Du reste les frais de quittance ne sont pas compris dans ceux que l'on passe en taxe. Lille, 28 juin 1850 ; J. N., 14494.

de survie (1) ; — l'indemnité de dépréciation à acquitter pour le morcellement de l'immeuble (2) ou le changement de domicile du vendeur (3) ; — l'obligation de contribuer à la dépense des égouts de la rue (4) ; le coût de la grosse à remettre au vendeur (5) ; — la réserve d'un droit d'habitation (6).

7035. Mais, au contraire, il n'y a pas lieu d'ajouter le montant de la remise proportionnelle due à l'avoué, en cas de vente judiciaire (7), non plus que l'excédant du taux légal dans l'intérêt du prix (8), — ou la prime d'assurance des bâtiments vendus (9).

7036. III. *Réserves.* Les réserves s'appliquent à des parties de l'immeuble que le vendeur ne comprend pas dans l'aliénation, et le montant ne saurait dès lors en être ajouté au prix. On l'a ainsi décidé pour la réserve faite par le vendeur d'une forêt, de la coupe d'une partie de la superficie à opérer en un délai fixé (10), et pour celle du domaine utile, stipulée dans la vente d'un terrain loué à bail emphytéotique (11).

7037. Une règle différente existe pour l'usufruit. Lorsqu'une personne vend la nue propriété d'un bien dont elle se réserve l'usufruit, si le prix de la vente est payé comptant ou immédiatement productif d'intérêt, l'usufruit s'évalue à la moitié de tout ce qui forme le prix du contrat, et le droit d'enregistrement est perçu sur le total. (*Loi du 22 frim. an 7, art. 15, n° 6.*)

7038. Mais on ne doit rien ajouter quand le prix est payable au décès du vendeur sans intérêts (12), ou que le vendeur s'oblige de payer une somme annuelle à l'acheteur pour lui tenir lieu des intérêts du prix que celui-ci a acquitté (13), ou que la réserve des biens affermés ou non affermés porte seulement sur le terme courant (14).

7039. Et il faut appliquer les mêmes principes à la vente avec réserve indéfinie de la superficie de l'immeuble (15), — aussi bien qu'à l'adjudication par suite de la saisie de la nue propriété d'un bien dont la jouissance est laissée au vendeur (16).

7040. C'est seulement quand il y a réserve d'usufruit au profit du vendeur que la valeur de cette jouissance s'ajoute au prix. Il n'y a donc aucune addition à faire au prix de la nue propriété, lorsque par le même acte celle-ci est vendue à une personne et l'usufruit à une autre (17), — non plus que quand on vend la nue propriété d'un immeuble dont l'usufruit appartient à un tiers (18) ; à moins, dans ce dernier cas, que le prix ne soit fixé pour la toute propriété, et que le vendeur qui l'a reçu ne s'oblige à en payer l'intérêt à l'acquéreur jusqu'à l'extinction de l'usufruit (19).

7041. Lorsque l'usufruitier, qui a acquitté le droit d'enregistrement pour son usufruit, acquiert la nue propriété, il paye le droit d'enregistrement sur sa valeur, sans qu'il y ait lieu d'y joindre celle de l'usufruit (*Loi 22 frim. an 7, art. 15, n° 8*). — Et comme il n'y a pas d'indivision entre les deux propriétaires, on applique le tarif des ventes d'immeubles à 5 50 p. 0/0 (20).

7042. Si cette réunion s'opère au moyen d'une licitation comprenant un prix total pour la nue propriété et l'usufruit, on doit considérer que dans l'intention de la loi ces deux valeurs sont d'une importance égale et représentent également la moitié du prix. On ne percevra donc l'impôt que sur la moitié applicable à la nue propriété (21).

7043. Lorsque la réunion de l'usufruit réservé dans un acte de vente s'opère par une cession, et que le prix est supérieur à l'évaluation qui en a été faite pour régler le droit de la translation de propriété, il est dû un droit, par supplément, sur ce qui se trouve excéder cette évaluation. Dans le cas

(1) Cass., 24 juin 1611 ; D. N., 500 ; Seine, 12 juin 1812 et Sol., 7 déc. 1831 ; R. G., 14072.
(2) Le Mans, 12 août 1859 ; J. N., 16787 ; R. P., 1249.
(3) Sol., 1er oct. 1859 ; R. P., 1247.
(4) Seine, 18 juill. 1802, 8 fév. 1865 ; R. P., 2083 ; J. N., 17522.
(5) Arg. de cass., 5 juill. 1853 ; R. G., 14076.
(6) Cass., 11 août 1852 ; R. G., 14070.
(7) Cass., 29 mars 1859 ; R. P., 1253.
(8) Inst., 290, § 70 ; D. N., 511 ; Dél., 15 fév. 1823 et 20 fév. 1835 ; R. G., 14077, § 1.
(9) J. N., 3128 ; D. N., 507.
(10) Cass., 1er fév. 1831 ; J. N., 7381 ; D. N., 508 ; contra, D. M. F., 5 sept. 1818 ; J. N., 2699 ; Dél., 6 avril 1822 ; R. C., 14083, § 2. Voir Mulhouse, 16 juin 1804 ; J. N., 18237.
(11) Cass., 26 nov. 1833, 14 avril 1834 ; J. N., 8290 et 8510 ; R. G., 14079, § 2.

(12) Dél., 26 nov. 1822, 15 janv. 1823 ; D. N., *Usuf.*, nos 779 et 783 ; R. G., 14093.
(13) Dél., 1er sept. 1824 ; J. N., 5000.
(14) D. M. F., 23 août 1808 ; Inst., 400, § 12 ; D. N., *Vente*, 492 ; Sol., 31 oct. 1864 ; J. N., 18274 ; R. P., 2016.
(15) Cass., 24 juin 1829 ; J. N., 6897 ; R. G., 14089.
(16) Inst., 1528, § 18 ; Dijon, 7 déc. 1835 ; J. N., 9517 ; G., R., 14091.
(17) Cass., 8 janv. 1822, 20 mars, 26 déc. 1826 ; D. M. F., 4 oct. 1826 ; Inst., 1205, § 14 et 1210 ; J. N., 5735, 5736, 6023, 6082, 6200 ; R. G., 14085.
(18) Cass., 3 janv. 1827 ; Dél., 22 mai 1829 ; Inst., 1220, § 9 ; J. N., 6024, 6200, 6869 ; R. G., 14086.
(19) Cass., 30 avril 1839 ; J. N., 10365.
(20) D. N., *Usuf.*, 805 ; R. G., 13971.
(21) Dél., 19 avril 1826 ; Inst., 1200, § 17 ; R. G., 13009, § 2 ; J. N., 1833.

contraire, l'acte de cession est enregistré pour le droit fixe de 3 fr. (*Lois 22 frim. an 7, art. 15, n° 6; 28 avril 1816, art. 44, n° 4*).

7044. Ce principe s'applique aux meubles comme aux immeubles (1); on l'a ainsi décidé spéciale-ment à propos de la remise faite par l'usufrnitier d'une somme au nu-propriétaire qui a payé les droits sur la valeur de la propriété et s'oblige d'en servir l'intérêt à 5 fr. p. 0/0 (2).

Il repose sur l'idée que si le nu-propriétaire a acquitté l'impôt sur la valeur de la toute propriété lors de la séparation de l'usufruit, il s'est libéré par avance du droit exigible pour la jouissance et ne doit plus rien au trésor quand cette jouissance lui revient. Le droit proportionnel serait dû par consé-quent si l'impôt n'avait pas été payé par anticipation sur l'usufruit; comme quand la nue propriété et l'usufruit ayant été vendus séparément à deux personnes distinctes, l'usufruitier cède plus tard son droit au nu-propriétaire (3).

7045. Il importe peu que le nu-propriétaire ait acquitté un droit de mutation à titre gratuit ou à titre onéreux sur l'usufruit; il suffit qu'il ait payé l'impôt d'après le tarif de la transmission qui l'a investi de la nue propriété, par exemple d'après celui des mutations par décès (4). Il suffirait aussi que ce droit fût prescrit, ou que la transmission en fût exempte, car, en matière d'impôt, prescription ou exemption équivalent à payement (5).

7046. Le bénéfice du droit fixe s'étend, dans les mêmes circonstances, à la vente de l'usufruit faite au *cessionnaire* du nu-propriétaire (6), — lors même que cet acquéreur deviendrait, par le même acte, cessionnaire de l'usufruit, moyennant un prix distinct (7).

7046 bis. Si la cession faite par l'usufruitier au nu-propriétaire intervient avant que ce dernier ait acquitté le droit de succession sur la toute propriété, l'impôt proportionnel est exigible; mais lors de la déclaration de succession, on tient compte du droit perçu pour la cession d'usufruit (8), sous la retenue du droit fixe de 3 fr., et du droit de transcription dans le cas où ce dernier eût dû être perçu sur le contrat (9).

7047. Ce droit de transcription est exigible, indépendamment du droit fixe, lorsque la nue propriété a été transmise par décès. La taxe de 1 50 p. 0/0 due pour toute vente d'immeubles (*art. 52 et 54 de la loi du 28 avril 1816*) n'étant point comprise dans le droit de succession exigible au décès de l'auteur commun, il est juste que le nu-propriétaire la paye au moment de son acquisition (10).

7048. Pour que la cession de l'usufruit au nu-propriétaire soit exempte du droit proportionnel de mutation, il faut que l'acquéreur soit encore investi de la nue propriété; car, s'il l'avait cédée, la vente de l'usufruit faite à son profit serait passible du droit ordinaire (11).

§ 3. VENTES CONDITIONNELLES.

7049. Selon les principes généraux, la condition suspensive apposée à une vente arrête l'exigibilité du droit proportionnel, tandis que la condition simplement résolutoire ne met pas obstacle à la percep-tion. La difficulté est de distinguer en pratique ces deux modalités l'une de l'autre.

7949 bis. Voici quelques exemples de conditions suspensives: 1° la clause portant que l'adjudica-tion ne portera effet et ne pourra opérer transmission de propriété qu'autant que les droits d'enregistre-ment auront été consignés par l'acheteur dans un délai déterminé (12); — 2° la déclaration que l'adju-dication d'un lot ne sera définitive qu'après un consentement particulier du vendeur (13); — 3° ou après la dation d'un cautionnement dans la huitaine (14); — 4° la stipulation que l'acquéreur d'un bien grevé d'usufruit aura le droit d'accepter la vente ou d'y renoncer pendant trois ans (15); — 5° celle portant que

(1) Dél., 25 janv. 1836 et 30 oct. 1849; R. G., 13930, § 1; J. N., 9157; 14258.
(2) *Idem.*
(3) Cass., 27 août 1844; J. N., 12074; Inst., 1732, § 12; R. G., 13936. Voyez cependant 11 août 1835; Inst., 1504, § 8; J. N., 9030; D. N,. *Usuf.*, 832.
(4) Garnier, R. G., 13037.
(5) Cass., 19 avril 1809, 31 juill. 1815; Uzès, 3 déc. 1829; Dél., 12 fév. 1830; J. N., 1033, § 1, 1026, 7086; R. G., 13950; Inst., 1388, § 7.
(6) R. G., 13936-1; Inst., 2188; Cass., 10 mai 1848; Montauban, 20 juin 1845; Evreux, 25 août 1842; J. N., 11794, 11870, 13371.
(7) J. N., 9763; D. N., *loc. cit.*, 841.

(8) D. M. F., 22 mars 1808; J. N., 1033, § 1.
(9) Dél., 4 janv. 1826; R. G., 13941.
(10) D. M. F., 28 nov. 1822; Dél., 13 août 1818, 19 fév., 11 oct. 1823, 21 mai 1825; Uzès, 3 déc. 1820; J. N., 4001, 5345, 7086; R. G., 13951 et suiv.; Inst., 1173-13.
(11) Cass., 17 mars 1835; Inst., 1490, § 13; J. N., 8843; R. G., 13942.
(12) Cass., 9 juill. 1835; J. N., 9829, 13571; R. P., 446; R. G., 14011.
(13) Vesoul, 24 juill. 1843; J. N., 11747; R. G., 14014.
(14) Cass., 8 juill. 1820; Dél., 18 juin 1841; J. N., 11202; R. G., 14009.
(15) Cass., 4 janv. 1858; J. N., 16238; R. P., 968.

l'acquisition faite au nom d'un tiers, ou la vente consentie au nom de ce tiers, ne deviendra définitive que par l'acceptation du véritable acheteur ou vendeur (1).

7050. On a, au contraire, attribué le caractère résolutoire : 1° à la condition de réaliser la vente privée devant notaire (2) ; — 2° à la faculté accordée à l'acheteur de se libérer du prix par l'abandon d'un immeuble (3) ; — 3° à la réserve par le vendeur de ratifier l'adjudication dans un délai déterminé, avec condition que le délai passé sans que la vente ait été expressément révoquée, elle sera considérée comme ratifiée (4) ; — 4° à la clause portant que les acquéreurs seront propriétaires par le seul fait de la vente sauf le droit du vendeur de résoudre les adjudications partielles si tous les lots n'étaient pas aliénés (5) ; — 5° à la condition que l'acheteur d'un bien de mineur remplira les formalités prescrites pour ces sortes d'aliénation (6) ; — 6° à l'obligation imposée à l'acheteur de payer les créances hypothécaires ou de bâtir une maison sur le sol vendu à peine d'annulation du contrat (7) ; — 7° enfin à la clause portant que la cession à titre onéreux d'un chemin de fer sera approuvée par le gouvernement (8).

7051. Au surplus, le droit proportionnel n'est qu'ajourné sur les ventes faites moyennant une condition suspensive, il devient exigible dès que la condition s'est accompli (9). La jurisprudence l'a fréquemment décidé ainsi à propos de la clause par laquelle des associés conviennent qu'en cas de décès de l'un d'eux la société dissoute à son égard continuera avec les survivants, à charge par ceux-ci de rembourser aux héritiers la valeur de la part du défunt (10).

7052. Vente à la mesure. Quand la vente est faite à tant la mesure, la nécessité de l'arpentage ne touche pas à la perfection même du contrat et n'arrête pas la perception du droit proportionnel (11). Les parties se bornent, en réalité, à laisser le prix à l'arbitrage d'un tiers.

7053. Si le mesurage détermine un supplément au prix stipulé dans l'acte, il est dû un droit complémentaire ; comme aussi une restitution proportionnelle des droits perçus doit être faite par la Régie, s'il y a lieu à une réduction de ce prix (12). — Cette restitution serait fondée à plus forte raison s'il avait été expressément convenu dans la vente que le moins de mesure réduirait le prix et si un acte authentique déterminait cette réduction (13).

7054. Mais la clause portant qu'une vente sera résolue dans le cas où l'acheteur reconnaîtrait qu'on l'a induit en erreur sur la contenance, constitue une condition résolutoire s'opposant à la restitution des droits perçus au moment de l'enregistrement de la vente postérieurement annulée (14).

§ 4. PROMESSES DE VENTE.

7055. La promesse de vente est unilatérale ou synallagmatique. Elle est unilatérale quand l'une des parties seulement s'est engagée soit à vendre, soit à acheter. Il est clair que, dans ce cas, il ne saurait être question de percevoir le droit proportionnel, puisque la convention ne s'est pas formée par le consentement réciproque des contractants.

7056. Tel est le cas : 1° de l'acte par lequel l'acquéreur à réméré rend au vendeur absent la faculté de rachat à laquelle ce dernier avait renoncé (15) ; — 2° d'une lettre missive contenant promesse d'une vente de bois (16) ; — et 3° de la clause d'un bail à ferme portant que pendant la durée du bail le preneur pourra devenir propriétaire de l'objet loué moyennant un certain prix (17).

7057. L'acceptation de la promesse s'entend d'ailleurs du consentement manifesté par l'acquéreur

(1) Dél., 12 juill. 1830 ; Cass., 13 juin 1827 ; J. N., 6315, 9384 ; R. G., 14008.

(2) D. N., l'ente, 351 ; R. G., 14015 ; Mulhouse, 22 août 1860 ; Saverne, 3 fév. 1865 ; J. N., 18286 ; R. P., 1420, 2085 ; contra, Cass., 6 mai 1863 ; R. P., 1783 ; J. N., 17733. V. Seine, 24 juin 1862 ; R. P., 1631.

(3) Cass., 9 juill. 1839 ; J. N., 10110 ; Inst., 1601, § 16 ; R. G., 14010.

(4) Dél., 22 juill. 1813 ; J. N., 1088.

(5) Dijon, 23 juill. 1855 ; J. N., 15661 ; R. P., 559.

(6) Cass., 20 nov. 1814 ; J. N., 12181 ; Inst., 1732, § 16 ; R. G., 14008.

(7) Cass., 14 nov. 1860, 28 août 1815 ; J. N., 1711 ; le Havre, 3 mai 1819 ; R. G., 14027, §§ 2, 3.

(8) Cass., 16 mai 1861 ; J. N., 17134.

(9) Cass., 31 juill. 1838 ; J. N., 10115 ; R. G., 14018 ; D. N., 318.

(10) R. G., 11837 ; D. N., Société, 524, 528 ; Inst., 1837-7, 2160-6 ; Cass., 20 mars 1849, 18 avril et 8 juin 1859 ; Tours, 10 juin 1848, et 14 janv. 1850 ; Seine, 19 mars 1850, 18 mars 1853 ; Saint-Dié, 18 janv. 1831 ; Bordeaux, 26 août 1856 ; Aix, 18 mai 1858 ; Seine, 3 mars 1860, 5 janv. 1861, 1er fév. 1862, 22 janv. 1864 ; Rouen, 25 nov. 1863 ; R. P., 842, 1608, 1109, 1187, 1341, 1478, 1683, 1878, 1910.

(11) Cass., 6 juill. 1831 ; J. N., 7521 ; R. G., 14106.

(12) Dél., 11 juin 1833 ; R. G., 14107 ; D. N., 1° Adjudication, n° 435 et Restitut., 167.

(13) Dél., 27 fév. 1836. Voir cependant Vassy, 27 fév. 1832 ; J. N., 14735 ; Guéret, 25 avril 1855 ; R. G., 14107.

(14) Cass., 23 juill. 1833 ; R. G., 14107 ; Inst., 1446, § 11.

(15) Dél., 21 juill. 1846 ; J. N., 12761 ; R. G., 14024, § 1.

(16) Dél., 22 sept. 1821 ; J. N., 3987.

(17) J. N., 7097 ; contra, Dél., 17 mars 1832 ; D. N., Prom. de vente, 12.

de devenir propriétaire, et non pas de la déclaration par laquelle il reçoit la promesse sans se lier lui-même. Ainsi la promesse de vente faite à un individu qui se réserve le droit d'accepter ou de refuser dans un délai déterminé, ne constitue pas une vente actuelle sujette à l'impôt (1) ; pas plus que la promesse de vendre à un individu, *si bon lui semble* (2), ou s'il quitte la maison du pollicitant (3).

7058. Il importe peu qu'une clause pénale ait été imposée au futur acquéreur. Cette clause, en effet, loin de prouver un consentement réciproque, témoigne de la faculté réservée à l'une des parties de se départir de sa promesse (4).

7059. Le pacte de préférence, par lequel on s'engage à vendre à une personne de préférence à toute autre, ne constitue pas davantage une transmission actuelle sujette au droit proportionnel (5). — Et il en est de même de la promesse de ne pas vendre à une autre (6), car il n'y a pas consentement définitif de la part du vendeur.

7060. Mais lorsque la promesse unilatérale est acceptée ultérieurement par le vendeur ou par 'acheteur, le contrat se complète et le droit devient alors exigible (7). On l'a décidé pour la déclaration du preneur qu'il consent à devenir propriétaire de l'immeuble selon les conditions de l'offre à lui faite par le bailleur dans l'acte de location (8) ; — et plus généralement pour celle de l'acheteur désigné dans la promesse (9).

7061. La promesse de vente est synallagmatique, quand les parties se sont engagées, l'une à vendre, l'autre à achetér. Elle ne diffère en rien alors de la vente proprement dite, et donne ouverture aux mêmes droits (10).

7062. On rencontre assez fréquemment cette promesse dans les baux, quand le bailleur offre au preneur de lui céder l'immeuble moyennant un prix convenu. Si le preneur accepte, le droit de vente est exigible à l'exclusion de celui de bail (11). — Mais lorsque le preneur s'oblige, comme condition du bail, à prendre sa boisson à l'usine du bailleur moyennant un certain prix accepté par ce dernier, il y a là une convention indépendante, sujette distinctement au droit de vente (12).

7063. La promesse synallagmatique peut être, comme la vente elle-même, affectée d'une condition suspensive qui en arrête l'effet. C'est ce qu'on remarque dans la disposition d'un contrat de mariage portant promesse par les père et mère du futur à leur fils de lui vendre un immeuble pour un prix déterminé, s'il est encore vivant dans trois ans (13) ; — ou dans la clause d'une obligation par laquelle l'emprunteur promet de laisser tel ou tel immeuble au créancier si la somme n'est pas remboursée au terme convenu (14) : ou enfin, dans l'engagement pris par une personne de vendre un immeuble désigné moyennant un certain prix quand il en sera lui-même devenu acquéreur (15).

7064. Mais on ne saurait voir une condition de cette nature dans la réserve que font les parties de s'entendre ultérieurement sur le choix du notaire appelé à rédiger le contrat (16) ; — ni dans la stipulation que l'acheteur ne pourra exiger la réalisation de la vente avant d'avoir payé une partie du prix (17), à moins qu'il ne soit établi que le vendeur doit demeurer jusqu'alors propriétaire (18) ; — ni dans la clause par laquelle un père, achetant au nom de son fils mineur et entrant de suite en possession, déclare que la promesse de vente devra être ratifiée par l'enfant (19).

7065. La promesse ne saurait être considérée comme parfaite, si les parties qui sont d'accord sur

---

(1) Dél., 18 oct. 1851 ; R. G., 14025 ; Cass., 4 fév. 1839 ; J. N., 10302 ; Seine, 24 janv. 1862 ; R. P., 1654.
(2) D. N., *loc. cit.*, 31, 41 ; Dél., 28 août 1828 ; R. G., 14027 ; Seine, 14 avril 1841.
(3) Dél., 15 sept. 1824, 27 janv. 1836 ; R. G., 14037.
(4) Colmar, 9 mars 1836 ; Cass., 10 sept. 1836 ; J. N., 9301 ; R. G., 14028.
(5) Dél., 16 nov. 1825 ; R. G., 14030 ; D. N., *loc. cit.*, 57.
(6) Cass., 9 juill. 1834 ; R. G., 14031 ; J. N., 3229.
(7) Le Mans, 21 avril 1839 ; Cass., 22 août 1863 ; R. P., 1246, 2151.
(8) Montpellier, 29 juill. 1851 ; D. N., 65 ; R. G., 14026 ; Pontoise, 30 janv. 1862 ; J. N., 17674.
(9) Seine, 25 juill. 1850 ; R. G., 14026.

(10) Cass., 12 juin 1854 ; J. N., 15375 ; Inst., 2010, § 6 ; R. G., 14031 ; Saint-Yrieix, 21 avril 1863 ; Gap., 19 nov. 1862 ; R. P., 1804, 1832.
(11) Rethel, 15 nov. 1838 ; Meaux, 29 janv. 1851 ; R. G., 14035 ; Seine, 17 nov. 1860 ; J. N., 17023.
(12) Cambrai, 4 janv. 1855 ; J. N., 15530.
(13) Dél., 11 mars 1843 ; D. N., 56.
(14) Cass., 19 juin 1826 ; Dél., 23 août 1826 ; J. N., 5861.
(15) D. M. F., 7 juill. 1820 ; R. G., 14045 ; Dél., 22 sept. 1826 ; D. N., 50.
(16) Cass., 13 avril 1829 ; R. G., 14037.
(17) Cambrai, 14 mars 1855 ; R. G., 14038.
(18) J. N., 9988 ; Cass., 6 mai 1863 ; R. P., 1783.
(19) Saint-Brieuc, 30 mars 1852 ; D. N., 55 ; R. G., 14039.

le prix principal, ne le sont pas sur les charges (1), ou sur le terme de payement (2), — et si les immeubles ne sont pas désignés (3).

7066. La clause pénale ou le dédit sont ici encore le signe que la convention n'est point définitive et que les parties peuvent se dégager de leurs promesses. Aussi le droit proportionnel ne saurait-il, en principe, être perçu sur les actes de l'espèce (4). — Il en est de même de la promesse faite avec des arrhes, parce que les arrhes caractérisent l'existence d'un simple projet (5). Mais le droit de vente est dû si la somme a été payée à titre d'*à-compte* sur le prix ou de *pot-de-vin* (6).

§ 5. VENTES DE MEUBLES ET D'IMMEUBLES.

7067. Lorsqu'un acte translatif de propriété ou d'usufruit comprend des meubles et des immeubles, le droit d'enregistrement est perçu sur la totalité du prix au taux réglé pour les immeubles, à moins qu'il ne soit stipulé un prix particulier pour les objets mobiliers et qu'ils ne soient désignés et estimés, article par article, dans le contrat (*Loi, 22 frim., an 7, art. 9*).

7068. Il importe peu que chaque vente soit faite par une disposition distincte (7), ou que les meubles soient décrits article par article s'ils ne sont pas estimés de la même façon (8); — ou même si, avec cette estimation, le contrat ne stipule pas un prix particulier (9).

7069. L'art. 9 précité n'a eu en vue que les meubles dont la vente est passible du droit sur le prix stipulé. Quand il s'agit de rentes ou de créances dont le transport est sujet à l'impôt sur le capital, sans égard au prix, on comprend que la loi n'est plus applicable. Aussi a-t-il été reconnu que la vente d'immeubles et de créances ou rentes détaillées, quoique faite sans prix distinct, ne donne ouverture qu'au droit de cession de créance ou de rente sur le capital aliéné ou constitué (10).

7070. Mais alors il faut ventiler la portion du prix afférente aux immeubles, pour que la Régie perçoive le droit de 5 50 sur le montant de cette déclaration (11).

7071. La nécessité du détail et de l'estimation, article par article, ne s'applique pas à chacun des objets compris dans une collection de meubles de la même nature. On n'est pas tenu, par exemple, de faire ce détail par chaque tête de bétail vendu (12); ni par chaque article de vaisselle (13); ou de fonds de commerce (14), à moins que les objets n'aient une valeur individuelle, comme les porcelaines de prix.

7072. C'est dans le contrat lui-même que doivent se trouver les mentions prescrites par la loi, et non pas dans des états ou relevés dressés plusieurs jours après (15), ou présentés à l'enregistrement après ce contrat (16). Mais il suffit que l'acte se réfère, pour les détails nécessaires, à un inventaire authentique (17), ou à un jugement qui fixe la valeur des meubles (18); — ou bien que la description estimative se trouve dans un état annexé au contrat de vente (19).

7073. La jurisprudence qui précède s'applique à la vente comprenant cumulativement des immeubles et des bateaux (20); — des bâtiments et un brevet de poste (21), des droits successifs mobiliers et immobiliers (22); — une maison et un office de notaire (23); des droits *incorporels* mobiliers ou immobiliers (24).

7074. I. *Immeubles par destination.* Lors même que les objets mobiliers compris dans une vente seraient détaillés et estimés, article par article, et qu'il y aurait stipulation d'un prix particulier à leur

(1) Cass., 16 août 1832 ; R. G., 14042; D. N., *Simulation*, 188 et 189.
(2) Montreuil, 27 janv. 1830 ; Dél., 28 mai 1830; R. G., 14043.
(3) Dél., 15 sept. 1824, 29 janv. 1830; J. N., 4906, 9575.
(4) Cass., 19 mars 1839; D. N., *Prom. de vente*, 60; R. G., 14040; contra, Dél., 7 déc. 1830.
(5) Délib., 27 juill., 2 sept. 1814, 28 juin 1820; D. N., *loc cit.*, 62; J. N., 1405.
(6) Garnier, 14014; Thionville, 6 janv. 1836; D. N., *loc. cit.*, 63.
(7) Cass., 12 déc. 1812; J. N., 11536.
(8) Cass., 20 août 1811; J. N., 12081.
(9) Cass., 15 avril 1816, 2 août 1833; J. N., 12716, 15064. V. cependant sur le dernier point Coutances, 24 juin 1837 ; J. N., 9810; R. G., 14109; D. N., *Vente*, 546.
(10) Cass., 21 oct. 1811; Inst., 1209, § 1, 1537, sect. 2, n° 52; J. N., 15064. *Consulter* Cass., 2 août 1853; J. N., 15064; D. N., 551.
(11) Dél., 24 nov. 1828; Sol., 11 mai 1832; D. N., *loc. cit.*, 548 et 551; R. G., 14108 bis.
(12) Garnier, 14110, § 1; Bordeaux, 6 mai 1839; Bourg, 18 fév. 1840; D. N., 553.

(13) Alençon, 6 déc. 1844; R. G., 14142.
(14) Dél., 13 avril 1822; R. G., 14423 ; Seine, 30 juill. 1858; R. P., 1063.
(15) D. M. F., 30 mai 1809; Dél., 18 août 1826, 5 oct. 1827; Cass., 23 mai 1859; Besançon, 27 mars 1848; R. G., 14114; R. P., 1181; J. N., 6445, 16622.
(16) Dél., 25 nov. 1828; Inst., 1272, § 18; J. N., 6841, § 2.
(17) Cass., 5 mai 1847 ; Dél., 8 oct. 1823, 5 juill. 1826, 15 janv. 1830; Inst., 1320, § 10; J. N., 2330, 4513, 5840 et 7152; D. N., 559; R. G., 14413, § 1.
(18) Muret, 18 avril 1850 ; J. N., 14114.
(19) Pau, 20 août 1834 ; J. N., 8700 ; Coutances, 24 juin 1837; R. G., 14113, § 3; contra, Dél., 18 nov. 1828, 1er oct. 1833 et 8 mars 1838; R. G., 14119.
(20) La Réole, 18 juill. 1838; J. N., 10389; Versailles, 3 mai 1849; R. G., 14115.
(21) Autun, 22 fév. 1844; R. G., 14116.
(22) *Infra* n°s 7172 à 7176.
(23) Cass., 23 nov. 1839; R. G., 14127.
(24) Seine, 13 janv. 1860; R. P., 1181.

égard, le droit immobilier n'en est pas moins exigible quand ils ont le caractère d'immeubles par destination. On l'a décidé pour la vente d'un terrain et des récoltes pendantes par racines (1); — d'un vignoble et des vases vinaires servant à son exploitation (2); d'une usine avec ses machines (3).

7075. La question de savoir si des objets servant à l'exploitation d'un fonds conservent leur caractère immobilier, lors de la vente de ce fonds, ou redeviennent meubles, est toute d'appréciation. En général, la Régie doit accepter, à cet égard, les déclarations faites dans les actes (4). Mais quand elle soupçonne la fraude, il lui est permis de l'établir par les moyens compatibles avec l'économie de la loi de l'enregistrement (5).

7076. Ainsi, ont été considérés comme immeubles, malgré la déclaration contraire des parties, es objets vendus avec une usine pour continuer son exploitation (6). — Mais des glaces ne sont pas de plein droit reputées l'accessoire de la maison avec laquelle elles sont vendues. Il faut établir, en outre, le fait matériel de l'incorporation (7). Des presses d'imprimerie ne sont pas non plus des immeubles par destination (8).

7077. Du reste si on acquiert par le même acte, savoir : du propriétaire, le fonds ou l'immeuble, et du fermier les objets servant à son exploitation, il n'est dû que 2 p. 0/0 sur le prix de ces derniers objets (9).

7078. II. *Actes séparés.* Lorsque les objets mobiliers sont vendus à l'acquéreur du fonds par un acte séparé, le droit de 2 p. 0/0 est exigible si le contrat est sincère et si les objets ont été réellement vendus comme meubles (10). Mais le droit immobilier est dû quand il est reconnu que la réunion des deux ventes au profit du même acquéreur, est le résultat d'une fraude au droit d'enregistrement (11).

7079. Cette jurisprudence trouve une application fréquente en pratique à propos des ventes du sol et de la superficie d'une forêt au même acquéreur (12). Spécialement, le droit de vente d'immeubles a été reconnu exigible dans un cas où la superficie avait été achetée par le fils de l'acquéreur du fonds, sans stipulation sur le délai d'abatage des arbres (13). — Même décision pour un partage entre époux, attribuant le sol au survivant et la superficie à l'un des enfants qui l'a plus tard cédé à sa mère (14).

§ 6. QUESTIONS DIVERSES.

7080. Aucun droit n'est exigible quand le covendeur, quel que soit le titre en vertu duquel il intervient à la vente, se porte garant envers l'acquéreur solidairement avec le vendeur principal. On l'a décidé pour la mère du vendeur qui avait fait donation de l'immeuble en vertu d'un acte non transcrit (15); — et plus généralement pour le covendeur ayant seulement des droits éventuels sur la chose (16). Fait également partie intégrante de la vente le consentement donné par les enfants à l'aliénation consentie par le père à l'un d'eux (17).

7081. Mais le droit de cautionnement est exigible si les enfants du vendeur garantissent formellement, en cas d'éviction, le remboursement du prix de la vente (18); — et si le tuteur, au lieu de se borner à promettre la ratification du mineur, se fait fort au besoin de l'exécution du contrat (19).

7082. Ne saurait être non plus considérée comme disposition dépendante, la déclaration par

---

(1) Cass., 19 vend. an 14; Dél., 9 nov. 1845; D. N., 565.
(2) Cass., 30 mai 1826; J. N., 5840; Inst., 1200, § 18; R. G., 14146.
(3) Cass., 8 avril 1829, 20 juin 1832, 18 août 1842; Inst., 1440, § 12; R. G., 14145, § 4; Cass., 15 déc. 1857; R. P., 965; J. N., 6905, 7786, 11437.
(4) Inst., 1437, § 15; D. N., 571; J. N., 8233.
(5) Idem.
(6) Cass., 18 août 1842, 15 déc. 1857; Dél., 13 déc. 1833; Cass., 27 mars 1821; Seine, 30 juill. 1840; Pontoise, 8 déc. 1840; Cambrai, 28 juin 1838; le Havre, 19 mars 1856; R. G., 14145, § 2; J. N., 11437, 16282.
(7) Cass., 17 janv. 1830; R. P., 1138; J. N., 16400; CONTRA, Versailles, 21 juin 1855, Seine, 26 déc. 1856; R. P., 448, 828.
(8) Sol., 12 juin 1857; R. P., 928.
(9) D. N., 570; Bordeaux, 15 juin 1840.
(10) Cass., 23 avril 1822, 21 avril 1823, 17 janv. 1827, 4 avril 1827; R. G., 11447. Voy. Seine, 18 juin 1864; R. P., 2017; J. N., 4306, § 2, 4308, 5981, 6173, 18202.
(11) Cass., 4 avril 1827, 16 nov. 1840; J. N., 6173, § 2; 12048; Inst., 1210, § 18; R. G., 11147.

(12) Contre la perception : Chartres, 13 juin 1835; Villefranche, 28 mars 1838; Seine, 19 nov. 1838; Roanne, 9 avril 1839; Lyon, 28 août 1839; Pour la perception : Beauvais, 12 mars 1834; Compiègne, 18 janv. 1838; Wissembourg, 28 août 1839; Pontarlier, 19 mai 1841; Villefranche, 24 déc. 1842; Bourges, 30 mai 1844; Belfort, 23 déc. 1849; Auxerre, 24 déc. 1842 et 18 mai 1850; Vouziers, 19 avril 1860; J. N., 16070; R. P., 1311.
(13) Cass., 12 nov. 1855; J. N., 15655; Inst., 2060, § 7; R. G., 11148, § 3.
(14) Cass., 18 août 1845; J. N., 12193; Inst., 1755, § 12; R. G., 11149, § 4.
(15) Cass., 23 avril 1850; R. P., 685; J. N., 15813.
(16) Cass., 21 juill. 1834; R. P., 155.
(17) Sol., 23 avril 1830; R. G., 14168.
(18) Cass., 17 mai 1841; J. N., 10994; Inst., 1651, § 3; R. G., 11165, § 1.
(19) D. M. F., 12 janv. 1818; Dél., 12 avril 1821; D. N., Vente, 608; R. G., 11165, § 3.

laquelle la femme, non covenderesse, renonce à son hypothèque légale au profit de l'acquéreur ; il est dû un droit fixe de 2 fr. par chaque acheteur non solidaire (1).

7083. Au contraire, font partie du contrat et sont à ce titre dispensées de l'impôt : 1° la compensation du prix avec une créance de l'acquéreur sur le vendeur (2) ; — 2° la remise des titres de propriété (3) ; — 3° la nomination d'un expert chargé d'estimer l'immeuble vendu (4) ; — et 4° la déclaration d'origine des deniers servant au payement du prix (5).

7084. Le droit d'obligation est exigible : quand le vendeur s'engage à payer les frais de l'acte au nom de l'acquéreur, qui lui en remboursera le montant avec intérêts (6) ; ou bien, quand le prix est remis au notaire qui se charge d'en payer les intérêts soit au vendeur, soit à un tiers (7), à moins qu'il ne soit constitué simple dépositaire des billets souscrits en payement, auquel cas il n'est dû que 2 fr. fixe pour dépôt (8) ; — mais il n'y aurait rien à percevoir pour la réception pure et simple par le mari du prix d'un paraphernal de sa femme (9) ; ni pour le payement de la totalité du prix fait, même en vertu d'une clause de l'acte, à un seul des covendeurs (10).

7085. Il n'est point dû de droit de partage lorsque, dans une adjudication d'immeubles, les acquéreurs divisent entre eux un lot dont ils se sont rendus acquéreurs conjoints (11). Mais si des soultes, prises en dehors de l'objet acquis sont stipulées payables à l'un des copartageants, les droits de partage et de soulte deviennent exigibles (12)

7086. Il faut considérer comme marché sujet à 1 p. 0/0 l'engagement pris par le vendeur de faire construire sur le terrain vendu une maison qui appartiendra à l'acquéreur pour un prix déterminé (13) ; — ou la stipulation qui charge le notaire du recouvrement du prix moyennant une remise convenue (14). Mais la vente d'une maison à construire est passible du droit immobilier de 5 50 p. 0/0 (15).

7087. Si la nue propriété est vendue à l'un et l'usufruit à l'autre, moyennant un prix payable en totalité par l'acheteur de la nue propriété auquel l'acquéreur de l'usufruit servira une rente, il est dû un droit de 2 p. 0/0 comme constitution indépendamment du droit de vente (16).

7088. Si la vente d'un immeuble a été annulée avec réserve à l'acquéreur de conserver la propriété en payant une somme d'argent, l'acte constatant ce payement n'est passible que du droit fixe (17). Mais les vices dont peut se trouver affecté le contrat de vente ne sauraient empêcher la perception du droit proportionnel ; il en est ainsi, par exemple, de la vente du bien d'autrui (18).

7089. L'achat d'un immeuble fait par une personne, qui déclare destiner l'objet de son acquisition à une ville, est passible d'un droit de mutation lorsque la ville accepte, indépendamment de celui qui a été perçu sur le premier contrat (19).

7090. L'acte par lequel on reconnaît l'existence d'une erreur dans le prix d'une vente, autorise la perception du droit simple sur le supplément (20) ; mais quoique cet acte, rédigé sous forme d'obligation soit reconnu n'être qu'une contre-lettre, on ne peut exiger le triple droit (21).

7091. Si l'acquéreur s'oblige, par un acte tenu secret, à acquitter les dettes du vendeur jusqu'à concurrence d'une somme plus élevée que celle fixée au contrat, le triple droit est exigible (22).

SECTION II. — DES VENTES DE MEUBLES.

§ 1. — TARIF.

7092. En principe, les ventes de meubles ont été assujetties au droit de 2 p. 100 par *l'art. 69*, § *5, n° 1 de la loi du 22 frim. an 7*. Mais ce tarif comporte plusieurs exceptions.

7093. D'abord les ventes publiques de marchandises *en gros* comprises sur le tableau dressé en

(1) Dél., 8 fév. 1833 ; R. G., 14182.
(2) D. N., 640 ; R. G., 14167.
(3) R. G., 14169 ; contra, Seine, 26 avril 1843.
(4) D. N., 623.
(5) Sol., 15 juin 1830 ; R. G., 14170.
(6) Marseille, 21 mars 1859 ; R. P., 1193.
(7) Sarreguemines, 26 déc. 1837 ; R. G., 14175.
(8) D. M. F., 13 nov. 1840 ; J. N., 744 ; Dél., 30 nov. 1835 ; Inst., 1187, § 13 : R. G., 14177, § 1.
(9) Inst., 392 ; R. G., 14177, § 2 ; Sol., 3 avril 1829 ; J. N., 6987 ; D. N., 628 ; contra, Inst., 1293, § 7 et Dél., 12 mai 1829, 19 mai 1815 ; R. G., 14174 ; J. N , 6987.
(10) Garnier, 14179, 14180 ; D. N., 632.
(11) Dél., 14 avril 1824 ; R. G., 14178, 19 mars 1823, 25 août 1826 : J. N., 4327, 5924.

(12) Dél., 28 sept. 1827 ; Inst., 1229, § 7 ; R. G., 14178.
(13) Troyes, 10 mai 1843 ; J. N., 12169 ; Sol., 8 déc. 1832 et 10 déc. 1844 ; D. N., 625.
(14) Sol., 8 déc. 1831 ; R. G , 14176.
(15) Seine, 21 juill. 1865 ; R. P., 2186.
(16) Cass., 26 juin 1855 ; Inst., 2054, § 10 ; J. N., 13565.
(17) Cass., 24 août 1841 ; J. N., 11070. Voir Sol., 24 mai 1861 ; R. P., 1508.
(18) Cass., 12 fév. 1822 et 20 nov. 1844 ; Inst., 1732, § 15 ; R. G., 14162.
(19) Cass., 5 mai 1857 ; J. N., 10672. Voir Cass., 22 dé c. 1835 ; Inst., 1518, § 8 ; R. G., 14193.
(20) Sol., 24 déc. 1803 ; R. P., 1910.
(21) Seine, 19 déc. 1857 ; R. P , 1087.
(22) Cass., 20 juillet 1859 ; R. P., 1254.

IV.

24

exécution du décret du 17 avril 1812 et de la loi du 28 mai 1858 n'acquittent que le droit de 50 c. p. 0/0, lorsqu'elles sont faites après l'autorisation du tribunal de commerce, soit par un courtier, soit par un notaire commis (*Lois 15 mai 1818, art. 74 ; 25 juin 1841, art. 5 et 6 ; 28 mai 1858, art. 2 à 7*).

7094. Les tribunaux de commerce peuvent même, d'après la loi du 3 juillet 1861, autoriser, en cas de nécessité, la vente aux enchères de marchandises *en gros* de toute provenance. Quoique ces marchandises ne soient pas comprises sur les tableaux annexés au décret de 1812 et à la loi de 1858, le droit d'enregistrement en est cependant réduit à 10 c. p. 0/0 (*Loi 3 juillet 1861, art. 3*).

7095. Quand il s'agit de marchandises en gros, il faut que les lots exposés en vente soient d'une évaluation approximative de 500 fr. au moins. Toutefois ce minimum peut être abaissé par arrêté du ministre des travaux publics (*Décret 12 mars 1859, art. 25*). Et même, pour les marchandises avariées, la réduction est autorisée par le président du tribunal de commerce du lieu de la vente, ou par le juge de paix dans les endroits où il n'y a pas de tribunal de commerce (*Décret 29 juin 1861, art. 1*).

7096. L'avarie des marchandises étrangères résulte suffisamment de la réduction des droits de douane (1). Mais pour les marchandises d'origine française qui sont dispensées de ces droits, il faut justifier au receveur du fait de l'avarie, soit par un rapport de l'expert commis, soit par d'autres pièces probantes (2).

7097 En second lieu, les ventes de meubles et marchandises faites après faillite, conformément à l'art. 486 du Code de comm., ne sont assujetties qu'au droit de 50 c. p. 0/0 (*Loi 24 mai 1834, art. 12*), — sans distinction entre les ventes à l'amiable faites par les syndics, et les ventes aux enchères auxquelles il est procédé par les courtiers ou les autres officiers publics (3). — Cette disposition s'applique, non-seulement aux effets mobiliers proprement dits, mais encore à tout ce qui est meuble d'après la loi, et par exemple au mobilier incorporel (4), ou à un fonds de commerce (5).

7098 Les actes et procès-verbaux constatant les ventes de navires, soit totales soit partielles ne sont passibles que du droit fixe de 1 fr. 50 c. (*Loi 28 avril 1818, art. 64*). — Cette même loi, par ses art. 56 et 64, avait autorisé l'enregistrement, au droit fixe de 1 fr., des procès-verbaux constatant la vente de marchandises avariées par suite d'événements de mer. Le droit avait été porté à 2 fr. par l'art. 8 de la loi du 18 mai 1850 (6). Aujourd'hui les ventes de marchandises avariées par événement de mer, quelle que soit leur origine ou la cause de l'avarie, sont assujetties au droit de 2 p. 0/0 ou de 10 cent. p. 0/0 quand elles ont lieu en gros dans les conditions prescrites par les lois des 21 mai 1858, 3 juillet 1861 et les décrets des 12 mars 1859 et 30 mai 1863 (7).

§ 2. — LIQUIDATION.

7099. Le droit d'enregistrement des ventes aux enchères est perçu sur le montant des sommes que contient cumulativement le procès-verbal des séances à enregistrer (*Loi 22 pluv. an 7, art. 6*), — lors même qu'il s'agirait du mobilier des communes (8) ; ou de vente à terme (9) ; ou que les lots seraient signés séparément par les adjudicataires (10).

7100. Mais si la vente était faite à l'amiable, dans la forme prescrite par la loi du 25 ventôse an 11, la perception devrait avoir lieu sur le prix des lots adjugés à la même personne (11). En tous cas, et même dans les ventes publiques, le droit de cautionnement se perçoit distinctement par adjudicataire (12).

7101. S'il est stipulé dans le cahier des charges que les acquéreurs payeront des centimes additionnels, on ajoute au prix tout ce qui excède les frais rationnels de la vente. La Régie admet que ces frais sont de cinq centimes par franc (13) ; — toutefois cette fixation peut être contredite par la taxe.

7102. Ne sont pas considérés comme des charges passibles du droit : l'intérêt dû par les adjudicataires qui ont pris terme pour se libérer (14), — ni l'obligation imposée à l'acheteur d'une coupe de bois de réparer les fossés dégradés par son exploitation (15), ni enfin la réserve d'arbres retenus par le vendeur (16). Il en serait autrement des frais d'abatage et de transport de ces arbres, s'ils devaient être supportés par l'adjudicataire (17).

(1) D. M. F., 21 avril 1855; Inst., 2073, § 8; R. P., 695.
(2) *Idem*.
(3) D. M. F., 26 août 1885; Inst., 1504, § 9; R. G., 6575.
(4) Garnier, 6576.
(5) Dél., 23 sept. 1851; J. N., 14401.
(6) Inst., 2073, § 3 ; R. P., 680.
(7) Inst., 2327; R. P., 2299, § 20.
(8) R. G., 1179.
(9) Dél., 27 juill., 1835; R. G., 1180.

(10) Lyon, 12 mars 1835; Sol., 1er août 1839; R. G., 1180.
(11) Dél., 29 avril 1834; R. G., 1180.
(12) Loi du 22 frim. an 7, art. 11; R. G., 1181.
(13) Dél., 10 avril 1820; Inst., 1200, § 21; R. G., 1177; J. N., 4910, 5782.
(14) Dél., 19 janv. 1837; J. N., 9531.
(15) R. G., 1177, § 3.
(16) Dél., 5 sept. 1851; Inst., 2040, § 6.
(17) *Idem*.

7103. Si la vente est faite aux enchères, le droit doit être perçu sur le prix cumulé, sans distraction de la part du colicitant acquéreur dans ce prix (1). Mais lorsqu'il s'agit d'une licitation ordinaire, le droit n'est exigible que sur le montant des parts acquises (2); qu'il s'agisse ou non d'objets partageables (3).

7104. Tous les meubles exposés en vente doivent figurer sur le procès-verbal. Néanmoins le droit ne saurait être perçu sur le prix des objets retirés, même après enchères, par le propriétaire (4).

7105. Si la vente comprend des meubles et des créances aliénés moyennant un seul prix et sans ventilation, on ne saurait percevoir le droit sur le tout, par application de l'art. 9 de la loi du 22 frim. an 7, qui est spécial aux immeubles. Il faut alors faire la déclaration des créances de façon que l'impôt soit assis sur chaque nature de biens (5).

7106. D'après le même principe, le droit sur une vente de meubles avec réserve d'usufruit par le vendeur doit être assis sur le prix stipulé, sans ajouter 1/2 pour la réserve, car cette addition de moitié est spéciale aux ventes d'immeubles (6).

§ 3. — QUESTIONS DIVERSES.

7107. La décharge de la vente, donnée en la forme sous seing privé à la suite du procès-verbal, con·serve néanmoins un caractère authentique suffisant pour l'assujettir à l'enregistrement dans le délai des actes de l'officier public et à l'inscription au répertoire (7). Si la décharge sous seing privé était rédigée sur une feuille séparée, elle pourrait n'être enregistrée que dans le cas d'usage en justice (8).

7108. La décharge donnée avant la lecture du procès-verbal de vente à l'officier responsable du recouvrement fait partie intégrante de l'acte et n'est sujette à aucun droit particulier (9). Il n'est rien dû non plus pour la fixation des honoraires retenus par l'officier public (10). Et on ne saurait percevoir le droit de transport de créances sur la clause par laquelle le notaire verse le prix non échu de la vente en demeurant chargé de le recouvrer à ses risques contre les acquéreurs (11).

7109. Du reste cette obligation de recouvrer le prix de la vente·publique est inhérente à la qualité de l'officier qui y procède. Les stipulations spéciales insérées dans ce but n'ajoutent rien à son droit et ne sont dès lors point passibles de l'impôt (12), lors même qu'il s'agirait d'une vente à terme avec charge de responsabilité (13).

SECTION III. — DES CESSIONS D'OFFICES.

7110. Les offices peuvent être transmis à titre onéreux, et à titre gratuit entre-vifs ou par décès.

7111. I. *Vente*. Les cessions à titre onéreux sont sujettes au droit de 2 p. 0/0 sur le prix total applicable à l'office, à la clientèle, aux minutes, répertoires, recouvrements et autres objets dépendant de l'étude, sans distinction entre ces divers objets (*Loi du 25 juin 1841, art. 6 et 7*) (14), — quoique il y ait des prix distincts pour chacun d'eux (15), ou que les recouvrements soient cédés par un acte séparé (16).

7112. Mais la perception de ce droit ne s'étend pas aux dispositions indépendantes de la cession d'office; par exemple, au cautionnement fourni par un tiers (17), à la donation du prix au cessionnaire (18); à la vente d'une maison ou d'un immeuble quelconque avec l'office; à l'obligation prise par l'acheteur de rembourser au cédant la somme qu'il a payée pour sa part dans un bâtiment servant de chambre des notaires à la compagnie de l'arrondissement (19).

(1) D. M. F., 10 déc. 1849 ; Cass., 9 mai 1832; J. N., 4611, 7717; Inst., 1410, § 13; D. N., *Vente de meubles*, 201; Saint-Quentin, 26 août 1846 ; R. G., 1183.
(2) Cass., 13 juill. 1840; Sol., 6 mars 1840; Inst., 1618, § 11; Seine, 28 juin 1829, 4 avril 1839; Pithiviers, 10 fév. 1840; J. N., 10144, 10639, 10713, 12007.
(3) Compiègne, 17 déc. 1846; J. N., 12968 ; Dalloz, 2833 ; Champ. et Rig., 2089.
(4) D. M. F., 19 fév. 1849; Inst., 882; J. N., 2922; R. G., 1183.
(5) Sol., 31 mars 1831 et 5 avril 1833; R. G., 14256; Dél., 5 mars 1839; J. N., 10308.
(6) Sol., Belg., 27 janv. 1863; R. P., 1869.
(7) Cass., Belg., 11 juill. 1831 ; Dalloz, 2981.
(8) Dél., 3 août 1822 et 16 mars 1830 ; J. N., 3650.
(9) J. N., 14304; contra, R. G., 1168, § 4.
(10) Garnier, R. G., 1188, § 5 *bis*.
(11) Dél., 11 août 1824 ; D. N., *Vente de meubles*, n° 230 ; R. G., 188, § 6.

(12) Sol., 19 mars 1831; R. G., 1190.
(13) Étampes, 8 janv. 1866; Sol., 17 mai 1861, 20 avril 1865 ; R. P., 1316 et 2037; J. N., 18305.
(14) Inst., 1640 ; J. N., 11014; D. N., *Office*, n° 789; Garnier, R. G., 9165.
(15) Meaux, 22 mars 1849; J. N., 13783; R. G., 9166, § 1.
(16) Ussel, 12 avril 1845; D. N., *loc. cit.*, 761; Dalloz, 4907; R. G., 9166, § 2.
(17) Nontron, 30 août 1842; R. G., 9199; Cass., 31 mars 1847; J. N., 12976. Si la femme de l'acheteur s'obligeait solidairement avec son mari au payement du prix, il ne serait dû pour cela aucun droit : Pithiviers, 28 janv. 1840; J. N., 12734.
(18) Cass., 11 mai 1817, 6 déc. 1817; Inst., 1811, § 16; Seine, 19 fév. 1832; J. N., 13216, 14855; Cass., 22 janv. 1850; R. P., 2233; contra, Donai, 10 juin 1845; J. N., 12869.
(19) Cognac, 22 mars 1849 ; J. N., 13783; Garnier, 9167. Le jugement qui précède a reconnu l'exigibilité du droit de 5-30 p. 100 ; mais on a soutenu que le tarif mobilier est seul applicable (D. N., *loc. cit.* 764).

7113. En tous cas, si la stipulation est subordonnée à la réalisation de la cession d'office, le droit demeure suspendu jusqu'à cette époque. On l'a ainsi décidé notamment pour le traité portant transport du prix au profit d'un tiers (1). Il faudrait même un second acte s'il paraissait que telle a été la pensée des parties (2).

7114. II. *Échange.* La loi du 25 juin 1841 ne parle pas des échanges d'offices; mais il est certain que le droit exigible serait de **2** p. 0/0, comme lorsqu'il s'agit d'une permutation de meubles (3). La Régie a cependant soutenu plusieurs fois qu'il était dû deux droits de **2** p. 0/0.

7115. III. *Donation ou legs.* La donation ou le legs d'un office est sujet au droit établi pour les donations de meubles ordinaires, sans que ce droit puisse être néanmoins inférieur à 2 p. 0/0 (*Loi du 25 juin 1841, art. 8*). — La perception s'établit sur l'acte (donation ou testament) constatant la libéralité, d'après une évaluation en capital de la valeur de l'office (4) (*ibid*). L'acte constatant la cession d'un office et la donation du prix au cessionnaire est sujet au droit de **2** p. 0/0 sur le prix total, et au droit de donation sur la somme faisant l'objet de la libéralité (5).

7116. IV. *Succession.* D'après *l'art. 9 de la loi du 5 juin 1841*, si l'office échoit conjointement à plusieurs héritiers, le droit de 2 p. 0/0 doit être perçu sur le traité de cession, passé par les cohéritiers au profit de l'un d'eux; s'il n'y a qu'un héritier, celui-ci se présentant comme successeur, le même droit est acquitté par lui sur une déclaration estimative de la valeur de l'office faite au bureau de l'enregistrement de la résidence du titulaire décédé, et la quittance du receveur est jointe à l'appui de la demande de nomination.

7117. Mais, dans tous les cas, la perception s'établit sur la valeur entière de l'office, on ne déduit pas la part virile du cohéritier cessionnaire (6).

7118. D'ailleurs le droit ainsi perçu s'impute sur celui que les héritiers ont à payer lors de la déclaration de succession, au taux fixé d'après leur degré de parenté (7). On ne procède pas pour cela en suivant les divisions légales de la masse par ordre d'héritier, mais on déduit le droit de 2 p. 0/0 du total des droits de succession, quoiqu'une partie de ces derniers soient d'une quotité inférieure au tarif de la cession d'office (8).

7119. Cette imputation ne s'opère, bien entendu, que quand c'est un héritier qui se présente comme successeur du titulaire. Si l'office est cédé à un tiers par les héritiers, il va de soi que les droits de succession et de cession sont tous deux exigibles (9).

7120. V. *Minimum.* De quelque façon que la transmission s'opère, le droit d'enregistrement ne peut jamais être inférieur au dixième du cautionnement (10); et avant de présenter le traité à la formalité, il faut avoir soin de faire connaître l'importance de ce cautionnement au moyen d'une attestation conforme à *l'art. 16 de la loi du 22 frim. an 7* (11).

7121. VI. *Insuffisance.* L'insuffisance dans le prix ou la déclaration de valeur d'un office peut être établie par des actes émanés, soit des parties, soit de l'autorité administrative ou judiciaire. Dans ce cas, il est perçu, à titre d'amende, un droit en sus de celui qui est dû sur la différence de prix ou d'évaluation ; et les parties ou leurs héritiers et ayants cause sont solidaires pour le payement de cette amende (*Loi du 25 juin 1841, art. 11*).

7122. Ce droit en sus exclut l'application du triple droit exigible, en matière ordinaire, sur les contre-lettres ayant pour objet une augmentation du prix stipulé (12).

7123. VII. *Création d'office.* Le titulaire d'un office créé ou à la nomination duquel il est pourvu sans traité préalable, doit présenter à l'enregistrement son ordonnance de nomination, et acquitter, avant sa prestation de serment, à peine du droit en sus, soit le droit de 10 p. 0/0 de son cautionnement s'il n'a aucune indemnité à payer, soit celui de 2 p. 0/0 (sauf le minimum, *supra* n° 7120)

---

(1) Seine, 1er déc. 1847; R. G., 9168.
(2) Seine, 7 fév. 1855; J. N., 15532.
(3) D. N., loc. cit., 767.
(4) Inst., 1640; J. N., 11014; R. G., 9169 à 9171.
(5) Cass., 14 mai 1817, 6 déc. 1847 et 22 janv. 1866; R. G., 14055 et R. P., 2233; J. N., 18450; Inst., 1814, § 16; supra, 7112.
(6) J. N., 12677; R. G., 9172.
(7) Loi 25 juin 1841, art. 9; Inst., 1640; J. N., 11014; R. G., 9174 ; Sol., 9 mars 1850; R. G., loc. cit.

(8, J. N., 14082; D. N., loc. cit., 775; R. G., 9174, § 1.
(9) Inst., 1640; J. N., 11014; R. G., 9174, § 2. Voyez Périgueux, 5 déc. 1850; R. G., 9182 bis.
(10) Loi du 25 juin 1841, art. 10.
(11) Inst., 1813; J. N., 11706 et 14449; R. G., 9175.
(12) Troyes, 28 janv. 1852; Inst., 1989; J. N., 14660, 15206; R. G., 9178.

sur l'indemnité qui aurait été mise à sa charge pour la valeur de l'office (*Loi du 25 juin 1841*, *art. 12*).

7124. Dans ce dernier cas, s'il intervenait entre le titulaire dépossédé et son successeur un traité spécial pour la cession des recouvrements, cette convention resterait soumise au droit de 1 p. 0/0 (1).

7125. VIII. *Suppression.* En cas de suppression du titre de l'office, lorsqu'à défaut de traité l'ordonnance prononçant l'extinction fixe une indemnité à payer au titulaire de l'office supprimé ou à ses héritiers, l'expédition de cette ordonnance doit être enregistrée dans le mois de la délivrance sous peine du double droit. Le droit de 2 p. 0/0 est fixé sur le montant de l'indemnité (*Loi du 25 juin 1841, art. 15*) ; mais on n'applique pas le minimum du dixième du cautionnement (2).

7126. S'il n'y a pas d'indemnité à la charge des autres officiers publics appelés à profiter de l'extinction, aucun droit ne saurait être perçu (3).

7127. Les règles précédentes gouvernent aussi les déclassements prononcés d'office par décret impérial (4).

7128. Quant aux simples changements de résidence ou aux réintégrations de titulaires destitués ou démissionnaires, les ordonnances qui les prononcent ne sont pas sujettes au droit proportionnel (5).

SECTION IV. — DES VENTES JUDICIAIRES.

7129. Nous entendons, par ces mots, les ventes qui ont lieu devant des notaires commis par justice. Elles sont soumises à toutes les règles générales applicables au contrat de vente ordinaire ; on y rencontre seulement quelques particularités dont il faut tenir compte pour la perception.

7130. Ainsi, on considère comme charges susceptibles d'être ajoutées au prix : 1° les honoraires des notaires qui excèdent le taux fixé par le tarif du 10 octobre 1841 (6), en les calculant sur le prix total des lots réunis (7) ; — 2° les frais d'affiches et autres dépenses antérieures à l'adjudication qui sont mis à la charge de l'acquéreur (8), y compris les droits de recette et honoraires extraordinaires du notaire (9). Mais la remise proportionnelle due aux avoués est une suite nécessaire de la vente et ne constitue pas une charge nouvelle de l'impôt (10).

7131. *Folle enchère.* Si le prix de la seconde adjudication n'est pas supérieur à celui de la première, il est dû 3 fr. fixe en vertu de *la loi du 28 avril 1816, art. 44*. Dans le cas contraire, le droit proportionnel est exigible sur l'excédant du prix (*Loi, 22 frim. an 7, art. 69, § 7, n° 1*).

7132. Ces dispositions s'appliquent aux adjudications faites devant notaires commis par justice, de même qu'à celles qui ont lieu devant les tribunaux; et même aux ventes à l'amiable, quand l'adjudication sur folle enchère est faite d'après une clause du contrat (11).

7133. Les obligations des deux acquéreurs successifs à l'égard du trésor sont différentes selon que la seconde vente a été enregistrée avant ou après la première. Si celle-ci a été d'abord soumise à la formalité, le droit versé est acquis à l'État et ne saurait être restitué, bien que le prix de la seconde soit inférieur (12), et l'adjudicataire postérieur est libéré. Mais quand le prix de la revente est supérieur, ce second acquéreur doit payer l'impôt sur la différence.

7134. Si la première vente n'a pas été soumise à la formalité, l'enregistrement de la seconde ne dispense pas le fol enchérisseur de l'obligation où il était de présenter son titre dans le délai légal. Par conséquent, lorsque le prix de la revente est inférieur à la première adjudication, le fol enchérisseur qui a laissé passer le délai, doit le droit de mutation, à raison de *la différence* et le double droit sur

(1) Garnier. 9182, § 1.
(2) Dél., 10 oct. 1843; J. N., 11756; Guéret, 29 déc. 1851; R. P., 325; R. G., 9186.
(3) Inst., 1650; J. N., 11014; R. G., 9184.
(4) Cass., 15 mai 1848; Inst. 1825, § 2; J. N., 13459; R.G., 9187.
(5) Dict. not., *Office.* 793; R. G., 9188, 9189; Lyon, 23 juill. 1845 ; Dél., 5 déc. 1845, 28 janv. 1834; Saint-Flour, 20 avril 1844; J. N., 11369, 12046, 12077, 12460.
(6) Garnier, 1207; J. N., 11111.

(7) Vannes, 18 août 1850; Cass., 4 juin 1851; J. N., 14152, 14413 ; contra, J. N., 14473, 14535, 14153, 14413.
(8) Châteaudun, 26 avril 1846; Seine, 22 avril 1847, 3 avril 1850; Cass., 26 mars 1844; Inst., 1743, § 18; J. N., 13049, 13395, 14034.
(9) Civray, 3 mars 1848; R. G., 1209; Dél., 22 fév. 1823; J. N., 4314; Dalloz, 4440; contra, Sol., 7 mai 1851; J. N., 14334.
(10) Cass., 11 août 1852; J. N., 14747; R. G., 4208.
(11) Dél., 8 oct. 1831, 26 juill. 1833; J. N., 8188; R. G., 1216; Dél., 16 août 1839; J. N., 7348. V Tarascon, 11 nov. 1858; R. P., 1105.
(12) Cass. 6 fév. 1833; Inst., 1423, § 3; D. N., *Vente sur folle enchère*, 78; Saint-Etienne, 8 janv. 1844; Toulouse, 27 mai 1851.

tout le prix. Au contraire, quand le prix de la revente est supérieur, le fol enchérisseur ne doit que le double droit sur son prix (1).

7135. Si le fol enchérisseur est insolvable, les droits à sa charge personnelle tombent en non-valeur et ne peuvent être réclamés ni du vendeur, ni des créanciers, ni de l'adjudicataire sur folle enchère (2).

7136. Quand la première vente a été, pour une cause quelconque, enregistrée au droit fixe, la seconde adjudication, même consentie à un prix égal ou inférieur, est passible du droit proportionnel (3). — Mais il n'est dû que le droit fixe sur l'acte par lequel l'acquéreur sur folle enchère ratifie la vente d'une partie des biens faite par le fol-enchérisseur (4).

SECTION V. — DE LA DATION EN PAYEMENT.

7137. La dation en payement étant un acte par lequel un débiteur donne une chose à son créancier qui veut bien la recevoir à la place de quelque autre chose qui lui est due (5), il en résulte qu'elle constitue une *vente* quand on donne un meuble ou un immeuble en payement d'une somme d'argent, une *délégation* ou une *cession* si la chose donnée est une créance, enfin un *échange* si on abandonne simplement une chose de la même nature que l'objet de l'obligation primitive.

7138. Quoique le but du débiteur soit d'obtenir sa libération, comme l'intention du créancier est d'acquérir la chose cédée, on considère que cette transmission forme la disposition principale du contrat, et on applique alors le tarif de la vente, de la cession ou de l'échange, en dispensant de l'impôt la quittance virtuellement donnée au débiteur. — Et de ce que la dation en payement est pour une vente ordinaire dans le cas où l'objet cédé en remplacement d'une somme est un immeuble, on en a conclu que si les frais sont imposés au vendeur, il faut les déduire du prix pour la perception (6).

7139. En principe, c'est l'obligation antérieure qui forme le prix de la dation et qui sert de base à la liquidation de l'impôt (7). Mais si l'obligation était d'une valeur supérieure à l'immeuble, les parties pourraient, en déclarant cette valeur, faire limiter à ce chiffre la perception du droit de mutation, sauf à acquitter le droit de remise de dette sur l'excédant de la créance (8).

7140. Le droit de vente est dû, par application de ces principes, 1° sur l'abandon d'un immeuble en payement d'une dot constituée en argent (9) ou de toute autre donation mobilière (10), sans imputation des droits acquittés pour la libéralité (11), et sauf le cas où cet abandon est l'exercice d'une réserve insérée dans le contrat originaire comme second terme d'une obligation alternative (12) ; — 2° sur l'acte par lequel au décès du mari il est attribué à l'enfant doté conjointement par ses père et mère d'une somme d'argent, une part de communauté plus forte que celle qui lui appartient légalement : le droit est alors exigible sur la somme prise dans la communauté pour acquitter la dette personnelle de la mère (13) ; — 3° sur le prélèvement que l'un des cohéritiers fait de certains immeubles dans le partage pour se couvrir d'une créance personnelle (14), ou d'un legs de somme d'argent (15) ; — 4° sur l'abandon de meubles ou d'immeubles consenti au profit de la veuve, pour acquitter un gain de survie en argent ou des frais de deuil (16). — 5° sur l'attribution d'un lot spécial d'immeubles faite dans un partage anticipé par le père à un enfant pour se libérer d'une dette (17) ; — 6° sur la cession d'un immeuble en remplacement d'un legs de rente viagère (18) ; — 7° sur la cession des biens propres d'un époux en payement des reprises de son conjoint (19) ; — 8° sur le contrat d'abandonnement qui transporte aux créanciers la propriété des biens du débiteur (20). — (V. *Délivrance de legs, suprà n° 6405*).

(1) D. M. P., 13 juin 1809 ; Inst., 436, § 56 ; Seine, 3 avril 1812, 10 mai 1838 ; Cass., 27 mai 1833, 24 août 1853 ; Castres, 9 juill. 1851 ; Lyon, 4 août 1854 ; B. P., 327 ; J. N., 4588, 14507, 15052.
(2) Tarbes, 25 mai 1852 ; D. N., *loc. cit.*, 72.
(3) Le Havre, 23 janv. 1843 ; D. N., *loc. cit.*, 76.
(4) Jonzac, 28 avril 1846 ; J. N., 12802 ; Dalloz, 2405 ; Garnier, 4229 ; CONTRA, Charolles, 9 août 1845 ; R. G., 4229.
(5) Pothier, *Vente*, n° 601.
(6) Seine, 2 juin 1853 ; J. N., 14983 ; D. N., *Dat. en pay.*, 43 ; CONTRA, Seine. 27 nov. 1850 ; J. N., 14280.
(7) Dél. 6 août 1825, 6 sept. 1826 ; D. N., *loc. cit.*, 26 ; R. G., 4233.
(8) Garnier, 4233 ; Dalloz, 4407 ; Champ., 3215 ; Roll., *Dat. en pay.*, 30 ; D. N., *loc. cit.*, 26 ; CONTRA, Dél., 6 août 1825 et 6 sept. 1826 ; *supra*.
(9) Auxerre, 26 mai 1849 ; R. G., 4243.

(10) Villefranche, 31 août 1850 ; R. G., 4243, § 1.
(11) Cass., 2 avril 1828 ; Inst., 1272, § 7 ; J. N., 6538.
(12) Cass., 27 déc. 1845 ; D. M. P., 3 fév. 1817 ; Inst., 766 ; D. N., 36 ; Garnier, 4234. Voir Chaumont, 31 déc. 1855 ; R. P., 807.
(13) Cass., 23 mars 1852 ; J. N., 14022.
(14) Sol., 1er juin 1825 ; Inst., 1173, § 10 ; R. G., 4246 ; Cass., 31 juill. 1833 ; J. N., 5343, 8194.
(15) Dél., 25 sept. 1822 ; R. G., 4246, § 1 ; D. N., *loc. cit.*, 29.
(16) Cass., 12 fév. 1840 ; J. N., 10595.
(17) Cass., 11 déc. 1838 ; Inst., 1590, § 7 ; J. N., 10209 ; R. G., 4247.
(18) Cass., 13 fév. 1831 ; J. N., 7440 ; Sol., 31 mai 1831 ; R. G., 4248 ; D. N., *loc. cit.*, 30.
(19) Cass., 9 mars 1832 ; Inst., 1829, § 5 ; J. N., 14638 ; *supra n° 6897*
(20) *Supra n° 6307*.

7141. Mais on ne considère pas comme une dation en payement la clause d'un marché de construction par laquelle le propriétaire abandonne à l'entrepreneur les matériaux de démolition dont la valeur doit être compensée avec le prix du marché (1).

SECTION VI. — DES LICITATIONS.

7142. I. *Tarif.* Le législateur a tarifé les parts et portions acquises par le colicitant, c'est-à-dire tout ce qui excède ses droits dans l'indivision, à 2 p. 0/0 quand il s'agit de meubles (*art. 69, § 5, n° 6 de la loi du 22 frim. an 7*), et à 4 p. 0/0 s'il s'agit d'immeubles (*art. 69, § 7, n° 4*).

7143. Les licitations ayant pour objet des actions ou des créances sont passibles, sur les portions acquises, du droit fixé pour les cessions ordinaires de biens de même nature.

7144. En outre, dans tous les cas où les actes sont susceptibles d'être transcrits, le droit d'enregistrement est augmenté de 1 50 p. 0/0; mais la transcription ultérieure au bureau des hypothèques ne donne plus lieu qu'au droit fixe (*Loi, 28 avril 1816, art. 54*).

7145. II. *Liquidation.* Pour établir la perception du droit sur l'adjudication faite à un colicitant, on déduit du prix de cette adjudication la part seulement de l'adjudicataire dans ce prix, et non sa part dans le prix total des biens adjugés par le même acte (2) ; — ni à plus forte raison sa part dans les immeubles vendus par des actes antérieurs (3).

7146. Les droits perçus le sont alors régulièrement ; ils ne deviennent plus restituables par suite du partage ultérieur qui attribue à l'adjudicataire, pour sa portion dans la masse, la totalité du prix ou une fraction supérieure à celle qui a été distraite pour la liquidation de l'impôt (4).

7147. Mais le partage fait après la licitation et présenté à l'enregistrement avant ou en même temps que cet acte doit servir de règle pour la liquidation des droits sur les adjudications faites aux colicitants ; en sorte que si le prix est intégralement imputé sur la part de l'adjudicataire, il n'est pas dû de droit proportionnel (5).

7148. Le partage judiciaire sert de base comme le partage amiable, s'il est approuvé par les parties (6), et quoiqu'il ne soit pas homologué (7). — Dans tous les cas, il est indispensable qu'il soit définitif et ne laisse pas la moindre possibilité que les droits des parties pourront être modifiés par des éventualités (8). Il ne suffirait donc pas de dire que le prix est attribué au colicitant, sauf règlement lors de la liquidation générale (9), ou qu'il sera imputé sur ses droits dans la succession (10). Mais si le partage du prix est définitif, il ne saurait être repoussé, par la raison qu'il ne comprend pas toutes les valeurs de la succession (11).

7149. Enfin, le partage est inacceptable quoi qu'il ait été fait dans le délai pour l'enregistrement de l'adjudication, s'il n'a été lui-même présenté à la formalité qu'après cet acte (12).

7150. Si un immeuble indivis a été mis aux enchères en un lot, puis divisé par la déclaration de command entre plusieurs personnes dont l'une est un colicitant, le droit est dû par ce dernier sur ce qui excède sa part dans la portion achetée, et non dans l'immeuble total (13), — lors même qu'il serait dit que le prix s'imputera sur la part du colicitant, fixée antérieurement par une liquidation judiciaire dans la totalité des biens indivis (14).

---

(1) Sol., 30 déc. 1829 ; R. G., 4245.

(2) Cass., 22 avril et 18 août 1845, 22 avril et août 1846, 31 mai et 8 nov. 1847, 23 fév. 1848, 6 nov. 1851, 20 avril et 6 juill. 1853, 5 mars et 8 août 1855 ; Montpellier, 14 janv. 1861 ; J. N., 12382, 12484, 12679, 12745, 13155, 13232, 13340, 14515, 14917, 15501, 15612 ; Inst., 1743, § 5, 1755, § 10, 1767, § 5, 1786, § 6, 1796, § 11, 1811, § 12, 1912, § 3, 1982, § 3, 2042 § 5, 2051, § 6 ; R. G., 8189 ; R. P., 334, 465, 1517.

(3) Cass., 18 nov. 1839, 28 janv., 29 juin et 1er déc. 1840 ; 22 fév. et 29 déc. 1841 ; J. N., 10180, 10514, 10635, 10933, 11178 ; Inst., 1615-3, 1618-3, 1650-3, 1634-3, 1643-3.

(4) Cass., 14 nov. 1837, 10, 11, 21, 26 juin et 12 août 1839, 24 mars et 29 juin 1840, 22 fév. 1841, 19 mai 1813 ; J. N., 9821, 10148, 10116, 10588, 10640, 10685, 10835, 11559 ; Inst., 1562, § 25, 1601, § 10, 1650, § 6, 1643, § 3, 1697, § 7 ; R. G., 8146.

(5) Inst., 1651-4 ; Cass., 30 janv. 1839, 1er déc. 1840 ; Dél., 25 nov. 1842, 9 avril 1844 ; J. N., 10286, 10838, 11540, 12061 ; Gray, 25 fév. 1863 ; R. P., 1955.

(6) R. G., 6197 ; Dél., 14 nov. 1843 et 27 janv. 1844 ; Cass., 1er déc. 1840 ; J. N., 10458, 11630, 12321.

(7) Cass., 31 janv. 1860 ; Melun, 19 janv. 1865 ; Seine, 28 juill. 1865 ; J. N., 16780, 18297, 18403, R. P., 1281, 2058, 2240 ; contra, Amiens, 19 janv. 1850 ; Seine, 25 fév. 1859, 4 août 1860, 27 août 1861, 14 fév. 1862, 8 mai 1863 ; R. P., 4245, 4525, et 1614 ; J. N., 11839, 14412, 14193, 16937, 17149, 17354, 17756.

(8-9. Cass., 22 avril 1845 ; Beaune, 22 avril 1845 ; Seine, 13 janv. 1846 ; Rouen, 4 mai 1847 ; Lille, 15 déc. 1848 ; Abbeville, 4 mars 1850 ; le Mans, 23 mai 1850 ; Lyon, 2 juill. 1851 ; D. N., v° Licit., 198 ; R. G., 8200 ; J. N., 12482 ; Inst., 1743-5 ; Seine, 20 janv. 1866 ; R. P., 2243 ; nouvel arrêt de cass. du 30 mai 1866 ; R. P., 2381.

(10 Dél., 6 oct. 1835 ; Cass., 27 avril 1839, 22 fév. 1841 ; Inst., 1601-10, 1643, § 3 ; R. G., 8201 ; J. N., 9012, 10374, 10933. V. contra, J. N., 9145, 9454, 9561 et 10168.

(11) Sol., 26 juin 1858, 26 nov. 1861, 25 nov. 1862 ; R. P., 1955.

(12) Seine, 11 mars 1852 ; J. N., 14934.

(13) Cass., 6 juill. 1853 ; J. N., 15030 ; Inst., 1982, § 3.

(14) Cass., 5 mars 1855 ; J. N., 15504 ; R. P., 334.

7151. Quand, sous le régime de la communauté, un mari a acheté avec des tiers un immeuble destiné à faire partie d'une société existant entre eux, et que plus tard au décès du mari on licite l'immeuble au profit de la femme, le droit est dû sur la totalité du prix et non pas seulement sur l'excédant de la portion à laquelle elle aurait droit comme commune (1).

7152. Lorsque plusieurs lots sont adjugés au même colicitant, on doit déduire pour la liquidation de l'impôt la part de l'adjudicataire dans les prix réunis de ces lots (2).

7153. Si la licitation ne donne point ouverture au droit proportionnel, le droit fixe de 5 fr. n'est pas pour cela exigible (3). On ne perçoit que 2 fr. fixe comme salaire de formalité, quand l'acte ne contient pas d'autre disposition (4).

7154. III. *Transcription.* Il y a lieu à la transcription du contrat et par suite à la perception du droit de 1 50 p. 0/0 toutes les fois que les colicitants ne sont pas propriétaires au même titre ou que l'indivision de l'objet ne cesse pas complétement.

7155. Il n'y a aucune copropriété entre le propriétaire de la superficie d'un bois et le propriétaire du sol (5); — non plus qu'entre l'usufruitier et le nu-propriétaire du même immeuble; en sorte que si l'un d'eux se rend adjudicataire de la part de l'autre, l'acte est sujet au droit de transcription (6). Il en serait autrement néanmoins si l'usufruitier avait une portion de la nue propriété (7).

7156. De même, la société, considérée comme être moral, n'est point dans l'indivision avec ses membres; et la cession qui aurait lieu d'un immeuble social au profit d'un de ceux-ci avant la dissolution de l'entreprise serait de nature à être transcrite (8).

7157. Mais il ne suffit pas d'être copropriétaire, il faut encore l'être au même titre. Ainsi, l'acquisition que le tiers acquéreur d'un immeuble indivis fait ultérieurement des parts et portions des autres cohéritiers, ne constitue pas, lors même qu'elle fait cesser l'indivision, la licitation de l'art. 883 C. N.; elle a le caractère d'une vente pure et simple sujette au droit de 5 50 p. 0/0 (9). — Et on assimile au tiers acquéreur d'une donataire (10), ou le légataire particulier qui achète le surplus de l'immeuble dont une portion lui a été donnée (11), ou le copropriétaire qui reçoit cette fraction à titre de donation (12).

7158. Quant aux codonataires et aux coacquéreurs, ils ont entre eux un titre commun qui dispense la licitation du droit de 1 50 p. 0/0 quand l'indivision cesse (13).

7159. Cependant si l'adjudication d'immeubles de la succession est faite au profit d'héritiers bénéficiaires, majeurs ou mineurs, l'acte étant toujours de nature à être transcrit à cause du compte de bénéfice d'inventaire, donne lieu au droit additionnel de 1 50 p. 0/0 (14). Il en serait de même quoique le bénéficiaire fût héritier pur et simple pour une partie des biens à vendre (15), ou que le mineur ait renoncé au bénéfice d'inventaire (16). Mais si l'héritier majeur n'a point passé sa déclaration au greffe et s'est borné à prendre qualité de bénéficiaire dans un acte de la procédure, on doit le considérer comme un héritier ordinaire (17).

7160. Lorsque le contrat ne met pas fin à l'indivision entre tous les propriétaires de l'objet licité, il a le caractère de la vente et devient passible du droit de 5 50 p. 0/0. — C'est ce qui a été décidé pour a cession faite par un copropriétaire à un de ses copropriétaires sans le concours des autres (18), —

(1), Cass., 23 nov. 1853; J. N.,15095.
(2) D. N., *loc. cit.*, 218; Cass., 8 nov. 1847; Inst., 1844, § 12, 24 fév. 1848; R. G., 8494.
(3) D. N., *loc. cit.*, 220; Garnier, 8203; Epernay, 6 déc. 1833; Dél., 25 fév. 1834; J. N., 8422.
(4) J. N., 9405; Garnier, 8203, § 2.
(5) Cass., 17 nov. 1857; R. P., 973.
(6) Seine, 12 juin 1833; Dél., 26 fév. 1833; Cass., 30 mars 1841; Seine, 27 juin 1851 et 7 juill. 1853; Inst., 1643-7; J. N., 11148, 15281, 15601; R. G., 8213.
(7) Proudhon, *Usuf.*, 1245 et suiv.; Duvergier, *Vente,* 148; Garnier, n° 8244; *supra 6868.*
(8) Cass., 17 août 1836; Inst., 1528, § 13; R. G.,8215.
(9) Cass., 24 janv. 1840, 19 déc. 1845, 11 fév. 1846, 9 nov. 1847, 26 janv. et 28 déc. 1848, 14 fév. 1849, 9 janv. 1854, 2 mars et 24 juill. 1858; J. N., 10422, 11509, 12625, 13223, 13275, 13576, 15142; R. G., 8248; R. P., 980, 1075.
(10) Bar-sur-Aube, 24 août 1837; Seine, 24 fév. 1830; Belfort, 21 fév. 1840; Nontron, 7 déc. 1843; Toulouse, 30 nov. 1849; R. G., 8219; D. N., *loc. cit.,* 229.

(11) Seine, 4 déc. 1844 : R. G., 8220, Aubusson, 30 déc. 1858; R. P., 1190.
(12) Cass., 5 mai 1841; J. N., 10980. Voir J. N., 17619.
(13) Cass., 27 nov. 1821, 14 juill. et 10 août 1824; J. N., 3985, 4771, 4934; Inst., 1150, § 8; Gray, 25 fév. 1863; R. P., 1955.
(14) Limoges, 6 juin 1860; Châlon-sur-Saône, 20 nov. 1862; Cass, 12 nov. 1823, 26 déc. 1831, 15 janv. 1834, 24 janv. et 12 août 1839, 15 avril 1840, 10 mai 1841, 17 janv. et 16 fév. 1842, 10 avril 1848, 26 fév. et 28 juill. 1862; J. N., 4484, 7643, 8214, 8394, 10268, 10430, 10487, 10488, 10734, 10991, 11212, 11257, 13368, 16999, 17361. 17492; R. G., 2453-1; R. P., 4584, 1682, 1797; contra, Dijon, 31 mars 1858; Versailles, 15 mai 1861; R. P., 1000, 1034.
(15) Limoges, 6 juin 1860; R. P.,, 4304.
(16) Dél., 13 mars 1863; R. P., 4798; J. N., 17849.
(17) Limoges, 31 janv. 1863; J. N., 17834.
(18) Cass., 16 janv. 1827, 24 août 1829, 27 déc. 1830, 31 janv., 16 mai et 6 nov. 1832, 21 janv. 1840, 19 déc. 1845; J. N., 6026, 6667, 6959, 7064, 7192, 7338. 7634, 7846, 7906, 10622 et 12569; Inst., 1229, § 12, 1303, § 12, 1307, § 2, 1354, § 10, 1401, § 11, 1422, § 12, 1618, § 10.

ou pour la cession faite à plusieurs copropriétaires conjoints (1), lors même que ces coacquéreurs auraient déclaré acquérir chacun pour une part égale (2).

7161. Il importe peu que l'indivision cesse en ce qui concerne la portion vendue (3) ou entre les colicitants (4) si elle subsiste pour une partie de l'immeuble, ou entre l'acquéreur et des tiers non appelés à la vente. Il importe peu également que le prix total de la licitation soit attribué à l'acquéreur dans un partage présenté à l'enregistrement avec la licitation (5).

7162. La cession faite aux époux communs en biens de portion d'un immeuble dont le surplus appartient à l'un d'eux ne donne pas ouverture au droit de 1 50 p. 0/0, si l'indivision cesse avec les autres copropriétaires, car l'acquisition ne forme pas un conquêt (6). — Et il en est de même, sous le régime dotal (7). Mais lorsque le mari achète de la femme et sans mandat un bien appartenant par indivis à celle-ci, il devient, ou la communauté qu'il représente, propriétaire de l'immeuble jusqu'à l'option de la femme, et le contrat n'a pas le caractère d'une licitation (8). C'est ce qui se produit encore si la cession faite aux époux conjointement a pour objet la portion d'un immeuble appartenant par indivis au mari qui doit servir de remploi à la femme (9).

7163. Dès que, pour un motif quelconque, l'acte est de nature à être transcrit, le droit de 1 50 p. 0/0 est exigible, non pas seulement sur les parts et portions acquises comme le droit de mutation, mais sur l'intégralité du prix (10). Même, si la cession comprenait, sans désignation spéciale, des immeubles indivis entre le cédant et le cessionnaire seulement et d'autres immeubles indivis entre eux et des tiers moyennant un prix unique affecté pour portions inégales à chaque nature de biens, le droit de 1 50 p. 0/0 serait dû sur la totalité du prix (11).

7164. Jugé cependant que si les héritiers de la nue propriété achètent par licitation l'usufruit de l'immeuble, le droit de 1 50 p. 0/0 n'est dû que sur la partie du prix applicable à l'usufruit (12).

SECTION VII. — DES CESSIONS DE DROITS SUCCESSIFS.

7165. I. *Tarif.* Les cessions de droits successifs sont sujettes au droit de 1 fr., 2 fr. et 4 fr., ou 5 50 p. 0/0 selon la nature des biens qui en font l'objet et suivant que la cession est ou non de nature à être transcrite. — Quand l'acte est soumis à la transcription, la liquidation du droit de 1 50 p. 0/0 s'opère selon les principes que nous avons indiqués précédemment à propos des licitations.

7166. La cession de droits successifs entre cohéritiers, lors même qu'elle fait cesser l'indivision, a tantôt le caractère d'une vente et tantôt le caractère d'une licitation. On a considéré comme licitation le transport consenti par un cohéritier à son cohéritier à ses risques et périls et pour un prix à forfait (13), — et comme vente une cession de même nature portant en outre que le cédant se réservait son privilège et son action résolutoire (14).

7167. Ici d'ailleurs, pas plus qu'en toute autre matière, le receveur n'est juge de la validité de l'acte; et, quoiqu'une cession de droits dans une succession future soit entièrement nulle, l'impôt proportionnel n'en est pas moins exigible (15).

7168. La renonciation conditionnelle à l'effet d'un testament équivaut à un transport de droits successifs lorsqu'il en résulte un avantage pour le renonçant ou qu'il dispose, même éventuellement,

(1) Cass., 24 janv. 1844, 21 juin, 12 juill. et 29 nov. 1848, 7 nov. 1849, 26 fév., 16 avril, 40 juin, 26 août 1850, 2 déc. 1851, 18 mai 1858; J. N., 11914, 13423, 13153, 13579, 13876, 14040, 14078, 14165, 14240, 14570; Inst., 1713, § 8, 1857, § 3, 1875, § 5, 1883, §§ 5 et 6, 1912, § 2; Grenoble, 27 août 1863; R. P., 4852.
(2) Hazebrouck, 10 déc. 1859; R. P., 1283.
(3) Cass., 31 janv. 1832; Inst., 1401, § 7; Vitry-le-François, 26 nov. 1844; Bar-le-Duc, 11 mai 1842; Seine, 27 nov. 1838; R. G., 8239.
(4) Cass., 16 mai 1832; J. N., 7816.
(5) Cass., 26 fév. 1851; J. N., 14313.
(6) Dél., 22 fév. 1823, 27 juin 1838; Nantes, 16 janv. 1837; J. N., 4348, 10033; R. G., 8236, 8247.
(7) Dél., 15 fév. 1826; J. N., 8992.
(8) Garnier, R. P., 1839, 1904; CONTRA Dél. 20 mai 1864; Reims, 31 oct. 1855; Altkirch, 10 déc. 1857; R. P., 824, 965, 1904.
(9) Dél. 3 mars 1833; J. N., 8992.
(10) Cass., 9 mai 1837, 15 juin 1840, 3 mai 1841, 15 nov. 1841,

17 janv. 1842, 13 avril et 17 nov. 1847, 24 juin 1848, 12 juill. et 29 nov. 1848, 7 nov. 1849, 16 avril, 10 juin, 26 août et 2 déc. 1850, 2 déc. 1851, 7 juill. 1852, 23 nov. 1853, 13 août 1862, 13 et 17 janv. 1865; J. N., 8214, 9659, 10876, 10981, 11155, 11218, 13024, 13760, 13876, 14046, 14078, 14165, 14240, 14313, 14570, 15095, 15145, 17508, 18200, 18205; R. G., 8212; Lesparre, 26 nov. 1858; R. P., 1121, 4749, 2036.
(11) Cass., 7 juill. 1852; J. N., 14730; Briey, 15 déc. 1858; Saint-Quentin, 25 avril 1860; Cambrai, 8 juill. 1864; R. P., 1264, 4485, 1975.
(12) Seine, 29 juill. 1864; J. N., 18177. Voir Cass., 8 juin 1847; J. N., 13120.
(13) Cass., 24 fév. 1822 et 30 mai 1834, 7 août 1855; J. N., 4308 et 13272; Sol., 8 avril 1851; R. P., 550, 1772; Tulle, 29 juillet 1865; R. P., 2274; CONTRA Ussel, 12 mars 1858; R. P., 977.
(14) Cass., 29 juill. 1857; J. N., 16135; Cambrai, 8 juill. 1861; R. P., 1975.
(15) Inst., 1236, n° 2; R. G., 5409 *bis*; D. N., *Transp.-cession*, 368.

d'objets à lui légués (1). — Il en est de même de la cession portant que l'acquéreur aura la faculté de se libérer du prix ou par le payement d'une somme ou par l'abandon d'un immeuble. Cette clause n'a pas le caractère de la condition suspensive (2).

7169. II. *Charges des dettes.* Le cessionnaire étant tenu de plein droit et sauf stipulation contraire d'acquitter la part du cédant dans le passif de l'hérédité, cette part doit être ajoutée au prix (3). Et si la Régie découvre ultérieurement que le montant des dettes a été atténué, elle peut réclamer un supplément de droit sans recourir à l'expertise (4).

7170. Lorsque le contrat ne fait pas mention du payement des dettes, la Régie est-elle fondée à exiger des parties une déclaration formelle qu'il n'en existe aucune? La question est controversée (5), il vaut mieux insérer cette indication dans l'acte pour la perception, afin d'éviter les difficultés.

7171. En tous cas, si les dettes, pour une cause quelconque, sont laissées à la charge du cédant. elles ne doivent pas être ajoutées au prix (6).

7172. III. *Droits mobiliers et immobiliers.* La cession de droits successifs mobiliers et immobiliers est passible du droit immobilier sur le tout, s'il n'est stipulé un prix particulier pour les meubles, et s'ils ne sont détaillés et estimés article par article dans le contrat (7). — Ces deux conditions sont essentielles, et la désignation de prix spéciaux ne dispenserait pas de l'estimation détaillée des meubles (8). Il en serait de même, quoique les cessions fussent l'objet de dispositions distinctes du même acte (9).

7173. Le détail estimatif des meubles, au lieu d'être dans l'acte même, peut se trouver dans un inventaire auquel il renvoie (10), pourvu que le prix exprimé pour le mobilier ne soit pas supérieur à l'estimation de l'inventaire (11). Mais on n'accepterait pas les indications d'une déclaration de succession (12), ni même celles d'un tableau annexé à l'acte dans lequel il serait dit qu'elles n'ont aucun poids entre les parties (13).

7174. Si les objets sont sous scellés, il est admis que le détail estimatif peut être donné après la levée des scellés (14). Cette solution est cependant douteuse.

7175. Quand la cession comprend des immeubles et des créances, ces dernières n'ont pas besoin d'être détaillées et estimées, ni de donner lieu à la stipulation d'un prix particulier ; les parties doivent être admises à déclarer la portion du prix qui leur est applicable (15). La Cour suprême a cependant décidé le contraire à propos d'une cession comprenant le legs mobilier d'une somme déterminée (16). D'ailleurs si, dans cette dernière hypothèse, il s'agissait de la donation d'une somme non payée et cédée par l'héritier avec les autres droits, la somme ne pourrait être considérée comme une créance, et alors il faudrait exécuter *l'art. 9 de la loi du 22 frim. an 7* (17).

7176. Mais la cession de droits successifs mobiliers paternels et de droits immobiliers maternels faite pour deux prix distincts ne donne lieu qu'au tarif de 2 p. 0/0, sur la succession du père, quoique les meubles ne soient ni détaillés ni estimés, parce que les valeurs cédées dépendent de deux successions distinctes (18).

7177. IV. *Cession pour un prix en sus des constitutions dotales.* La cession faite moyennant une somme déterminée en sus de celles qui ont été données au cédant en avancement d'hoirie, ou qu'il a reçues à tout autre titre n'est passible de l'impôt que sur le prix stipulé (19) ; mais si la donation ne résulte d'aucun acte enregistré, la somme prétendue payée par les donateurs s'ajoute au prix (20).

(1) Inst., 1173, § 7; D. N., 5343.

(2) Cass., 9 juill. 1839 ; J. N., 10440 ; R. G., 5149.

(3) Cass., 20 niv. an 12, 6 juill. 1825 ; Iust., 1180, § 2 ; J. N., 5454 ; R. G., 5142 ; Seine. 7 mai 1859 ; R. P., 1180.

(4) Seine, 22 juin 1842 ; Garnier, 5115 ; Guéret, 18 juin 1855 ; Lavaux, 17 fév. 1860 ; R. P., 528, 1410 ; J. N., 17105 ; CONTRA, Dél., 6 mars 1827 ; Iust., 1210, § 10 ; D. M. F., 7 déc. 1844 ; J. N., 1483, 6201.

(5) Affir., Garnier, 5113 ; Arg. des inst., 1180, § 2, 1210, § 10 et 1209, § 1 ; Nég., D. M. F., 3 nov. 1820 ; J. N., 4009 ; Dél., 13 mai 1829, 12 mars 1832 ; Muret, 30 avril 1842 ; R. G., 5113 ; D. N., 378.

(6) Cass., 5 mars 1833 ; J. N., 8014 ; R. G., 5117.

(7) Cass., 5 mai 1817, 30 mai 1826,7 janv. 1839, 15 juin 1847, 2 août 1853. Voir J. N., 4009, 5810, 6161, 10230, 12473, 13313, 15064 et *supra* nº 7067 ; Cass.,7 août 1835 ; R. P., 550.

(8) Saint-Étienne, 4 déc. 1844 ; Lyon, 17 mars 1845 ; Ussel, 31 août 1849 ; J. N., 12473 ; R. G., 5127 ; Villefranche, 10 fév. 1843 ; Tournon, 20 déc. 1849 ; R. G., 5428.

(9) Cass., 12 déc. 1842 ; le Havre, 5 juill. 1861 ; J. N., 11536, 17280.

(10) Dél., 8 oct. 1823, 5 juill. 1826, 15 janv. 1836 ; R. G., 5126, § 2.

(11) Inst., 1320, § 10 ; D. N., *loc. cit.*, 384.

(12) Barbezieux, 11 nov. 1844 ; D. N., *loc. cit.*, 385 ; R. G., 5120, § 1.

(13) Cass., 5 mai 1817 ; Inst., 1209, § 6 ; R. G., 5118.

(14) Cass., 7 janv. 1839 ; J. N., 10230 ; R. G., 5131 ; D. N., 387.

(15) Cass., 21 oct. 1811 ; D. M. F., 28 août 1836 ; Dél., 11 mai 1832, 5 avril 1833 ; Inst., 1206, 1537, sect. 2, nº 252 ; R. G., 5123 ; J. N., 6161, 8063.

(16) Cass., 2 août 1853 ; J. N., 15064 ; Conf., Angoulême, 25 août 1843 ; R. G., 5122.

(17) Cass., 7 janv. 1850 ; Inst., 1857, § 2 ; R. G., 5124 ; Mende, 25 mai 1857 ; J. N., 13930, 16177.

(18) Inst., 1209, § 1, nº 6 ; J. N., 2329 et 6466 ; R. G., 5139.

(19) Inst., 1209, § 1, nos 2 et 5 ; J. N., 6162 et 6165 ; Cass., 7 nov. 1820 ; R. G., 5135.

(20) Inst., 1209, § 1, nº 3 ; J. N., 6162 ; CONTRA, J. N., 9187 et D. N., *loc. cit.*, 395.

7178. La Régie a décidé que si la cession est consentie moyennant une somme stipulée en sus des constitutions dotales acquittées précédemment par *le cessionnaire* au nom des constituants, il faut ajouter le montant de la dot au prix du transport (1). Cette solution est exacte quand la dot a été payée par le cessionnaire après le décès des père et mère, car le décès ayant annulé la constitution, l'enfant doté devait venir au partage comme tout autre héritier, en sorte que sa cession équivaut à un abandon de biens en nature (2). Au contraire si le payement a eu lieu du vivant du constituant, l'enfant ou son ayant droit, le cessionnaire, s'est trouvé tenu de rapporter le montant de la libéralité *en moins prenant*, et il ne pourrait se présenter au partage que pour l'excédant de ses constitutions dotales. Cet excédant forme donc le seul objet du transport (3). Mais alors, comme l'obligation du rapport *en moins prenant* constitue une simple créance sur la succession et ne donne point au donataire le droit d'exiger jusqu'à une concurrence des biens héréditaires, il faut décider que le droit de dation en payement est exigible quand il reçoit des valeurs de l'espèce dans le partage (4).

7179. L'acte par lequel un frère délivre à sa sœur un immeuble de la succession du père commun pour la remplir de ses droits, avec garantie des dettes, n'est qu'un partage sujet au droit de 5 fr. (5).

7180. Mais aurait le caractère de la cession de droits successifs, la constitution dotale qu'il lui ferait afin de la désintéresser de sa part dans les hérédités ouvertes de leurs père et mère, lors même que la sœur ajouterait la réserve d'exercer ses plus grands droits si elle en a (6). Il en serait autrement dans le cas où la constitution dotale aurait lieu *à valoir* sur ces droits successifs et sauf règlement lors du partage. L'acte devrait être alors considéré comme un prêt ou une avance passible de 1 p. 0/0 (7).

7181. De même, la quittance donnée par un héritier d'un legs de somme d'argent à lui fait pour le remplir de ses droits dans la succession n'emporte pas cession de corps héréditaire et constitue une délivrance de legs ordinaire (8). Mais si le légataire, au lieu de s'en tenir à son legs, exige un supplément, la convention change de nature et devient un véritable transport de droits successifs passible de l'impôt sur le montant du legs lui-même (9).

7182. Plus généralement, l'acte par lequel un donataire ou un légataire déclare renoncer à la succession pour s'en tenir à la libéralité qu'il a reçue n'est point un transport de droits successifs (10), quoique le renonçant ait ajouté surabondamment qu'il faisait aux héritiers acceptants tous transports et délaissements nécessaires (11).

7183. Quand l'obligation imposée au cessionnaire de payer les constitutions dotales en sus de son prix constitue une charge passible de l'impôt d'après les distinctions précédentes, elle doit être ajoutée intégralement au prix ; on ne peut pas soutenir que le cessionnaire en était tenu personnellement pour une partie en sa qualité de cohéritier, et que l'excédant seul forme véritablement soulte (12).

SECTION VIII. — DES DÉCLARATIONS DE COMMAND.

7184. I. *Tarif.* Sont sujettes au droit fixe de 3 fr., les déclarations ou élections de command ou d'ami, lorsque la faculté d'élire un command ou d'ami a été réservée dans l'acte d'adjudication ou le contrat de vente et que la déclaration est faite par acte public et notifiée dans les vingt-quatre heures de l'adjudication ou du contrat (*Loi 22 frim. an 7, art. 68*, § 1, n° 24 ; *Loi 28 avril 1816, art. 44, n° 5*). — Sont sujettes au droit de 2 p. 0/0 les élections ou déclarations de command ou d'ami, sur adjudication ou sur contrat de vente de biens meubles, lorsque l'élection a été faite après les vingt-quatre heures ou sans que la faculté d'élire ait été réservée dans l'acte d'adjudication ou le contrat de, vente (*Loi 22 frim. an 7, art. 68*, § 5, n° 4.) — Sont passibles de 4 p. 0/0 (5 50 p. 0/0, n° 7186, *infra*), les déclarations ou élections de command ou d'ami par suite d'adjudications ou contrats de vente de biens immeubles autres que celles des domaines nationaux, si la déclaration est faite après les vingt-quatre heures de

(1) Inst., 1310; J. N., 9310; Dél., 14 mai 1838; R. G., 5137. V. Gaillac. 24 mai 1864, et Tulle, 29 juillet 1865; R. P., 1985 et 2274.
(2) J. N., 9424, 9590; D. N., *loc. cit.*, 398 et suiv.; R. G., 5146 ; Florac, 10 mai 1852; R. P., 4766.
(3) J. N., 9424, 9590, 10254 ; D. N., *loc. cit.*
(4) J. N., 9424, 9590. Voir Tarbes, 12 avril 1859; R. P., 1240.
(5) Inst., 1209, § 3, n° 3; J. N., 6489 ; R. G., 5142.
(6) Cass., 7 nov. 1820; Inst., 1209, § 2, n° 1; J. N., 6183; R. G., 5140.

(7) Inst., 1209, § 3, n° 1; J. N., 6187; Marvejols, 15 déc. 1817 ; J. N., 2620, 13715; Dél., 30 janv. 1829; D. N., *loc. cit.*. 422 ; R. G., 5140, § 1.
(8) D. N., *loc. cit.*, 443. D'après l'Inst. Rég., 1209, § 2, n° 2 ; J. N., 6184, le droit de quittance serait exigible. Voir R. G., 5144.
(9) Inst., 1209, § 2, n° 2; J. N., 6184.
(10) Inst., 1209, § 3, n° 2; J. N., 2390, 6188; R. G., 5145.
(11) J. N., 12331; D. N., *loc. cit.*, 417 ; CONTRA, Libourne, 21 fév. 1845.
(12) Garnier, R. G., 5139.

l'adjudication ou du contrat, ou lorsque la faculté d'élire un command n'y a pas été réservée (*Loi 22 frim. an 7, art. 69, § 7, n° 5*).

7185. Si la déclaration de command est faite au profit d'un copropriétaire de l'immeuble vendu et que l'indivision cesse, le droit exigible sur la vente est celui de 4 p. 0/0 (1) ; mais après l'expiration du délai, deux droits de 5 50 p. 0/0 seraient dus, l'un pour la vente à l'étranger et l'autre pour la rétrocession au colicitant (2).

7186. On applique, en effet, le taux de 5 50 p. 0/0 (*Loi 28 avril 1816, art. 52*), aux reventes qui résultent des déclarations faites en dehors des conditions imposées par la loi, bien que l'adjudicataire l'ait passée dans le délai fixé par le contrat de vente et ne soit soumis à aucune hypothèque (3).

7187. Quoique les textes précédents ne parlent que des ventes de meubles et d'immeubles, il est admis que l'élection de command peut avoir lieu aussi dans les transports de créances ou de rentes (4), dans les baux (5), et dans les marchés ou adjudications de travaux et fournitures (6).

7188. En tous cas, pour que l'élection de command faite en dehors des conditions légales puisse donner lieu au droit proportionnel, il faut qu'elle soit acceptée par le command élu (7).

7189. D'après les textes précités, la déclaration de command, pour profiter du droit fixe, a besoin de réunir les quatre conditions suivantes. Il faut : 1° que la réserve d'élire command ait été formellement exprimée dans le contrat de vente ; 2° que la déclaration de command soit faite par acte public ; 3° qu'elle ait lieu sans changer aucune des conditions de la vente originaire ; et 4° enfin, qu'elle soit notifiée à la Régie dans les vingt-quatre heures de l'adjudication.

7190. II. *Réserve.* La réserve peut être faite par le vendeur comme par l'acheteur (8), et dans le cahier des charges aussi bien que dans la vente même (9). Il est indifférent dans quels termes elle soit formulée ; pour un ou plusieurs associés, amis ou commands, ou bien pour l'acheteur et ses amis à désigner (10). — Mais on ne pourrait pas réserver au command qui sera élu la faculté d'en choisir lui-même un second (11).

La faculté d'élire command n'implique pas nécessairement un mandat de la personne au profit de laquelle cette faculté est exercée ; en sorte qu'on peut choisir pour command une personne qui était incapable au moment de la vente, et par exemple une société dont l'existence soit révélée régulièrement après cette époque et avant l'élection d'ami (12).

7191. III. *Acte public.* Toute déclaration de command faite par acte sous seing privé donne ouverture au droit de revente (13), à moins qu'elle ne soit déposée en l'étude d'un notaire dans les 24 heures de la vente (14). — Mais la procuration donnée à l'effet de passer déclaration de command peut être sous seing privé (15). Lorsque ce pouvoir étant authentique désigne le command, il remplace la déclaration elle-même (16).

7192. Si la déclaration de command faite sous seing privé n'était enregistrée qu'après les trois mois de sa date, il est clair qu'elle serait passible du droit en sus dû en matière de cession d'immeubles (17).

7193. IV. *Changement des conditions.* La déclaration de command ne doit contenir que la remise pure et simple au command des biens acquis pour son compte, sans novation dans les clauses, les conditions ou le prix (18). Dès qu'une modification altère le premier contrat, le droit de vente devient exigible, parce que l'acte paraît opérer une véritable cession.

7194. On a interprété dans ce dernier sens la déclaration imposant à l'élu une condition quel-

---

(1) D. N., *Décl. de comm.*, 147 ; Garnier, 2780.
(2) Ruffec, 9 déc. 1839 ; Seine, 29 nov. 1834 ; R. G., 2781 ; R. P., 279.
(3) Dél., 14 juin 1833 ; Inst., 1437, § 6 ; le Havre, 20 nov. 1846 ; R. G., 2769 ; CONTRA, D. N., *loc. cit.*, 128 ; Dél., 9 janv. 1829 ; J. N., 6778, 8417 ; Champ. et Rig., 1934 et 1980.
(4) D. M. F., 10 janv. 1809 ; Inst., 432, § 2 ; R. G., 2771 ; Champ. et Rig., 1935 ; Dalloz, 2856 ; D. N., *loc. cit.*, 423.
(5) Cass., 19 prair. an 5 ; D. N., *loc. cit.*, 122 ; R. G., 2772,
(6) D. M. F., 15 mai 1810 ; R. G., 2772 ; D. N., *loc. cit.*, 124.
(7) Merlin, *Command*, 10 ; Cass., 26 oct. 1810 ; J. N., 7224 ; Champ. et Rig., 1930 ; Dalloz, 2543 ; R. G., 2777.
(8) D. M. F., 11 janv. 1814 ; R. G., 2784.
(9) Nancy, 30 mars 1819 ; D. M. F., 25 juin 1819 ; J. N., 3131 et 3228.
(10) Cass., 27 janv. 1808 ; D. N., *loc. cit.*, 21 ; R. G., 2787.

(11) D. M. F., 28 juin 1803 ; Inst., 390, § 4 ; Cass., 22 août 1809 ; Dél., 29 mars 1839 ; R. G., 2785.
(12) Cass., 4 déc. 1865 ; R. P., 2198 ; J. N., 18426. V. aussi Cass., 8 juillet 1839 ; R. G., 2775 ; Inst., 1890, § 3.
(13) D. M. F., 13 mars 1808 ; D. N., *loc. cit.*, 27 ; Inst., 386, § 13 et 1582, § 6 ; Dél., 28 avril 1826 ; Chartres, 23 déc. 1833 ; Cass., 24 mai 1837 ; Clermont, 21 fév. 1845, 29 août 1845 ; R. G., 2789 ; J. N., 9665, 12517. Voir Dalloz, 2583.
(14) Cass., 7 nov. 1843 ; J. N., 11821 ; R. G., 2790.
(15) Dél., 20 avril 1821 ; D. N., *loc. cit.*, 28 ; R. G., 2790.
(16) Dél., 21 nov. 1814 ; D. N., *loc. cit.*, 31 ; CONTRA, Sol., 19 juin 1832 ; R. G., 2792.
(17) Cass., 24 mai 1837 ; J. N., 9665 ; Inst., 1562, § 6 ; R. G., 2782.
(18) D. M. F., 15 mars 1808 ; Inst., 386, § 11 ; R. G., 2800.

conque (1) ; — celle qui contient une réserve de réméré (2), ou une prorogation de délai pour le payement du prix (3), ou un mode particulier de libération (4), ou un supplément de prix au profit de l'acheteur (5), ou enfin des servitudes grevant des propriétés étrangères (6).

7195. Mais si la déclaration ne doit consister que dans la subrogation du command au lieu et place de l'adjudicataire, tout ce qui n'est pas incompatible avec cette subrogation reste licite. Telle est, par exemple, la division pure et simple que fait l'adjudicataire entre lui et plusieurs commands des immeubles acquis et du prix de la vente (7), lors même que la répartition du prix ne serait pas en rapport avec les estimations partielles des biens (8). — Ce n'est pas non plus changer les conditions de la vente, que de faire une déclaration de command dans laquelle on se réserve l'usufruit des immeubles (9), ou le mobilier existant dans l'immeuble et les récoltes pendantes par racines (10) ou le droit d'extraire la mine du fonds (11). Seulement le droit immobilier n'en est pas moins dû alors sur le tout (12), sauf le cas où l'adjudicataire se serait réservé le droit de diviser les biens en ce sens (13).

7196. V. *Notification.* Sauf le cas de l'enregistrement effectif dans le délai de 24 heures, la déclaration de command, pour profiter du droit fixe, doit être non-seulement passée, mais encore notifiée dans les 24 heures (14) du contrat lui-même (15), en comptant le délai d'heure à heure (16) ; et ces principes s'appliquent aux ventes passées sous condition suspensive (17), à celle des biens des communes ou des établissements publics (18), et aux déclarations reçues par l'autorité administrative (19).

7197. C'est au préposé de la Régie dans le bureau duquel l'acte doit être enregistré qu'il faut faire la signification (20). On admet cependant que les notaires de cours impériales ayant le droit d'instrumenter dans toute l'étendue du ressort de la Cour peuvent faire la notification au receveur du lieu de la passation de l'acte (21)

7198. La signification de la déclaration à la Régie ne résulte pas suffisamment de la consignation des fonds soit au notaire (22), soit même au receveur (23), — ni de la présentation du répertoire au visa de ce dernier (24), — ni du certificat du préposé de la Régie qu'il se tient la déclaration pour notifiée (25), — ni de la notification d'une procuration à l'effet d'accepter la déclaration de command (26).

7199. Elle ne saurait avoir lieu que par voie d'huissier, dans les formes de la procédure ordinaire (27). — Si la vente a été faite la veille d'un jour férié, la déclaration peut être passée le lendemain du jour férié sans encourir le droit proportionnel (28).

7200. Quand la désignation du tiers a lieu dans l'acte même de vente, elle n'a besoin ni d'être précédée d'une réserve ni suivie d'une notification dans les 24 heures (29), lors même qu'elle serait faite au moyen d'un renvoi sur le procès-verbal d'adjudication (30). — Cependant la nécessité de la notification a été reconnue par quelques décisions dont l'exactitude est plus que contestable (31).

(1) Seine, 30 juill. 1856; Versailles, 3 juill. 1857, 26 mai 1864; R. P., 758, 923, 4957; Champ. et Rig., 1961; Dalloz, 2587.
(2) D. M. F., 30 mai 1826 ; J. N., 5817 ; Inst., 1200, § 3 ; R. G., 2603.
(3) Cass., 31 janv. 1814; Argentan, 23 mars 1843; Saint-Gaudens, 10 juin 1840; Rodez, 46 mars 1848; J. N., 1277, 13434 ; R. G., 2804, § 1 ; D. N., loc. cit., 35; Dél., 17 mars 1821; R. G., 2805; D. N. 36. Voir cependant Dél., 45 déc. 1826; R. G., loc. cit.
(4) Saint-Gaudens, 17 fév. 1840; R. G., 2804, § 1. V. cependant J. N., 2080.
(5) Neufchâteau, 20 juin 1845; Cass., 48 fév. 1839 ; Inst., 1590, § 3 ; Garnier, 2801; Dalloz, 2582; D. N., loc. cit., 38.
(6) Seine, 3 juill. 1856; Dieppe, 13 juill. 1861; J. N., 15074, 17253; D. N., Décl. de comm., n° 33 et suiv.
(7) Cass., 43 avril 1815, 19 août 1835; Melun 5 fév. 1834; Cass., 18 fév. 1839; Inst., 1504-1, 1590, § 3; R. G., 2811 ; J. N., 1732, 8610, 8995.
(8) Melun, 5 fév. 1834 et Cass., 44 août 1835, précités; D. N., loc. cit., 43.
(9) Dél., 6 fév. 1827; R. G., 2814; D. N., loc. cit., 41.
(10) Cass., 26 nov. 1834; J. N., 8755; Chaumont, 3 mai 1812; R. G., 2815.
(11) Dél., 15 mars 1844; J. N., 12105; R. G., 2815.
(12) Dél., 30 déc. 1831 ; Cass., 6 nov. 1839; J. N., 10531; Inst., 1615, § 11; Garnier, 2815, § 1; Champ. et Rig., Supp., 305; Dalloz, 2595; D. N., loc. cit., 450.
(13) Langres, 31 août 1845; R. G., 2845, § 2 ; J. N., 12931; D. N., loc. cit., 451.
(14) Dél., 17 mars 1837; Béziers, 27 août 1838; Cass., 29 nov. 1837; Ruffec, 9 déc. 1839; J. N., 9874; R. G., 2816, § 1; Marseille, 49 fév. 1858; R. P., 969.
(15) Cass., 19 germ. an 12; R. G., 2818 et D. N., loc. cit., 48.
(16) J. N., 7224; Favard, Rép., Décl. de comm., 2; D. N., Command, n° 60; Cass. Belg., 26 juill. 1861; J. N., 17313; Inst., 1178, § 3.

(17) Cass., 30 nov. 1842 ; D. N., loc. cit., 52 ; Soissons, 47 janv. 1844; R. G., 2816, § 2.
(18) Garnier, 2817; Lectoure, 8 avril 1864; R. P., 4910; J. N., 15197; D. N., Décl. de comm., 400; contra, Dél., 13 fév. 1828; R. G., 2817.
(19) Cass. (adm.), 30 nov. 1836; Inst., 1210, § 1; R. G., 2817, § 2. (20-21) Sol., 8 mai 1844; Garnier, R. G., 2819, § 1; J. N., 13019; D. N., loc. cit., 62.
(22) Rodez, 6 fév. 1840 ; R. G., 2816, § 1.
(23) Cass., 18 nov. 1843 et 31 mai 1825; J. N., 5307 et 9131; R. G., 2822.
(24) Dél., 31 déc. 1833; D. M. F., 15 janv. 1834; Inst., 1458, § 5; Dél., 29 janv. 1836, 17 nov. 1837 et D. M. F., 1er mars 1844; R. G., 2821 ; J. N., 8337, 0311, 10923.
(25) Dél., 15 mars 1838; D. N., loc. cit., 39; Inst., 1458, § 5; Tours, 7 mai 1832; J. N., 9134; Poitiers, 20 mars 1850; R. G., 2825. Mais le receveur est responsable envers le notaire quand la déclaration lui a été déposée dans le délai ; Cass., 31 mai 1825, 23 déc. 1835 ; Domfront, 21 janv. 1846; J. N., 5307, 9131, 12952.
(26) Sol., 19 juin 1830; R. G., 2824.
(27) Cass., 3 vent. an 11, 15 oct. 1808, 31 mai 1825 ; Inst., 1209, § 1, 1450, § 5; R. G., 2823; D. M. F., 15 janv. 1834; J. N., 8337.
(28) Cass., 15 nov. 1837, 13 mars 1838, 7 nov. 1843; J. N., 9831, 9969, 11824; Inst., 1562, § 7, 1577, § 5; R. G., 2827; contra, Seine, 11 déc. 1844; J. N., 8944.
(29) Dél., 26 juin 1816, 5 mai 1821 ; D. M. F., 11 avril 1821, 6 fév. 1822, 21 mai 1828; Garnier, R. G., 2788; R. P., 2088 et 2136; Dél., 5 mai et 30 nov. 1831; D. N., loc. cit., 425; Sol., 15 avril 1864; J. N., 18134; Sol., 24 avril 1864; R. P., 1987.
(30) Dél., 8 nov. 1826; R. G., 2788, § 1; Seine, 29 mars 1843; J. N., 5899 et 17736. Voir Angers, 5 août 1836; J. N., 9543.
(31) Seine, 25 juill. 1843, 9 déc. 1853; Cass., 11 janv. 1847; J. N., 12878, 12893; Abbeville, 25 juill. 1842; R. G., 2838.

7201. VI. *Vente judiciaire.* Les avoués derniers enchérisseurs dans les ventes judiciaires ont trois jours pour déclarer l'adjudicataire et fournir son acceptation (*C. de proc.*, 707). Cette règle s'applique aux adjudications faites devant un notaire commis par justice (1). — Il n'est pas alors besoin de stipuler une réserve qui est de droit (2), ni de faire faire la notification ordinaire à la Régie (3).

7202. La réserve d'élire command en faveur de l'adjudicataire à désigner par l'avoué peut être seulement insérée dans la déclaration de ce dernier (4). — Mais cette seconde élection doit être faite et notifiée dans les 24 heures comme celles qui interviennent dans les ventes amiables (5); et le délai court alors du jour de la désignation de l'avoué (6).

V. *suprà*, v° *Cautionnement*, n° 6702.

SECTION IX. — DES VENTES A RÉMÉRÉ.

7203. I. *Tarif et liquidation.* Les ventes à réméré sont, comme les autres ventes, sujettes au droit de 5 50 p. 0/0. La clause de réméré stipulée dans le contrat en forme une dépendance intime dispensée de l'impôt.

7204. Ce pacte peut s'appliquer aux ventes de meubles ou aux cessions de créances (7) et à l'échange (8).

7205. Aux termes de l'*art. 68*, § *2, n° 11 de la loi du 22 frim. an 7*, le retrait de réméré est passible du droit de quittance à 50 c. p. 0/0 quand il est fait par acte public dans les délais stipulés, ou fait sous seing privé et enregistré avant l'expiration de ces délais. — Mais les retraits exercés après les délais convenus par les contrats de vente sont passibles du droit de 5 50 p. 0/0 (9) (*L. 22 frim. an 7, art. 69*, § 7, *n° 6, et 28 avril 1816, art. 52*).

7206. Le droit de quittance se liquide sur les sommes remboursées au vendeur pour le prix principal et les loyaux coûts du contrat. Si l'acquéreur n'ayant rien payé sur le prix restitue seulement les frais, le droit de quittance n'est pas dû sur une somme supérieure à ces frais (10). Le retrait est même simplement passible du droit fixe de 2 fr., si aucun remboursement n'a lieu (11). — Quand l'acheteur au lieu de restituer le prix s'oblige à le rendre à terme, cette convention ne modifie pas l'exigibilité des droits. Le retrait est sujet au droit fixe et le droit de quittance est dû lors du payement (12).

7207. Parmi les loyaux coûts figurent les droits simples et en sus acquittés par l'acquéreur à la suite d'une expertise (13). — Mais si le vendeur consentait à retirer, en en payant la valeur, les constructions élevées par l'acheteur, le droit de vente immobilière serait exigible sur le prix de ces bâtiments (14).

7208. II. *Délai.* Le délai légal accordé pour l'exercice du réméré est de cinq ans, après quoi l'acquéreur demeure propriétaire irrévocable (*C. N. 1662*). Le droit de vente serait donc exigible sur le retrait opéré après l'expiration de cette période (15), quoique les parties aient stipulé un délai plus long (16).

7209. On peut convenir d'une période plus courte que cinq ans, et si le retrait a lieu après son expiration, le droit de vente est dû (17). Toutefois les parties ont la faculté, avant l'arrivée de ce terme, de le proroger jusqu'à la limite légale de cinq ans, et le retrait opéré pendant le cours du nouveau délai n'est sujet qu'au droit de quittance (18). — La prorogation accordée par le juge ne produirait pas les mêmes effets (19), non plus qu'une prétendue convention *verbale* énoncée dans l'acte de retrait (20).

7210. Le jour de la vente n'est pas compté dans le délai fixé pour le réméré (21), mais on doit y comprendre le jour *ad quem*, fût-il férié (22).

---

(1) Cass., 26 fév. 1827; Inst., 1210, § 2; J. N., 6072 et 6202.
(2) Cass., 23 avril 1816; Inst., 539; Garnier, 2830.
(3) Cass., 3 sept. 1810, 9 et 24 avril 1811; Inst., 530; D. N., *loc. cit.*, 90; R. G., 2837.
(4) Cass., 1er fév. 1854; J. N., 15163.
(5) Cass., 1er fév. 1854, 15 oct. et 18 nov. 1800; D. M. F., 31 déc. 1808, 10 janv. 1809; Inst., 1210, § 1; D. N., *loc. cit.*, 91.
(6) Cass., 25 fév. 1823; J. N., 4400; Vendôme, 12 juill. 1862; R. P., 4089; J. N., 4400, 17029.
(7) Dél., 7 avril 1826; J. N., 5700, § 1; R. G., 10533.
(8) Garnier, 5183.
(9) Garnier, 10632; Inst., 1320, § 8; D. N., v° *Réméré*, 142.
(10) Cass., 26 août 1823; J. N., 4470, § 2; R. G., 10572.
(11) Dél., 21 oct. 1834; J. N., 8703; R. G., 10675.
(12) Dél., 6 sept. 1826; Inst., 1204, § 8; R. G., 10673; J. N., 5914. Voir cependant Garnier, *loc. cit.*

(13) Cass., 21 mars 1835; R. G., 10674.
(14) Garnier, 10671, § 1.
(15) Garnier, 10638-10639.
(16) Sol., 7 mai 1830, 17 août 1835; Cass., 9 juill. 1839; Vitré, 22 janv. 1840; Roanne, 18 déc. 1848; Inst., 1601, § 7; R. G., 10638, § 1; D. N., *loc. cit.*, 146.
(17) Garnier, 10643, § 2.
(18) Avis du comité des fin. du 13 janv. 1830; Inst., 1320, § 8; R. G., 10643, § 1; J. N., 7094; D. N., *loc. cit.*, 143.
(19) Cass., 22 brum. an 14; D. N., *loc. cit.*, 147.
(20) Cass., 9 juill. 1839; J. N., 10149; Inst., 1601, § 17.
(21) Dél., 16 nov. 1822; D. N., *loc. cit.*, 150; Nîmes, 31 mars 1840; J. N., 10692; R. G., 10545.
(22) Garnier, R. G., 10646.

7211. Le retrait exercé après le délai convenu, par suite d'offres réelles faites dans ce délai, n'est passible que du droit de 50 c. p. 100 (1).

7212. III. *Réserve.* La faculté de réméré doit être stipulée dans le contrat de vente lui-même. S'il avait été convenu par acte séparé, même authentique, et passé le même jour que la vente, l'acte ultérieur constatant la remise en possession du vendeur donnerait ouverture au droit de rétrocession (2).

7213. IV. *Forme du retrait.* Le retrait doit avoir lieu par acte authentique, ou par acte sous seing privé enregistré avant l'expiration du délai (*Loi 22 frim. an 7, art.* 68, § 2, n° 11). — Cette nécessité de l'enregistrement avant le délai ne s'applique pas aux actes authentiques ; elle serait valablement remplacée, pour les sous seings privés, par l'une des circonstances qui donnent date certaine aux contrats (3).

7214. Le retrait peut encore être exercé au moyen d'offres réelles signifiées à l'acheteur dans le délai légal ou conventionnel (4), pourvu qu'elles fussent constatées par écrit dans la forme précédente (5), et lors même qu'elles n'auraient pas été suivies de consignation (6). — Mais un simple ajournement ne suffirait pas à arrêter la déchéance (7).

7215. En tous cas, le retrait verbal n'est pas admissible en droit fiscal. Il n'est pas douteux qu'après l'expiration du délai, l'administration pourrait exiger les droits proportionnels, si la mise en possession du vendeur était légalement établie (8).

7216. V. *Cessionnaires du vendeur.* La cession du droit de retraire l'immeuble faite sans aucun prix et à la charge seulement de rembourser à l'acheteur primitif, le cas échéant, les prix, intérêts et loyaux coûts, n'est passible que du droit fixe (9). — Mais si elle est faite à prix d'argent, le droit de vente d'immeuble devient exigible sur ce prix, sans y ajouter les sommes à restituer lors du retrait (10). — Quand la cession est le résultat d'une libéralité, il semble que le contrat constate l'abandon gratuit d'un droit immobilier et doit supporter l'impôt sur le revenu présumé de ce droit, comme dans les cas ordinaires (11).

7217. En principe, le retrait exercé par le cessionnaire de la faculté de rachat opère, au profit du retrayant, une transmission de propriété passible du droit proportionnel (12) ; s'il s'agit d'un cessionnaire à titre onéreux, c'est le droit de vente qui devient exigible et on le liquide sur les mêmes bases que pour le retrait exercé par le vendeur lui-même. — De plus, s'il avait été convenu qu'en reprenant l'immeuble, le cessionnaire payerait une certaine somme aux créanciers du vendeur en sus des restitutions ordinaires à l'acheteur dépossédé, le droit serait actuellement dû sur ces sommes (13). — Mais le droit de quittance à 50 c. p. 100. ne pourrait être cumulativement perçu avec le droit de vente (14).

7218. Quand le retrayant est un héritier du vendeur, le réméré ne donne lieu à aucun autre droit que celui de mutation par décès (15). — Si c'est un donataire, le droit à acquitter est celui de libéralité, comme il l'aurait été au moment de la donation, si l'immeuble retiré s'y fût trouvé compris. Mais, comme l'immeuble sera retiré avec les deniers du donataire, le droit de donation ne devra être établi que sur le bénéfice réel procuré au donataire par le retrait (16).

7219. Si le mari, qui a le droit d'exercer le retrait, déclare qu'il l'opère pour servir de remploi à sa femme qui accepte, le droit de 5 50 p. 100 est exigible (17).

7220. La renonciation que le vendeur fait au profit de l'acheteur, et moyennant un supplément de prix à l'exercice du retrait, est, comme la cession ordinaire, passible du droit de 5 50 p. 100 sur le prix mentionné (18). — Cependant, il semble que si cet abandon était la suite d'une transaction sur procès, le droit de quittance serait seul exigible (19).

7221. La renonciation gratuite est passible du droit fixe de 2 francs (20). Et c'est également le droit fixe qui est dû sur l'acte par lequel l'acquéreur à réméré rend la faculté de rachat au vendeur qui y

(1) Sol., 4 mai 1830 ; D. N., *loc. cit.*, 148 ; Cass., 3 fév. 1836 ; R. P., 733.
(2) Inst., 245, § 1 ; Garnier, 10649 ; D. N., *loc. cit.*, 149 ; CONTRA, Champ. et Rig., 2694 ; Dalloz, 2760.
(3) Garnier, 10652 et 10653. Voir Inst. 1320, § 8 ; J. N., 7034.
(4) Troplong, *Vente*, 718 ; Champ. et Rig., 2113 ; Duvergier, *Vente*, II, 27 ; Vazeille, *Prescript.*, II, 625 ; Marcadé, *art. 1660.*
(5) Cass., 3 fév. 1836 ; R. G., 10654.
(6) Sol., 4 mai 1830 ; D. N., *loc. cit.*, 148 ; R. G., 10654 ; Cass., 3 fév. 1836 ; R. P., 733.
(7) Garnier, 10654, § 1.
(8) Cass., 2 août 1808 ; J. N., 4470, § 1 ; R. G., 10851.
(9) Sol., 22 avril 1835 ; D. N., *loc. cit.*, 139.

(10) J. N., 1150. V. Garnier, 10534
(11) V. J. N., 9399 et 9490 ; D. N., *loc. cit.*, 160.
(12) Cass., 21 germ. an 12 ; D. N., *loc. cit.*, 105 ; R. G., 10657 ; Cass., 5 août 1806 ; R. G., *loc. cit.*
(13) Cass., 16 avril 1845 ; J. N., 12373 ; Inst., 1743, § 11.
(14) Garnier, 10657, § 2.
(15) Garnier, 10659.
(16) Garnier, 10660. Voir J. N., 9399 et 9490.
(17) Cass., 4 août 1835 ; J. N., 9013 ; Inst., 1501, § 7 ; R. G., 10661 *bis.*
(18) Inst., 1272, § 49 ; J. N., 6831.
(19) J. N., 6748 et 6831 ; D. N., *loc. cit.*, 138.
(20) D. N., *loc. cit.*, 137.

avait renoncé par acte antérieur (1). Seulement, dans ce dernier cas, le retrait ultérieur donnera lieu au droit de vente (2).

7222. VI. *Questions diverses.* Si, après une vente faite conjointement par divers copropriétaires d'un immeuble, l'un exerce *a son profit* le retrait tant de la part qu'il y avait que de celles de ses covendeurs, il encourt le droit de 50 c. p. 0/0 sur le montant du remboursement de sa part et celui de 5 50 p. 0/0 sur l'excédant auquel il n'avait aucun droit (3).

7223. Mais le vendeur peut opérer en plusieurs fois le retrait de sa part. La division de l'action n'altère pas le contrat primitif, et c'est toujours le droit de quittance qui est exigible (4).

7224. Le retrait peut être, d'ailleurs, exercé contre le tiers détenteur de l'immeuble aussi bien que contre l'acquéreur primitif (5). Cependant, comme les meubles *n'ont pas de suite*, tout retrait opéré sur un tiers acquéreur serait passible du droit de 2 p. 0/0 (6).

SECTION X. — DES TRANSACTIONS.

7225. Pour régler la perception sur les transactions, la Régie examine si la convention a opéré quelque changement dans la situation respective, dans les droits *apparents* des parties, tels qu'ils se trouvaient au moment où elles se sont rapprochées pour transiger. Et si l'une d'elles abandonne les immeubles ou droits immobiliers dont elle avait la possession, le droit proportionnel devient exigible (7).

7226. C'est ce qu'on a décidé pour un légataire universel qui avait obtenu l'envoi en possession des biens d'une succession dans laquelle il n'existait pas d'héritiers à réserve et qui renonce à une partie de son legs (8), — lors même qu'il s'agirait d'un legs à titre universel fait par préciput (9).

7227. Mais, par contre, aucun droit proportionnel n'est dû si le légataire n'est pas encore saisi de son legs, parce qu'il existe des héritiers à réserve et qu'il n'a pas obtenu la délivrance. Sa renonciation laisse la possession aux héritiers naturels et n'opère pas mutation (10). Le droit de transcription est seul exigible sur les immeubles cédés (11). — Il en est de même de la cession de droits dont le cédant avait été dépouillé par jugement, pourvu que ce jugement ait acquis l'autorité de la chose jugée (12).

7228. Nul doute d'ailleurs que le droit proportionnel soit encore exigible quand l'une des parties abandonne des biens étrangers au litige et dont elle était propriétaire sans contestation (13).

7229. Par application des principes précédents, s'il ne s'opère aucun déplacement dans les droits apparents des parties et si la transaction consiste simplement dans l'obligation de payer une somme en une rente contre l'abandon de prétentions, il ne saurait être question d'acquitter l'impôt des mutations d'immeubles ; l'acte donne lieu, selon les cas, au droit d'obligation ou de quittance (14) (*Voyez ces mots*).

7230. Quand il y a changement de possession, le droit exigible est celui de mutation à titre onéreux et non pas celui de donation (15). — On le liquide sur l'estimation à faire de la valeur vénale des biens transmis (16).

SECTION XI. — DES REMPLOIS.

7231. On considère comme une vente ordinaire passible du droit de 5 50 p. 0/0 l'acte par lequel le mari abandonne des immeubles propres en payement des reprises de sa femme. — Ce principe s'applique au régime dotal de même qu'au régime en communauté (17) ; — à l'immeuble dont le mari était pro-

---

(1) Dél., 19 janv. 1835 ; R. G., 10643, § 2.
(2) Cass., 9 juill. 1839 ; R. G., *loc. cit.*
(3) Inst., 245, § 1 ; D. N., *loc. cit.*, 158 et 159.
(4) D. M. F., 30 janv. 1818 ; R. G., 10655.
(5) Inst., 245, § 1 ; D. N., *loc. cit.*, 156 ; R. G., 10664.
(6) Garnier, 10664, § 2.
(7) Inst., 1229, § 11 ; Garnier, 13793 ; D. N., v° *Transaction*, 161 et 162.
(8) Seine, 4 juill. 1855, 20 fév. 1858 ; Cass., 15 fév. 1831, 19 nov. 1839, 26 juill. 1841, 21 mars 1842, 22 avril 1845, 17 mars 1846, 5 juin 1861, 12 déc. 1865, 30 janv. et 11 avril 1866 ; Inst., 1370, § 7, 1608. § 7, 1675, § 8, 1743, § 12, 1767, § 11 ; Garnier, 13796 ; J. N., 6404, 7386, 11051, 11308, 12683, 17163, 18420, 18161 ; R. P., 596, 1094, 1491, 2185, 2191, 2231, 2261 ; contra, D. N., *loc. cit.*, 162.
(9) Lyon, 18 août 1847 ; Garnier, 13797 ; Villefranche, 22 mai 1811, *loc. cit.*
(10) R. G., 13798 ; D. N., 171, 172 ; Dél., 23 mars 1835, 19 fév. 1828 ; J. N., 7386 ; Caillac, 3 juin 1835 ; Nîmes, 8 mars 1843 ; Lyon, 21 déc. 1861 ; R. P., 1666.
(11) Cass., 20 mai 1863 ; R. P., 1801.

(12) Cass., 2 janv. 1844, 21 août 1848, 29 avril 1850 ; J. N., 13480, 14661 ; Inst., 1774, § 8, 1875, § 12 ; R. G., 13801. Voir cependant Cass., 16 avril 1866 ; R. P., 2276.
(13) Cass., 11 avril 1808, 10 fév. 1837 ; J. N., 8723, 16010 ; Inst., 2096, § 14 ; Cass., 16 avril 1866 ; R. P., 812, 2276.
(14) Sol., 7 juill. 1819, 11 juin 1825, 23 juin et 22 déc. 1826, 25 fév. 1835 ; Garnier, 13807 ; Seine, 28 déc. 1842 ; R. G., 13809 ; Inst., 1229-11.
(15) Garnier, 13794 ; Demante, 326 ; Dél., 3 oct. et 18 nov. 1843 ; J. N., 8723, 14308, 11963 ; D. N., *loc. cit.*, 165 ; Toulouse, 15 fév. 1856 ; Cass., 10 fév. 1857, 5 juin 1861, 12 déc. 1865, 30 janv. 1866 ; R. P., 611, 812, 1492, 2185 et 2191 ; contra, Vervins, 7 déc. 1860 ; R. P., 1465 ; J. N., 17174. À moins, bien entendu, que l'acte qualifié de transaction ne soit une libéralité véritable. V. Seine, 20 fév. 1858 ; R. P., 1094.
(16) Garnier, 13795 ; Dél., 18 nov. 1843 ; J. N., 11963 ; contra, D. N., *loc. cit.*, 166.
(17) Evreux, 26 nov. 1842 ; Clermont-Ferrand, 28 août 1843 ; D. N., v° *Remploi*, 185 ; Garnier, 10704, § 1.

priétaire par indivis et qu'il a acheté pendant le mariage (1) ou avant cette époque (2); — et à celui qu'une renonciation de la femme à la communauté à rendu propre au mari (3).

7232. Mais si les immeubles cédés en remploi dépendent de la communauté, il n'est dû que le droit fixe de **2** fr. (*suprà* nº *6596*) et le droit de transcription à 1,50 p. 0/0 (4). Il en est de même des biens de la société d'acquêts sous le régime dotal (5).

7233. C'est l'acceptation de la femme qui parfait le remploi proposé par le mari et elle peut intervenir après l'acquisition jusqu'à la dissolution du mariage. Si elle se produisait ultérieurement, elle constituerait une vente passible du droit de 5,50 p. 0/0 (6).

7234. Est licite le remploi fait par anticipation pour le prix de propres non encore aliénés; il se complète régulièrement par la vente de ces propres et l'acceptation de la femme donnée ou renouvelée à cette époque. Seulement, comme le mari a pu hypothéquer les biens, le droit de transcription à 1,50 p. 0/0 est exigible sur l'acte d'acquiescement de la femme (7). C'est ce qui aurait lieu à plus forte raison si l'acceptation était volontairement soumise à la formalité au bureau des hypothèques (8).

7235. D'ailleurs, pour la perfection du remploi *in futurum*, il n'est pas nécessaire que le prix de l'immeuble soit réellement payé ; il suffit que pendant le mariage le mari ait eu, en sa possession, les deniers destinés à ce payement (9). — Mais si la vente des propres de la femme n'a pas eu lieu, la proposition de remploi demeure sans effet (10); par conséquent la cession qui serait faite de l'immeuble à la femme donnerait lieu au droit de vente (11).

7236. Si le mari, sous le régime de la communauté, a acquis l'immeuble *directement pour sa femme*, l'acceptation ultérieure de celle-ci équivaut à la ratification d'une stipulation faite en son nom par un tiers, et elle ne donne ouverture qu'au droit fixe sans droit de transcription (12).

7237. L'abandon fait par les héritiers du mari d'immeubles acquis durant le mariage régi par la coutume de Normandie, pour remplir la femme du prix de ses propres aliénés, constitue une transmission d'immeubles sujette au droit proportionnel d'enregistrement (13).

CHAPITRE VINGT-DEUXIÈME.

DES ÉCHANGES.

SOMMAIRE

7238. I. *Tarif.* Les échanges d'immeubles sont tarifés au droit de 2,50 p. 0/0, y compris le droit

---

(1) Dél., 5 mars 1833; Limoges, 7 nov. 1843; D. N., *loc. cit.*, 187; Bordeaux, 11 mars 1830; *id.*, 188.
(2) Evreux, 21 janv. 1843; *eod.*, 182.
(3) Seine, 8 avril 1839; R. P., 1182.
(4) Cass., 5 juill. 1830, 18 avril et 7 juin 1853; J. N., 12813, 13362 et 13466; et de nombreux jugements cités au Rép. gén., nº 10711; R. P., 330, 963, 1398; J. N., 17507, 17103.
(5) Dél., 5 fév. 1831, 5 août 1835 et 2 fév. 1836; J. N., 9190; Garnier, 10704.
(6) Cass., 15 mai 1839; J. N., 10393; Inst., 1001, § 8 ; Saint-Jean-d'Angély, 2 août 1837; R. G., 10704; Seine, 12 fév. 1845; R. G., 10704, § 1 ; contra, Bernay, 11 juin 1856; J. N., 15910; Châlons, 24 janv. 1850; Abbeville, 21 mars 1852; R. C., 10713.
(7) Abbeville, 12 juin 1855; les Andelys, 7 juill. 1851; Saint-Quen-

tin, 21 fév. 1855; le Havre, 30 août 1855; Bernay, 11 juin 1856; R. P., 745; Guéret, 4 nov. 1861 ; J. N., 14520, 16195, 17507; R. P., 401, 478, 889, 1699; contra, D. N., *loc. cit.*, 206; Evreux, 20 déc. 1845; J. N., 16:28. V. Dieppe, 24 déc. 1863; R. P., 1980.
(8) Cass., 21 déc. 1852 ; Inst., 1960, § 4; J. N., 14863.
(9) Cass., 6 janv. 1858; J. N., 16235; R. P., 961.
(10) Cass., 21 nov. 1852; Inst., 1983, § 4; J. N., 14821.
(11) Châteaudun, 11 avril 1854 ; J. N., 14471.
(12) Evreux, 20 déc. 1845; Seine, 9 janv. 1858; Neufchâtel, 27 nov. 1862, 10 fév. 1865, Sol., 22 juill. 1865; J. N., 12028, 16291, 17819, 18337, 18305; R. P., 1052; contra, Abbeville, 12 juin 1855; Guéret, 4 nov. 1861; J. N., 16195, 17507; R. P., 889, 1699.
(13) Cass., 12 déc. 1853; J. N., 15139; Garnier, 10707.

de transcription (*Loi, 16 juin 1824, art. 2 ; 28 avril 1816, art. 54*). — Les échanges de meubles acquittent les droits de vente (1) ; il en est de même des échanges d'un immeuble contre un meuble (2) ou un droit incorporel tel qu'une créance, une rente, une action de société, une obligation de faire (3). Mais l'échange d'un immeuble contre une action immobilière serait passible du droit de 2,50 p. 0/0 ; et c'est ce qu'on a décidé à propos de l'abandon fait par la femme dotale séparée de biens à son mari de l'action en revendication de ses immeubles aliénés, en échange d'immeubles propres au mari (4).

7239. L'échange dissimule quelquefois une vente ordinaire. Ainsi l'acte qualifié échange dans lequel l'une des parties se réserve le privilége de vendeur sur les immeubles cédés et le droit d'inscription de ce privilége jusqu'à concurrence de leur estimation, tandis que l'autre est dispensé de la remise des titres relatifs aux biens abandonnés en contre-échange, contient une vente ordinaire passible du droit de 5,50 p. 0/0 (5). — Ainsi encore, l'échange dans lequel le propriétaire de l'un des biens échangés garantit que la vente prochaine à faire par le coéchangiste s'élèvera à une somme déterminée qu'il complétera si elle n'est pas atteinte (6).

7240. Au contraire l'échange est souvent un simple partage. Tel est, par exemple : 1° l'acte par lequel deux cohéritiers ou copropriétaires attribuent à l'un l'usufruit des biens indivis et à l'autre la nue propriété (7) ; 2° celui par lequel les héritiers d'une femme, qui a légué à son mari une portion de ses biens en nue propriété, renoncent en faveur de ce dernier à l'usufruit de leur part contre l'abandon des droits du mari dans la nue propriété (8) ; 3° enfin l'acte qualifié échange constatant la cession réciproque par des communistes de leurs droits dans divers immeubles (9).

7241. Mais il faut, dans les hypothèses précédentes, qu'il y ait indivision réelle entre les coéchangistes au sujet des biens partagés. C'est pourquoi le droit d'échange deviendrait exigible si l'usufruit appartenait à l'un et la nue propriété à l'autre, car il n'y a aucune copropriété entre eux (10),—ou si l'un des contractants cédait en échange un immeuble qui lui appartient exclusivement (11).

7242. Aussi, est-ce le droit d'échange qui a été reconnu exigible sur l'acte par lequel des copropriétaires lotis en vertu d'un partage définitif, remettent les biens dans l'indivision pour faire un autre partage (12). Cependant, on a réduit au droit fixe l'acte constatant une nouvelle division du territoire d'une commune entre tous les habitants (13).

7243. Les échanges d'immeubles entre l'État et les particuliers doivent être enregistrés gratis *L., 22 frim. an 7, art. 70 ; 2, n° 1 ; Ord., 1er août 1821, art. 64 ; 12 décembre 1827, art. 8 ; Inst. Rég. 998 et 1253*). — Mais les échanges concernant le domaine privé (14), les communes, départements ou autres établissements publics sont sujets aux droits ordinaires (15). On considère comme dépendant du domaine public les routes départementales, en sorte que les échanges de propriétés destinées à leur construction sont enregistrables gratis (16).

7244. II. *Liquidation.* Le droit d'échange se calcule sur le capital du revenu annuel d'un des lots multiplié par 20, sans distraction des charges (*Loi, 22 frim. an 7, art. 15, n° 4*).

7245. La contribution foncière est considérée comme une charge des biens ; elle ne doit point être, par conséquent, distraite de la valeur locative (17).

7246. La nue propriété qui a déjà supporté le droit sur la valeur entière n'a pas un capital impo-

(1) D. M. F., 1er juin, 3 sept. et 5 nov. 1811 ; J. N., 963 ; Garnier, 5178.
(2) Champ. et Rig., 1769 ; Dalloz, 3208 ; Garnier, 5174.
(3) Champ. et Rig., 1773 ; Dalloz, 3299 ; Garnier, 5176 ; Seine, 4 avril 1841 ; D. N., *Échange*, 113 ; Clermont-Ferrand, 28 août 1843 ; D. N., *loc. cit.*, 115.
(4) Auch., 18 août 1841 ; R. G., 5177 ; D. N., *loc. cit.*, 114.
(5) Cass., 20 mars 1839 ; J. N., 10347 ; Inst., 1590, § 8 ; Garnier, 5180 ; Dalloz, 3201 ; CONTRA, Champ. et Rig., *Supp.*, 467.
(6) Agen, 26 fév. 1842 ; Laon, 21 juill. 1836 ; Bellac, 12 mai 1812 ; Guéret, 23 août 1847 ; Garnier, 5182 ; D. N., v° *Échange*, 111.
(7) Beauge, 29 oct. 1827 ; D. M. F., 24 fév. 1817 et 25 fév. 1821 ; Dél., 24 mars 1824 ; Inst., 775 et 1437, § 8 ; D. N., *loc. cit.*, 96.
(8) Cass., 16 juin 1824 ; J. N., 4782 ; Inst., 1446, § 11. Voir Cass., 8 août 1836 ; D. N., *loc. cit.*, 98 ; 4 janv. 1865 ; R. P., 2002.
(9) Bar-le-Duc, 16 juill. 1863 ; R. P., 1863.

(10) Cass., 14 août 1838, 30 mars 1841, 8 juin 1847 ; Mortagne, 12 mai 1848 ; R. G., 5229, 4391-1, 13958 ; Inst., 1643-7 ; J. N., 10111.
(11) Cass., 14 août 1838 ; Condom, 25 janv. 1845 ; Saint-Malo, 14 mars 1846 ; Cambrai, 6 fév. 1847 ; Versailles, 6 fév. 1851 ; J. N., 10111 12281, 12657, 13213, 14474.
(12) D. M. F., 18 juill. 1808 ; Dél., 2 nov. 1825 ; Villefranche, 30 déc. 1847 ; Bourganeuf, 23 juin 1850 ; R. G., 9360, § 2, 9498 et 5484, § 2 ; Toulouse, 21 août 1862 ; Sol., 16 nov. 1864 ; R. P., 1742 ; D. N., *loc. cit.*, 103 à 108. (V. cep. *infra* 7254.)
(13) Décret, 19 sept. 1806 ; D. M. F., 7 avril 1826 ; Inst., 1200, § 6 ; J. N., 5820 ; Garnier, 5214.
(14) Dél., 4 fév. 1831 ; J. N., 7375.
(15) Loi, 18 avril 1841, art. 18 ; J. N., 7432.
(16) D. M. F., 6 août 1834 et 21 mai 1838 ; Inst., 1219, § 1 et 1468 ; Garnier, 5229.
(17) Cass., 7 janv. 1823, 16 août 1847 ; J. N., 13120 ; Garnier, 5191.

sable égal à celui de la propriété entière ; c'est sur le revenu multiplié par 10 qu'il faut asseoir le droit de 2,50 p. 0/0 (1). L'usufruit ne s'évalue aussi qu'au denier 10 (2).

7247. L'expertise est le seul moyen accordé à la Régie pour constater l'insuffisance du revenu déclaré ; elle invoquerait en vain l'existence d'un bail courant au jour de la transmission (3). — C'est également l'estimation du revenu et non pas de la valeur vénale qui peut servir à établir l'inégalité des lots échangés (4).

7248. III. *Soulte.* Lorsqu'il y a une soulte dans l'échange, le droit de 2,50 p. 0/0 se liquide sur le revenu de la plus faible part et la soulte donne lieu au droit établi pour les ventes (*Loi, 22 frim. an 7, art. 69, § 5, n° 5*). — Ce droit est toujours de 5,50 p. 0/0, lors même que la soulte porterait sur des portions d'immeubles indivis et que l'échange ferait cesser complétement l'indivision (5).

7249. Le même tarif s'applique d'ailleurs à la plus-value qui résulterait, à défaut de soulte exprimée, d'une différence dans les revenus (6). — Mais, dans tous les cas, le droit se liquide sur le capital le plus élevé, soit qu'il représente la plus value, soit qu'il provienne au contraire de la soulte énoncée (7).

7250. Quand la soulte est à la charge du lot dont le revenu est le plus fort, la Régie fait percevoir le droit d'échange sur le capital de la plus faible part, puis le droit de soulte à la fois sur le capital de la différence des revenus et sur la soulte stipulée (8). — C'est là une exagération évidente. Nous approuvons la liquidation du droit d'échange sur le moindre lot en revenu, mais le droit de soulte paraît seulement exigible sur le retour s'il n'est pas inférieur au capital produit par la différence des revenus (9).

7251. La soulte se compose souvent de charges imposées exclusivement à l'un des échangistes alors qu'elles devraient être supportées par l'autre ; — tels sont le payement d'un solde de prix de vente (10) ; l'obligation de faire ou d'achever certaines constructions (11), — celle d'acquitter la totalité des frais de l'échange autres que ceux de la soulte concernant l'échangiste qui en est tenu (12).

CHAPITRE VINGT-TROISIÈME.

DES RÉTROCESSIONS.

SOMMAIRE.

(1) Tulle, 7 fév. 1861 ; J. N., 17219. Voir Garnier, 5101 ; D. N., loc. cit., 87.
(2) Garnier, 5193 ; Montmorillon, 16 janv. 1861 ; Marseille, 24 août 1861 ; R. P., 1931 ; J. N., 13456, 17932 ; contra, Mayenne, 7 janv. 1847 ; R. G., 5193.
(3) Cass., 27 déc. 1820 ; J. N., 3697 ; Inst., 1537, ch. 3, art. 1, n° 260.
(4) Cass., 13 déc. 1809, 23 avril 1812, 22 fév. 1843 ; J. N., 11588.
(5) Cass., 17 juin 1850 ; J. N., 14099 ; Inst., 1875, § 4 : Garnier, 5196 ; D. N., loc. cit., 95 ; contra, Champ. et Rig., Supp., 600 ; Dalloz. 2702 ; Cass., 8 août 1836 ; R. G., loc. cit., en note ; Seine, 5 mars 1817 ; Nancy, 26 juin 1846 ; J. N., 13044 et 14099.

(6) Cass., 22 fév. 1843 ; J. N., 11588 ; Inst., 1897, § 3 ; Garnier, 5199.
(7) Cass., 8 déc. 1847 ; Seine, 29 nov. 1848, 21 fév. 1844, 8 avril 1859, J. N., 12420 et 13226 ; Inst., 1537, ch. 3, n° 258, 1814, § 10 ; Garnier, 5202 ; R. P., 1218.
(8) Dél., 14 déc. 1816 ; R. G., 5203.
(9) Voir J. N., 12757 ; D. N., loc. cit., 81 ; Garnier, 5203.
(10) Cass., 28 avril 1830 ; J. N., 7165 ; Inst., 1336, § 6.
(11) Marseille, 30 août 1850 et 28 août 1851 ; R. G., 5205, § 3.
(12) Garnier, R. G., 5205, § 4 ; Seine, 30 janv. 1861 ; Cass., 10 mai 1865 ; J. N., 18280 ; R. P., 1875, 2112 ; contra, Dél., 15 mai 1827, 13 janv. 1829, 17 sept. 1839 ; D. N., loc. cit., 89.

Caractère frauduleux, 7270.
Renonciations partielles, 7271, 7272.

Renonciations à titre onéreux, 7273, 7274.
Renonciations à la communauté, 7269, 7275.

SECTION 1. — DES RÉSOLUTIONS VOLONTAIRES.

7252. *Tarif.* Les résolutions de contrat n'ont pas été toutes tarifées au droit proportionnel. Elles n'en sont passibles que quand la dissolution du premier engagement opère une mutation actuelle entre les parties contractantes (1).

7253. C'est ainsi que la loi du 22 frim. an 7 a soumis la résolution de la vente sous le nom de rétrocession au même droit que la vente proprement dite (*art. 69, § 5, n° 1, et § 7, n° 1*), y compris le droit de transcription lorsqu'il était dû sur la vente (2). — Et il importe peu, en principe, quel est le motif du résiliement ; le droit n'en serait pas moins exigible quoique la convention intervienne pour réparer une nullité radicale. Néanmoins la Régie a reconnu que la résolution de la vente du bien d'autrui, étant sans effet sur le déplacement de la propriété, demeurerait soumise au droit fixe (3).

7254. La résolution d'un échange donne lieu au même droit que le contrat primitif. Celle d'un partage équivaut, selon les cas, à une vente ou à un échange quand les attributions sont modifiées par le second acte (4); mais si les biens sont simplement remis dans l'indivision, aucun droit proportionnel n'est exigible (5). Cette dernière solution s'applique généralement à la résolution de tous les actes non translatifs, par exemple, aux promesses de faire (6) ou aux résolutions de marché (7).

7255. Est passible du droit de quittance le résiliation d'une obligation ou le remboursement d'une rente soit viagère, soit perpétuelle (8). — Quand la rente viagère est simplement convertie en un capital exigible à terme, c'est une novation sujette au droit de 1 p. 0/0 (9).

7256. La déclaration du débiteur que la quittance qui lui avait été donnée de son obligation est sans effet, équivaut à une nouvelle reconnaissance de dette passible du droit de 1 p. 0/0 (10). Le contraire a été cependant décidé et avec plus de raison, selon nous, à propos d'une dot dont le contrat de mariage portait quittance et que les constituants avouaient devoir encore (11).

7257. Les actes portant résolution de transport de créances, de rentes ou d'actions, opèrent des transmissions nouvelles passibles des mêmes droits que les actes résolus (12).

7258. La renonciation à une donation actuelle devenue irrévocable par l'acceptation constitue une libéralité nouvelle assujettie au droit proportionnel de donation (13), pourvu que la renonciation soit elle-même formellement acceptée par l'ancien donateur (14). — Si la donation répudiée est un partage d'ascendant, il va de soi que le tarif applicable n'est plus celui de 1 p. 0/0 réglé par la loi du 16 juin 1824, mais celui des donations ordinaires (15).

7259. Les rapports en nature faits à la succession du donateur constituent à certains égards des résolutions de la libéralité antérieure. Cependant ils ne donnent ouverture à aucun droit, parce qu'ils sont le résultat naturel de la condition légale apposée à la donation (16). — La situation est la même que pour les résolutions conditionnelles stipulées dans les actes (17), et, par exemple, pour le retrait de réméré.

7260. Tout ce qui précède est spécial aux résolutions volontaires. D'autres principes régissent les résolutions prononcées par jugement, mais la jurisprudence a craint que les résiliements amiables ne fussent un moyen facile d'éluder les droits sous le prétexte de réparer une erreur ou une nullité, et c'est

---

(1) Garnier, 11014 à 11018.
(2) Garnier, 11155, 11156 ; CONTRA, J. N., 16439.
(3) Dél., 14 avril 1829, 18 sept. 1822; D. N., v° *Résil.*, 15 et 16 ; Sol., 22 janv. 1858; R. P., 1291. Voir cependant Sol., 8 juin 1831 ; Moissac, 5 juin 1838 ; D. N., *loc. cit.*, 13 ; Ploermel, 1er fév. 1853 ; Vassy, 19 déc. 1844 ; R. G., 11151 et D. N., *Rétroc.*, 37.
(4) D. M. F., 18 juill. 1808; Bourgancuf, 28 juin 1850; Dél., 2 nov. 1823 ; R. G., 9366-2, 9498.
(5) Garnier, 11027, § 3 ; Sol., 25 juin 1830 ; D. N., *Rétroc.*, 20; CONTRA, Sol., 16 nov. 1854; *suprà* 7242.
(6) Cass., 20 janv. 1839 ; R. G., 11027 ; D. N., *loc. cit.*, 23.
(7) Champ. et Rig., 1494; Dallez, 1991; Garnier, 8425, 8460; CONTRA, Dél., 31 déc. 1833 ; R. G., 8425.

(8) Sol., 19 sept. 1825; R. G., 11023 ; D. N., *Résol. de rente*, 109, 423.
(9) Sol., 8 sept. 1831 ; J. N., 1433; R. G., 11021.
(10) Dél., 21 déc. 1837; R. G., 11026.
(11) Dél., 31 janv. 1850; J. N., 13964; R. G., 11026.
(12) Garnier, 11039 à 11041.
(13) Cass., 9 juin et 28 juill. 1806; D. N., v° *Renonc.*, 96 ; R. G., 11029, 11031; Dreux, 28 mai 1802; R. P., 1028.
(14) Sol., 8 oct. 1835 ; R. G., 11036 (sauf les cas, bien entendu, des donations indirectes ou accessoires qui ne sont pas soumises à la formalité de l'acceptation formelle).
(15) Garnier, 11035.
(16) Dél., 23 fév., 1er mai 1827, 30 sept. 1830 ; R. G., 11028.
(17) Voir J. N., 17752.

pourquoi elle les assujettit en général au droit proportionnel (1). — Elle assimile d'ailleurs au résiliement volontaire celui qui a lieu dans un procès-verbal de conciliation (2), et dans un jugement rendu sur prorogation de compétence (3) ou du consentement des parties (4).

SECTION II. — RÉSOLUTIONS JUDICIAIRES.

7261. La perception des droits sur les jugements ne rentrant pas dans le cadre de ce travail, nous n'avons pas à développer toutes les hypothèses dans lesquelles la résiliation judiciaire d'un contrat profite du droit fixe. Il nous suffira de citer les deux textes qui s'appliquent à la matière. D'après *l'art. 68,* § 3, *n° 7, de la loi du 21 frim. an 7*, les jugements des tribunaux civils (et de commerce) rendus en première instance ou sur appel portant résolution de contrat ou de clause de contrat pour cause de nullité radicale, sont sujets au droit fixe de 3 fr., porté à 5 fr. ou 10 fr. par la loi du 28 avril 1816. — D'un autre côté, *l'art. 12 de la loi du 27 ventôse an 9*, soumet au même droit fixe les jugements portant résolution de contrats de vente pour défaut de payement quelconque sur le prix, lorsque l'acquéreur ne sera point entré en jouissance.

7262. Rien n'est, en général, plus difficile que de savoir quand il y a nullité radicale dans le sens du premier article. Cependant on a considéré comme telles : 1° l'incapacité absolue ou relative des contractants (5) ; — 2° l'erreur sur l'objet de la convention, par exemple la vente du bien d'autrui (6), sur la nature du contrat (7) ou sur son motif déterminant (8), — 3° la violence et le dol (9) ; la fraude aux droits des créanciers (10). Mais on n'admet pas comme nullité radicale : 1° la simple simulation exempte de fraude pour les tiers (11) ; — 2° la lésion même des sept douzièmes dans la vente (12) ; — 3° l'inexécution des conditions d'une donation (13) ; — 4° l'excès dans les limites du mandat (14).

7263. En ce qui concerne la résolution de la vente pour défaut de payement du prix, le droit fixe est subordonné à ces deux conditions 1° que le prix soit encore dû en totalité ; 2° que l'acquéreur ne soit pas entré en jouissance de l'objet vendu. — Ainsi le droit proportionnel deviendrait exigible si l'acquéreur avait versé un à-compte (15) ou réglé le prix en traites (16), ou soldé soit les charges, soit les intérêts du prix. — La jouissance dont il s'agit ici n'est pas seulement la possession incorporelle qui résulte du contrat lui-même, c'est une jouissance effective se manifestant par des baux, des aliénations partielles et autres actes semblables (17).

SECTION III. — RÉSILIEMENTS DANS LES VINGT-QUATRE HEURES.

7264. L'art. 68 § 1, *n° 40, de la loi du 22 frim. an 7*, soumet au droit fixe de 1 fr. (2 fr. d'après la *loi du 28 avril 1816*, art. 45, n° 2) les résiliements purs et simples faits par acte authentique dans les 24 heures des actes résiliés.

7265. Les trois conditions précédentes sont indispensables. Ainsi, si au lieu d'être pur et simple, le résiliement contenait la stipulation d'un dédommagement quelconque au profit du vendeur, le contrat serait passible du droit proportionnel (18). Il en serait de même du résiliement sous seing privé (19). — Le délai de 24 heures se compte strictement *de hora ad horam*. Cependant si le contrat résilié ne porte pas l'heure à laquelle il a été signé, la résiliation peut s'opérer pendant la journée du lendemain, sauf à la Régie à prouver que les 24 heures étaient alors expirées (20), et sans que le délai puisse être

(1) Garnier, 10044; Cass., 5 germ. an 13, 30 janv. 1815, 21 mars 1821; R. 8., loc. cit.

(2) Cass., 1er frim. an 9 et 19 germ. an 13; Ploermel, 1er fév. 1853; R. G., 11145; D. N., Rétroc., 28.

(3) Seine, 12 juill. 1838; R. G., 11140.

(4) Cass., 24 avril 1822, 11 nov. 1833; Inst., 1151, § 2; Seine, 7 déc. 1848; J. N., 8292, 15356.

(5) Inst., 1354, § 5; R. G., 11060 à 11070; D. N., Résil., 197 à 201.

(6) Dél., 10 juill., 1836, 29 mars 1843; Sol., 28 mars 1832, 4 janv. 1840, 18 sept. 1822; R. G., 11078; Cass., 10 janv. 1814; J. N., 11804; R. G., loc. cit.

(7) Garnier, 11074.

(8) Angers, 31 déc. 1840, 29 août 1831; R. G., 11075; Cass., 8 avril 1811; D. N., loc. cit., 202; R. G., 11075, § 4.

(9) Garnier, 11083, 11084.

(10) Dél., 14 janv. 1832; Draguignan, 19 juin 1833; Dél., 24 août

1831. Voir cependant Schelestadt, 22 juill. 1842; R. G., 11086, § 4 ; D. N., loc. cit., 191.

(11) Cass., 12 nov. 1834; Inst., 1481, § 5 ; Cass. (ch. réun.), 29 déc. 1821, 23 nov. 1836; Inst., 1539, § 5, 9 juill. 1839; Inst., 1601, § 17 ; R. G., 11087; J. N., 2114, 4425 et 4429; Cass., 17 fév. 1840; Inst., 1618, § 2; D. N., loc. cit., 213.

(12) Cass., 5 germ. an 13, 17 déc. 1811, 11 nov. 1833; Inst., 245, 1347, § 4 ; 1451, § 2 ; R. G., 11088 à 11093.

(13) Cass., 22 mars et 30 déc. 1844; J. N., 12096, 12205 ; R. G., 11125; Inst., 1723, § 3 et 1732, § 4.

(14) Cass., 24 janv. 1844 ; J. N., 11990; Inst., 1713, § 7 ; R. G., 11129.

(15) Cass., 18 nov. 1822; R. G., 11109, 15 avril 1823; J. N., 4463.

(16) Cass., 18 nov. 1822 et 31 déc. 1823; R. G., 11110.

(17) Cass., 11 mars 1849; Inst., 1857, § 11 ; R. G., 11118; D. N., Résol., 210 à 243.

(18) Garnier, 11136.

(19) Garnier, 11137; Champ. et Rig., 340; CONTRA, Dalloz, 487.

(20) Champ. et Rig., 337; Dalloz, 484; Garnier, 11139.

prolongé par une protestation (1). Mais l'acte de résiliement n'a pas besoin d'être notifié ni enregistré dans les 24 heures comme l'élection de command (2).

7266. Quant à l'acte résilié, il a été jugé qu'il demeure soumis aux droits ordinaires nonobstant la résolution dont il a été l'objet (3); mais nous croyons que si le résiliement a eu lieu en justice avant le payement des droits, l'impôt proportionnel ne saurait être réclamé (4).

SECTION IV. — RENONCIATIONS.

7267. Les renonciations à succession, legs ou communauté, faites devant notaires, peuvent être opposées à la Régie pour éviter le payement des droits de mutation par décès (5). — On peut de même renoncer, du chef d'une personne décédée, à une succession qui se trouve ainsi dévolue directement au renonçant (6).

7268. Mais la renonciation n'est plus valable si le renonçant ou son auteur a déjà fait adition; par exemple, s'il a accepté bénéficiairement (7), affermé un immeuble (8) en son titre d'héritier (9); s'il a pris qualité expresse dans un inventaire ou autre acte (10); s'il a donné une procuration pour régir les biens, etc. (10).

7269. Le mari ne peut pas non plus renoncer de son chef ou du chef de sa femme à la communauté dissoute (11).

7270. Dans tous les cas où la renonciation est possible, il faut, pour la faire accepter à la Régie, qu'elle soit exempte de fraude (12); c'est-à-dire que le renonçant ne reçoive pas, par des voies indirectes, le prix de son désistement. La jurisprudence a rendu, sur ce point, un très-grand nombre de solutions qui varient toutes selon les espèces soumises à l'appréciation de la cour et des tribunaux. — Nous citerons seulement les renonciations à jouissance faites par un seul ou plusieurs actes, moyennant une rente ou un autre usufruit qui représente la valeur de la jouissance abandonnée (13); — et les renonciations suivies d'un partage anticipé dans lequel le renonçant retrouve l'équivalent des bénéfices (14).

7271. La Régie n'admet pas non plus la sincérité des renonciations partielles à un legs. Elle fait acquitter le droit de mutation par décès sur la totalité des valeurs, comme si la renonciation n'existait pas, et le droit de donation sur les biens compris dans le désistement gratuit (15). — Telle est la renonciation à la nue propriété d'un immeuble légué en toute propriété (16); — ou réciproquement (17) la renonciation à une portion de l'usufruit légué (18); — à une fraction de la toute propriété de l'objet du legs (19); — celle que le légataire universel consent au sujet de la jouissance d'un immeuble légué particulièrement à un tiers (20); — celle de l'ascendant à l'usufruit du tiers des biens appartenant aux collatéraux (21).

7272. Mais la renonciation peut être scindée quand le legs comprend des parties distinctes, comme le legs de l'usufruit des immeubles et de la propriété des meubles (22). — Il en est de même lorsque la renonciation a pour but d'opérer la réduction d'une libéralité qui excède la quotité disponible (23).

(1) Champ. et Rig., 338; Dalloz, 485; Garnier, 11140.
(2) Garnier, 11141.
(3) Cass., 9 avril 1841; J. N., 11968; Inst., 1723, § 6; R. G., 11142.
(4) Demante, n° 159. Voir Garnier, R. G., 11017.
(5) Cass., 15 fév. 1854, 4 mars 1850, 24 nov. 1857; J. N., 16286; R. G., 10721.
(6) R. G., 10757; Cass., 30 mai 1849, 24 avril 1851; Villefranche, 4 mars 1836 et 17 juin 1817; Dél., 28 août 1849; J. N., 9408, 13103, 13732, 13831, 15233.
(7) Cass., 1er fév. 1830, 21 avril 1833; J. N., 7080 et 8086; D. N., V. Renonc., 114.
(8) Cass., 24 juin 1837; J. N., 9703; Inst., 1562, § 16, 7 mars 1835; J. N., 9703, 13231; Inst., 2042, § 6; Valenciennes, 8 mai 1862; R. P., 337, 1708.
(9) Cass., 13 mars 1860, 17 août 1861; J. N., 17831; R. P., 1865.
(10) Cass., 4 avril 1849; J. N., 13763; R. G., 10750; Inst., 1814, § 8. Voir Garnier, 10723 et D. N., loc. cit., 120, 121, 123.
(11) Cass., 8 mars 1842, 26 nov. 1849; Inst., 1675, § 4, 1857, § 6; R. G., 10758. Voir J. N., 8093, 8737, 11278, 13587; D. N., loc. cit., 113; Lyon, 21 mars 1865; R. P., 2135.
(12) Cass., 27 mars 1835; J. N., 15525.
(13) D. N., 132; R. G., 10740; Cass., 27 mars 1835; Arras, 11 août 1844; Béthune, 6 juill. 1844; Pont-Audemer, 11 janv. 1851; Alençon,

18 nov. 1850; Seine, 25 juill. 1850; Gusset, 3 août 1856; Coutances, 4 avril 1857; Lille, 15 mai 1858; R. P., 991, Brignoles, 17 déc. 1858; Cass., 18 juill. 1860; Beaune. 25 août 1861; Cass., 17 janv. 1866, J. N., 15525, 15972, 16901, 18230, 18417; R. P., 398, 885, 1110, 1268, 2104, 2232; contra, Nancy, 17 fév. 1862; R. P., 1680.
(14) Pont-l'Évêque, 17 oct. 1846; Mortagne, 22 juill. 1847; Montmédy, 20 juin 1832; Montpellier, 1er juill. 1850; Alençon, 24 déc. 1850; R. G., 10741. V. Rambouillet, 12 déc. 1845; Saint-Quentin, 1er juill. 1846; Nogent-le-Rotrou, 19 août 1854; Avesnes, 6 avril 1859; Sens, 15 juill. 1861; J. N., 12642, 12760; R. P., 597, 1152, 1950.
(15) Dél., 16 avril 1825 et 26 juin 1827; Inst., 1173, §7, et 1229, § 11; J. N., 6501; Bar-le-Duc, 4 mai 1813; R. G., 10752.
(16) Dél., 11 avril 1817; J. N., 2118.
(17) Cass., 18 nov. 1851; J. N., 14530.
(18) Gray, 22 août 1851; Seine, 18 avril 1857; J. N., 14697, 16086 Tulle, 15 déc. 1852; D. N., loc. cit., 112.
(19) Nancy, 26 fév. 1855; J. N., 15363.
(20) Bordeaux, 23 janv. 1849; D. N., loc. cit., 113; R. G., 10732.
(21) Dél., 4 nov. 1840; D. N., loc. cit., 111; R. G., 10740.
(22) Cass., 9 avril 1850; R. P., 680; J. N., 15790.
(23) Dél., 18 oct. 1833; Inst., 1451, § 5; Laval, 11 mai 1832; Dél., 28 déc. 1832; J. N., 3196, 7975, 8219; Garnier, 10751.

7273. On considère encore comme des renonciations translatives celles qui ont lieu, soit moyennant un prix au profit de tous les cohéritiers (1), soit même sans stipulation de prix au profit d'un seul d'entre eux (2). En conséquence, le droit de donation est exigible si la renonciation acceptée par les héritiers est gratuite, et celui de vente, de change, etc., si elle est consentie à titre onéreux (3).

7274. La jurisprudence a rangé dans cette catégorie la renonciation par laquelle des collatéraux, institués légataires universels avant la naissance d'un fils du testateur, se désistent du bénéfice de la disposition, pour le cas où le fils se marierait, et aurait des enfants, mais stipulent que le testament aura tout son effet en cas de prédécès du réservataire sans postérité (4); — la renonciation par le légataire à l'accroissement de son legs, en présence des enfants de son colégataire (5); — l'acte par lequel le légataire universel, déclarant ne vouloir retirer aucun profit personnel du legs, paye à chaque héritier sa portion *ab intestat* (6).

7275. Mais est seulement passible du droit fixe la renonciation consentie par une veuve à la communauté en faveur des héritiers du mari, à condition que ceux-ci lui payeront ses reprises (7), — ou qu'elle sera déchargée de toute contribution aux dettes (8).

CHAPITRE VINGT-QUATRIÈME.

DES SUCCESSIONS.

SOMMAIRE

(1) Garnier, 10737; Sol., 19 août 1830, *loc. cit.*, 10738.
(2) Cass., 10 nov. 1847; J. N., 13241; Lyon, 27 mars 1838; R. P., 1109.
(3) Cass., 17 août 1815; D. N., 74.
(4) Dél., 16 avril 1825; Inst., 1173, § 7; J. N., 5342.

(5) Cass., 12 nov. 1822; D. N., *loc. cit.*, 70.
(6) Seine, 20 fév. 1838; J. N., 16311.
(7) Dél., 19 août 1830; D. N., *loc. cit.*, 89.
(8) Dél., 20 mai 1834 et 24 juill. 1838; J. N., 8617 et 10103.

SECTION Ire. — DU TARIF.

7276. Le tarif des droits de succession a été fréquemment modifié depuis la loi du 22 frimaire an 7. Le tableau suivant présente l'indication de celui qui est actuellement suivi.

DEGRÉ DE PARENTÉ.	MEUBLES et IMMEUBLES.	LOIS.
Ligne directe..............	1 p. 100.	LL. 22 frim. an 7, art. 69, § 3, n° 4; 18 mai 1850, art. 10.
Epoux....................	3 p. 100.	LL. 28 avril 1816, art. 53; 18 mai 1850, art. 10.
LIGNE COLLATÉRALE. { Frères, sœurs, oncles, tantes, neveux, nièces.....	6 fr. 50 p. 100.	LL. 24 avril 1832, art. 33; 18 mai 1850, art. 10.
Grands-oncles, grandes-tantes, petits-neveux, petites-nièces, cousins germains........	7 p. 100.	Idem.
Parents au delà du 4e degré jusqu'au 12e...........	8 p. 100.	Idem.
Personnes non parentes.......	9 p. 100.	Idem

7277. C'est la loi en vigueur au moment où s'ouvre la succession qui sert de règle pour l'application du tarif (1). Ainsi, par exemple, lorsque le testateur a légué un usufruit à deux personnes pour en jouir successivement, le droit est dû lors du décès du premier usufruitier selon le taux en vigueur au moment de la mort du testateur (2). La question avait été un instant controversée pour le legs de rente viagère (3) ; mais la Régie est ensuite revenue au même principe (4).

7278. Ainsi encore, il a été décidé que le droit exigible sur les biens d'un absent doit être réglé d'a-

(1) Cass., 31 mai 1836 ; R. G., 12176.
(2) Seine, 2 fév. 1842, 6 juin 1851, 16 fév. 1855, 6 et 15 fév. 1856 ; J. N., 14385, 15739; R. G., 12476, § 1.
(3) Dél., 19 fév. 1851 ; J. N., 14351.
(4) Dél., 20 déc. 1851 ; J. N., 15739.

près le taux du jour du jugement d'envoi en possession, parce que la succession est réputée s'ouvrir à cette époque (1). Il en est de même d'un legs soumis à une condition suspensive (2).

7279. *Enfants naturels.* En .principe les enfants naturels acquittent le droit fixé pour la ligne directe (3), lors même qu'ils seraient appelés à l'hérédité par un testament (4), mais s'ils recueillent la succession à défaut de successibles, ils sont considérés comme personnes non parentes (5).

7280. Lorsque l'enfant naturel décède sans postérité légitime, mais laissant un enfant naturel, celui-ci exclut tous les parents de son auteur, et les droits de mutation par décès doivent être payés au taux fixé entre étrangers (6).

7281. *Époux.* L'époux appelé à la succession à défaut de parents au degré successible est aussi considéré comme étranger (*Loi du 28 avril 1816, art. 33*). S'il était légataire de tout ou partie des biens, il acquitterait le droit de 3 p. 0/0 seulement sur le montant de son legs (7). On ne le soumettrait d'ailleurs qu'au tarif résultant de son degré de parenté s'il recueillait la succession en qualité de parent collatéral (8).

7282. *Succession vacante.* Pour les successions vacantes, le droit est dû au taux qu'aurait payé l'héritier connu s'il n'eût pas renoncé ou s'il ne se fût pas abstenu (9); et s'il n'y a pas d'héritier connu, c'est au taux fixé pour la parenté collatérale la plus éloignée que le droit fixe est exigible (10). — Quant aux successions en déshérence appréhendées par l'État, elles ne donnent lieu à aucun impôt (11).

7283. *Enfant adoptif.* Les enfants adoptifs tenant la place des enfants légitimes doivent acquitter les droits au même taux qu'eux pour les biens qui leur sont légalement dévolus (12). On l'a décidé ainsi quoique l'enfant adoptif vînt à la succession en une double qualité, d'abord comme enfant pour réclamer sa réserve, puis comme parent naturel du défunt pour partager un legs fait collectivement à ceux-ci (13).

7284. *Alliés.* Quant aux alliés, ils sont toujours considérés comme étrangers pour la perception des droits (14).

SECTION II. — DE LA LIQUIDATION.

7285. Le receveur doit accepter la déclaration des parties telle qu'elle lui est présentée, mais il est seul maître de la liquidation des droits, et les redevables ne peuvent ni en refuser le payement sans s'exposer au 1/2 droit en sus (15), ni faire insérer des réserves contre la perception (16). Ils ont seulement la faculté de demander le remboursement des droits quand ils sont acquittés.

7286. Il n'est cependant pas permis au receveur de refuser de réduire une libéralité excessive quand telle est la volonté des parties (17). De même, si l'époux survivant légataire de la quotité disponible déclare opter pour l'usufruit de 1/2, la perception doit être établie en conséquence, sauf à la Régie à prouver la fraude (18).

7287. Le droit se liquide séparément sur les valeurs mobilières et immobilières (19). A l'égard de ces dernières, leur capital s'obtient invariablement par la multiplication du revenu, lors même qu'il faudrait les soumettre à l'imputation de certaines charges dont l'importance ne se détermine pas de la même manière (20).

7288. Les donations de biens présents et à venir par contrat de mariage ne sont passibles du droit de mutation qu'au décès du disposant. Néanmoins, si ce droit a été perçu lors du contrat de mariage,

(1) Seine, 20 mars et 9 avril 1856; Cass., 8 déc. 1856; R. P., 840.
(2) Seine, 9 juin 1851; R. G., 13045 *bis*, § 4.
(3) Inst., 239 et 1796, §§ 15 et 16; R. G., 5718.
(4) Solution, 16 juill. 1847; Cass., 5 avril 1852; Melun, 27 août 1832; R. G., 5721; J. N., 13324, 14629, 14759; Inst., 1796, § 5, 1940, § 2.
(5) Loi 28 avril 1816, art. 33; Lyon, 19 fév. 1845; Cass., 12 avril 1847; Inst., 1796, § 40; J. N., 12315, 13006; R. G., 5720; G. Demante, n° 653.
(6) Seine, 12 juin 1850; Guéret, 17 oct. 1851; J. N., 14472, 14518; R. G., 5722.
(7) Sol., 9 mai 1843; J. N., 11018.
(8) Sol., 30 mai 1806; R. G., 12181, § 1.
(9) Inst. 296, § 70; Seine, 7 juillet 1844; R. G., 12184; Demolombe, XV, 316; Demante, n° 677.

(10) Sol., 6 août 1831; R. G., 12484, § 1; D. M. P., 7 juin 1808; Inst., 486, § 33.
(11) Loi 22 frim. an 7, art. 70; Circul. 1306.
(12) R. G., 1280.
(13) Dél., 19 avril 1834; CONTRA, R. G., 12485.
(14) Cass., 28 janv. 1839; J. N., 10272; Inst., 1590, § 5; D. M. P., 1er mai et 24 juillet 1820; Charolles, 30 août 1828; Reims, 27 décembre 1815; Lure, 24 fév. 1851; R. G., 4844.
(15) St-Brieuc, 25 août 1856; R. P., 721; R. G., 13274.
(16) Inst., 1875, § 6; Cass., 21 août 1861; R. P. 1543.
(17) Cass., 10 juillet 1860; R. P. 1355.
(18) Dél., 28 décembre 1832; Laval, 14 mai 1832; R. G., 13274; Cass., 10 juillet 1860; R. P., 1355; Inst., 1437-10, 2185, § 7.
(19) Sol., 25 mars 1856; CONTRA, D. N., *Succ.*, n° 884.
(20) Dél., 5 mars 1835; J. N., 9221; R. G., 13276 et 13320; Arg., Cass., 7 juillet 1856; J. N., 15842.

il faut en tenir compte pour la liquidation du droit de mutation par décès (1). L'imputation est également admise lorsque l'héritier est évincé par un autre successible (2), ou lorsque des enfants recueillent comme héritiers certains biens qui leur avaient été attribués par un partage anticipé annulé (3).

7289. Le partage ayant un effet déclaratif de propriété doit servir de base à la déclaration lorsqu'il est fait avant elle, aussi bien pour les valeurs de la communauté (4) que pour celles de la succession (5). Il importe peu que les meubles soient attribués à l'un et les immeubles à l'autre (6), ou même que l'un reçoive l'usufruit pendant que l'autre obtient la nue propriété (7). Dans tous ces cas, le droit n'est dû que sur les biens compris au lot du défunt.

7290. Mais il faut pour cela, d'un côté, qu'il s'agisse d'un partage sérieux et ne dissimulant aucune convention translative (8), et de l'autre que le partage soit fait sans soulte. Dans ce dernier cas, c'est la portion d'immeubles représentée par la soulte qui doit être déclarée, d'après une évaluation en revenu (9).

7291. On doit assimiler la licitation au partage avec soulte, et si les biens étaient licités avant le payement des droits de succession, il est certain qu'il ne faudrait pas en déclarer le prix au lieu de les déclarer eux-mêmes (10).

7292. Ce qui précède s'applique au partage antérieur au payement des droits, que le délai soit ou non expiré (11). Quand la déclaration est faite, son influence n'est plus la même. Il ne saurait motiver aucune demande en restitution, parce que les droits ont été régulièrement perçus dans le sens de l'art. 60 de la loi du 22 frim. an 7 (12). — Mais la question de savoir si la Régie peut réclamer un supplément de perception d'après les lotissements qu'il contient est fort controversée (13). La difficulté est actuellement soumise à la Cour de cassation.

7293. Quoi qu'il en soit, si après le décès de l'un des époux communs ses héritiers ont payé le droit sur la moitié des biens et qu'un partage postérieur attribue l'usufruit au survivant, ses héritiers sont tenus à son décès d'acquitter les droits sur l'autre moitié de la communauté (14).

7294. Un avis du Conseil d'État du 2 septembre 1808, devenu célèbre dans la jurisprudence fiscale, a décidé qu'une même valeur ne pouvant supporter un double impôt, il fallait, pour la perception du droit de mutation par décès, déduire des biens d'une hérédité tous les legs particuliers, existants ou non en nature, faits par le défunt, et liquider séparément l'impôt sur les legs et sur le surplus des biens demeurant à l'héritier.

7295. On ne fait plus aucune distinction pour cela entre les meubles et les immeubles depuis que la loi du 18 mai 1850 a tarifé ces valeurs au même taux. Il faut distraire de l'actif total le montant des legs et ne percevoir le droit du chef de l'héritier que sur l'excédant (15).

7296. Lorsque les legs particuliers de sommes d'argent sont supérieurs à la valeur des meubles et immeubles de la succession estimés d'après les bases légales, et situés en France (16), l'administration ne peut percevoir le droit que sur cette valeur ; elle ne peut le réclamer sur la différence entre le montant des legs et l'estimation des biens (17).

---

(1) Cass., 24 niv. an 13, 5 octobre 1807, 2 juin 1813, 28 janv. 1819, 24 décembre 1821, 13 avril 1825, 8 décembre 1826; Inst., 1173, § 6; R. G. 13252.

(2) Cass., 24 flor. an 13, 7 floréal an 10 ; Cass., 13 novembre 1811; J. N. 1463; Brives, 15 mai 1835; Sol, 19 juillet 1835 ; R. G., 13022, 13283 *bis.*

(3) Cass., 5 juillet 1820 ; R. G., 12720 ; J. N. 2934; D. N., *Succ.,* 497.

(4) Cass., 15 juillet 1823 ; Sol., 5 juillet 1826 ; J. N., 4000, 5780; R. G. 13280.

(5) Tours, 1er septembre 1849 ; J. N., 13335 ; St-Amand, 15 juillet 1854.

(6) Boulogne, 13 avril 1639 ; R. G. 13267 *bis.*

(7) Sol., 11 juin 1833 ; Inst. 1157, § 8 ; le Mans, 21 novembre 1813, Cass., 21 mai 1835 ; R. G., 13268; Cass., 4 janv. 1865 ; R. P. 2002; J. N., 13606, 18191.

(8) Seine, 16 mars 1842; Dél., 10 décembre 1830; Sarrebourg, 20 mars 1849 ; Corbeil, 23 janv. 1854 ; Amiens, 12 juin 1850 ; Embrun, 25 avril 1849 ; R. G., 12290; Seine, 13 mars 1858, 28 mars 1862 ; Dijon, 15 février 1864 : R. P., 1093, 1621, 2057; J. N., 7477, 13337.

(9) Sol., 23 mai 1845; Inst. 1743, § 7, 1482, § 7; St-Amand. 15 juillet 1854; Seine, 15 août 1841 ; D. N., *Succ.,* 908 ; R. G , 13296.

(10) Cass., 18 décembre 1839; J. N., 10573; Inst. 1615, § 4; Seine, 6 janv. 1816; R. G., 13297.

(11) Cass., 18 décembre 1839; J. N., 10573.

(12) Cass., 1er décembre 1835; D. N., *Succ.,* n° 896; R. G., 13299 ; J. N. 9145.

(13) *Aff.,* Sol., 21 janv. 1851, 18 juin 1857, 17 août 1858, 24 août 1861: Seine, 4 juin 1859; Chartres, 15 avril 1864 ; J. N., 17886; R. P., 1530, 2019.

Nég. Dél., 8 janv. 1830; J. N. 7139; Meaux, 20 août 1829; D. N. *Succ.,* 895 ; Seine, 2 juillet 1856, 25 juillet 1863; Péronne, 13 janv. 1850; R.P., 2019.

(14) Tours, 28 fév. 1840; J. N., 10806; Etampes, 18 août 1840; Nancy, 28 avril 1811 ; Cass., 2 août 1841 ; Inst., 1608, § 2; Pontoise, 26 mai 1842; Nantes, 15 décembre 1843 ; Seine, 12 décembre 1849; D. N., *Succ.,* n° 960; R. G., 13301.

(15) Cass., 30 mars 1858; R. P., 997 ; Inst., 2234, § 1.

(16) Belfort, 3 fév. 1863; R. P., 1901.

(17) Cass., 7 juillet 1856, 30 mars 1858 ; R. P., 724, 997 ; Inst., 2231,

7297. On assimile d'ailleurs aux legs de sommes tous les legs de rentes viagères ou de pensions (1).

7298. Le principe de cette distraction a été poussé plus loin par la jurisprudence. Elle a reconnu que si l'héritier ou le légataire universel auquel le testateur avait imposé des legs particuliers payables au décès de cet héritier ou légataire, ou même le cessionnaire de leurs droits successifs (2), mourait lui-même avant d'avoir fait la délivrance de ces libéralités, on devait déduire de l'actif de sa succession le montant des legs non payés et percevoir seulement l'impôt sur l'excédant (3), sauf à exiger le droit d'usufruit sur la jouissance implicitement concédée au légataire universel (4).

7299. Elle a décidé, dans le même sens, que de la succession du défunt, il fallait aussi distraire les sommes données entre-vifs aux héritiers et non encore payées à l'époque de son décès (5).

7300. Tous ces points ont été vivement controversés autrefois et ont donné lieu à une foule de décisions contradictoires. Il en est de même de la question de savoir si les héritiers étaient autorisés à déduire de la succession de leur auteur les sommes dont il avait l'usufruit. On paraissait admettre la déduction sur les valeurs fongibles et même sur les meubles en général, mais on la refusait sur les immeubles. Il est aujourd'hui souverainement décidé que la déduction s'opère sur l'ensemble des valeurs héréditaires sans distinction (6).

7301. Cette règle nous paraît devoir s'appliquer surtout, comme l'a décidé un jugement récent (7), aux reprises de la femme mariée sous le régime dotal ou d'exclusion de communauté; puisque le mari en est usufruitier il y a lieu d'en distraire le montant de l'actif de son hérédité (8).

7302. Les legs particuliers se déduisent de la toute propriété de la succession et non pas seulement de la nue propriété des biens, de sorte que s'il y a un usufruitier, il profite dans une certaine mesure de la réduction du capital imposable (9). Les rentes viagères elles-mêmes s'imputent sur la masse de la succession, à moins qu'elles n'aient été mises spécialement à la charge de l'usufruit (10).

7303. Dès avant la jurisprudence précédente, la Régie avait admis que la succession du défunt ne comprenait pas les sommes qu'il avait reçues en dépôt comme comptable, agent d'affaires (11), ou gagiste (12).

7304. Les reprises du survivant des époux se déduisent naturellement de la communauté pour la fixation de l'émolument revenant au prédécédé. Mais il faut que l'existence de ces reprises soit justifiée au receveur comme elle l'est en matière de partage (*suprà nos 6871 et suiv.*), au moyen de documents sérieux dont l'appréciation appartient en définitive aux tribunaux (13).

7305. Les reprises du défunt s'exerçant sur les valeurs de la masse, les droits doivent être payés à leur égard d'après la nature même des biens ainsi prélevés du chef de la succession (14). — Il en serait autrement si les héritiers de la femme, usant du droit que leur a reconnu un récent arrêt (15), préféraient abandonner les biens au mari afin de recevoir les reprises en argent.

7306. Il est toujours nécessaire, pour percevoir les droits, de procéder à une liquidation de la succession, et cette opération nécessite la connaissance des règles sur la composition de l'actif de la communauté, les reprises, les rapports, et la quotité disponible. Nous ne pouvons que renvoyer sur ces points différents aux explications contenues dans le présent ouvrage. Ajoutons seulement ici une remarque au sujet du calcul de l'usufruit attribué au survivant lorsque cet époux est donataire de l'usufruit des biens du défunt, il faut distinguer deux cas : ou bien la disposition est restreinte aux biens que le prémourant laissera au décès, et alors la jouissance porte uniquement sur les biens existant à cette

---

(1) Cass., 8 septembre 1808, 23 novembre 1811; D. M. F., 14 avril 1812; Inst., 574; Merlin, *Enreg.*, § 22; Dalloz, *Enreg.*, 1136; G. Demante, 665; Garnier, 1336.

(2) Cass., 29 nov. 1865; R. P., 2221.

(3) Cass., 6 décembre 1858, 16 et 22 août 1859, 25 juin 1862; Inst., 2296, § 1; V. Seine, 27 août 1854; R. P., 1952.

(4) Inst. 2234 § 1. Vitry-le-François, 12 mars 1863; Dinan, 13 mai 1864; Muret, 31 août 1864; Domfront, 25 novembre 1864; R. P. 2184, 2202. Saint-Girons, 28 août 1866; R. P., 2357.

(5) Cass., 30 juillet, 1862; Inst., 2234, § 1; R. P. 1698; J. N., 17504.

(6) Cass., 6 déc. 1858; R. P., 1126.

(7) Seine, 17 juin 1865; R. P., 2424.

(8) Voir Cass., 28 fév. 1865, 30 janv. 1866; Bourg, 3 avril 1865; J. N., 18440, 18193; R. P., 2053, 2229. Voir cependant, en cas de renonciation, Cass., 21 août 1861; R. P., 1543.

(9) Garnier, 13312.

(10) Cass., 19 mars 1866; J. N., 18481; R. P., 2250; contra, Châlons-sur-Saône, 15 mai 1862, et le Mans, 17 janv. 1865; R. P., 1933 et 2069.

(11) Dreux, 28 mai 1851; J. N., 14587; Rouen, 17 juill. 1855; R. G., 13029.

(12) Garnier, 13010, 13247, 13281.

(13) On ne peut mieux faire que de renvoyer sur ce point aux développements complets insérés au Rép. périod., nos 1700, 1702 et 1733, où la jurisprudence est discutée. Voir aussi R. G., 13003; D. N., *Succ.*, 431, etc.

(14) Epinal, 8 janv. 1850; R. G., 13317; J. N., 14283; D. N., *Succ.*, 433.

(15) Cass., 8 déc. 1864; R. P., 1981; J. N., 18166.

époque; ou elle s'applique à la totalité des biens qui, relativement aux héritiers, doivent composer la masse, et dans ce cas on doit, pour calculer l'importance de l'usufruit sujet à l'impôt, rapporter fictivement les biens ou la valeur des biens donnés entre-vifs par l'époux décédé (1).

SECTION III. — BUREAUX OU LES DÉCLARATIONS DOIVENT ÊTRE FAITES.

7307. Aux termes de l'art. 27 de la loi du 22 frim. an 7, les immeubles en propriété ou usufruit doivent être déclarés au bureau de la situation des biens. Cette règle s'applique également aux actions ou aux rentes immobilisées, dont les droits doivent être payés au bureau dans l'arrondissement duquel se trouve le siége de l'administration (2).

7308. Si les immeubles situés dans plusieurs bureaux sont affermés pour un seul prix, il faut ventiler le fermage et faire autant de déclarations qu'il y a de bureaux.

7309. Les meubles se déclarent au bureau dans l'arrondissement duquel ils se sont trouvés au décès de l'auteur de la succession. (*Lois 22 frim. an 7, art. 27*). On le décide ainsi notamment pour les espèces d'or et d'argent (3), ou pour l'intérêt appartenant au défunt dans une coupe de bois (4).

7310. Mais les rentes et autres valeurs sans assiette déterminée acquittent l'impôt au bureau du domicile du défunt (*Loi 22 frim. an 7, art. 27*). Tels sont, les arrérages et les intérêts de capitaux, les créances de toute nature (5), les actions dans les sociétés (6), les billets de banque, que l'on considère comme des titres de créance (7), les marchandises entreposées dans les différentes villes de France et qui n'ont pas cessé d'être à la disposition de la succession (8), les legs de sommes d'argent n'existant pas en nature dans la succession (9).

7311. De sérieux embarras se sont élevés au sujet des valeurs dépendant de la succession de Français décédés à l'étranger ou d'étrangers décédés en France. Le principe en cette matière est que les biens situés hors de l'empire ne sont pas soumis à l'impôt lors même qu'ils seraient recueillis par un Français, et réciproquement que tous les biens situés en France sont passibles de l'impôt, quoiqu'ils échoient à des étrangers.

7312. Ainsi sont soumis au droit : 1° les fonds de commerce, créances, marchandises et autres valeurs mobilières, possédés en France par un étranger qui y est décédé (10) ; — 2° les meubles meublants, les actions de la banque de France laissés en France par un étranger qui y résidait temporairement sans domicile acquis (11) ; — 3° le legs fait à un Français par un étranger d'une somme payable en France avec des valeurs françaises (12) ou hypothéquée sur des immeubles français (13) ; — 4° les créances résultant d'obligations souscrites en France par des Français avec hypothèque sur des biens de France, mais recueillis par un étranger dans la succession d'un étranger décédé en pays étranger (14) ; — 5° les créances dépendant de la succession d'un Français domicilié hors du territoire et résultant de titres souscrits en France par des Français, payables en France et hypothéqués sur des biens français (15) ; — 6° les valeurs en portefeuille déposées chez une personne habitant l'étranger, mais domiciliée en France (16) ; — 7° les marchandises dépendant de la succession d'un Français entreposées à l'étranger (17) ; — 8° les effets et traites acceptés et payables en France, pour des créances ordinairement exigibles et payables à l'étranger (18) ; — 9° la créance hypothéquée sur des biens étrangers, mais établie par un titre souscrit en France, due par un individu et une caution domiciliés en France et dont le recouvrement est soumis à la juridiction des tribunaux français (19) ; — 10° le capital représenté par des lettres de change tirées de l'étranger sur une place française et dépendant de la succession d'un Français décédé en France, lors même que les lettres n'ont pas été acceptées par les tiers avant le décès (20).

---

(1) Cass., 8 janv. 1834; Seine, 11 juin 1836, 27 avril 1842; Inst., 1577, § 12; Orléans, 24 mars 1843; le Mans, 30 mars 1849 ; Morlaix, 6 juill. 1856 ; Argentau, 18 déc. 1856 ; J. N., 16203; Saint-Étienne, 11 fév. 1857; R. G., 10297 et 13032 ; D. N., Succ., 362.

(2) R. G., 12565.

(3) R. G., 12568, § 2; J. N., 14397.

(4) Sol., 6 sept. 1810; R. G., 12306, § 3.

(5) D. M. P., 4 sept. 1810; R. G., 12567.

(6) Sol., 5 mars 1811 ; R. G., 12567.

(7) Sol., 3 avril 1864; R. P., 1917, § 6; J. N., 18111.

(8) Sol., 26 mars 1825; Inst., 1466, § 7.

(9) Sol., 17 sept. 1828; R. G. 12567, § 3; Sol., 18 avril 1861; R. P., 1597.

(10) Saint-Étienne, 7 mars 1819; D. N., Succ., 401.

(11) D. Al. F., 7 fév. 1834; Inst., 1458, § 6; le Havre, 21 mars 1892; R. P., 4622.

(12) Oloron, 20 mai 1843 ; D. N., 402; Cass., 16 juin 1823 ; J. N., 4447.

(13) Seine, 10 mai 1854.

(14) Cass., 27 juill. 1819, 16 juin et 10 nov. 1823, 29 août 1837 ; J. N., 4447, 9761; Inst., 1220, § 4, 1282, § 6, 4562, § 18; R. G., 6059, 12899; Sol., 14 août 1827; Altkirch, 5 août 1828.

(15) Cass., 10 mai et 10 nov. 1823; Aurillac, 31 déc. 1850; R. G., 6060.

(16) Brives, 29 août 1848; R. G., 6061.

(17) Sol., 26 mars 1825; Inst., 1166, § 7; Dél., 5 nov. 1833 ; Costra, Reims, 17 janv. 1835; J. N., 8770.

(18) Inst., 1229, § 4.

(19) Cass., 20 janv. 1838; J. N., 16249; Valenciennes, 9 août 1860; R. P., 984, 4373; J. N., 16243, 16370.

(20) Cass., 29 nov. 1858; J. N., 16473 ; R. P., 1125.

7313. Mais il a été reconnu que les créances résultant d'obligations souscrites par des individus domiciliés en Algérie, payables au même lieu et hypothéquées sur des immeubles situés en Algérie, ne sont pas sujettes au droit de mutation par décès lorsqu'elles dépendent d'une succession ouverte en France (1). (V. *infrà*, 7486.)

7314. Par application des mêmes règles, on devrait exempter de l'impôt les valeurs industrielles, rentes, actions ou obligations dépendant des sociétés étrangères, puisque ces valeurs ont leur assiette légale au siége des entreprises. Mais la loi du 18 mai 1850 a dérogé au principe en soumettant au droit de mutation par décès, dans son art. 7, les fonds publics et actions des compagnies ou sociétés d'industrie et de finances étrangères dépendant d'une succession régie par la loi française. Cette dérogation a été étendue aux obligations des mêmes sociétés par la loi du 13 mai 1863, art. 11 (2), et on l'a appliquée à des rentes étrangères qui avaient été immobilisées au profit d'un Français (3).

7315. On a décidé à cet égard que la succession d'un étranger était régie par la loi française dans le sens des articles précédents quand il mourait en France après y avoir acquis un simple domicile (4). Il en est de même, *à fortiori*, du Français qui meurt à l'étranger sans avoir perdu sa nationalité (5).

7316. Pour les valeurs de l'espèce, le capital servant à la liquidation du droit est déterminé par le cours moyen de la Bourse au jour du décès; si les valeurs ne sont pas cotées à la Bourse, le capital doit être fixé par la déclaration estimative des parties, sauf l'application de l'art. 39 de la loi du 22 frim. an 7, si l'estimation est insuffisante, *infrà* n°s 7452 *et suiv.*

7317. La déclaration est faite et les droits sont acquittés au bureau du domicile du défunt s'il en a un en France. Mais quand il s'agit de la succession d'un étranger mort à l'étranger, les rentes d'État, même départementales, doivent être déclarées à Paris (6). Quant aux créances et autres valeurs désignées *suprà*, n° 7312, elles acquittent dans le même cas, le droit au bureau du domicile du débiteur (7).

7318. Lorsque des époux étrangers, décédés en France et laissant des biens régis par la loi française, ont été mariés à l'étranger, leurs conventions, qui forment leur loi particulière, doivent recevoir leur exécution en France pour tout ce qui n'est pas contraire à la loi française (8). — Mais, à défaut de contrat de mariage, les biens sont-ils soumis à la communauté légale? La Cour de cassation s'est prononcée pour la négative le 30 janvier 1854 (9).

7319. L'hôtel d'un ambassadeur est réputé terre étrangère; de sorte que si un ambassadeur ou une personne de sa suite décède, les objets mobiliers qui se trouvent dans l'hôtel ne sont point sujets au droit de mutation (10). Mais cette dispense ne s'applique pas aux créances et aux immeubles que le défunt posséderait en France (11).—Les dispositions précédentes ont été étendues aux consuls et aux hôtels de consulat (12).

7320. Toute déclaration faite à un autre bureau que celui déterminé par la loi doit être considérée comme non avenue, sauf restitution aux parties des droits payés par erreur, et la Régie est fondée à exiger d'elles, sous peine du demi-droit en sus, une déclaration régulière au bureau compétent, ainsi que le payement des droits (13). — La prescription applicable à cette nouvelle déclaration est celle des successions non déclarées (14).

7321. Cependant il a été décidé que si la prescription biennale s'oppose à la restitution des droits perçus au bureau incompétent, on doit en tenir compte lors de la déclaration à faire au bureau de la situation (15).

(1) Seine, 4 déc. 1858; J. N., 16505.
(2) R. P., 1770.
(3) Cass., 28 juill. 1862; R. P., 1682; Inst., 2330, § 7; J. N., 17492.
(4) R. G., 6006; Demante. 787; Rouen, 22 juin 1861; R. P., 1983; Seine, 6 janv. 1866 ; R. P. 2324.
(5) Dissertation, Garnier, R. P. 2324.
(6) D. M. F., 10 mars 1853; Cass., 12 août 1857 ; R. G., 12729 *bis*; Inst., 2003, § 3, 2148, § 3; R. P., 1103; CONTRA, Seine, 15 août 1878; J. N., 16395; R.P. 1071.
(7) Inst., 200, § 36; Cass., 27 juill. 1819; avis cons. d'État, 11 fév. 1820; R. G., 6071.

(8) Cass., 12 juin 1855; R. P., 407.
(9) Inst., 2010, § 8.
(10) D. M. F., 9 juin 1811, 12 sept. 1829 ; J. N., 6994 ; Inst., 1303, § 9.
(11) D. M. F., 27 mars 1822; Cass., 26 mai 1815; Inst., 1303, § 9; R. G., 13015, § 2.
(12) Lettre min. aff. étr., 19 déc. 1814 ; Seine, 4 mai 1813; Cass , 2 mai 1815; R. G., 13028.
(13) D. M. F. 23 sept. 1841; Inst , 1649; R. G., 12568, Corbeil, 23 août 1851; J. N., 15337; Seine, 4 déc. 1850; CONTRA, Altkirch 29 juill. 1857.
(14) Marseille, 19 nov. 1839; Seine, 21 mai 1843; R. G., 12568, § 1.
(15) Dél., 29 juill. 1853.

SECTION IV. — DE CEUX QUI PEUVENT FAIRE LA DÉCLARATION ET EN QUELLE FORME ELLE A LIEU.

7322. Les héritiers donataires ou légataires, leurs tuteurs ou curateurs sont tenus de passer déclaration détaillée des mutations de propriété ou d'usufruit par décès et de la signer sur le registre (*Loi 22 frim. an 7, art. 27*).

7323. Cette obligation est imposée à tous les héritiers, sans distinction, même aux héritiers bénéficiaires (*infrà n° 7445*); elle cesse toutefois d'exister quand la succession est négative et qu'il n'y a pas de droit à acquitter (1).

7324. L'un des héritiers ou des légataires universels peut agir au nom des autres; mais il ne représenterait pas valablement les légataires à titre universel ou les légataires particuliers et il ne saurait être non plus représenté par eux. Ces derniers légataires ne pourraient pas davantage agir les uns pour les autres, car ils ne sont pas solidaires.

7325. Il faut même reconnaître que les droits dus par le nu-propriétaire ne peuvent être acquittés sur une déclaration de l'usufruitier (2), quoique les revenus des biens soient affectés au payement de l'impôt exigible sur cette nue propriété (3).

7326. Le tuteur est tenu d'agir au nom de son pupille, sans pouvoir objecter qu'il n'a pas les fonds nécessaires au payement (4), et bien que les valeurs soient sous la main d'un séquestre (5). — Il en est de même du curateur au ventre.

7327. Le curateur nommé à une succession vacante est également obligé de faire la déclaration. Néanmoins, il est généralement reconnu que s'il n'a pu réaliser les deniers suffisants pour acquitter les droits exigibles, sa responsabilité disparaît (6).

7328. Le mineur émancipé ayant le droit de faire tous les actes de pure administration, a qualité pour déclarer seul les successions qui lui sont échues (7).

7329. Le mari peut seul aussi faire la déclaration au nom de sa femme lorsqu'ils sont mariés sous le régime de la communauté ou de la non-communauté, ou lorsque le régime dotal s'applique à tous les biens. Mais ce droit revient à la femme quand il y a séparation de biens conventionnelle ou judiciaire, ou qu'il s'agit de valeurs paraphernales.

7330. En principe, les cessionnaires des droits successifs et les exécuteurs testamentaires sont sans qualité pour agir au nom des héritiers ou des légataires. Il en serait autrement si ces derniers les en avaient chargés par une clause spéciale du contrat de vente ou de l'acte de délivrance des legs (8).

7331. Tout héritier, légataire, tuteur, etc., peut se faire représenter par un mandataire dont le pouvoir reste déposé au bureau (9). Le mandant est alors responsable de toutes les erreurs commises par le mandataire (10). On ne considère pas comme un mandataire le syndic de la faillite du défunt, ni le commissaire-priseur ou le notaire chargé d'employer le produit d'une vente de meubles au payement des droits de succession (11). Il en est autrement des créanciers autorisés à accepter une succession du chef de leur débiteur.

7332. La déclaration est inscrite par le receveur, telle qu'elle est faite par les redevables, sur un registre spécial. Elle doit être signée des déclarants (12), et elle serait non avenue si le débiteur se retirait au moment de cette signature, sous le prétexte qu'il n'accepte pas la liquidation des droits ou qu'il n'a pas de fonds suffisants pour les acquitter (13).— Si le déclarant ne sait pas signer, le receveur doit en faire mention (14).

7333. Il faut que la déclaration contienne tous les renseignements nécessaires pour justifier la régularité de la perception, notamment la date de l'ouverture de la succession, les noms du défunt et de ses

(1) Orange, 13 avril 1853; D. N., *Succ.*, 703; contra, Garnier, 12607. V. Arg. Cass., 21 fév. 1824; Inst., 1189, § 5
(2) Dél., 27 janv. 1826; D. N., *Succ.*, 700.
(3) Cass., 23 juin 1857; R. P., 857.
(4) Seine, 18 juin 1856; Bordeaux, 10 fév. 1837 ; R. P., 865.
(5) Seine, 13 juin 1853.
(6) D. Demante, 677; Dict. Not., *Succ.*, 20; Seine, 7 juill. 1811; Cass., 3 déc. 1839; R.G., 12564; Montbéliard, 22 janv. 1837; Douai, 14 nov. 1856; Seine, 11 mai 1861 ; Tours, 14 mars 1862; R. P., 1498, 1590.

(7) Garnier, 12520.
(8) D. N., *Succ.*, 928 ; Garnier, 12614, 12617.
(9) Inst., 443, § 5, et 1318, § 20 ; R. G., 12612.
(10) Cass., 18 août 1829; D. N., *Succ.*, 699.
(11) Garnier, 12616 et 12618.
(12) Loi 22 frimaire an 7, art. 27; Cass., 26 avril 1806; Inst., 1400 ; R. G., 12628.
(13) Marseille, 13 avril 1848 ; R. G. , 12629.
(14) Inst., 1400.

héritiers ou légataires, le degré de parenté de ceux qui se présentent pour recueillir les biens et l'indication du titre en vertu duquel ils agissent (1). La Régie doit accepter, sur ces divers points, les affirmations des redevables, sauf à en prouver l'erreur par les voies ordinaires (2).

7334. A l'appui du détail des biens meubles, les parties sont tenues de rapporter un inventaire ou état estimatif, article par article, par eux certifié, s'il n'a pas été fait par un officier public. Cet inventaire reste déposé au bureau (*Loi du 22 frim. an 7, art.* 27). — Il ne peut être remplacé par le détail inséré dans le contexte même de la déclaration sur le registre (3), à moins que les parties ne sachent pas signer (4). Les dispositions précédentes s'appliquent aux créances comme aux autres valeurs mobilières (5).

7335. Toutefois les héritiers sont dispensés de fournir l'état estimatif ordinaire, lorsqu'il existe un inventaire authentique. Il suffit alors qu'ils en indiquent la date avec le nom et la résidence du notaire (6).

7336. Chacun des immeubles doit être aussi détaillé article par article, avec l'énonciation du lieu dit de la commune où il est situé, de sa nature, de sa contenance et de son revenu (7). — S'il s'agit d'un domaine en un seul tenant, on peut se borner à le désigner par sa contenance en bloc, en indiquant de quoi il se compose. De même, lorsque les immeubles sont affermés par bail enregistré, il suffit d'en énoncer succinctement la consistance et de renvoyer au bail (8).

7337. La déclaration ne saurait être remplacée par un exploit d'offres réelles (9), à moins que la sommation ne contienne tous les détails nécessaires et ne renferme en même temps pouvoir à l'huissier de se présenter au nom du redevable.

SECTION V. — DES DÉLAIS POUR FAIRE LA DÉCLARATION.

7338. Les délais accordés pour l'enregistrement des déclarations de successions sont : 1° de six mois lorsque celui dont on recueille la succession est décédé en France ; 2° de huit mois s'il est décédé dans toute autre partie de l'Europe ; 3° d'un an s'il est mort en Amérique, et 4° de deux ans s'il est décédé en Afrique (Algérie comprise) ou en Asie (*Loi du 22 frim. an 7, art.* 24).

7339. Les tribunaux ne peuvent, sous aucun prétexte, proroger ces délais (10). Le gouvernement seul le fait quelquefois au moyen de décisions ministérielles, mais toujours sans préjudice des mesures conservatoires (11).

7340. En principe, le délai part du jour du décès. En vertu de la maxime : *le mort saisit le vif*, la Régie n'a besoin de prouver ni l'acceptation des héritiers (12), ni la demande en délivrance des légataires, soit universels (13), soit particuliers (14), soit même des simples légataires en usufruit (15).

7341. Cependant si le légataire en usufruit était mort sans avoir manifesté son intention d'accepter, les droits de mutation ne pourraient être réclamés à ses héritiers (16).

7342. Les contestations qui existent sur la validité des legs ne suspendent pas le délai accordé pour la déclaration (17).—Il en est de même du terme que le défunt a apposé à leur délivrance (18). Mais si le legs est fait sous une condition suspensive, le délai court seulement du jour où la condition s'accomplit (19). Il faut ranger dans cette catégorie les legs adressés aux établissements publics et soumis à l'approbation du gouvernement. Les droits n'en sont dus que dans les six mois qui suivent cette approbation, sauf aux héritiers à acquitter l'impôt en attendant sur les valeurs léguées dont ils ont la saisine (20). L'impôt deviendrait exigible auparavant si la prise de possession effective de l'établissement était prouvée (21). — Jugé, à cet égard, que quand, par une transaction régulièrement approuvée, une somme

(1) Inst. 443, 1318; R. G., 12624.
(2) Garnier, 12622 à 12624.
(3) Sarlat, 19 juin 1848.
(4) Inst. 1400; R. G. 12625.
(5) Guingamp, 14 fév. 1849 R. G., 12625; Sarlat, 19 juin 1848.
(6) D. M. F., 22 prairial an 7; Inst., 1400.
(7) Cass., 16 janv, 1814; St-Pons, 29 nov. 1853; R. G., 12623. V. Yvetot, 18 août 1803 et Hazebrouck, 12 août 1865; R. P., 2323.
(8) Garnier, 12625, § 3.
(9) Seine, 2 déc. 1840; Cass., 14 mars 1814; 29 décembre 1844, 7 juillet 1863; R. P., 1849 ; J. N., 11760; R. G., 12620, 2; 13362.
(10) Cass., 4 fév. 1807; Angoulême, 23 janvier 1850; Seine, 22 fév. 1849 ; J. N., 13664; R. G. 12495.
(11) Reims, 31 juillet 1851; J. N., 11670.
(12) Cass., 24 oct. 1829; Inst. 1307, § 9, 1675, § 7; Cass., 7 mars 1812; R. G., 12518; J. N., 11281.

(13) Cass., 16 janv. 1811, 4 fév. 1812 ; 10 mars 1829; J. N., 7132; Inst., 1307, § 9; Seine, 15 mars 1838, Orléans, 23 décembre 1834, Lyon, 6 décembre 1813; R. G., 12500.
(14) Seine, 22 février 1840; J.N , 13665; Seine, 8 août 1850; Millau, 31 août 1855 ; R. G , 4251 ; Seine, 1er février 1862; R. P. 1658.
(15) Cass., 4 fév. 1812.
(16) D. M. F., 7 août 1845 ; B. G. 12502; Dél., 16 juillet 1836, 20 mai 1834 ; J. N., 7233 ; D. N., *Succ.*, 597.
(17) Blois, 5 décembre 1818; Seine, 8 août 1850; R. G., 12504 *bis*; Montpellier, 30 mai 1861; J. N., 13765, 17155; Dict. Not., *Succ.*, 679.
(18) Dél. 20 nov. 1830; Inst., 1451, § 4.
(19) D. M. F., 22 avril 1806; Château-Gontier, 27 août 1842; R. G., 12503.
(20 et 21) Sol., 20 oct. 1850; R. P., 849; J. N., 15922; contra, Dict. Not. *Succ.*, n° 930, 931.

d'argent a été substituée à un legs d'immeubles fait à une commune, c'est cette somme d'argent qu'il faut déclarer (1).

7343. C'est encore un legs conditionnel que celui d'une rente viagère ou d'un usufruit à recueillir après la mort d'un premier légataire investi du même droit. Le délai court seulement à compter du décès de ce dernier (2).

7344. Le legs de la nue propriété d'un immeuble avec clause que si le légataire de l'usufruit se marie ou parvient à l'âge de 21 ans, la nue propriété se réunira de plein droit à l'usufruit, est fait sous condition résolutoire et non suspensive, et les droits de mutation par décès sont immédiatement exigibles du nu-propriétaire (3). — Il en est de même du legs fait sous condition que le légataire s'abstiendra de prendre part dans une succession non encore ouverte (4), ou de celui qui est fait à une femme pour le cas où elle se séparerait de son fils (5).— La disposition par laquelle une mère lègue à son frère la quotité disponible de ses biens et à sa fille l'usufruit de cette même quotité, sous la condition que le legs sera considéré comme nul si la fille meurt sans enfants, est faite sous condition suspensive à l'égard du frère (6).

7345. Plus généralement, il faut dire que l'obligation de souscrire la déclaration ne prend naissance que quand les héritiers ou les légataires ont été mis à même d'exercer leurs droits. Ainsi, les biens litigieux ou inconnus ne sont soumis à la déclaration que dans les six mois de leur rentrée en la possession des héritiers (7). Tels sont encore les biens séquestrés en vertu d'arrêtés de l'autorité administrative et dont les héritiers sont ensuite remis en possession (8).

7346. Si les héritiers ou les légataires apparents sont évincés des biens de la succession, ceux qui viennent à leur place ont également un délai de six mois pour acquitter les droits. On l'a décidé à propos d'un enfant non viable (9), de la découverte d'un testament inconnu (10), d'une déclaration d'indignité (11), — d'une renonciation par les héritiers du premier degré, ou par la veuve commune en biens (12), — de l'annulation ou de la réduction d'un legs (13).

7347. De même c'est l'envoi en possession ou la prise de possession elle-même qui fait courir le délai pour les héritiers appelés à exercer les droits subordonnés au décès d'un absent (*Loi du 28 avril 1816, art. 40*) (14), — ou à recueillir les biens à défaut de parents au degré successible (15).

7348. La constatation du décès des militaires morts en activité de service, hors de leur département, n'ayant lieu que par l'inscription au registre de l'état civil, le délai pour le payement des droits de mutation par décès ne court que du jour de l'inscription de l'acte de décès sur le registre de l'état civil de leur domicile (16), ou de la prise de possession effective des biens si elle a lieu auparavant (17), ou encore du dépôt de l'acte de décès chez un notaire (18). — Quant au militaire décédé dans son département, la règle ordinaire reprend son empire et le délai part du jour du décès (19).

SECTION VI. — DES BIENS A DÉCLARER.

7349. 1. *Abandonnement.* La cession volontaire ou judiciaire ne dessaisissant pas le débiteur de la propriété de ses biens, il en résulte que le droit de mutation est exigible sur toutes les valeurs qui ne sont pas aliénées avant le décès (20) et sur les fruits et revenus dont les créanciers sont simplement détenteurs à la même époque (21). — Il en est de même, à plus forte raison, des biens remis en antichrèse (22).

(1) Cass., 25 fév. 1846; R. G., 13035, § 7.
(2) Sol. 11 déc. 1825; 11 avril 1826; le Havre, 25 juill. 1832; Cass., 30 déc. 1834 ; R. G., 12515 ; Inst., 1187, § 7, 1200, § 5, 1422, § 8, 1481. § 9 .
(3) Délib. 11 oct., 1831 ; le Havre, 8 fév. 1849 ; Rouen, 1er mai 1849; Neuchâtel, 11 mai 1849 ; J. N., 7571. 13799.
(4) Dél., 17 janv. 1811 ; R. G., 13045 bis.
(5) Dél., 15 janv. 1833; R. G., 13045.
(6) Seine, 28 juill. 1805 ; R. P., 2215.
(7) D. M. F., 22 avr. 1806; Cass., 30 janv. 1809, 30 mars 1813, 15 mars 1814, 30 août 1816, 24 août 1841 ; J. N., 4962, 2296, 11070 ; R. G., 1027 ; Inst., 245; Seine, 3 juin 1859, 21 juill. 1865; Calvi, 15 janv. 1866 ; Inst., 21 juillet 1865 ; R. P., 1200, 2151, 2235.
(8) Cass., 22 vend. an 9, 23 brum. an 12, 14 août 1811, 9 nov. 1813; D. M. F., 4 janv. 1816; R. G., 12849.
(9) Dél., 7 août 1822 ; R. G., 12535.
(10) Inst., 1200, § 14.
(11) D. M. F., 7 juin 1808 ; Inst., 386, § 37.

(12) Dél., 21 octobre 1814 ; Seine, 10 fév. 1821, 30 nov. 1842, 7 déc. 1848 ; Avranches, 12 nov. 1849 ; R. G., 12722, 12723; Seine, 25 mars 1852.
(13) Langres, 14 nov. 1835; R. G., 12550; Cass., 11 fév. 1807 ; Bernay, 19 déc. 1849; R. G., 12721, 13055; Bagneres, 18 avril 1859; R. P., 1203.
(14) Dél., 3 fév. 1832; J. N. 7636; Mauriac, 15 nov. 1855; R. G., 12528.
(15) Dél., 13 oct. 1829; D. M. F., 8 frim. an 9; R. G., 12527 et 12535.
(16) Cass., 29 avril 1848.
(17) Cass., 22 brum. an 14, 8 mai 1826; R. G., 1200, § 13.
(18) Cass., 25 juin 1806; R. G. 12541.
(19) D. M. F., 24 juill. 1820; R. G., 12511 bis.
(20) Cass., 3 vent. an 11 ; Grenoble, 31 août 1840 ; R. G., 12637.
(21) Arg. de cass., 4 sept. 1849.
(22) Seine, 29 déc. 1825; D. N., Succ., 398.

IV.   26

7350. II. *Accroissement.* L'accroissement ne donne ouverture à aucun droit de mutation par décès, car l'héritier qui recueille reçoit alors les biens du défunt directement. La renonciation motive seulement la perception d'un supplément de droit si le tarif applicable à l'autre légataire est plus élevé, à raison du degré de parenté, *suprà n° 7177.*

7351. L'exemption d'impôt a été appliquée notamment aux legs conjoints d'usufruit (1) ou de rente viagère (2).

7352. Il est évident d'ailleurs que, pour produire l'accroissement dont il s'agit, la renonciation doit être pure et simple. Si elle avait lieu moyennant un prix ou à titre de donation, elle produirait un effet translatif et ne s'opposerait pas à l'exigibilité du droit de mutation par décès. Ce point a été précédemment expliqué, *suprà n° 7270 et suiv.*

7353. III. *Achalandage.* L'achalandage ou la clientèle constitue une valeur particulière qui peut être transmise séparément et qui donne ouverture à un droit distinct de celui de l'immeuble ou du fonds dont il dépend (3).

7354. IV. *Ameublissement.* L'ameublissement fait tomber définitivement l'immeuble dans la communauté. En conséquence, si le mariage est dissous par la mort de l'époux qui a ameubli, les héritiers ne doivent comprendre que la moitié de l'immeuble dans la déclaration de succession. Aucune indemnité ne pouvant être due à la communauté, il n'y a pas à en comprendre dans la déclaration (4). (V. *suprà n° 6554*).

7355. V. *Assurances sur la vie.* Lorsqu'une personne a souscrit un contrat d'assurances sur la vie, à la condition qu'à sa mort le capital convenu sera payé à un tiers, ce capital, au décès de l'assuré ne forme pas une valeur de sa succession, passible du droit de mutation par décès (5).

7356. VI. *Bail.* Aucun droit n'est dû sur la transmission par décès d'un bail ordinaire (6); mais il en serait autrement si le bail avait un caractère translatif de propriété, comme l'emphytéose (7). — Quant au bail héréditaire, il a été reconnu qu'il ne motivait pas la perception du droit de succession (8).

7357. Les héritiers de celui qui tient un domaine congéable doivent déclarer comme immeubles les édifices et superficies, et comme meubles les bestiaux attachés à la culture, les instruments aratoires et les semences, lorsque ces objets ont été apportés par le colon (9). — Si c'est le propriétaire qui décède, ses héritiers sont tenus de déclarer la redevance qui est censée représenter le revenu, et doit être capitalisée au denier vingt.

(V. pour les autres baux, *suprà n° 6957 et suiv.*)

7358. VII. *Brevets.* Le brevet d'invention forme, entre les mains de celui qui l'a obtenu, une propriété transmissible, passible du droit de mutation par décès (10). — Quant au brevet de maître de poste, comme les héritiers sont autorisés à continuer le service pour leur compte (*art. 70 du décret du 24 juillet 1793*), il semble que c'est là une valeur héréditaire également assujettie à l'impôt (11).

7359. VIII. *Cautionnement.* La Régie a décidé que le cautionnement inscrit au trésor avec privilége de second ordre au profit d'un bailleur de fonds n'appartient pas au titulaire et ne doit pas être compris dans sa succession (12), — mais cette décision ne paraît pas devoir être suivie en présence de la jurisprudence de la Cour de cassation, d'après laquelle le bailleur de fonds n'est au contraire qu'un prêteur et ne conserve pas la propriété des deniers employés au cautionnement (13).

7360. IX. *Constructions.* Les constructions existant sur un terrain sont présumées légalement faire partie de la succession du propriétaire du fonds (14), et doivent être déclarées avec ce terrain. Il en est

---

(1) Dél., 9 nov. 1831; Inst., 1331, § 6; R. G., 12643.
(2) Seine, 5 mai 1863; R. P., 2152. V. cependant Dijon, 21 janv. 1845; J. N., 12420.
(3) Seine, 7 mai 1840, 28 mai 1855; J. N., 10735, 14556; Garnier, 13013.
(4) Dél., 26 juin 1863; D. M. F., 23 déc. 1863 et Inst., 2307; R. P., 1891, 1944 et 2123.
(5) Voir Lyon, 18 juin 1863; Saint-Quentin, 11 mai 1864; Colmar, 27 fév. 1865; R. P., 1921, 1950 et 2267.
(6) Cass., 5 oct. 1808, 23 janv. 1833, 24 nov. 1837; R. C., 12656; D. N., Succ., 449.
(7) Cass., 2 avril 1840, 24 juill. 1843, 6 mars 1859; Seine, 31 mars 1827, 9 déc. 1840; Lille, 3 mars 1849; Inst., 1857, § 7; J. N., 9613, 10649, 10888, 11090, 11003.

(8) Cass. (ch. réun.), 24 nov. 1837; J. N., 9802; Dalloz, n° 3056; D. N., Succ., 424; G. Demante, 684; contra, Cass., 28 janv. 1833; J. N., 7969; Inst., 4425, § 8; Garnier, 12602.
(9) Dél., 4 sept. 1806; R. C., 12605.
(10) D. N., Succ., 529.
(11) Sisteron, 25 janv. 1854; J. N., 13804; R. P., 471. Consultez Cass., 22 juin 1851; J. N., 14425.
(12) Dél., 9 juin 1835; Dalloz, Caut., n° 85; Rouen, 15 avril 1806; Paris, 24 avril 1834; D. N., Succ., 534.
(13) Cass., 6 janv. 1840, 6 juill. 1849; R. C., 12726; Aubusson, 10 mai 1860; R. P., 1319; J. N., 16887; Sol., 11 juill. 1865; R. P., 2273.
(14) Voir Cass., 18 mars 1856; R. P., 705.

de même des constructions édifiées par un fermier en vertu d'une clause de son bail, et sous la condition qu'elles appartiendraient au propriétaire à la fin de cette location. — Le preneur n'ayant, dans cette hypothèse, qu'un droit de jouissance sur les bâtiments, s'il vient à décéder au cours du bail, ses héritiers ne doivent aucun impôt pour cette transmission de jouissance, ainsi qu'on l'a vu, *suprà* n° 6924 (1) ; ils auraient seulement à déclarer l'indemnité dont le maître du sol serait débiteur, si elle avait été stipulée dans le bail.

7361. Lorsqu'il est établi que les constructions appartiennent réellement à un tiers, fermier ou autre (2), elles sont, comme tous autres immeubles, assujetties au droit de mutation par décès lors de la mort du constructeur sur leur revenu capitalisé au denier 20 (3).

7362. X. *Charge d'emploi.* L'obligation imposée à l'héritier ou au légataire universel de vendre une partie des biens de la succession pour faire des œuvres pies ne saurait le dispenser du payement de l'impôt sur l'intégralité de ces biens (4). — Il n'en serait autrement que si ces œuvres pies avaient le caractère d'un pacte particulier de sommes, car alors la déduction en serait opérée sur l'ensemble des valeurs héréditaires *suprà*, n° 7295.

7363. XI. *Créances.* On doit comprendre dans la déclaration toutes les créances en principal, intérêts et accessoires dues au défunt, même celles qui s'éteignent par confusion en la personne des héritiers (5), ou dont la compensation a été fixée après le décès (6).

7364. La délégation non acceptée par le créancier ne dessaisit pas le débiteur de la propriété de la créance, et s'il décède en cet état, la créance est sujette à l'impôt (7). — Mais l'acceptation peut s'induire de divers faits, tels que la réception de la créance par le délégataire (8), l'énonciation dans une lettre missive (9), et même, suivant un tribunal, le silence prolongé du créancier pendant les formalités de purge (10).

7365. Les créances frappées d'une saisie-arrêt doivent être déclarées, bien que la saisie ait été validée avant le décès, car le défunt en était toujours propriétaire (11).

7366. Même dans le cas où le prix de la vente d'un immeuble est entièrement absorbé par les hypothèques, cette circonstance ne fait pas que la créance du prix ne soit dans le patrimoine du vendeur. Le règlement provisoire de l'ordre ne changerait pas cette situation (12). Mais comme le règlement définitif confère aux créanciers un titre direct contre l'acheteur, il faut décider qu'à partir de ce moment, la créance cesse d'appartenir au vendeur (13).

7367. La preuve de l'existence de la créance résulte en première ligne de la représentation du titre constitutif, sans que les héritiers puissent alléguer que le défunt était le prête-nom d'un tiers (14). — Elle résulte encore de l'aveu des héritiers consigné dans un inventaire (15), une déclaration de succession (16) ou bien de la reconnaissance émanée du débiteur dans un acte authentique postérieur au décès (17).

7368. Lorsque le terme de remboursement d'une créance est postérieur au décès, il semble, quoique la question soit controversée, que c'est aux héritiers à établir par des titres ou des papiers domestiques que la somme a été payée, avant cette époque, du vivant du défunt (18).

7369. En principe les créances doivent être déclarées pour leur valeur nominale (*Loi du 22 frim.*

(1) Seine, 12 janv. 1848; J. N., 13208.
(2) Voir pour la preuve Cass., 22 avril 1840; Inst., 1630, § 8.
(3) Seine, 13 fév. 1864; 21 juill. 1865; R. P., 1988, 2179; J. N., 13385.
(4) Sol., 19 août 1831; Inst., 1388, § 5; Neufchâteau, 11 fév. 1836; R. G., 13025.
(5) Pamiers, 30 déc. 1856; R. P., 816; Chartres, 25 mars 1859; J. N., 16632; R. G., 12778; R. P., 1146.
(6) Cass., 20 janv. 1858; J. N., 16269; R. P., 981.
(7) C. Demante, 687; Brives, 4 juin 1851; Cass., 17 fév. 1857; Inst., 2096, § 7; Pontarlier, 1er mars 1856; Amiens, 30 mars 1855; Nontron, 21 déc. 1870; J. N., 15380, 15908, 15920, 17191; R. P., 732, 813; CONTRA, Orange, 27 août 1856; J. N., 15908; Lille, 21 fév. 1862; R. P., 718, 1701.
(8) Cass., 22 déc. 1812, 17 fév. 1857.
(9) Pontarlier, 1er mars 1856; J. N., 15926; R. P., 732.
(10) Vigan, 5 déc. 1833; Dél., 16 juin 1834; R. G., 12780, § 1.
(11) Cass., 26 fév. 1831, 9 janv. 1838; Paris, 30 mars 1835, 7 fév. 1837, 18 mars 1839 et 26 juill. 1843.
(12) Seine, 14 juin 1851; Cass., 15 juill. 1856; Inst., 2096, § 6; Aubusson, 25 août 1858; R. P., 722, 1091.

(13) Redon, 28 avril 1833; Dél., 11 juin 1833; J. N., 8351; G. Demante, 686; Seine, 10 fév. 1866; R.G., 2282; CONTRA, Dél., 5 fév. 1836; Inst., 1528, § 1; Garnier, 12787.
(14) Seine, 17 mars 1853; D. N., ve *Succ.*, 347; Dinan, 5 fév. 1858; R. P., 1016.
(15) Seine, 6 fév. 1856; R. G., 12785.
(16) Bar-le-Duc, 15 avril 1843; Cognac, 12 janv. 1864; R. P., 188; J. N., 17874, 18242.
(17) Grenoble, 27 déc. 1847; D. N., *Succ.*, 346; CONTRA, Moissac, 11 août 1863; R. P., 1879.
(18) Dict. not., *Succ.*, n° 558; Colmar, 6 mai 1851; Rethel, 27 août 1832; Reims, 28 déc. 1853; Ploërmel, 29 juin 1855; Colmar, 23 août 1855; Angoulême, 28 déc. 1855; Ste-Ménehould, 29 avr. 1856; Mortain, 6 juill. 1856; Prades, 19 nov. 1856; Bar-sur-Aube, 12 fév. 1857; Remiremont, 9 avr. 1857; Châlon-sur-Saône, 21 janv. 1860; Béziers, 9 janv. 1861; Moissac, 11 août 1863; R. G., 12784; R. P., 1, 800, 1307, 1403, 1870; J. N., 14444, 14913, 16769; CONTRA, Launion, 13 mars 1855; Cognac, 25 août 1856; Verdun, 26 août 1856; Briey, 19 août 1857; Mirecourt, 9 déc. 1864; R. P., 2073; J. N., 16799, 18232.

an 7, *art.* 14, n° 2.) — L'administration a apporté néanmoins certains tempéraments à la règle. Ainsi la créance sur un failli doit l'impôt sur sa valeur réelle, telle qu'elle est fixée par les dividendes (1). — On résiste davantage pour les créances dépendant d'une simple déconfiture, parce que l'impossibilité de recouvrement est moins certaine, mais quand la réduction de la créance est établie, il n'y a pas de raison pour la traiter autrement que celle due par un failli (2).

7370. Dans le même sens, il a été décidé que les héritiers peuvent être dispensés de payer le droit pour des créances devenues caduques par la prescription ou l'insolvabilité des débiteurs, pourvu qu'ils y renoncent expressément dans la déclaration (3). Cette disposition s'applique aux héritiers bénéficiaires comme aux héritiers purs et simples (4) ; mais on n'admet pas qu'elles concernent les créances dues par les héritiers eux-mêmes (5).

7371. Il faut d'ailleurs que la renonciation soit catégorique, et il ne suffirait pas d'annoncer que les créances sont considérées comme irrécouvrables (6), ni que les héritiers s'engagent à payer les droits s'ils les recouvrent (7). — Il est nécessaire, en outre, que cette renonciation soit insérée dans la déclaration même des héritiers ; celle que contiendrait l'inventaire serait insuffisante (8). Toutefois si la créance a été totalement omise, les héritiers, s'ils sont de bonne foi, sont encore fondés à faire leur renonciation au bureau après le payement des droits pour éviter les poursuites de la Régie (9).

7372. Rien ne s'oppose enfin à ce que la renonciation soit seulement partielle (10).

7373. Dans tous les cas, il appartient souverainement à la Régie d'accepter ou de refuser les renonciations dont il est parlé *suprà* n° 7371 ; car il s'agit d'une question d'équité, et elle en est la seule juge (11).

7374. XII. *Donations.* Nous avons expliqué ailleurs le caractère et les effets des institutions contractuelles, des donations de biens présents et à venir, des donations de sommes payables au décès ou à prendre sur les plus clairs biens de la succession, et enfin des conventions de mariage déguisant de véritables libéralités soumises à l'événement du décès, *suprà* n° 6375.

Il n'est pas besoin d'ajouter ici que toutes les dispositions assujetties au droit fixe de don éventuel entraînent, comme conséquence nécessaire, la perception du droit proportionnel de mutation au décès du donateur.

7375. La même remarque s'applique aux clauses de réversibilité dont il a été aussi question précédemment, *suprà* n° 6320.

7376. XIII. *Folle enchère.* L'immeuble acquis par le défunt et revendu à sa folle enchère postérieurement au décès ne doit pas être compris dans sa succession, attendu qu'il n'en a jamais été propriétaire et que la folle enchère résout son droit *ab initio* (12). — Il n'en serait autrement que si, dans l'intervalle écoulé entre le décès et la folle enchère, les héritiers avaient fait acte de propriété (13).

7377. Quant à la surenchère, elle ne suspend pas l'effet de la vente, et la seconde adjudication faite au profit d'un tiers est une condition résolutoire de la première. Il en résulte que si l'adjudicataire frappé de surenchère décède avant que l'adjudication ait été prononcée, les biens font partie de sa succession (14).

7378. XIV. *Fruits.* Les fruits civils ou proratas, soit de fermages, soit de loyers d'un immeuble affermé, courus jusqu'au jour du décès du propriétaire, doivent être déclarés comme créance, indépendamment du droit à percevoir sur l'immeuble (15).

7379. La règle précédente ne s'applique pas quand le propriétaire jouit par lui-même, puisque les fruits naturels font partie intégrante de l'immeuble et n'ont pas une valeur distincte (16). — Mais si la récolte, quoique non détachée, avait été vendue à forfait avant le décès du propriétaire, le prix de l'aliénation formerait une créance sujette au droit (17).

---

(1) Grenoble, 26 mai et 31 août 1857 ; Nantes, 29 nov. 1859 ; Pontoise, 20 nov. 1857 ; J. N., 13549, 14291 ; R. G., 12782; contra, Cambrai, 25 mars 1859 ; J. N., 16626.

(2) Montpellier, 11 juin 1852 ; R. G., 12782, § 1er ; Sol, 23 mai 1857.

(3) D. M. P., 12 août 1866 ; R. G., 12788 ; D. N., *Succ.*, n° 502 ; R. P., 4575.

(4) Sol., 4 oct. 1818 ; J. N., 13018.

(5) Seine, 13 fév. 1877 ; R. P., 810 ; Wissembourg, 30 janv. 1857 ; Demolombe, XIX, 266 ; Garnier, 12790.

(6) Valenciennes, 5 juin 1843 ; J. N., 12439.

(7) Château-Chinon, 2 janv. 1851 ; D. N., *Succ.*, 557,

(8) Seine, 3 juill. 1850 ; R. G., 12795.

(9) Sol., 16 juin 1851 ; Marseille, 22 mai 1840 ; R. G., 12796.

(10) Pontoise, 17 avril 1856 ; Rambouillet, 14 août 1857 ; Seine, 30 juin 1860 ; R. P., 4360 ; J. N., 16060 ; contra, Cambrai, 25 mars 1859 ; R. P., 4443.

(11) Cass. (4 arrêts), 21 avr. 1861 ; Inst., 2201 ; Seine, 13 juin 1863, R. P., 4525, 4870 ; J. N. 16889, 17112, 17261.

(12) Cass. 2 fév. 1819, 15 mars et 28 août 1854 ; R. P., 404, 494 ; Seine, 18 mars 1846 ; Del., 21 juill. 1857 ; Demante, n° 494 ; D. N., v° *Succ.*, 504. R. G., 13039 ; J. N., 9765.

(13) Cass., 14 fév. 1825 ; Inst., 1166, § 9.

(14) Garnier, 13073.

(15) Inst., 1263, § 5.

(16) Inst., 1263, § 5.

(17) Inst., 1263, § 5.

7380. Enfin la Régie décide que les récoltes sont meubles à l'égard du fermier et que s'il meurt avant de les avoir enlevées, ses héritiers doivent les comprendre dans la déclaration de sa succession d'après leur valeur au jour du décès (1).

7381. Les arrérages d'une créance ou d'une rente font partie de la succession non-seulement lorsque le terme est échu, mais encore lorsqu'il n'y a qu'une partie d'un terme écoulé. Dans ce cas, les arrérages doivent être déclarés au prorata des jours écoulés depuis l'échéance du dernier terme (2). — Il faut déclarer notamment les arrérages des rentes sur l'État ou autres valeurs de Bourse quand le décès a lieu dans la période pendant laquelle le coupon est détaché (3). — Mais on a exempté du droit les arrérages de secours annuels ou viagers aux anciens militaires, donnés par le grand chancelier de la Légion d'honneur (4).

7382. XV. *Habitation.* Le droit d'habitation étant un droit immobilier qui participe de l'usufruit et forme un démembrement de la propriété, il a été décidé que le legs d'un droit d'habitation était assujetti aux droits de mutation par décès comme le legs d'usufruit (5).

7383. XVI. *Legs.* Le legs fait à un exécuteur testamentaire pour le récompenser de ses soins est passible du droit de mutation (6). — Il en est de même du legs fait par un débiteur à un créancier dont le titre était périmé ou anéanti (7), ou des honoraires attribués au tuteur testamentaire (8).

7384. On doit considérer comme un legs passible du droit de mutation par décès la déclaration par un mari dans son testament, qu'il a reçu de sa femme une somme de 50,000 fr. dont il lui fait don et legs (9); mais si le testateur se contentait de déclarer qu'il doit telle somme sans ajouter qu'il en fait donation, il y aurait simple reconnaissance de dettes (*supra* n° 6516).

7385. A l'égard des fondations pieuses, il y a legs quand le testament attribue la propriété ou l'usufruit de certaines valeurs à une personne ou à un établissement ayant une existence propre ; il y a simple charge si l'héritier a seulement mission de faire dire des messes, de distribuer des sommes aux pauvres, etc. (10).

7386. Si le légataire est chargé de remettre à un tiers un objet dont il est personnellement propriétaire, il n'est dû aucun droit particulier de mutation lors de la remise de cet objet au tiers (11).

7387. XVII. *Héritier bénéficiaire.* L'héritier bénéficiaire est véritablement propriétaire des biens qu'il recueille. Si donc il décède avant d'avoir rendu son compte, ses héritiers n'en sont pas moins tenus de payer les droits sur l'intégralité des valeurs non réalisées (12).

7388. XVIII. *Hospices.* Les hospices ne doivent aucun droit de succession pour les effets mobiliers des malades qui décèdent dans l'établissement, et auxquels ils ont droit en compensation des soins gratuits fournis au défunt (13).

7389. XIX. *Interdit.* Lorsque les enfants d'un interdit, administrateurs de ses biens, en ont vendu une partie sans autorisation pendant leur gestion, ils ne sont pas obligés de comprendre dans la déclaration de succession les biens aliénés, mais seulement la partie du prix des ventes due par les acquéreurs à l'époque du décès (14).

7390. XX. *Jouissance légale.* La jouissance légale résultant de l'art. 384 C. Nap. ne donne pas ouverture au droit de mutation par décès (15). Il en est autrement lorsque l'usufruit des biens dont la nue propriété est léguée aux enfants échoit au père ou à la mère par testament ; les parents ne peuvent même soutenir que l'usufruit légué se confondant avec la jouissance légale, ils ne doivent l'impôt que sur l'excédant (16).— Ils ont le droit cependant de renoncer au legs d'usufruit pour s'en tenir à la jouissance légale, mais cette renonciation ne serait pas accueillie après la délivrance du legs (17).

7391. XXI. *Mines.* L'acte de concession d'une mine crée une propriété nouvelle, soit qu'elle ait été

---

(1) Inst., 1263, § 5; Napoléon, 22 déc. 1858; R. P., 1347; J. N., 16950; CONTRA, Garnier, 12909.

(2) D. N., *Succ.*, 321.

(3) V. Dél., 23 fév. 1820; R. G., 13140.

(4) D. M. F., 5 avril 1859 ; J. N., 16577 ; Inst., 2148 ; R. P., 1164.

(5) Dél., 8 août 1831; J. N., 7409.

(6) Dél., 14 déc. 1830, 7 déc. 1833; R. G., 13036; J. N., 7327.

(7) Dél., 11 déc. 1829; J. N., 7204.

(8) Valogne, 3 janv. 1800; J. N., 74004.

(9) Villefranche, 14 août 1829 ; Dél., 23 avril 1830; J. N., 7147.

(10) Voy. Cass., 16 juill. 1834 ; Grenoble, 23 août 1851 ; Douai, 30 mai 1853; Bordeaux, 23 juin 1836; R. P., 877.

(11) R. G., 2052; Voir Toulouse, 9 janv. 1862 et Lyon, 18 août 1863.

(12) Dél., 26 sept. 1832; Seine, 23 août 1850 ; J. N., 8655 et 14177 ; R. G., 13642.

(13) D. M. F., 23 juin 1858; Inst., 2132. § 4; R. P., 1080.

(14) Inst., 16 juillet 1812; Dél., 29 oct. 1812; Inst., n° 977; R. G. 13044.

(15) Dél., 20 juin 1828; D. N., *Succ.*, 505; Garnier, 13045; Proudhon, *Usuf.*, II, p. 331; G. Demante, 748.

(16) Dél., 13 avril 1830, 16 mai 1834; Cass., 15 juin 1842, 30 déc. 1850; Inst., 1865, §34, 1883. § 9; J. N., 7142, 9696, 14363, 14336. Voy. cependant Cass., 24 mars 1813; J. N., 9626.

(17) Seine, 6 janv. 1841 ; R. G., 13044, § 3.

accordée au propriétaire même de la surface, soit qu'elle ait été transmise à un tiers. Cette propriété doit être dans tous les cas comprise comme immeuble dans la déclaration de succession du concessionnaire (1).

7392. Le droit d'exploitation ne se confond pas avec la mine elle-même. Si une personne a obtenu du propriétaire de la mine le droit d'exploiter cette mine jusqu'à épuisement, ce droit mobilier, *suprà* *n° 6950*, doit figurer dans sa succession (2). — Si, au contraire, l'exploitation est limitée, elle ne constitue plus qu'une jouissance temporaire ou semblable à un bail et dispensée à ce titre de l'impôt des mutations par décès, *suprà n° 7256*.

7393. Quant à la redevance à payer par les concessionnaires, elle forme un droit immobilier si elle se trouve dans la succession du propriétaire de la surface et un droit mobilier lorsqu'elle est devenue la propriété d'un tiers (3). Dans les deux cas, elle est sujette à l'impôt des successions sur un capital formé de vingt fois l'annuité.

7394. Les dispositions précédentes ne s'appliquent pas au droit qui appartient aux maîtres de forges de recueillir le minerai sur la surface du terrain. Ce n'est là qu'une faculté légale ne constituant pas une propriété personnelle de nature à être déclarée (4). — Mais il est bien entendu que la redevance à payer par eux au maître du sol doit figurer dans la déclaration de succession de ce dernier.

7395. XXII. *Mutation secrète.* S'il est établi qu'un immeuble avait été acquis secrètement par le défunt, cet immeuble doit être compris dans la déclaration de sa succession (5). — On doit aussi y faire figurer l'immeuble dont le défunt était propriétaire apparent comme l'ayant fait inscrire à son nom au rôle et en ayant acquitté l'impôt, lors même qu'un jugement postérieur au décès déclarerait que la propriété appartient à un tiers (6) ou que cette circonstance résulterait, soit d'une note du défunt (7), soit de la déclaration ultérieure des héritiers (8).

7396. Lorsqu'un frère majeur a acquis un immeuble tant pour lui que pour son frère mineur et qu'il décède avant la ratification de ce dernier, l'immeuble acquis fait entièrement partie de sa succession (9). La ratification résulterait du payement du prix par celui pour qui on s'est porté fort (10).

7397-98. XXIII. *Recel.* Lorsqu'un époux a diverti ou recélé des objets communs, il est privé de sa portion dans ces objets, et ils doivent être intégralement compris dans la succession du prédécédé (11).

7399. XXIX. *Retrait d'indivision.* Si les deux époux achètent conjointement un immeuble dont une portion indivise appartenait déjà à l'un d'eux, cet immeuble devient une propre de l'époux copropriétaire et doit acquitter l'impôt des mutations au décès de ce dernier (12). — Mais lorsque le mari achète sur licitation sans le concours ou le mandat exprès de sa femme l'immeuble dont elle avait une portion, il devient, ou la communauté qu'il représente, propriétaire de l'immeuble jusqu'à l'option de sa femme, de sorte que si la femme meurt avant cette époque, on ne doit déclarer que la portion à laquelle elle peut avoir droit en qualité de commune en biens outre l'indemnité qui lui est due pour la cession de sa part indivise.

7400. Quant à la succession du mari, elle comprend la totalité de l'immeuble si les époux n'étaient pas mariés sous le régime de la communauté, et la moitié seulement de cet immeuble, dans le cas contraire (13)

Il n'y a pas du reste à considérer pour cela si l'indivision ne subsiste point encore avec des tiers : le retrait s'opère aussi bien dans cette hypothèse (14).

SECTION VII. — ÉVALUATION DES BIENS.

7401. 1. La valeur de la propriété, de l'usufruit et de la jouissance des biens transmis par décès est déterminée, savoir : 1° *pour les meubles*, par la déclaration estimative des parties, sans distraction des

(1) V. Cass., 30 mai 1842 ; J. N., 11310; Inst., 1075, § 9.
(2) *Comp.*, Cass., 22 août 1842, 11 janv. 1843; Inst., 1083; § 10, 10076; § 6 ; J. N., 11310, 11558.
(3) St-Etienne, 30 août 1847 ; Cass., 15 janv. 1849 ; Inst., 1837, § 6 ; J. N., 13152, 13617.
(4) R. G., 12921, *ter*.
(5) Cass., 14 avr. 1815, 8 mai 1826 et 18 nov. 1835 ; Inst., 1209, § 13 et 1513, § 5 ; R. G., 13049.
(6) Seine, 26 janv. 1842 ; *Succ.*, 418.
(7) Cass., 20 juill. 1855 ; R. G., 441.

(8) Toul, 24 août 1848 ; D. N., *Succ.*, 524.
(9) Mirecourt, 22 fév. 1850 ; R. G., 13053.
(10) Cass., 15 mai 1822 ; J. N. 6148.
(11) Dél., 19 nov. 1830 ; J. N., 7133 ; D. N., *Succ.*, n° 445 ; R. P., 2059.
(12) Sables-d'Olonne, 17 août 1852 ; R. G., 12672.
(13) V. *suprà*, n° 7162 ; R. G., 12690 à 12697; St-Etienne, 27 décembre 1863 ; R. P., 2227.
(14) Cass., 30 janv. 1855 ; R. P., 2020.

charges. La valeur, pour les créances et autres actes obligatoires, est déterminée par le prix exprimé dans l'acte et qui en fait l'objet. L'usufruit s'évalue à la moitié de la valeur entière, 2° *pour les immeubles*, par l'évaluation qui est faite et portée à vingt fois le produit des biens ou le prix des baux courants sans distraction des charges. Il n'est rien dû pour la réunion de l'usufruit à la propriété lorsque le droit d'enregistrement a été acquitté sur la valeur entière de la propriété. La valeur de l'usufruit est déterminée par l'évaluation qui en est portée à dix fois le produit des biens ou le prix des baux courants, aussi sans distraction des charges. Lorsque l'usufruitier, qui a acquitté le droit d'enregistrement pour son usufruit, acquiert la nue propriété, il paye le droit d'enregistrement sur sa valeur sans qu'il y ait lieu de joindre celle de l'usufruit (*Loi 22 frim. an 7, art. 14, n°s 2, 8 et 11, et 15, n°s 7 et 8*).

7402. II. *Meubles.* Lorsqu'il existe un inventaire dressé par un officier public, cet inventaire doit être pris pour base de la déclaration des héritiers à l'exclusion de tout état estimatif (1).

7403. Si les meubles inventoriés par acte authentique ont été ensuite vendus aux enchères, faut-il déclarer le prix de vente au lieu de l'estimation, et la Régie a-t-elle le droit, quand la vente suit la déclaration, de réclamer un droit supplémentaire sur la somme qui excède la prisée ? Ces questions ont été vivement controversées, et la Régie prétend toujours que le prix de vente doit servir de base à la perception lorsque aucune circonstance n'a pu exagérer les enchères, parce qu'un prix représente mieux que l'estimation approximative de l'inventaire, la valeur réelle des biens (2). La difficulté est, en ce moment d'ailleurs, pendante devant la Cour suprême.

7404. III. *Valeurs de Bourse.* C'est par le cours de la Bourse du lieu du décès (3) et au jour de ce décès (ou par celle de la veille, s'il n'y a pas eu de bourse ce jour-là (4)), que se détermine le capital des rentes sur l'État, et celui des actions des compagnies étrangères dépendant d'une succession régie par la loi française (*Loi 18 mai 1850*), ou des obligations des mêmes sociétés (*Loi 13 mai 1863, art. 11*)(5). Il en est de même, par analogie, de toutes les actions ou obligations dans les sociétés françaises (6).

7405. Quand une valeur cotée à la Bourse n'est pas libérée, il faut déduire de son capital, déterminé par le cours moyen, le montant des versements non effectués.

7406. S'il s'agit de valeurs non cotées à la Bourse, c'est-à-dire n'ayant pas de fixation officielle, les parties doivent être admises à en déclarer la valeur, conformément à l'art. 16 de la loi du 22 frim. an 7 (7).

7407. IV. *Rentes.* Toutes les fois que la rente a été créée moyennant l'aliénation d'un capital, il faut établir le droit sur le capital constitué, aux termes de l'art. 14, n° 7, de la loi du 22 frim. an 7 (8). Et si la rente a été créée sans expression de capital, le droit se liquide sur dix fois la rente viagère et vingt fois la rente perpétuelle (9). À l'égard des rentes temporaires, il a été décidé qu'il fallait les capitaliser par dix, ou par le nombre d'années s'il est inférieur à dix (10).

7408. Les rentes en nature s'évaluent d'après les mercuriales (*Loi 15 mai 1818*), ou, à leur défaut, d'après la déclaration estimative des parties.

7409. V. *Offres.* V. sup. n°s 7116 à 7119.

7410. VI. *Créances.* V. sup. n°s 7363 à 7373.

7411. VII. *Sociétés.* Les actions ou les parts d'intérêt dans les sociétés étant meubles tant que dure l'entreprise, les héritiers de l'associé défunt n'ont à déclarer que la valeur des droits de leur auteur dans la société, si son décès n'a pas dissous le contrat (11). Lorsque ces droits correspondent à des actions proprement dites, il suffit d'évaluer les actions ; mais, dans le cas contraire, les héritiers doivent détailler et estimer tous les biens composant le fonds social (12).

7412. Il est sans difficulté que ce droit est dû selon la nature des biens indivis, quand le décès de l'associé a mis fin à l'entreprise (13).

(1) Seine, 15 janv. 1835; Dél. 12 mai 1835; R. G.,13088; Tours, 44 mars 1862; R. P., 1590.
(2) Dél., 5 nov. 1833; Dalloz; 5152; Compiègne, 18 mai 1848; Alençon, 13 sept. 1852; Vendôme, 28 nov. 1854; Versailles, 15 fév. 1865; Pont-Audemer, 30 mars 1855; Lyon, 12 mai 1855; Yvetot, 29 juin 1855; Demfront, 31 janv. 1856; le Havre, 12 mars 1856; Bordeaux, 4 avril 1856; Seine, 6 fév. 1863; R. G., 6196, 13086; J. N., 13435; R. P., 224, 373, 402, 507, 639, 4784; contra, Seine, 15 jan. 1835, 27 août 1838, 12 mars 1864; Dél., 29 nov. 1844; Cass., 23 fév. 1858, 10 mai 1858; Bourges, 23 nov. 1865; R. P., 979, 1013, 4407, 2032, 2216; J. N., 8679, 14806, 16688.
(3) Lyon, 19 juin 1863; J. N., 17391, 17864.
(4) Inst., 747.
(5) R. P., 1770.
(6) Lyon, 22 août 1843; J. N., 14802; Inst., 747.
(7) Sol., 6 sept. 1850; Seine, 22 mars 1848; J. N., 13360; R. G., 13414.
(8) Cass., 28 mess. an 13 et 4 mai 1807; R. G., 13119, 13120. V. cependant Champ. et Rig. 367.
(9) Idem.
(10) Sol., 16 avril 1823; R. G., 12124.
(11) Cass., 11 août 1831; Inst., 1446, § 6.
(12) Inst., 520; Garnier, 4512°.
(13) Sol., 2 juin 1837; Inst., 1562, § 20.

7413. La femme, même commune, n'est point partie contractante dans les actes de société passé par son mari. Elle n'est donc pas propriétaire des immeubles acquis par la société ; elle n'a droit qu'aux bénéfices pour la portion résultant de l'association distincte qu'elle a contractée avec son mari. Ces bénéfices seuls doivent être déclarés (1).

7414. La taxe de mainmorte, qui frappe les immeubles d'une société anonyme n'exempte pas les actions du droit de succession (2).

7415. Les transmissions par décès au profit des sociétés de secours mutuels sont passibles des droits proportionnels ordinaires (3).

7416. VIII. *Immeubles par destination.* Les immeubles par destination font partie intégrante du fonds auquel ils sont attachés et on ne doit pas les évaluer séparément (4).

7417. IX. *Immeubles par nature.* Il y a deux modes d'évaluation pour les immeubles : la déclaration des parties et les baux courants. Mais les héritiers n'ont pas le choix entre eux ; et s'il existe un bail courant au décès, il doit servir exclusivement de base au revenu (5).

7418. Nous avons indiqué précédemment les conditions que le bail devait réunir pour être accepté (*supra, chap. VI*).

7419. Le bail courant n'est pas le seul moyen légal de suppléer à la déclaration des parties. Il est encore, selon l'art. 19 de la loi du 22 frim. an 7, d'autres actes qui peuvent faire connaître le véritable revenu. Tel est, par exemple, l'expertise contemporaine au décès et portant sur les mêmes immeubles, soit qu'elle ait eu lieu entre la Régie et les héritiers (6), soit qu'il y ait été procédé entre les héritiers eux-mêmes (7), et quoique le rapport ne fût pas homologué (8). — Il en serait de même certainement d'un échange ou de tout autre acte dans lequel le revenu des immeubles, au moment du décès, serait déterminé par les héritiers (9).

7420. X. *Bois et forêts.* Lorsque les bois sont affermés ou aménagés et que les baux ou les coupes ne contiennent aucune réserve, la connaissance du revenu est donnée par les baux ; on l'obtient en cumulant les produits de toutes les coupes exploitées pendant une révolution d'aménagement et en divisant ce total par le nombre d'années de cette révolution (10). — Si les bois ne sont pas aménagés, on divise le prix de la coupe des bois exploités en une seule fois par le nombre d'années de croissance (11).

7421. Quant aux réserves épars, il faut évaluer, non-seulement le produit annuel de l'élagage ou de la glandée, mais encore la valeur de la croissance lorsqu'il s'agit d'arbres de futaie (12). On doit aussi ajouter au revenu forestier la valeur du droit de chasse s'il est affermé séparément (13). Si la forêt comprend une minière, il faut ajouter au revenu forestier le produit annuel de la minière d'après la durée probable de l'exploitation (14).

7422. XI. *Usufruit.* D'après les art. 14, n° 11, et 15. n° 8 de la loi du 22 frim. an 7, la mutation par décès de l'usufruit ne produit que la *moitié* du droit auquel se trouve assujettie la transmission de la propriété. — Néanmoins lorsqu'il s'agit d'un usufruit temporaire, l'opération à faire pour obtenir le capital imposable est de multiplier le revenu par le nombre d'années que doit durer l'usufruit (15), sans que ce nombre puisse toutefois excéder dix.

7423. Pour l'usufruit légué à deux personnes successivement, la valeur à déclarer par le second légataire est celle de la jouissance au décès du premier (16).

7424. XII. *Nue propriété.* Dans le système de la loi fiscale, la nue propriété s'évalue comme la propriété entière, et le droit se perçoit sur les mêmes bases (17). — Mais quand l'impôt a été liquidé

(1) Sol., 19 mai 1824 ; Inst., 1146, § 10 ; R. G., 11212, § 4.
(2) Carcassonne, 10 janv. 1800 ; R. P., 4432 ; J. N., 16824.
(3) Saint-Dié, 24 avril 1863 ; R. P., 1799.
(4) Cass., 20 juill. 1812 ; D. M. F., 4 mai 1823 ; Dél., 12 août 1828 ; R. G., 13436.
(5) Cass., 7 germ. an 12, 18 fév. 1807, 13 fév. et 14 juin 1809, 23 mars 1812, 7 fév. 1821, 19 août 1829, 9 déc. 1835, 6 déc. 1836, 3 mars 1840, 17 fév. 1842 ; Inst., 1303, § 8, 1513, § 3, 1539, § 6, 1618, § 15, 1920 • § 4.
(6) Cass., 18 janv. 1835, 1er déc. 1835 ; J. N., 9145 ; Inst., 1513, § 4.
(7) Le Havre, 11 janv. 1858 ; Seine, 21 août 1850 ; Lisieux, 16 nov. 1850 ; Cass., 18 janv. 1825, 26 fév. 1851 ; J. N., 14324 ; Inst., 1883, § 8 ; Dalloz, 4744 ; Garnier, 6277 et 13202.
(8) Melun, 23 juin 1843 ; R. G., 13202.

(9) Arg. de cass., 31 déc. 1823 ; Amiens, 17 janv. 1840 ; Seine, 30 août 1838 ; R. G., 6278 à 6283 ; Cass., 13 mars 1812.
(10) Sol., 11 juill. 1827 ; Inst., 1229, § 2.
(11) Marennes, 25 fév. 1845 ; J. N., 12399 ; Cass., 24 mai 1843 ; R. G. 13268.
(12) Cass., 18 juin 1855 ; R. P., 411 ; J. N., 15548.
(13) Garnier, 13207.
(14) Briey, 15 août 1861, avec arrêt d'adm. du 14 juin 1865 ; R. P., 2087.
(15) Evreux, 18 août 1849 ; D. N., *Succ.*, 539.
(16) Seine, 6 fév. 1855 ; R. G., 13225.
(17) Cass., 11 sept. et 18 déc. 1811, 13 floréal an 9 et 29 juin 1819 ; D. N., *Succ.*, n° 761 ; J. N., 1621.

et payé sur la *valeur totale* des biens meubles ou immeubles (1), la mutation qui s'opère ultérieurement pendant que l'usufruit est encore séparé de la nue propriété, ne donne plus ouverture qu'à la moitié du droit (2).

7425. Si un propriétaire d'immeubles en cède l'usufruit et décède avant l'usufruitier, le droit est dû sur le capital par 20 du revenu, parce que, dans ce cas, l'impôt n'a pas encore été perçu sur la valeur entière (3). Il faut d'ailleurs assimiler les effets de l'exemption d'impôt accordée aux transmissions de la nue propriété à ceux du payement effectif ; ce cas s'applique surtout aux valeurs qui étaient affranchies du droit avant la loi du 18 mai 1850 (4).

7426. Lorsque le droit a été payé sur la valeur entière, l'usufruitier qui recueille ensuite la nue propriété ne doit plus l'impôt que sur cette nue propriété même sans y ajouter la valeur de l'usufruit (5). Le droit se liquide alors sur la moitié de la valeur.

7427. XIII. *Substitution.* Le grevé de substitution doit payer le droit de mutation par décès sur la pleine propriété des biens à lui transmis, tout comme si la charge de restitution n'existait pas. Un second droit de même nature est exigible lorsque les appelés recueillent les biens au décès du grevé, mais le taux applicable se règle d'après le degré de parenté existant entre eux et le grevé de restitution (6).

7428. XIV. *Charges.* L'impôt se perçoit sur l'actif brut des successions. On ne déduit donc, ni la contribution foncière (7), ni le prix encore dû des immeubles, lors même qu'il aurait été stipulé payable avec une créance de la succession (8) ; ni les rentes foncières (9), ni les sommes mises de coté par le défunt pour le payement de ses dettes (10).

7429. Mais il a été décidé, que pour déterminer la part du défunt dans une société, il fallait d'abord défalquer le passif de l'actif et calculer sur le reliquat net (11). — Ce principe ne s'appliquerait toutefois, ni aux indivisions ordinaires (12), ni même aux sociétés conjugales (13).

7430. La Régie admet encore que, si le survivant de deux époux décède sans avoir rendu aucun compte à ses enfants, on doit distraire de sa succession les valeurs mobilières qu'il a conservées ou qu'il a reçues pour eux du chef de l'époux défunt (14).

7431. Voir, au sujet des reprises, *supra n° 7501*, — des sommes détenues à titre d'usufruit, *n° 7501*, — et des sommes données entre-vifs et non payées, *n° 7299*.

SECTION VIII. — DES PEINES RELATIVES AUX DÉCLARATIONS.

7432. I. *Défaut de déclaration.* Les héritiers, donataires ou légataires qui n'ont pas fait dans les délais prescrits les déclarations des biens à eux transmis par décès, doivent payer, à titre d'amende, un demi-droit en sus du droit qui est dû pour la mutation (*Loi 22 frim. an 7, art. 59*).

7433. Pour que le demi-droit en sus soit évité, il faut à la fois une déclaration et un payement des droits dans les délais : si l'une de ces deux circonstances manquait, l'amende serait encourue (15).

7434. Les héritiers ne seraient pas exonérés de la peine de retard, en alléguant qu'ils ont fait leur déclaration dans un autre bureau (16) ; — ou qu'ils sont appelés à la succession en vertu d'un titre sur lequel le droit de donation entre-vifs a été perçu par erreur (17) ; ou même que leur qualité d'étranger les dispensait de connaître et d'exécuter les lois françaises (18).

7435. La peine du demi-droit en sus s'applique à l'héritier qui dissimule la date véritable du

(1) Inst., 2025 ; Garnier, 13235.
(2) 6 arrêts des 2 avril 1845 et 27 déc. 1847 : Cass., 21 juin 1848 ; Pont-Audemer, 22 août 1845 ; Chartres, 27 fév. 1838 ; Pont-Audemer, 24 fév. 1842 ; Pithiviers, 23 août 1844 ; Étampes, 19 nov. 1844 ; Doullens, 6 déc. 1843 ; Corbeil, 25 août 1842 ; Évreux, Château-Thierry, Seine, 21 mai, 11 et 15 juin 1842 ; Grasse, 24 nov. 1845 ; Rouen, 11 mai 1842 ; Boulogne, 11 fév. 1846 : Inst., 1810 ; J. N., 10425, 14360, 11408, 11547, 12067, 12087, 12186, 12189, 12502, 13287, 13371, 13426.
(3) Saumur, 30 juill. 1853 ; R. G., 13232 ; Mamers, 20 jany. 1851. Consulter Cass., 5 avril, 1861 ; R. P., 1885.
(4) Seine, 28 juill. 1853 : R. G., 13226.
(5) Loi 22 frim. an 7, art. 45, n° 8 ; Dél., 19 avril 1826 ; Inst., 1209, § 17.
(6) G. Demante, 743, § 4 ; Garnier, 12040.
(7) Charleville, 10 fév. 1860 ; R. P., 1133.

(8) Montpellier, 11 juin 1852 ; R. G., 13243.
(9) Cass., 19 prair. an 11.
(10) Rouen, 10 mars 1856 ; D. N., *Succ.*, 809.
(11) Cass., 3 mars 1829 ; Inst., 1293, § 6.
(12) Seine, 2 juill. 1854 ; D. N., *Succ.*, 811 ; contra, Tours, 14 mars 1862 ; R. P., 1560 ; Seine, 19 fév. 1859 ; R. P., 1241.
(13) D. M., 11 sept. 1829 ; Langres, 23 déc. 1842 ; D. N., *Succ.*, 820 ; R. G., 13254.
(14) Dél., 17 déc. 1833 ; R. G., 13256.
(15) D. M. F., 18 messidor, an 8, 10 oct. 1831 ; Cass., 29 germ. an 11, 5 mess. an 12, 21 avril et 28 oct. 1806, 1er fév. 1830 ; Inst., 1320, § 5 ; D. N., *Succ.*, n° 685.
(16) D. M. F., 28 sept. 1841 ; Inst., 1049.
(17) Cass., 21 déc. 1821 ; D. N., *Succ.*, n° 688.
(18) D. M. F., 26 mai 1853 ; Inst., 2003, § 2.

décès (1) et au légataire qui omet de payer dans le délai utile les droits complémentaires exigibles sur son legs (2), mais on ne saurait l'étendre à la fausse qualification du degré de parenté.

7436. Les héritiers bénéficiaires sont passibles de l'amende de retard comme les héritiers purs et simples (3). Il en est ainsi de tous les tuteurs, cotuteurs (4) et curateurs, même des curateurs à l'émancipation (5) ou des curateurs au ventre (6), quoiqu'ils n'aient réalisé aucune valeur de la succession (6 *bis*). — Quant au curateur à la succession vacante, il n'est pas responsable du défaut de déclaration lorsqu'il justifie qu'il n'a point eu les deniers nécessaires au payement, ou bien lorsqu'il a été nommé après l'expiration du délai de six mois, *suprà n°* 7227. On a voulu soutenir, dans ce cas, que le demi-droit en sus reste à la charge de l'hoirie (7); mais cette opinion doit être écartée, car on ne saurait imposer une pénalité à une succession qui n'avait pas de représentant pour agir en son nom (8).

7437. Le demi-droit en sus est une amende personnelle au contrevenant. Si le délai de la déclaration à faire par le défunt était expiré au jour de son décès, la peine se trouve éteinte par sa mort. Si ce délai n'était pas expiré, l'héritier devient lui-même débiteur direct de l'amende, et la mort de son auteur ne l'en décharge pas (9). — Ces règles s'appliquent aux droits en sus encourus pour omissions ou insuffisances.

7438. II. *Omissions et insuffisances.* La peine pour les omissions qui sont reconnues avoir été faites dans les déclarations, est d'un droit en sus de celui qui se trouve dû pour les objets omis; il en est de même pour les insuffisances constatées dans les estimations des biens déclarés. Les tuteurs et curateurs supportent personnellement les peines ci-dessus, lorsqu'ils ont fait des omissions ou des estimations insuffisantes (*Loi 22 frim. an 7, art. 59*).

7439. Quoique l'omission et l'insuffisance soient également punies du droit en sus, il importe de les distinguer l'une de l'autre, car la première se prescrit par cinq ans et la seconde par deux ans (*Loi 22 frim. an 7, art. 61, et 18 mai 1850, art. 11*).

7440. Sur ce point, il a été décidé qu'un héritier commettait une omission, en déclarant une part d'intérêt dans une société dissoute, au lieu des biens en nature dont le défunt était copropriétaire (10); — une contenance moindre que la contenance véritable (11); — un immeuble propre comme un immeuble de communauté (12); — un terrain nu alors qu'il était couvert de constructions (13). Il y a encore omission quand les parties ont fondé leur déclaration sur un partage frauduleux destiné à diminuer leur émolument (14), — ou qu'ils n'ont pas opéré tous les rapports fictifs pour le calcul du legs d'usufruit (15)

7441. Il y a simple insuffisance, au contraire, dans le fait de déclarer des actions en annonçant qu'elles appartiennent partiellement à un tiers (16).

7442. D'ailleurs les héritiers ne sont passibles d'aucune amende s'ils ont mis sous les yeux du receveur tous les documents propres à établir la perception, par exemple l'inventaire renfermant le détail des créances omises (17), — ou révélant l'existence du legs d'usufruit (18), — ou si la déclaration contient à leur préjudice des erreurs qui compensent les omissions ou les insuffisances (19).

7443. La Régie peut prouver les omissions et les insuffisances, indépendamment de l'expertise, par tous actes émanés des parties et même à l'aide de documents étrangers ou de présomptions graves (20). — Mais l'enquête, l'interrogatoire, la commune renommée et la délation du serment lui sont interdits (21).

---

(1) Sol., 2 germ. an 7; D. N., *Succ.*, n° 690.
(2) Garnier, 12561.
(3) Cass., 5 niv. an 12, et 1er fév. 1830, 12 juill. 1836, 26 août 1837; R. G., 12564, § 4.
(4) Seine, 22 mai 1858; R. P., 1059. Cette solution a été étendue à l'administrateur légal : Toulouse, 5 mars 1863; R. P., 1966-1; CONTRA, G. Demante, 813; J. N., 17710.
(5) G. Demante, 813.
(6) G. Demante, 814.
(6 *bis*) Bordeaux, 10 fév. 1857; J. N., 16437, 17719.
(7) D. M. F., 1 compl. an 12 ; R. G., 12564, § 3.
(8) R. G., 12564; G. Demante, 815; Vitry-le-François, 10 août 1854; Tours, 11 mars 1862; R. P., 1590; J. N., 17205.
(9) D. M. F., 15 juill. 1806; D. N., *Succ.*, 693.
(10) Seine, 22 nov. 1849; R. G., 13369.

(11) Voir Cass., 14 mars 1814; R. G., 13365.
(12) Vire, 6 juin 1830; D. N., *Succ.*, 1062.
(13) Péronne, 30 nov. 1849; R. G., 13369.
(14) Amiens, 12 juin 1856.
(15) Seine, 27 avril 1812; D. N., *Succ.*, 987.
(16) Cass., 14 août 1850; Inst., 1875, § 6.
(17) Autun, 13 nov. 1833; D. N., *Succ.*, 903.
(18) Cass., 21 août 1861; R. P., 1543.
(19) Dél., 5 nov. 1825; D. N., *Succ.*, 961.
(20) Inst., 1767, § 8, 2039; R. P., 460; Cass., 24 mars 1846; Seine, 6 juill. 1861; Cass., 10 fév. 1864; R. P., 1524, 1874; J. N., 17935; CONTRA, Saint-Omer, 27 août 1863; R. P., 1841.
(21) Voyez Chartres, 15 mars 1859; Cass., 29 fév. 1860, 19 mars 1862; R. P., 1146, 1284, 1630; J. N., 17380,

SECTION IX. DU PAYEMENT DES DROITS.

7414. Les droits des déclarations de mutation par décès sont payés par les héritiers, donataires ou légataires. Les cohéritiers sont solidaires. L'État a action sur les revenus des biens à déclarer, en quelques mains qu'ils se trouvent, pour le payement des droits dont il faut poursuivre le recouvrement (*Loi 22 frim. an 7, art. 32*).

7445. L'obligation de payer les droits incombe à l'héritier bénéficiaire comme à l'héritier pur et simple (1).

7446. Il avait été décidé autrefois que l'héritier ou le légataire universel devait acquitter l'impôt sur l'intégralité des biens sans déduction pour les legs particuliers de sommes d'argent non existants en nature, parce que ces legs étaient considérés, à l'égard du trésor, comme des charges dont il n'avait à se préoccuper que pour réclamer aux légataires particuliers les droits complémentaires exigibles (2). — Mais aujourd'hui que ces libéralités particulières sont censées une portion même des biens héréditaires, il est certain que le successeur universel n'est tenu personnellement d'acquitter le droit que sur le reliquat, *supra n° 7295* (3).

7447. Il n'y a pas, en effet, de solidarité entre les légataires particuliers et les héritiers ou légataires universels, ni entre les légataires particuliers entre eux, ni entre l'usufruitier et le nu-propriétaire (4). — On a même reconnu que la solidarité ne s'étendait pas au légataire universel en concours avec le légataire à titre universel (5), ni aux enfants naturels en concours avec les héritiers (6).

7448. Mais aucun doute ne peut exister pour la solidarité des héritiers (7) ordinaires ou bénéficiaires (8) ou des légataires universels (9). — Et cette solidarité s'étend même au droit en sus (10). — Il a été également décidé que le légataire universel était solidaire avec l'héritier réservataire (11).

7449. Pour le recouvrement des droits de mutation, la Régie n'a pas de privilége sur les capitaux des biens à déclarer (12). — Ce privilége se restreint aux revenus et s'exerce au préjudice soit des créanciers, soit des tiers acquéreurs d'immeubles qui n'ont pas encore rempli les formalités de la transcription (13), et nonobstant les effets de la séparation des patrimoines (14).

7450. Ainsi la Régie peut saisir les revenus des biens entre les mains de l'usufruitier pour le payement des droits dus par le nu-propriétaire (15). Elle peut agir sur les biens dont le débiteur a fait cession à ses créanciers (16), sur une rente ou un usufruit légué à la condition qu'il serait insaisissable (17). Mais son privilége n'atteindrait pas l'usufruit des valeurs dont le défunt n'avait que la nue propriété (18), non plus que les récoltes des immeubles affermés (19). Dans ce dernier cas, la Régie peut seulement saisir les fermages (20).

7451. L'action accordée par l'art. 32 de la loi du 22 frim. an 7 pour le recouvrement des droits de mutation par décès peut être exercée sur les revenus de la succession du failli (21), et en matière de séquestre sur les revenus échus depuis le décès (22).

(1) C. Demante, 678; Cass., 1er fév. 1830, 23 avril 1833, 7 avril 1835, 12 juill. 1836, 28 août 1837, 24 juin 1857; Rouen, 5 avril 1845; Bordeaux, 1er déc. 1816, 15 fév. 1849; Aurillac, 9 janv. 1849; Seine, 2 mai 1849, 10 janv. 1850, 23 nov. 1861, 19 août 1864; Belfort, 17 fév. 1851; Tulle, 27 déc. 1854; Lyon, 30 mars 1855; J. N., 7085, 8510, 9293, 9812; Inst., 1406, § 7, 1328, § 10, 1562, § 19; R. G., 2146; R. P., 499, 908, 400, 872, 2082.
(2) Cass., 2 avril 1839; Dél., 31 juill. 1837; Castres, 17 mars 1838; Villeneuve, 18 juill. 1836; Lyon, 29 août 1839; R. G., 13323. V. aussi Cass., 11 mars 1840; Inst., 1723, § 4; J. N., 4222.
(3) Cass., 30 mars 1855; R. P., 997.
(4) Cass., 9 mai 1813; J. N., 4570; D. N., Succ., 931.
(5) Dict. not., Succ., n° 952; Seine, 4 déc. 1848; Beaupréau, 26 août 1856; J. N., 13584, 15894; contra, Bordeaux, 10 fév. 1857; J. N., 16127; R. P., 865.
(6) Inst., 239 et 380, § 36; D. N., Succ., 949.
(7) Cass., 20 germ. an 11, 12 fruct. an 12, 21 mai 1806; Angoulême, 23 janv. 1830; Inst., 386, § 26 et 405.
(8) Cass., 3 vent. an 11, 27 juin 1809, 27 oct. 1866; J. N., 581; D. N., Succ., 945.
(9) Bordeaux, 10 fév. 1857; R. P., 865.
(10) Grenoble, 27 déc. 1847; R. G., 13335.
(11) Seine, 23 nov. 1861; R. P., 1378; contra, Toulouse, 3 juill. 1862; R. P., 1652; J. N., 17318, 17408, 17557.
(12) Cass., 23 juin 1857; R. P., 672 et 777; Orléans, 9 juin 1860; J. N., 16875.
(13) Av. cons. d'État du 4 sept. 1810; Inst., 809, § 2.
(14) Seine, 9 fév. 1859; R. P., 1195; contra, Bourgoin, 6 juill. 1864; R. P., 2100.
(15) Cass., 9 juin 1813 et 24 oct. 1814; J. N., 5174 et 11098; Calais, 11 août 1865; R. P., 2226; Cass., 3 avril 1866; R. P., 2253.
(16) Cass., 3 vent. an 12; D. N., Succ., 1035.
(17) Sol., 5 août 1814; Cass., 24 oct. 1814; J. N., 1102, 11098; D. N., Succ., 1033.
(18) Cass., 24 juin 1815; D. N., Succ., 1027.
(19) Dél., 12 oct. 1814; J. N., 1662.
(20) Dél., 12 oct. 1814; J. N., 1662.
(21) Cass., 2 déc. 1862; R. P., 1727; J. N., 1344, 17645 et 18044.
(22) Lyon 26 fév. 1864; Dié, 21 mars 1865; R. P., 2013, 2148; J. N., 17963, 18108.

CHAPITRE VINGT-CINQUIÈME.

DES MUTATIONS VERBALES.

SOMMAIRE

7452. I. La mutation d'un immeuble en propriété ou usufruit est suffisamment établie, pour la demande du droit d'enregistrement et la poursuite du payement contre le nouveau possesseur, soit par l'inscription de son nom au rôle de la contribution foncière et les payements par lui faits d'après ce rôle, soit par des baux par lui passés ou enfin par des transactions ou autres actes constatant sa propriété ou son usufruit (*Loi 22 frim. an 7, art. 12*).

7453. D'après l'art. 4 de la loi du 27 ventôse an 9, les mutations verbales de propriété ou d'usufruit de biens immeubles doivent être enregistrées dans les délais applicables aux actes sous seing privé. La déclaration détaillée et estimative en doit être faite, dans les trois mois de l'entrée en possession, à peine d'un droit en sus, sur les registres du bureau d'enregistrement de la situation des biens (1).

7454. La déclaration indique sous le contrôle ultérieur de la Régie (2) la nature de la mutation verbale, et les droits sont perçus en conséquence. Les parties peuvent donc annoncer que la mutation a eu lieu soit à la suite d'un décès (3), d'un partage anticipé (4), d'une donation par contrat de mariage ou d'une donation ordinaire (5).

7455. Quant à la date des mutations, elle est également établie par la déclaration des nouveaux possesseurs, ou, en cas de contestation de la part de la Régie, au moyen des circonstances laissées à l'appréciation des tribunaux (6).

7456. II. *Inscription au rôle.* Au premier rang des présomptions légales qui établissent l'existence de la mutation, la loi place l'inscription au rôle de la contribution foncière suivie du payement des impôts.

7457. Il faut la réunion de ces deux circonstances (7) ; mais un seul payement suffirait, s'il comprenait la contribution de l'année entière (8). — L'inscription et le versement de l'impôt doivent avoir eu lieu, d'ailleurs, en connaissance de cause ; ils perdraient leur force s'il était établi qu'ils sont le résultat d'une erreur (9).

7458. On conçoit qu'il est impossible de déterminer, au milieu de la variété des espèces, à quels caractères cette erreur se reconnaît. Tout ce qu'on peut dire, c'est que les tribunaux sont les appréciateurs à peu près souverains de ces questions.

7459. Ainsi, on a admis comme présomption suffisante l'inscription que la partie justifiait, au

---

(1) Cass., 9 août 1832, Inst., 1537, § 20.

(2) Garnier, 8652; D. M. F., 7 nov. 1825 ; Inst., 1187, § 9; G. Demante, 93.

(3) Cass., 8 mai 1826; Inst., 1200, § 13.

(4) Cass., 13 déc. 1837; Inst., 1562, § 9 ; J. N., 9802 : Sol., 21 sept. 1827 ; Thionville, 22 fév. 1837; R. G., 4834, § 4 ; Championnière, n° 2303; Dalloz, 2239 ; J. N., 9321; contra, Cass., 22 mai 1833; J.N., 8104; Inst., 1437, § 12.

(5) Champ., n° 2302; Rod. et Pont, 1, 252 ; Garnier, 8659.

(6) Cass., 12 juill. 1836; R. G., 8643; Dict. not., v° *Mut.*, n° 25.

(7) Cass., 6 frim. an 14, 19 nov. 1814, 13 fév. 1815, 26 nov. 1823, 22 janv. 1824 ; R. G., 8675, 26 juill. 1830; Inst., 1347, § 6; 31 janvier 1833; Dict. not., v° *Mut.*, 70.

(8) Le Mans, 19 oct. 1839.

(9) Cass., 29 juill. 1830 ; Inst., 1347, § 6, 7 avril 1840; J. N., 10660; Bayonne, 9 juill. 1834 ; J. N. 14565 ; Cass., 4 mars 1839; J. N., 10341 ; Dict. not., v° *Mut.*, n° 69.

moyen d'un certificat du maire, avoir eu lieu sur de faux renseignements, alors cependant que le payement de l'impôt avait été continué sans réclamation (1); — celle contre laquelle le nouveau possesseur disait avoir formé une réclamation dont la suite n'était point établie (2); — ou qui contenait une simple erreur de prénom (3), pourvu que l'identité de l'inscrit fût constante (4); — l'inscription faite d'*office* sans la réquisition des parties (5) ni leur signature (6), — lors même qu'après les poursuites le nouveau possesseur en aurait obtenu la radiation (7).

7460. Le payement de l'impôt sert de preuve aussi bien quand il a été fait par un tiers au nom du propriétaire que quand il a eu lieu par le propriétaire lui-même, pourvu que ce dernier en ait été averti. C'est ce qu'on a décidé au sujet du fermier (8) et du tuteur (9).

7461. Les effets de la présomption légale ne sont pas détruits par la mention insérée dans la feuille de mutation que le nouvel inscrit a pris possession de l'immeuble à titre d'antichrèse (10); — ni par la production d'un bail ayant acquis date certaine après l'inscription au rôle (11); ou même d'un bail authentique expiré à la même époque (12); — ou encore d'un mandat conférant au nouveau possesseur le droit de régir les biens et d'en payer l'impôt pour le propriétaire (13).

7462. Mais on a admis que l'existence de la mutation devait être écartée quand un acte ayant acquis date certaine avant l'inscription prouvait que le tiers possédait simplement les biens comme fermier (14), régisseur (15), ou à titre de détenteur précaire (16), tel qu'un mari chargé de la gestion des biens de la femme (17).

7463. Si le vendeur d'un immeuble a continué d'être inscrit au rôle et de payer l'impôt, il pourrait en résulter la preuve d'une nouvelle mutation à son profit. Vainement alléguerait-il qu'il est resté imposé par erreur ou oubli (18). — On l'a ainsi décidé notamment au sujet d'un exproprié qui était demeuré, malgré la vente, inscrit pour les biens aliénés (19), alors surtout que cet ancien propriétaire avait hypothéqué les immeubles depuis la vente (20).

7464. Quand la Régie établit le fait de l'inscription au rôle et des payements, on ne saurait l'obliger à rapporter d'autres preuves de la mutation (21). Elle n'a point, par exemple, à rechercher la capacité du nouveau possesseur (22), ni à examiner si son droit est ou non litigieux (23).

7465. III. *Présomptions diverses.* L'existence de la mutation résulte encore, selon l'art. 12 de la loi du 22 frim., en 7, de tous les actes ou déclarations qui en contiennent la reconnaissance.

7466. Ainsi, la Régie est autorisée à poursuivre le recouvrement des droits si le nouveau possesseur fait l'aveu de son acquisition dans un acte passé au greffe (24); dans une sommation ou tout autre exploit (25); dans un acte de la justice de paix (26); une procédure correctionnelle (27); une simple requête (28); une enquête (29); un interrogatoire sur faits et articles (30); une lettre écrite à l'agent du

(1) Cass., 30 mars 1824; Inst., 1180, § 6; 9 février 1842; J. N., 11236; Inst., 1075, § 9; R. G., 8681. V. aussi Cass., 3 déc. 1835; R. G., 8704; Dict. not., v° *Mut.*, n° 55.

(2) Cass., 1er sept. 1806 et 6 fév. 1826; R. G., 8681; Inst., 1189, § 7; Dict. not., v° *Mut.*, n° 53.

(3) Cass., 13 juillet 1840; Inst., 1034, § 7; J. N., 10716.

(4) Cass., 30 mars 1811 et 12 oct. 1808; R. G., 8586; Dict. not., v° *Mut.*, n° 57.

(5) Cass., 2 août 1809; 30 mars 1824; Inst., 1180, § 6, 11 mai 1825, 20 juillet 1829 et 6 nov. 1832; Inst., 1363, § 10, et 1422, § 10; Nantes, 28 mars 1845; Metz, 6 mars 1838; Cass., 20 juill. 1829; Inst., 1303, 10; Chateaudun, 7 avril 1836; Cass., 24 juin 1822; R.G., 8687.

(6) Cass., 11 mai 1825; Inst., 1173, § 8.

(7) Del., 13 janv. 1830; R. G., 8702.

(8) Cass., 30 juill. 1823; 20 juill. 1829, 7 nov. 1832 et 4 mars 1839; Inst., 1803-10, 1422, § 10; R. G., 8696, 20 juill. 1829.

(9) Cass., 8 juin 1820; Inst, 1200, § 13.

(10) Florac, 24 avril 1846; R. G., 8689.

(11) Cass., 11 mai 1808; 17 avril 1824 et 5 jànv. 1825; Montmédy, 11 fév. 1835; Clermont-Ferrand, 25 nov. 1840; R. G., 8690; Inst., 1150-10, 1406-10.

(12) Cass., 26 nov. 1833; Inst., 1451, § 6.

(13) Strasbourg, 29 juin 1851; Cass., 5 janv. 1825, 3 déc. 1835, 3 mars 1851; J. N., 11349, 11653; Inst., 1180-6, 1883-10; R. G., 8704.

(14) Cass., 22 janv. 1824, 29 juill. 1846; R. C., 8756; Inst., 1132, § 9.

(15) Cass., 15 juin 1823; R. G., 8779.

(16) Cass., 15 juin 1814; R. G., 8784; Dict. not., *Mut.*, n° 90.

(17) Cass., 15 juin 1813; R. G., 8781; Dict. not., *Mut.*, n° 67.

(18) Cass., 3 avril et 2 oct. 1811, 16 fév. 1814, 18 nov. 1818, 18 avril 1821; Vervins, 29 déc. 1859; R. P., 1301.

(19) Cass., 29 mars 1820, 18 nov. 1835; Inst., 1543, § 5; Dict. not., *Mut.*, n° 75.

(20) Cass., 2 fév. 1813 et 2 juillet 1816; Soissons, 5 juill. 1813; R. G., 8763, § 2, 8767.

(21) G. Demante, n°s 83 et suiv.; Cass., 19 frim. an 14, 2 août 1809, 11 août 1806, 20 février 1807, 3 août 1808, 4 déc. 1810, 13 avril 1814, 22 août 1821, 31 janv. 1855; Napoléon, 9 avril 1857; Cass., 11 juillet 1855; R. P., 316, 920, 2140.

(22) Cass., 27 déc. 1809; Dreux, 28 avril 1846; Cass., 5 mai 1857; Avallon, 2 avril 1864; R. G. 8563-2, 8595; R. P., 836, 2034; Dict. not., *Mut.*, n° 411.

(23) Cass., 30 sept. 1833; R. G., 8684, § 7; Charolles, 17 mars 1864; Inst., 2042-7; R. P., 363, 4447, 4979; Dict. not., *Mut.*, n° 488 et 492; Seine, 21 juill. 1848; Jonzac, 12 janvier 1856; Chaumont, 16 déc. 1845; Mulhouse, 22 août 1860; R. P., 4420; Inst., 1473-4, 4634-8; J. N., 10836.

(24) Vesoul, 10 nov. 1846; Argentan, 11 août 1849; R. G., 8712; Dict., not., *Mut.*, n° 200.

(25) Cass., 22 déc. 1819, 9 juill. 1834, 23 nov. 1840.

(26) Cass., 2 prairial an 13, 18 fév. 1814, 1er avril 1822, 18 avril 1835; Thionville, 6 juin 1836; Schelestadt, 12 juill. 1849; Sarreguemines, 13 août 1844; Montpellier, 1er juin 1850; Châlons-sur-Marne, 16 mars 1860.

(27) Bressuire, 21 mai 1853; R. G. 8722, § 5; Dict. not., *Mut.*, n° 201.

(28) Cass., 8 nov. 1842; Civray, 26 juin 1851; Dijon, 19 déc. 1850 Roanne, 18 mars 1841; Bourges, 12 déc. 1842.

(29) Seine, 10 juin 1844; Saint-Yrieix, 25 avril 1855; R. G., 8736.

(30) Dieppe, 4 mars 1846; Tulle, 27 juill. 1846; Cass., 18 avr. 1855; R. P., 363.

cadastre au sujet de la contenance des biens (1); un rapport d'experts (2) ou un acte quelconque (3).

7467. La mutation est également prouvée par une affectation hypothécaire donnée sur l'immeuble (4), à moins qu'un jugement n'établisse que le débiteur a agi sans qualité (5); — par l'apport de cet immeuble en mariage (6); — par le bail émané du nouveau possesseur (7), lors même que l'ancien propriétaire serait resté inscrit au rôle (8), ou que le bail aurait été passé par un prodigue non assisté de son conseil judiciaire (9), pourvu d'ailleurs que le bailleur ne justifie pas de sa qualité de fermier des biens, en vertu d'un acte ayant date certaine (10).

7468. On a encore fait résulter la mutation verbale des déclarations inscrites dans un bilan (11); d'une commission donnée à un garde comme propriétaire des biens (12); — d'un congé intervenu dans les mêmes circonstances (13); d'une déclaration de succession comprenant des biens possédés par le défunt sans titre enregistré (14); d'un jugement qui constate que l'acheteur apparent a été le prête-nom d'un tiers (15); d'un partage comprenant un immeuble dont l'un des communistes avait fait seul l'acquisition (16), ou dont la possession indivise ne résultait pas d'un titre enregistré (17); des mentions d'un rapport d'experts (18); d'une sentence arbitrale (19); de l'apport de l'immeuble dans une société (20); d'une vente (21); et, en général, de tous les actes qui supposent nécessairement la qualité de propriétaire des biens.

7469. Mais la présomption légale cesse de produire son effet, quand la déclaration sur laquelle elle repose n'a pas le caractère formel d'un acte de propriété. C'est ce qu'on a décidé pour un jugement qui se borne à maintenir le détenteur en *jouissance* de l'immeuble (22); d'une vente à laquelle il a été procédé par un tiers en vertu d'une autorisation ou d'un mandat sérieux (23); d'un aveu constatant que les parties n'ont pas été d'accord sur l'un des éléments essentiels de la vente (24).

7470 IV. *Partage verbal.* Lorsqu'un cohéritier est en possession exclusive d'un des immeubles de la succession, il peut alléguer que sa détention résulte d'un partage verbal (25). Mais si la Régie prouve qu'il n'existe pas dans la masse des biens suffisants pour justifier cette attribution, le droit proportionnel est dû (26).

7471 V. *Rétrocession.* Les rétrocessions verbales sont assujetties aux mêmes moyens de preuves que les ventes ou les autres cessions. Si, par exemple, après avoir fait donation d'un immeuble, le donateur l'aliène et en touche le prix, le droit de rétrocession devient exigible (27). Il en est de même quand les immeubles vendus par une personne sont ensuite compris dans le partage et la déclaration de sa succession (28), ou quand, après une mutation verbale légalement établie *contre lui*, le précédent propriétaire fait des actes de propriété suffisants pour établir la rétrocession (29).

7472 VI. *Possession.* La prise de possession est assurément la preuve la plus irrécusable de la mutation. Si donc, dans un contrat translatif, les parties reconnaissent que le nouveau propriétaire est entré en possession depuis plus de trois mois, le droit en sus est acquis au trésor (30). — Il n'en serait pas

(1) Cass., 21 juillet 1840; J. N., 10742; Inst., 1634, § 9. V. cependant J. N., n° 8456.
(2) Cass., 15 fév. 1860; R. P., 1513; J. N., 10820.
(3) Cass., 29 déc. 1857; Charolles, 17 mars 1864; R. P., 982, 1979.
(4) Cass., 25 nov. 1807, 8 oct. 1810, 2 fév. 1813, 2 juill. 1816, 14 mai 1822, 18 nov. 1833; Lille, 21 avr. 1847, 8 juin 1853; R. G., 8717; J. N., 15134; Dict. not., *Mut.*, n° 120.
(5) Cass., 21 août 1827; Inst., 1229, § 5.
(6) Cass., 2 mai 1820; Arras, 20 août 1846; Cass., 6 fév. et 14 mars 1826; Dict. not., *Mut.*, n° 173.
(7) Cass., 14 vent. an 13, 22 déc. 1807, 5 avril 1814, 14 nov. 1815; Le Puy, 29 mai 1847; Autun, 4 juin 1845; Saint-Calais, 23 mai 1840; Châteaudun, 7 mai 1842; Cass., 23 nov. 1832; R. G., 8728; Inst., 1099, § 7; Châteauroux, 28 fév. 1831.
(8) Chateaubriant, 22 nov. 1844; Fontenay-le-Comte, 12 mars 1841.
(9) Cass. 21 avr. 1847; J. N., 12069; Inst., 1767, § 9.
(10) Cass., 20 juill. 1846; R. G., 8723.
(11) Brives, 8 mai 1849; R. G., 8725.
(12) Cass., 2 fév. 1844; J.N., 10877; Inst., 1643, § 3; Etampes, 2 juill. 1844.
(13) Cass., 30 nov. 1807, 13 mars 1814; R. G., 8730; Dict. not., *Mut.*, n° 56.
(14) Cass., 23 mai 1808, 31 janv. 1814, 13 mars 1816, 26 juill. 1821, 31 mai 1826, 6 mars 1831; Castres, 27 juill. 1864; Inst., 1458, § 8; R. G., 8733; R. P., 1979; Dict. not., *Mut.*, n° 170.
(15) Cass., 7 fév. 1838, 8 juill. 1839; Versailles, 19 août 1817; Etampes, 16 juin 1846; Saint-Marcellin, 23 août 1849; Cass., 22 août 1842, 26 nov. 1855; R. P., 543.

(16) Cass., 29 juill. 1816, 4 mars 1823; R. G., 8753, § 6; D. N., *Mut.*, n° 424.
(17) Cass., 22 déc. 1806, 13 avril 1814, 21 avril 1820, 22 nov. 1842; Inst., 1693, § 3.
(18) Cass., 18 avril 1855; Inst., 2042, § 7.
(19) Cass., 22 août 1842; Inst., 1083, § 6.
(20) Cass., 9 nov. 1842, 5 janv. 1846, 25 août 1852; J. N., 11823; Inst., 1603 § 4, 1814, § 14, 1946, § 4.
(21) Cass., 22 juill. 1807, 21 janv. 1815, 13 fév. 1850; J. N., 14020; Inst., 1857, § 8; le Puy, 26 juill. 1855; Prades, 18 avril 1864; R. P., 440, 1979.
(22) Cass., 10 fév. 1813; R. G., 8743, § 4; Dict. not., *Mut.*, n° 186.
(23) Cass., 9 pluv. an 13, 18 janv. 1846, 27 août 1847; R. G., 8758.
(24) Cass., 12 juill. 1836, 15 déc. 1852.
(25) Cass. 6 mai 1856; R. P., 670 et 708; Dict. not., *Mut.*, n° 13, 84 et 130; J. N., 15821.
(26) Cass., 13 mars 1816, 4 août 1818; Dél., 16 oct. 1843; Lavaur, 26 août 1864; R. G., 8753; R.P., 4086.
(27) Cass., 26 mai 1830; Arcis-sur-Aube, 30 déc. 1858; Gaillac, 11 août 1864; R. P., 1735, 1979.
(28) Orcux, 22 déc. 1811; Cass., 21 mai 1806, 22 nov. 1842; Inst., 1693, § 3. V. aussi Cass., 22 fév. 1831; J. N., 7388.
(29) Cass., 3 avril 1814, 9 nov. 1842, 11 nov. 1822, 29 juill. 1823; R. G., 8767; Dict. not., *Mut.*, n°s 132, 133.
(30) Cass., 24 fév. 1807, 11 mai 1808, 21 oct. 1811, 19 juill. 1815; Dél., 27 sept. 1827; R. G., 8742, § 2; J. N., 1867; Dict. not., *Mut.*, n° 30.

de même de la simple jouissance lorsque rien ne constate que c'est à titre de propriétaire que cette entrée en jouissance a eu lieu (1).

7473 VII. *Acte sous seing privé converti en acte public.* Lorsqu'une mutation a eu lieu par acte sous seing privé ultérieurement converti en acte notarié après l'expiration du délai de trois mois, le droit en sus est acquis au trésor (2), à moins que l'acte sous seing privé n'ait le caractère d'un simple projet (3). — En tout cas, si l'acte sous seing privé porte un prix supérieur à celui de l'acte public, le double droit est dû sur la différence, même après l'expiration du délai d'expertise applicable à ce dernier contrat (4).

CHAPITRE VINGT-SIXIÈME.

DES RESTITUTIONS.

SOMMAIRE

(1) Cass., 7 nov. 1809, 3 juill. 1810, 1er mars 1815; Del., 12 avril 1823, 22 juill. 1828; Saint-Calais, 5 août 1829; R. G., 8742, § 1.
(2) Cass., 23 janv. 1832; Inst., 1920, § 4; Caen, 30 avr. 1810; Brives, 15 juill. 1851; Avignon, 5 août 1850; Avallon, 11 déc. 1850; Avesnes, 31 juill. 1851; Ruffec, 12 fév. 1856; R. P., 610.
(3) Cass., 18 fév. 1829, 13 avril 1836; Inst., 1328, § 17; Dict. not., Mut., 103.
(4) Chartres, 17 fév. 1843; Seine, 21 juin 1853; Lure, 4 mars 1840; Guéret, 31 juillet 1850; Bar-le-Duc, 10 août 1865; R. G., 8662; R. P., 2260.

SECTION 1re. — CAPACITÉ DES PARTIES ET FORME DES RESTITUTIONS.

7474. D'après l'*art. 60 de la loi du 22 frim. an 7*, tout droit d'enregistrement régulièrement perçu ne peut être restitué, quels que soient les événements ultérieurs, sauf les cas prévus par la loi.

7475. Comme c'est la régularité de la perception qui s'oppose au remboursement, il en résulte que les parties peuvent demander la restitution des droits indûment exigés. — Cette faculté appartient à toutes les parties contractantes, puisqu'elles étaient solidaires pour le payement (1), sans distinction entre les actes dont l'enregistrement est obligatoire dans un délai déterminé, et ceux dont l'enregistrement est facultatif (2), et sans qu'il y ait lieu d'examiner à la charge de qui les droits d'enregistrement ont été placés par le contrat (3). — La même action appartient aux créanciers des parties (4).

7476. Mais la restitution ne saurait être demandée par une personne étrangère à l'acte (5), lors même qu'elle aurait présenté l'écrit à l'enregistrement et qu'elle en aurait avancé les droits (6), ni par un mandataire dont le pouvoir devait cesser après la passation du contrat (7).

7477. Quant aux notaires, ils sont les mandataires de leurs clients à l'effet de faire enregistrer les actes passés devant eux, et il s'ensuit naturellement qu'ils peuvent solliciter le remboursement des droits (8) sans avoir à justifier qu'ils ont avancé les droits indûment perçus (9), ni qu'ils sont encore en fonctions (10).

7478. Les restitutions s'opèrent sur un mandat du directeur du département (11) acquitté sur papier libre par la partie prenante (12). — Si cette partie ne sait signer, l'attestation de deux témoins au bas du mandat suffit pour les créances de 150 fr. et au dessous (13); pour les sommes supérieures, il faut une quittance notariée sujette au timbre, mais exempte de tout droit d'enregistrement (14).

7479. Le notaire peut d'ailleurs se faire représenter, pour toucher le mandat, par un tiers, muni d'une procuration sous seing privé, à la condition que la signature du constituant soit légalisée par le maire (15).

SECTION II. — PERCEPTIONS PROVISOIRES ET CONDITIONNELLES.

7480. La perception est régulière dans le sens de la loi, quand le receveur a fait une exacte application du tarif à l'acte qui lui était présenté, en le considérant dans ses effets apparents et sans se préoccuper des vices qu'il renferme. Cette règle domine toute la matière : nous allons voir, dans les nombreuses hypothèses dont la jurisprudence s'est occupée, qu'elle sert très-étroitement de base aux remboursement.

7481. D'abord, en ce qui concerne les perceptions provisoires, le droit assis sur la déclaration des parties, conformément à l'art. 16 de la loi du 22 frim. an 7, est acquis au trésor. Bien que l'importance de la convention soit inférieure à l'évaluation, le droit ne saurait être restitué (16). Ce principe a été appliqué notamment aux marchés de constructions et de travaux (17). — Si la Régie s'en est quelquefois départie (18), ç'a été certainement par pure tolérance (19).

7482. De même le droit perçu sur une convention soumise à l'effet d'une condition résolutoire n'est point restituable lorsque s'opère la résolution prévue. On l'a décidé : 1° pour une vente dont le prix, laissé à l'arbitrage d'experts qui ont refusé leur mission, a été évalué par les contractants (20); — 2° pour celle qui a été résolue à défaut d'accomplissement d'une promesse du vendeur (21), ou par suite d'une erreur reconnue dans la contenance ou la qualité de l'objet aliéné (22); — 3° pour la vente restée sans effet à cause du non-payement du prix dans un délai déterminé (23), ou de l'omission des formalités de

---

(1) Garnier, 11644; le Havre, 3 mai 1819; D. N., *Rest.*, 28.
(2) Cass., 10 mars 1858; J. N., 16278.
(3) Garnier, 11814, § 2; CONTRA, Seine, 29 juin 1842, *loc. cit.*
(4) Cass., 29 janv. 1849; J. N., 13644.
(5) Seine, 31 mars 1838; D. N., *loc. cit.*, 27; Schelestadt, 28 janv. 1838; R. G., 11814, § 3.
(6) Seine, 31 mars 1838 précité; Garnier, 13315, § 2.
(7) J. N., 3062.
(8) Cass., 5 fév. 1810, 1er mars 1825; D. N., *Enregistrement*, 359, 360; Garnier, *loc. cit.*, 11316.
(9) Seine, 22 juill. 1829; D. N., *Rest.*, 24, R. G., 11316.
(10) Sol., 6 mai et 13 juin 1833; R. G., 11316. § 1.
(11) Inst., 1748.
(12) D. M. F., 16 août 1808; Inst., 307.
(13) Circul. Rég., 698; circul. de la comptabilité, n° 31.

(14) D. M. F., 27 avr. 1858; Inst., 2123, § 3; J. N., 13337.
(15) Sol., 3 fév. 1815; D. N., *loc. cit.*, 74; circul. de la comptabilité, n° 31.
(16) Lille, 5 janv. 1859; R. P., 1154.
(17) Cass., 4 avr. 1864; R. P., 1909.
(18) Sol., 28 juin 1830; 30 avr. 1832; 28 déc. 1831; R. G., 11174, 11175.
(19) Garnier, 11170.
(20) Cass., 14 juill. 1807; Dél. 4 avr. 1826; R. G., 11185.
(21) Toulouse, 6 juin 1831; R. G., 11181.
(22) Cass., 23 juill. 1833; Inst., G., 1446, § 1; Vassy, 25 fév. 1832; Dél., 27 fév. 1836 et 14 juin 1833; R. G., 11203, § 2; J. N., 8414, 14735, 11841.
(23) Cass., 8 fév. 1813; R. G., 11187.

la purge imposée à l'acheteur (1) ; — 4° pour la cession de mines sous la condition que des experts en reconnaîtront l'existence (2) ; — 5° pour une donation annulée par suite de survenance d'enfants (3) ; — 6° enfin, pour un acte de remplacement militaire qui n'a pas été suivi d'effet à raison du refus d'admission du remplaçant au service (4).

7483. Mais la condition suspensive arrêtant l'exigibilité de l'impôt, celui qui aurait été perçu serait restituable. Tel est le cas de la vente de la totalité d'un immeuble faite par un copropriétaire sous la réserve que l'acquéreur obtiendra le consentement des autres. Si ces derniers refusent, et si le droit a été perçu sur tout le prix, on doit restituer ce qui s'applique aux portions non vendues (5). — Tel est encore le cas d'une vente dont le prix est laissé à l'arbitrage d'un tiers qui refuse de faire l'estimation (6) à moins que le contrat ne soit annulé par la volonté des parties elles-mêmes (7), — ou de la vente de biens saisis à la condition que la vente sera nulle si l'expropriation est prononcée (8).

SECTION III. — ERREURS DE FAIT.

7484. En principe, l'erreur de fait, si considérable qu'elle soit, n'empêche pas la perception d'être régulière, et ne saurait motiver une restitution des droits acquittés. Ainsi, l'impôt a été maintenu : 1° sur une donation dans laquelle le capital des immeubles avait été indiqué pour le revenu (9) ; — 2° sur un échange d'immeubles dont la valeur locative avait été exagérée par erreur (10) ; — 3° sur une vente contenant un prix supérieur au chiffre convenu (11) ; — 4° sur la vente du bien d'autrui (12) ; — 5° sur un testament présenté par erreur à la formalité (13) ; — 6° sur une donation adressée au gendre au lieu de l'être à la fille (14).

7485. Cependant la Régie a quelquefois adouci la rigueur de la règle dans des cas où l'erreur était manifeste ; — par exemple, pour une licitation dans laquelle on avait oublié d'indiquer la qualité de colicitant appartenant à l'adjudicataire (15) ; une donation qui ne contenait pas l'indication du degré de parenté du donataire (16) ; une vente comprenant mal à propos des biens saisis et dont le prix a été judiciairement réduit (17).

(V. pour les successions *infra* n°s 7516 et suiv.).

SECTION IV. — ÉVÉNEMENTS ULTÉRIEURS.

7486. La régularité de la perception n'étant appréciée que par l'examen actuel de l'acte, les événements ultérieurs demeurent sans influence sur la restitution de l'impôt (18).

Mais ils peuvent arrêter l'exigibilité du droit quand ils se produisent entre la date du contrat et celle de son enregistrement (19). — C'est pour cela que le partage sert de base au calcul du droit de la licitation s'il est présenté avec elle à la formalité (*supra* n° 7147), — ou que le droit de transcription exigible sur les adjudications faites au profit d'héritiers bénéficiaires cesse d'être dû, si l'héritier accepte la succession entre la vente et son enregistrement (20).

7487. Par contre, la perception, irrégulière à l'origine, peut se trouver régularisée par des événements survenus après l'enregistrement. On l'a décidé ainsi à propos des actes sur lesquels le receveur avait indûment perçu le droit de transcription et qui ont été ensuite volontairement présentés à la

---

(1) Cass., 28 août 1845 ; R. G., 11487.
(2) Cass., 23 juill. 1833 ; Inst., 1446, § 11 ; R. G., 11481 ; J. N., 8165.
(3) Dél., 17 juill. 1824 ; R. G., 11489 ; J. N., 4863.
(4) D. M. F., 4 sept. 1835 ; R. G., 11182.
(5) Cass., 13 juin 1827 ; R. G., 11492 *bis*, Dél., 22 fév. 1826 ; R. G., 11495 ; D. N., *Rest.*, 186.
(6) Dél., 12 déc. 1834, 25 sept. 1840 ; J. N., 10783. Voir cependant Dél., 4 avr. 1826 ; J. N., 5022.
(7) Cass., 19 mars 1850 ; J. N., 13999 ; Inst., 1857, § 18.
(8) D. M. F., 16 janv. 1832 ; R. G., 11493.
(9) Dél., 9 oct. 1835 ; R. G., 11222 ; J. N., 9021.
(10) Dél., 26 juill. 1823 ; Sol., 25 juill. 1832 ; Blois, 25 juill. 1818 ; R. G., 11214 ; J. N., 7454.
(11) Dél., 21 août 1834 ; Toulouse, 30 nov. 1849 ; R. G., 11221, 11224 ; J. N., 8650.

(12) Cass., 14 fév. 1839 ; Dél., 2 juill. 1817, 17 mars 1819, 20 oct. 1824 ; Montpellier, 27 août 1849 ; R. G., 11197, 11216 ; J. N., 10283.
(13) Dél., 4 avr. 1821, 19 sept. 1835 ; R. G., 11218. V. cependant Dél. 9 déc. 1834 ; R. G., 11207.
(14) Dél., 29 nov. 1836 ; R. G., 11215 ; D. N., *Rest.*, 17.
(15) Seine, 12 juill. 1838 ; R. G., 11209.
(16) Les Andelys, 2 mai 1837 ; Dél., 10 déc. 1838 ; R. G., 11211.
(17) D. M. F., 8 juill. 1813 ; Dél., 21 juin 1836 ; Largentière, 28 août 1844 ; J. N., 12532 ; R. G., 10210 ; contra, Tarascon, 25 sept. 1835 ; R. G., *loc. cit.*
(18) Cass., 7 fév. 1838 ; Inst., 1577, § 1 ; R. G., 11238. V. Cass., 15 nov. 1849 ; J. N., 13621.
(19) Cass. Belgique, 2 déc. 1835 ; R. G., 11289 ; Dalloz, 3585.
(20) Seine, 26 août 1840 ; Dél., 22 mars 1842 ; Dél., 10 mai 1842 ; J. N., 11286 ; contra, Castres, 18 août 1838 et Béziers, 29 août 1837 ; R. G., 11286 en note.

IV. 27

formalité au bureau des hypothèques (1) ; — et au sujet du droit d'obligation mal à propos exigé sur l'acte d'ouverture d'un crédit qui s'est réalisé plus tard (2).

7488. 1. *Cautionnement.* N'est pas sujet à restitution le droit de cautionnement perçu sur une affectation hypothécaire d'immeubles indivis entre le débiteur et des tiers qui y consentent, lors même qu'un partage ultérieur attribuerait tous les biens au débiteur (3), — ou sur un cautionnement de personne à représenter en justice alors qu'un jugement a mis le prévenu hors de cause (4).

7489. II. *Concordat.* La restitution est également interdite à l'égard des droits exigés sur un concordat annulé judiciairement comme n'ayant pas été consenti par tous les créanciers dans le délai légal (5).

7490. III. *Contrat de mariage.* Les droits perçus sur les contrats de mariage doivent être restitués quand il est reconnu que la célébration n'a pas eu lieu (6).

7491. Ce remboursement s'applique à toutes les conventions que le défaut de célébration rend sans effet; — spécialement aux donations faites en faveur de mariage et aux ventes consenties sous cette condition (7). Mais on ne saurait l'étendre, ni au droit fixe de 5 fr. perçu pour salaire de formalité (8), ni aux stipulations qui reçoivent leur exécution malgré le résiliement du contrat (9), ni à l'amende encourue par le notaire pour enregistrement tardif de l'acte (10).

7492. Le défaut de célébration du mariage résulte la plupart du temps d'un résiliement du contrat entre les parties. Ce résiliement suffit pour obtenir la restitution (11), pourvu qu'il soit en la forme authentique (12), et lors même qu'il ne serait pas écrit à la suite du contrat (13). — Mais on a décidé que la Régie peut le repousser, s'il n'a pas eu lieu en présence des parties qui ont figuré au contrat résilié (14). Cette solution est très-controversable.

7493. Dans tous les cas, la production de la copie de l'acte de résiliement est suffisante sans qu'il soit besoin d'en déposer à la Régie une expédition en la forme authentique (15).

7494. La non-exécution du contrat peut se prouver encore, sans le secours d'un acte de résiliement, par des pièces justificatives établissant, d'une façon catégorique, que le mariage est demeuré en projet. Tels seraient, par exemple, les certificats par lesquels les maires compétents pour célébrer le mariage attesteraient l'inexistence de cette célébration, si on joignait à ces pièces, ou l'acte de décès de l'un des futurs, ou la copie de son acte de mariage avec une autre personne.

7495. Mais on a décidé qu'il ne suffirait pas de présenter les certificats seuls, puisque le mariage pourrait avoir lieu postérieurement (16), — ni de produire une déclaration notariée que le mariage est rompu (17); — ou une signification extrajudiciaire faite dans le même but au notaire rédacteur du contrat (18); — ou la copie d'un jugement qui ordonne la restitution de la dot sans résilier le contrat (19).

7496. Si les parties, après avoir résilié le contrat et obtenu la restitution des droits, déclaraient, ors de leur mariage ultérieur, faire revivre le premier acte, la Régie serait fondée à réclamer le reversement des droits remboursés (20).

7497. La restitution des droits doit être demandée dans le délai de deux ans à partir de l'enregistrement du contrat de mariage et non pas du jour où sa non-exécution est devenue certaine (21). — Elle

---

(1) Cass., 18 mai 1845, 12 janv. 1847, 21 fév., 26 mars, 17 avril et 2 mai 1849, 30 janv. et 21 août 1850; R. G., 11202; Inst., 1743, § 1; J. N., 12939, 13960, 13581, 13714, 13818, 13917, 14229.
(2) Cass., 29 avr. 1814; R. G., 11262, § 4.
(3) Dél.,19 avr. 1836; R. G , 11265.
(4) Dél., 27 sept. 1832; R. G., 11266; D. N., *loc. cit.*, 84.
(5) Dél., 28 juin 1829; R. G., 11238 ; D. N., 85.
(6) D. N. F., 7 juin 1808; Inst., 286, §29; Dél., 12 janv. 1836; J. N., 9212.
(7) D. N., *Cont. de mar.*, 436, 439; Sol., 27 août 1861; R. P., 1547.
(8) D. M. F., 7 juin 1808; Inst., 296, § 19; Dél., 12 janv. 1836; J. N., 9212; Cass. Belg., 7 avr. 1859; R. P., 1178.
(9) Sol., 27 août 1861; R. P., 1547.
(10) Garnier, R. G., 3955.
(11) Dél., 24 sept. 1812 et 27 oct. 1829; J. N., 3058; R. G., 3046 ; Dél., 3 oct. 1837; D. N., *loc. cit.*, 44; Rodière et Pont, n° 279.
(12) D. N., 445 ; Dél., 11 mars 1844; J. N., 1051 et 9 juill. 1834 ; R. G., 3948; CONTRA, Garnier, R. G., 3948.

(13) Dél., 12 janv. 1844; J. N., 11035.
(14) Dél., 14 sept. 1832, 5 oct. 1832; Montmédy, 22 juill. 1852; R. G., 3949; CONTRA, Rolland, *Rcs. de contr. de mar.*, n° 3.
(15) J. N., 7761; D. N., *loc. cit.*, 447. V. cependant Dél., 22 avr. 1822 citée dans ces articles.
(16) Dél., 8 sept. 1822; R. G., 3058.
(17) Maurice, 22 fév. 1850 ; R. G., 3059.
(18) Dél., 11 mars 1813; J. N., 1051; D. N., 445.
(19) Dél., 8 sept. 1832; R. G., 3961.
(20) Cass., 20 août 1838 ; J. N., 10217 ; Dél., 23 mars 1825; D. N., 451.
(21) Cass., 20 août 1838; J. N., 10217 ; Inst., 1590, § 14; Conf., Dél., 8 sept. 1832, 9 juill. 1833; Melun, 9 mai 1837 ; R. G., 3962; CONTRA, Villeneuve-d'Agen, 21 juill. 1835; Lectoure, 14 août 1835 ; Roanne, 11 mai 1836; J. N., 9345; D. N., 444. V. encore J. N., 3645, 6782, et Rodière et Pont, 281, 282.

n'est même plus possible en aucun temps, quand le mariage a été célébré et bien que cette célébration soit annulée postérieusement en justice (1).

7498. IV. *Donation.* Ne sont pas restituables les droits perçus sur une donation annulée pour incapacité de l'un des témoins instrumentaires (2), ou pour cause de substitution prohibée (3), ni sur celle qui est révoquée pour survenance d'enfants (4).

7499. Mais on doit rembourser l'impôt exigé sur l'acceptation d'une donation, quand la libéralité a été révoquée ou que le donateur est mort avant la notification de cette acceptation (5). — De même si une donation alternative de meubles ou d'immeubles a supporté l'impôt sur les meubles, il y a lieu de les imputer sur ceux auxquels la délivrance des immeubles donne ouverture (6).

7500. V. *Echange.* La Régie ne rembourse pas les droits d'un échange annulé pour cause de nullité radicale (7). — Si l'un des immeubles échangés est vendu par surenchère, on impute néanmoins sur le droit de l'adjudication celui qui a été perçu sur l'acte d'échange (8).

7501. VI. *Expropriation pour cause d'utilité publique.* Toute acquisition faite avant l'arrêté du préfet est soumise au droit proportionnel ; mais ce droit est restitué, si dans le délai de deux ans à partir de la perception, il est justifié par lettre ou autrement (9), que les immeubles acquis ont été compris dans l'arrêté préfectoral (10). — Seulement la restitution se limite à la portion des terrains nécessaires à l'expropriation, et si ces immeubles sont compris avec d'autres dans une vente consentie pour un seul prix, la ventilation en a lieu conformément à la loi fiscale (11).

7502. Il faut que la demande en remboursement soit formée dans les deux ans de la perception ; il ne suffirait pas que l'arrêté du préfet eût été rendu dans ce délai (12). — Cet arrêté préfectoral peut être d'ailleurs et à plus forte raison remplacé par un décret (13).

7503. Si le prix de l'expropriation a servi à un achat fait à titre de remploi sans indication d'origine des fonds, le droit proportionnel perçu sur cette acquisition n'est pas restituable par suite de la déclaration ultérieure de provenance des deniers (14). — Il en est de même pour le droit d'un marché passé entre une commune et un particulier au sujet du percement d'une rue, s'il est postérieurement justifié qu'une partie du prix a été employée à l'achat des terrains nécessaires au percement de la rue (15).

7504. VII. *Obligation.* La nullité de l'obligation prononcée par jugement ne peut autoriser la restitution du droit de 1 p. 0/0 perçu sur le contrat (16).

7505. VIII. *Office.* Aux termes de l'art. 14 de la loi du 15 juin 1841, les droits perçus sur les cessions d'office sont sujets à restitution toutes les fois que la transmission n'a été suivie d'aucun effet. S'il y a lieu à réduction du prix, tout ce qui a été perçu sur l'excédant doit être également restitué.

7506. Si avec l'office a été vendue la maison du titulaire, la Régie est tenue de rembourser, le cas échéant, le droit applicable à l'immeuble, parce que sa transmission est réputée soumise à la même condition suspensive que celle de l'office (17), encore bien que la maison ait été vendue par acte séparé (18).

7507. Il en est de même du droit de cautionnement (19) et du droit de transport de partie du prix de la cession (20). Mais on ne restitue pas le droit perçu sur la délégation du prix à des créanciers sans titre enregistré, car il s'opère alors une reconnaissance de dettes survivant à l'annulation du traité (21).

7508. La réduction, prononcée par jugement après la prestation de serment du titulaire, produit

(1) Cass., 25 mai 1841 ; J. N., 11005 ; Inst., 1064, § 11 ; R. G., 3945.
(2) Cass., 16 juin 1835 ; J. N., 8930 ; Inst., 1498, § 2 ; R. G., 4241.
(3) Cass., 13 nov. 1849 ; J. N., 13924 ; Inst., 1857, § 11 ; Murct, 17 avril 1851 ; R. G., 11204.
(4) Dél., 17 juill. 1824 ; J. N., 4863 ; R. G., 11189.
(5) Dél., 23 mai 1843 ; J. N., 11667 ; opin. conf., J. N., 9377 ; D. N., Accept. de don., no 264.
(6) D. M. F., 3 fév. 1817 ; Inst., 766 ; J. N., 5096 ; D. N., Donat., 603.
(7) Cass., 10 mars 1823 ; J. N., 4434.
(8) Dél., 18 août 1820 ; D. N., Rest., 402.
(9) Seine, 26 août 1861 ; R. P., 2070.
(10) Loi 3 mai 1841, art. 58 ; Dél., 4 août 1857 ; Inst., 1000, 2166, § 1 ; J. N., 11354, 16159.

(11) Inst., 1600 ; Garnier, 6348 ; Cass., 18 juill. 1849 ; Seine, 6 déc. 1861 ; J. N., 13489, 17300.
(12) Cass., 7 déc. 1858 ; J. N., 16485 ; B. P., 1130.
(13) Cass., 4 mai 1838 ; J. N., 16317.
(14) Cass., 10 mai 1865 ; R. P., 2142 ; J. N., 18279.
(15) Cass., 22 nov. 1838 ; J. N., 10489 ; Inst., 1590, § 9 ; R. G., 11268.
(16) Cass., 28 avril 1856 ; J. N., 13796.
(17) Cass., 24 déc. 1848 ; Inst., 1592, § 2 ; R. G., 9190, § 1 ; Saint-Vreix, 23 nov. 1847 ; J. N., 13263.
(18) Dunkerque, 11 avril 1845 ; J. N., 12309.
(19) Dél., 6 oct. 1843 ; J. N., 11752.
(20) Seine, 1er déc. 1847 ; J. N., 13267.
(21) Dél., 6 oct. 1813 ; J. N., 11752 ; contra, Garnier, 6190, § 1 D. N., Office, 811.

les mêmes résultats que la réduction par voie administrative (1). — Et il faut assimiler aux cessions à titre onéreux les donations entre-vifs ou testamentaires contenant une évaluation de la valeur de l'office (2).

7509. Le droit est définitivement acquis dès que la nomination est obtenue. Il importe peu que cette nomination ait été rapportée par suite du refus de serment (3), ou de l'acquisition d'une autre étude (4), ou d'une révocation (5), ou enfin d'une résiliation pour un motif quelconque (6).

7510. La restitution doit être demandée dans le délai de deux ans à compter du jour de l'enregistrement du traité de cession (*Loi 15 juin 1841, art. 14*). — Cette prescription court à partir de l'enregistrement du contrat de cession et non pas de l'acte modificatif ultérieur (7), lors même que la partie alléguerait l'impossibilité où elle a été d'agir auparavant (8).

7511. Il faut, pour obtenir le remboursement, produire la lettre officielle annonçant aux intéressés la décision ministérielle relative soit au défaut de nomination, soit à la réduction du prix (9), ou un certificat du ministère public contenant les mêmes indications (10).

7512. IX. *Partage anticipé.* N'est pas restituable le droit perçu sur un partage d'ascendants annulé du consentement des parties ou par voie judiciaire, pour défaut d'acceptation de l'un des enfants (11), à moins que l'acceptation de ce donataire n'ait été expressément imposée comme condition suspensive de la validité de la donation tout entière (12).

7513. Les droits perçus pour les donations de sommes d'argent hypothéquées sur des immeubles ne sont pas imputables sur ceux auxquels donne lieu le partage anticipé de ces immeubles entre les donataires (13).

7514. X. *Remplacement militaire.* Les droits exigés sur le traité de remplacement ne sont pas restituables lorsque le remplaçant n'a pas été admis par l'autorité (14), ou que le traité est annulé du consentement des parties (15) ; — mais s'il avait été stipulé une réduction de prix pour le cas où le remplacé ne serait pas appelé à partir, l'arrivée de l'événement prévu justifierait le remboursement d'une partie des droits (16).

7515. XI. *Société.* Les droits proportionnels perçus sur l'acte constitutif d'une société anonyme sont restituables quand il est établi que le gouvernement a refusé son autorisation (17). — Il n'en est plus de même si avant de commencer ses opérations, la société a été volontairement dissoute (18), ou qu'elle a été judiciairement annulée pour défaut de publication dans le délai légal (19).

7516 XII. *Succession.* Les droits acquittés pour la succession d'un absent qui reparaît sont restituables, sous la déduction du droit dû pour la jouissance des héritiers (*Loi 28 avril 1816 art. 40*) (20). Les droits perçus en vertu d'un acte de décès erroné sont également restituables (21).

7517. Quand la perception a été le résultat d'une erreur de fait, les parties ont été quelquefois admises à en demander la rectification (21); — c'est ce qui a été décidé pour une déclaration comprenant : 1° un domaine dont le défunt avait seulement la moitié (22) ; — 2° une créance éteinte (23) ; — 3° un cautionnement dont la propriété appartenait à un tiers (24) ; — 4° un legs que les parties avaient omis de réduire à la quotité disponible (25) ; — 5° des biens appartenant à la mère en vertu du retour légal et mal à propos compris dans la succession collatérale (26) ; — 6° des biens légués à un tiers (27), ou revenant à un

(1) Moulins, 28 juill. 1849 ; J. N., 13855; contra, Rochefort, 23 juill. 1851 ; D. N., *loc. cit.*, 807 ; R. G., 9191, § 5.
(2) J. N., 12444; D. N., *loc. cit.*, 812.
(3) Cass., 29 janv. 1851 ; J. N., 15121 ; Inst., 1883, § 3; R. G., 9191, § 1 ; contra, Lyon, 26 juill. 1848 ; J. N., 13866 ; D. N., *loc. cit.*, 805 ; J. N., 17618.
(4) Vendôme, 30 juill. 1847 ; J. N., 13169.
(5) Seine, 16 mai 1839; Villefranche, 14 août 1851; R. G., 9191, § 3.
(6) Rochefort, 28 juin 1843; R. G., 9191, § 4. V. cependant, en cas de décès, J. N., 14206.
(7) Péronne, 18 mai 1855; J. N., 15071 ; Cass., 7 déc. 1858, 22 mars 1859; R. P., 1130, 1172; contra, Loudéac, 29 janv. 1850 ; J. N., 14583 ; Senlis, 30 juill. 1857 ; Seine, 6 fév. 1855; R. P., 957, 1001.
(8) Verdun, 14 août 1847 ; J. N., 13133 ; R. G., 9192.
(9) Sol., 20 sept. 1842 ; J. N., 11461 ; R. G., 9193 ; Inst., 1077.
(10) Inst., 1640 ; J. N., 1104; R. G., 9493.
(11) Dél., 18 mai 1832; Autun, 7 août 1850 ; Dél., 3-8 avril 1835; R. G., 11247; D. N., *Rest.*, 123 à 124.

(12) J. N., 8832 ; D. N., *loc. cit.*, 124.
(13) Nevers, 12 juin 1849; J. N., 13879.
(14) D. M. F., 4 sept. 1835 ; D. N., *Remp. milit.*, 66. V. cependant J. N., 9211.
(15) Sol., 27 janv. 1830; R. G., 11249.
(16) Dél., 30 avril 1823 et 16 fév. 1827; J. N., 4405.
(17) Dél., 29 août 1834 ; J. N., 8646 ; Bordeaux, 13 janv. 1836; D. N., *Rest.*, 138.
(18) Le Mans, 23 fév. 1849 ; R. G., 11253.
(19) Seine, 1er déc. 1811 ; R. G., 11274 *bis*.
(20) D. M. F., 12 avril 1808; Inst., 380, § 30 ; D. N., *Rest.*, 183.
(21) Sol., 17 oct. 1814; D. N., *Rest.*, 195.
(22) Dél., 17 oct. 1821; D. M. F., 17 nov. 1821 ; J. N., 3964.
(23) Dél., 24 oct. 1821 ; D. M. F., 5 déc. 1821 ; D. N., *loc. cit.*, 186.
(24) Dél., 12 juin 1835 ; D. N., *loc. cit.*, 187.
(25) Dél., 23 mars 1825 et 28 déc. 1822 ; J. N., 5094, 7975. V. Cass., 10 juill. 1830 ; R. P., 1355.
(26) J. N., 15458. V. contra, Montargis, 22 déc. 1855.
(27) Dél., 13 nov. 1840; R. G., 11213 ; D. N., *Rest.*, 490.

enfan (conçu qui n'est pas né viable (1) ; — 7° ou des immeubles acquis par le défunt en vertu d'une adjudication ultérieurement annulée sur appel (2).

7518. On peut encore obtenir la restitution des droits perçus en vertu d'une erreur matérielle commise dans l'évaluation des biens, pourvu que l'existence de cette erreur soit clairement démontrée (V. *sup.* n° 7484) (3).

7519. Le remboursement a été refusé, au contraire : 1° à des héritiers collatéraux évincés d'une partie de la succession par un enfant naturel (4) ; — 2° à un légataire dépouillé de son legs par l'effet d'une condition résolutoire (5) ; — 3° ou par sa renonciation (6) ; — 4° aux héritiers d'une femme qui ont renoncé de son chef à la communauté dissoute (7) ; — 5° aux légataires évincés par l'annulation du testament (8).

7520. XIII. *Testament.* On a vu précédemment (n° 7484), que les droits d'enregistrement perçus sur un testament présenté par erreur à la formalité ne sont pas restituables. Ce principe s'applique aux reconnaissances de dettes contenues dans le testament, lors même que les dettes auraient été soldées (9), ou aux droits de transcription exigibles par suite de substitution, encore bien que la charge de substitution soit sans objet (10), ou que le légataire ait renoncé après l'enregistrement (11).

7521. XIV. *Vente de meubles.* Le droit perçu sur le prix cumulé d'une vente aux enchères n'est pas restituable par l'effet d'un partage qui attribue à certains cohéritiers vendeurs le prix des objets qu'ils ont acquis (12). — Il en est de même de la cession d'un brevet de maître de poste restée sans suite par le refus du gouvernement de nommer le cessionnaire (13).

7522. Pour les ventes de coupes de bois de l'État, la perception se règle d'après les procès-verbaux de récolement ultérieur, et s'il y a des déficits de mesures on restitue les droits acquittés en trop (14).

7523. XV. *Vente d'immeubles.* Les droits perçus sur des actes portant transmission d'immeubles et annulés plus tard en justice ne sont pas sujets à restitution (15).

7524. Ce principe a été appliqué à des ventes annulées : 1° comme faites par un failli privé de l'administration de ses biens (16) ; — 2° parce que l'une des parties n'avait pas signé (17) ; — 3° ou pour cause de nullité radicale par un jugement qui en ordonne en même temps l'enregistrement (18) ; — 4° comme déguisant un contrat pignoratif (19) ; — 5° pour cause de simulation (20) ; — 6° ou de fraude aux droits des créanciers (21) ; — 7° ou de saisie antérieure des biens vendus (22) ; — 8° comme contenant aliénation de la chose d'autrui (23) ; — 9° parce que le vendeur, moyennant rente viagère, est décédé dans les vingt jours du contrat (24) ; — 10° ou que le cessionnaire de droits successifs a été loti dans un partage du seul immeuble de la succession (25) ; — 11° pour incapacité de l'acquéreur, spécialement de la femme mariée (26).

7525. Lorsqu'après l'annulation du contrat, c'est le même acquéreur qui se rend adjudicataire des biens, on lui tient compte des droits qu'il a payés pour le premier acte (27). Ce point est sujet à controverse.

7526. En cas de revente à la folle enchère, le droit perçu sur le prix de la première vente, supé-

---

(1) Inst., 1307, § 10.
(2) Inst., 439, § 57.
(3) Voyez encore Cass., 4 déc. 1821, 1er déc. 1835; Sol., 24 avril 1832; D. N., loc. cit., n°s 192 à 194 et 201 a 203; R. G., 11217, 11225.
(4) Cass., 15 juill. 1840; J. N., 10722.
(5) Cass., 30 juin 1841; J. N., 11061.
(6) Cass., 15 janv. 1850; J. N., 13953; Dél., 9 août 1826, 4 mai 1825; D. N., Rest., 240 et suiv.; Cass., 10 août 1832; J. N., 14953; R. G., 11274.
(7) Cass., 2 août 1843; J. N., 11701; R. G., 11245.
(8) Cass., 11 mars, 7 avril et 1er juill. 1840; J. N., 10614, 10697 et 10721; Cass., 6 août 1849; J. N., 13810; R. G., 11275.
(9) Seine, 3 mars 1847; D. N., loc. cit., 131.
(10) Cass., 2 janv. 1830; J. N., 13985.
(11) Cass., 10 août 1852; J. N., 14953.
(12) Dél., 28 mai 1834.
(13) Dél., 22 fruct. an 10; Inst., 141.
(14) Lyon, 4 mars 1844; D. N., loc. cit. 181.
(15) Cass., 24 nov. 1808; D. N., Rest., 138, 139; Cass., 31 déc. 1823; J. juill. 1839; J. N., 1053, 1434, 10441.
(16) Cass., 24 nov. 1808; D. N., Rest., 138, 139; Cass., 31 déc. 1823; R. G., 11244.
(17) Dél., 26 avril 1839; Dijon, 22 mai 1845; D. N., loc. cit. 140, 141; R. G., 11252. Mais le contraire est plus rationnel.

(18) Dél., 1er déc. 1821; Seine, 12 juill. 1838; D. N., loc. cit., 142, 143.
(19) Cass., 22 nov. 1836; R. G., 11087, § 3; Nogent-le-Rotrou, 22 août 1841; Saint-Dié, 24 août 1849; le Mans, 3 janv. 1830; D. N., 144; R. G., 11252, § 4; Constantine, 14 fév. 1865; R. P., 2048.
(20) Seine, 25 juill. 1855; J. N., 15701; R. G., 11232; Toulouse, 27 mai 1859; R. P., 1230.
(21) Saverne, 23 août 1845; D. N., 145; R. G., 11257, § 2.
(22) Cass., 17 avril 1833; La Châtre, 6 mai 1846; Inst., 1437, § 4; R. G., 11257, § 1; J. N., 8077; 18 nov. 1843; R. P., 1855; J. N., 17883.
(23) Cass., 12 fév. 1822; J. N., 1409; Dél., 16 oct. 1815; J. N., 1681; Cass., 4 fév. 1839; J. N., 10283; Dél., 20 oct. 1824; J. N., 4923; Dél., 10 août 1833; D. N., Rest., 163; R. G. 11197, 11248; Cass., 26 nov. 1860; R. P., 1429.
(24) Cass., 31 déc. 1823; Dél., 27 mai 1828; R. G., 11251; D. N., Rente viagère, 136.
(25) Cass., 6 juill. 1825; Dél., 14 juill. 1835; R. G., 11242, 11208.
(26) Cass., 23 avril 1845; Inst., 1743, § 14; Moissac, 29 avril 1848; R. G., 11246.
(27) Dél., 5 sept. 1834 et 9 avril 1842; D. N., 148; Dél., 25 mai 1825, 13 juin 1830 et 5 sept. 1834; Dél., 1er avril 1842; J. N., 5302, 7290, 11295.

rieur à celui de la revente, n'est point restituable pour l'excédant du prix (1). De même lorsque, par suite de surenchère, des biens d'abord vendus à des étrangers sont adjugés à des colicitants, les droits perçus sur la première vente ne sont point sujets à restitution quant à l'excédant de ces droits sur ceux de la seconde adjudication (2).

SECTION IV. — EXCEPTIONS.

7527. La loi a prévu plusieurs cas où les droits, quoique perçus régulièrement sur des actes notariés, sont sujets à restitution. Ce sont :

1° Lorsqu'à défaut de mention de l'enregistrement d'un acte sur lequel un jugement a été rendu, le droit de cet acte a été exigé sur le jugement et qu'il est ultérieurement prouvé que ce même acte était enregistré (*Loi 22 frim. an 7, art. 48*).

2° Quand le droit d'obligation a été perçu, lors des délégations de prix dans un contrat, sur des créances dont l'enregistrement du titre est postérieurement établi (*Loi 22 frim. an 7, art. 69, § 3, n° 5*).

3° Lorsque le droit proportionnel ayant été perçu sur les acquisitions amiables faites pour cause d'utilité publique avant l'arrêté du préfet, il est ensuite justifié que les immeubles acquis sont compris dans cet arrêté (*Loi 3 mai 1841, art. 58, supra, n° 7301*).

4° Lorsqu'une cession d'office n'a été suivie d'aucun effet (*Loi 25 juin 1841, art. 14, supra, n° 7505*).

CHAPITRE VINGT-SEPTIÈME.

DES INSTANCES.

SOMMAIRE

7528. La solution des difficultés qui peuvent s'élever, avant l'introduction des instances, relativement à la perception des droits d'enregistrement, appartient à la Régie (*Loi 22 frim. an 7, art. 65*).

7529. Les parties ou le notaire en leur nom adressent au ministre ou au directeur général une pétition sur papier timbré (3) dans laquelle ils discutent la prétention du préposé. — La solution est rendue par le directeur général et les redevables en sont informés par le directeur du département (4), qui doit, en attendant, sauf le cas d'urgence, faire suspendre les poursuites (5).

7530. Cette réclamation n'est d'ailleurs que facultative, quand il s'agit d'un droit déjà perçu (6) ;

(1) Cass., 6 fév. 1833; Inst., 1425, § 2; D. N., 175; Cass., 24 nov. 1858; J. N., 16473; R. P., 1118.
(2) Cass., 23 juill. 1840; Inst., 1097, § 8; J. N., 11008 et 13800; CONTRA, Limoges, 31 déc. 1844; Lisieux, 28 mars 1846 et Nantes, 27 nov. 1847; J. N., 12388, 12963, 13363.
(3) Loi 13 brum. an 7, art. 12; Ambert, 14 juin 1821; D. M. F.,

25 juill., 9 nov. et 21 déc. 1821 ; Inst., 1291, 1381, § 10, 1337, sect. 2, n° 2; D. N., Enreg., 385.
(4) D. M. F., 11 janv. 1822 et 1er janv. 1821; Inst., 1018, 1113, 1337, sect. 2, n° 5; J. N., 4504, 13250; R. G., 7283.
(5) D. M. F., 16 oct. 1826; Inst., 1202; R. G., 7282; J. N., 5606.
(6) Cass., 7 mai 1806; Inst., 1537, § 45; D. N., 409; R. G., 7318.

on peut introduire directement l'instance par un ajournement en restitution signifié à la Régie devant le tribunal compétent (1).

7531. Si la Régie prend l'initiative de la poursuite, le premier acte de procédure doit être une contrainte décernée par le receveur ou autre préposé, visée et rendue exécutoire par le juge de paix du canton où le bureau est établi (*Loi 22 frim. an 7, art. 64*).

7532. La contrainte doit exposer clairement l'objet de la demande (2) et évaluer approximativement les droits dont le montant est subordonné à la déclaration des parties (3). — Elle ne serait pas nulle par suite d'une erreur dans la désignation de la nature du droit à payer (4) ou de la date d'un acte (5), ou du nom du juge de paix qui l'a déclarée exécutoire (6). Mais il en serait autrement si elle était décernée contre une veuve personnellement au lieu de l'être contre ses enfants (7), ou si elle n'était pas rendue exécutoire (8). — Cette nullité serait néanmoins couverte par une défense au fond (9).

7533. La contrainte est notifiée par l'huissier de la justice de paix (10) à personne ou à domicile (11). — On applique à cette signification les règles de la procédure ordinaire pour la remise de la copie, le visa du maire s'il y a lieu, et les autres questions de forme (12).

7534. L'exécution de la contrainte ne peut être interrompue que par une opposition formée par le redevable et motivée, avec assignation à jour fixe (c'est-à-dire dans le délai légal) devant le tribunal de l'arrondissement. Dans ce cas l'opposant est tenu d'élire domicile dans la commune où siège le tribunal (*Loi 22 frim. an 7, art. 64*). Ces dispositions sont également applicables aux assignations signifiées directement par les contribuables pour obtenir la restitution d'un droit indûment perçu.

7535. C'est l'opposition à la contrainte qui arrête la poursuite du trésor et constitue l'acte introductif d'instance.— Elle doit être motivée, c'est-à-dire indiquer brièvement la cause de la résistance (13), émaner de personnes capables selon les règles du droit commun (14), et contenir assignation devant le tribunal civil dans l'arrondissement duquel se trouve le bureau d'où émane la contrainte, ou celui où les droits ont été acquittés (15).

7536. L'exploit peut être signifié au nom du notaire qui a passé l'acte (16), lors même qu'il ne serait plus en fonctions (17).

7537. Devant le tribunal l'instruction des instances se fait par simples mémoires respectivement signifiés; les parties ne sont pas obligées d'employer le ministère des avoués (*Loi 27 ventôse an 9, art. 17*). — La disposition relative aux avoués s'interprète même en ce sens que toute *plaidoirie* ou *observation* verbale à l'audience constitue un moyen de cassation contre le jugement (18).

7538. Le jugement est rendu dans les trois mois au plus tard à compter de l'introduction de l'instance, sur le rapport d'un juge fait en audience publique et sur les conclusions du ministère public. Il n'y a d'autres frais à supporter pour le condamné que ceux du papier timbré, des significations et du droit d'enregistrement des jugements (*Loi 22 frim. an 7, art. 65*). — Il n'entre pas dans le cadre de ce travail d'indiquer les formalités essentielles à observer pour que le jugement soit régulier. On trouvera ces détails dans l'excellent ouvrage de M. Garnier, n°s 7352 à 7397 et dans le *Dictionnaire du notariat*, au mot *Instance en matière d'enregistrement*.

7539. Le jugement n'est pas sujet à appel (*Loi 22 frim. an 7, art. 65*). Il peut être attaqué par opposition si le condamné a fait défaut (19); par voie de tierce opposition, quand il préjudicie à un tiers non appelé dans la procédure (20); par requête civile selon les règles du droit commun (21), et enfin par

(1) Garnier, 7270; D. N., 379; Inst., 1524 et 1537, sect. 2, n° 1.
(2) Inst., 1150, § 17.
(3) Cass., 2 déc. 1806, 30 oct. 1809, 27 mars 1814, 4 mars 1815; Garnier, 7292 à 7291.
(4) Cass., 31 juill. 1833; Inst., 1537, § 31; R. G., 7296.
(5) Cass., 25 juill. 1814; Inst., 1537, § 22; R. G., 7297.
(6) Mulhouse, 19 nov. 1863.
(7) Cass., 19 juill. 1825; Inst., 1537, § 23; R. G., 7298.
(8) Cass., 8 mai 1809, 10 nov. 1812; Inst., 1537, § 20; R. G., 7299.
(9) Cass., 11 nov. 1815; R. G., 7300.
(10) Garnier, 7303.
(11) Cass., 9 fruct. an 12 et 23 fév. 1807; Inst., 1537, § 32; R. G., 7307.
(12) Voir Garnier, 7308 et suiv.; D. N., *Contrainte finances*, 28 et suiv.

(13) Au sujet des termes qui constituent des motifs suffisants d'opposition, voyez Seine, 4 déc. 1814; Louhans, 10 juill. 1846; Seine, 12 fév. 1815, 18 déc. 1814; D. N., 491.
(14) Cass., 11 janv. 1854; Inst. 2010, § 5; R. G., 7321.
(15) Cass., 30 mess. an 10, 14 niv. an 11, 23 flor. an 13, 5 mai 1806, 14 déc. 1819, 30 mai 1826; D. N., 410; Cass., 15 juill. 1840; R. G., 7322 à 7325.
(16) Cass., 5 fév. 1810 et 1er mars 1825; D. M. F., 2 nov. 1843 et 5 juill. 1830; Inst., 1328; J. N., 390 et 7246.
(17) Sol., 6 mai et 13 juin 1813; D. N., 360.
(18) Voir les nombreux arrêts cités au R. G., 7333 et 7341; D. N., *Inst. en mat. d'enreg.*
(19) Garnier, 7407 à 7414.
(20) Garnier, 7415 et 7416.
(21) Garnier, 7417 à 7420.

cassation. Nous devons encore ici renvoyer pour les nombreux détails de cette matière au *Rép. gén.*, nᵒˢ 7424 à 7484.

SECTION II. — PROCÉDURES PARTICULIÈRES.

7540. La contrainte doit être précédée d'un procès-verbal lorsqu'il s'agit du refus fait par un notaire de communiquer ses minutes (1). Ce procès-verbal n'est pas sujet à l'affirmation (2) ; il doit être rédigé en présence du maire ou de son délégué (3) et enregistré dans les quatre jours de sa date (*Loi 22 frim. an 7, art. 20 et 54, 52, 54*).

7541. C'est encore par voie de procès-verbal dispensé d'affirmation (4), que le préposé de la Régie doit constater les contraventions à la loi sur les ventes publiques de meubles ; (*Loi 22 pluv. an 7, art. 8*). — Rigoureusement, ce procès-verbal serait nécessaire pour toutes les infractions autres que celles dont l'amende est acquittée sur-le-champ, lors mêmes qu'elles seraient établies par la minute de la vente ; mais on a décidé qu'on se bornerait à le rédiger pour les contraventions aux art. 1 et 2 de la loi (5). — Il faut, d'ailleurs, que le procès-verbal soit rédigé au moment même où l'infraction se commet ; celui qui serait rapporté par le receveur dans son bureau sur des renseignements recueillis ne produirait pas le même résultat (6).

7542. A défaut de procès-verbal, les contraventions dont il s'agit se prouvent encore par l'enquête (*Loi 22 pluv. an 7, art. 8*), pourvu que la Régie articule des faits précis qui autorisent cette procédure (7). — Les témoins sont assignés et entendus en la forme ordinaire (8).

7543. Il n'y a pas de délai pour la signification du procès-verbal. On le fait notifier en même temps que la contrainte dont il doit être suivi (9).

7544. Enfin, les préposés de la Régie constatent, par des procès-verbaux qu'ils transmettent au parquet, les contraventions aux lois des 6 octobre 1791 et 16 floréal an 4 sur le dépôt annuel des répertoires, à la loi du 25 ventôse an 11 sur l'organisation du notariat, aux art. 67 et 68 du Code de comm. touchant la publication des contrats de mariage des commerçants, et à l'art. 176 du même Code sur l'inscription des protêts dans le registre à ce destiné. — Ces procès-verbaux doivent être affirmés dans les vingt-quatre heures devant le juge de paix, si le contrevenant ne reconnaît pas l'exactitude des faits qu'ils constatent (10). — Ils font foi jusqu'à preuve contraire (11).

7545. L'expertise du revenu ou de la valeur vénale des biens transmis à titre onéreux, ou à titre gratuit, donne lieu à une procédure spéciale dont les dispositions, indiquées déjà précédemment, *supra ch. IV*, se trouvent réunies sous les nᵒˢ 7533 à 7604 du *Répertoire général* de M. Garnier. Cette matière ne rentre pas dans le cadre de notre traité. — Il en est de même des procédures d'exécution, telles que la saisie-arrêt, la saisie-exécution, l'ordre, etc. (*Rép. gén.*, nᵒˢ 7606 à 7620).

CHAPITRE VINGT-HUITIÈME.

PRESCRIPTION.

SOMMAIRE

---

(1) Inst., 1150, § 17.
(2) Inst., 1150, § 17 ; Cass., 26 juin 1820 ; Inst., 1537, § 12 ; R. G., 7288.
(3) Loi 22 frim. an 7, art. 52. Voir Inst., 326, § 10 ; R. G., 7300.
(4) Garnier, 7500.
(5) Inst., 1150, § 17, 1537, § 220 ; R. C., 1196.
(6) Cass., 4 juill. 1810 ; Inst., 1537, § 213.
(7) Cass., 17 juill. 1827 ; Inst., 1229, § 13 ; R. G., 1196 et 7503 ;

Autun, 3 mai 1833 ; R. P., 126 ; Louhans, 11 et 26 mai 1846 ; J. N., 12997.
(8) Cass., 17 juill. 1827 précité ; R. C., 7505 ; Sol., 12 déc. 1855 ; Cambrai, 27 janv. 1858 ; R. P., 636, 958.
(9) Garnier, 1196.
(10) D. M. F. et J., 8-25 juill. 1835 ; Inst., 1089, § 2 ; R. G., 7520.
(11) Rennes, 22 avril 1833 ; Orléans, 27 mars 1835 ; Cass., 16 mars 1836 ; Inst., 1537, § 235 ; R. G., 7521.

SECTION I. — DISPOSITIONS GÉNÉRALES.

7546. En matière d'impôt, la prescription équivaut au payement (1). Néanmoins, si l'acte est ensuite présenté volontairement à la formalité, le droit proportionnel devient exigible, parce que cette présentation équivaut à l'exécution d'une obligation naturelle (2).

7547. La prescription ne s'applique qu'au fait même donnant ouverture à l'impôt ; et, par exemple, le défaut de réclamation pendant deux ans des droits exigibles sur un acte sous seing privé, mentionné dans un acte public, ne s'oppose pas à l'exigibilité du droit de ce même acte lors d'une mention posté-rieure (3). — Il en est ainsi, à plus forte raison, s'il ne s'agit pas des mêmes droits (4), ou de titres différents (5).

7548. La prescription ne saurait être suppléée par le juge (6). — Le redevable est toujours maître d'y renoncer ; mais ce désistement ne résulterait pas suffisamment d'une demande en remise du droit en sus ou de l'amende encourue (7). La renonciation est d'ailleurs personnelle, un cohéritier ne pourrait la faire au nom de ses cohéritiers (8).

SECTION II. — DES DIVERSES PRESCRIPTIONS.

7549. I. *Prescription annale.* La Régie n'a qu'un an, à compter du jour de l'enregistrement du contrat, pour provoquer l'expertise de la valeur vénale des biens aliénés à titre onéreux (*Loi 22 frim. an 7, art. 17, supra ch. VI*).

7550. C'est encore par ce même délai d'un an que se périme la poursuite commencée par la Régie ou par les recevables, afin d'interrompre les prescriptions de 2, 3, 5 et 10 ans édictées par les art. 61, nos 1, 2 et 3 de la loi du 22 frim. an 7, 14 de celle du 16 juin 1824, par l'avis du conseil d'État du 18-22 août 1840 et par l'art. 44 de la loi du 18 mai 1850. — L'art. 61, no 3 de la loi de frim. an 7, porte en effet que les prescriptions seront acquises irrévocablement, si les poursuites commencées sont interrompues pendant un an, sans qu'il y ait d'instance devant les juges compétents et quand même le délai pour la prescription ne serait pas expiré.

7551. Mais la péremption annale n'est plus à craindre quand l'instance est liée (9) devant un juge compétent (10), par une assignation en justice (11). — Elle est également prévenue au moyen d'un nouvel acte de poursuite signifié, quoique non enregistré, dans l'année à partir de la signification de la contrainte (12) ; et cet acte de poursuite peut être un commandement (13) ou une seconde con-trainte (14).

---

(1) Champ. et Rig., *Supp.*, 998, 999; Garnier, 9855.
(2) Garnier, 349 et 9855; Del., 3 fév. 1833; J. N., 8173; Seine, 18 fév. 1841; Brives, 13 fév. 1841; Laon, 6 avril 1840; R. G., 349; CON-TRA, Cass., 20 juin 1828; Thionville, 11 juin 1831; Evreux, 8 juin 1831; Dalloz, 5444; D. N., 8773; J. N., 6591, 8975, 16510.
(3) Seine, 30 janv. 1824; D. M. F., 13 janv. 1826; Inst., 1410, § 10; R. G., 9855, § 1; Seine, 7 fév. 1855; J. N., 15464.
(4) Cass., 31 juill. 1833; R. G., 9855, § 3.
(5) Cass., 5 juill. 1820, 24 déc. 1821; R. G., 9855, § 4.
(6) Cass., 1er avril 1840, 31 mai 1847; R. G., 9857, 9861.

(7) Garnier, 9858. V. Cass., 29 prairial, an 12; R. G., 9793.
(8) Briançon, 27 mars 1846; R. G., 9860.
(9) Cass. Belg., 20 juill. 1821; R. G., 9877.
(10) Cass., 13 oct. 1813; R. G., 9878.
(11) Cass., 27 juill. 1813; R. G., 9879.
(12) Sol., 10 sept. 1849; R. G., 9881, § 3.
(13) Cass., 1er avril 1834; R. G., 9881, § 1.
(14) Chaumont, 16 mars 1837; Compiègne, 8 fév. 1848; R. G., 9881, §§ 1-2.

7552. II. *Prescription de deux ans*. La prescription biennale s'applique : 1° aux droits non perçus sur une disposition particulière dans un acte (*Loi 22 frim. an 7, art. 61, n° 1*) ; — 2° aux suppléments de droits sur un acte enregistré (*idem*), quand l'exigibilité résulte de faits accomplis et connus au jour de l'enregistrement de l'acte (1) ; — 3° à la demande en expertise, pour constater une fausse évaluation du revenu des biens transmis entre-vifs à titre gratuit (*même loi, supra ch. VI*) ; — 4° aux demandes en restitution par les parties de droits indûment perçus (*Loi 22 frim. an 7, art. 61, n° 1*) ; — 5° aux poursuites par contrainte pour le recouvrement des amendes de contravention aux lois sur l'enregistrement et les ventes de meubles (*Avis conseil d'État, 18-22 août 1810*; *Loi 16 juin 1824, art. 14*) ; — 6° à l'action pour faire condamner aux amendes de contravention à la loi du 16 floréal an 4 sur le dépôt des répertoires, à celle du 25 vent. an 11 sur le notariat, et à l'art. 68 du Code de commerce sur la publication des contrats de mariage des commerçants (*Loi 16 juin 1824, art. 14*).

7553. III. *Prescription de cinq et de dix ans*. Les omissions de biens dans les déclarations de succession sont soumises à la prescription de cinq ans (*Lois du 22 frim. an 7, art. 61, et 18 mai 1850, art. 11*). — Mais c'est par dix ans que se prescrit l'action de la Régie pour le recouvrement des droits des successions non déclarées.

7554. Ce dernier délai court en général du jour du décès ; néanmoins quand le payement de l'impôt est déterminé par d'autres circonstances que la mort du *de cujus*, la prescription court seulement à compter de cette dernière époque (Voyez *supra* n°s 7558 *et suiv.*).

7555. IV. *Prescription trentenaire*. Toutes les fois qu'il s'agit d'un cas auquel les dispositions précédentes ne sont pas applicables, il faut revenir au droit commun, c'est-à-dire à la prescription de trente ans. C'est ce qu'on décide pour les droits simples d'un acte non présenté à l'enregistrement (2) et notamment pour les droits simples d'une mutation secrète d'immeubles (3), constatée autrement que par une simple possession de fait, cas dans lequel la prescription ne court pas (4) ; — pour les droits de réalisation de crédit (5), à moins que la réalisation ne soit constatée par un acte faisant titre entre les parties, et donnant lieu par lui-même au droit d'obligation (6) ; — pour les droits d'un acte mentionné dans un autre acte (7), ou produit au cours d'instance (8), ou porté sur le répertoire sans être enregistré (9) ; — pour les droits supplémentaires à réclamer sur les marchés contenant des évaluations provisoires (10) ; — pour ceux d'un testament non enregistré (11) ; — pour les droits réclamés par une contrainte validée en justice (12) ; — enfin pour les omissions de rentes sur l'État dans les déclarations de succession (*Loi 8 juillet, 1852, art. 26*).

SECTION III. — CALCUL DES DÉLAIS.

7556. La prescription trentenaire part du jour où il est établi que le fait a eu lieu, sans qu'il y ait à se préoccuper de la question de savoir si les employés auraient eu ou non besoin de se livrer à des recherches pour découvrir ce fait (13). — Cependant il a été décidé qu'en matière de droit simple à réclamer sur un acte sous seing privé non enregistré, la prescription devait seulement courir du jour où l'acte a acquis date certaine dans les termes de l'art. 1328 C. N. (14).

7557. Les autres prescriptions applicables aux droits des actes courent à partir de l'enregistrement (*Loi 22 frim. an 7, art. 61, n°s 1 et 2*) ; mais on ne comprend pas dans les délais le jour même de cet enregistrement, d'après le principe : *Dies a quo non computatur in termino* (15).

---

(1) Cass., 27 juill. 1853; Inst., 4988, § 6; R. P., 33. V- Cass., 6 mai 1834; R. G., 9691; Arras, 5 avril 1859; Seine, 1er et 13 juin 1861; R. P., 1175, 1514.

(2) Cass., 12 mai, 22 déc. 1806, 12 oct. 1808, 28 avril 1816, 20 juill. 1829; R. G., 9914, 17 août 1834, 23 mai 1832; J. N., 7497, 7773, 27 déc. 1859; J. N., 10751; Provins, 31 déc. 1563; R. P., 1275, 1868.

(3) Cass., 5 juin 1837, 17 juill. 1848, 22 avril 1839, 17 fév. 1840, 31 juill. 1849, 2 mars 1851, 18 août 1852, 26 avril 1853, 24 janv. 1854, 7 mai 1856, 1er fév. 1859; J. N., 9681, 10094, 10382, 10398, 13814, 14305, 14767; R. G., 9912; R. P., 684, 1137; Inst., 1562-21, 1577-13, 1601-7, 1618-5, 1814-10, 1883-14, 1946-3, 1982-5, 2010-9.

(4) Mirande, 27 déc. 1860; R. P., 1563.

(5) Cass., 15 juill. 1834; Seine, 10 mars 1853; Lure, 6 mars 1856; Soissons, 13 janv. 1847; Toulouse, 4 avril 1851; St-Gaudens, 9 mai 1859; J. N., 14446; Inst., 19009; R. C., 9913; R. P., 760, 1176; CONTRA, Montpellier, 30 août 1847; Rouen, 21 août 1849; J. N., 13938.

(6) Cass., 15 fév. 1857; Seine, 1er juin 1861, 15 juin 1861; J. N., 16094, 17153, 17202; R. P., 817.

(7) Cass., 31 août 1808, 16 juin 1828, 5 juin 1837, 17 juill. 1838, 21 avril 1839, 17 fév. 1840; R. G. 9914; Seine, 5 mai 1860; R. P., 1336.

(8) Cass., 16 janv. 1855; Inst., 2033, § 1; R. G., 9914 bis.

(9) Aurillac, 24 juill. 1841; J. N., 11172.

(10) Garnier, 9916; Seine, 16 avril 1856, 29 août 1863; Rouen, 25 mai 1835; le Havre, 6 fév. 1862; Cass., 4 avril 1864; R. P., 33, 540, 675, 1695, 1806, 1909.

(11) D. M. F., 8 prair. an 9; Cass., 13 oct. 1806; R. G., 9917 bis; Mirecourt, 10 nov. 1845; D. N., *Enreg.*, 321.

(12) Cass., 16 mars 1858; R. P., 976.

(13) Cass., 24 juill. 1833, 21 fév. 1855, 7 mai 1855; R. P., 681; J. N., 8238, 13150.

(14) Cass., 17 août 1831, 13 mai 1832; Inst., 1368-1, 1440, § 3; R. G., 9987.

(15) Cass., 6 mai 1854; R. P., 75; Inst., 2019, § 9; J. N., 15225; CONTRA, les décisions rapportées au R. G., 9922.

7558. Quant aux amendes, ou aux droits en sus qui leur sont assimilés (1), la règle est que la prescription court à partir du moment où les employés ont été mis à même de les percevoir, sans recherches ultérieures (*avis conseil d'État, 18-23 août 1810*; *Loi 16 juin 1824, art. 14*).

7559. Mais il est quelquefois embarrassant de savoir quand les énonciations d'un acte sont suffisantes pour autoriser la perception. On ne l'a pas jugé ainsi à propos : 1° de la mention d'une adjudication dans des affiches ou des publications de journaux (2) ; 2° de la description dans un inventaire ou autres actes, de titres relatifs à une mutation secrète, si les termes de l'acte ne manifestent pas clairement la transmission (3) ; 3° des présomptions de mutation secrète, résultant de l'inscription au rôle et du payement de la contribution foncière, attendu qu'elles ne se révèlent pas aux préposés sans recherches (4) ; 4° des droits supplémentaires à réclamer sur les marchés provisoires, d'après les documents d'un dépôt public (5).

7560. La prescription biennale applicable aux demandes en restitution de droits indûment perçus part à compter du jour de l'enregistrement de l'acte, quand la relation mise sur cet acte contient l'énonciation des droits exigibles (6).

7561. Il arrive souvent que l'irrégularité de la perception n'est démontrée que par des événements postérieurs à l'enregistrement de l'acte. Dans ce cas, la raison conduirait à décider que la prescription doit courir à partir seulement de cette dernière époque. Et c'est en effet ce que la Régie a admis dans plusieurs circonstances (7), lorsque l'impossibilité d'agir dépendait de causes étrangères aux parties (8).

7562. Mais la jurisprudence n'a pas consacré cette interprétation. Elle enseigne que la demande en restitution doit être, sans distinction aucune, faite dans les deux ans de l'enregistrement de l'acte. Cette solution rigoureuse a été appliquée : 1° à une adjudication annulée par jugement comme déguisant une libéralité (9) ; — 2° à la cession d'office demeurée sans effet (10) ; — 3° au contrat de mariage résilié (11) ; — 4° au testament annulé (12).

SECTION IV. — INTERRUPTION DE LA PRESCRIPTION.

7563. On a vu précédemment que la prescription est interrompue par une demande signifiée et enregistrée avant l'expiration des délais, *supra n° 7551*. Cette demande consiste la plupart du temps, pour la Régie dans une contrainte (13), et pour les parties dans une assignation en restitution (14) ; mais elle pourrait résulter d'un autre acte de procédure (15), par exemple, une demande reconventionnelle faite dans le cours d'une procédure (16), à condition que l'acte soit réellement introductif d'instance et ne se borne pas à faire des réserves sur la perception (17) ou ne soit pas une simple pétition administrative (18).

7564. Pour que l'interruption se produise, il faut que la demande soit enregistrée avant l'arrivée de la prescription (19) et ne soit pas ultérieurement annulée (20).

7565. L'interpellation adressée à l'une des parties contractantes ou par l'une d'elles s'étend de plein

(1) Cass., 22 janv. et 14 août 1800, 1er juin 1814, 5 juin 1837. 17 juill. 1838, 22 avril 1839, 17 fév. 1840, 3 mars 1841 ; R. G., 9937.
(2) Cass., 29 mai 1832, 17 avril 1833 ; Inst., 1410-1, 1437, § 1 ; 23 mai 1832 ; R. G., 9937 ; J. N., 7783.
(3) Dél., 28 oct. 1831 ; R. G., 9943 et suiv.; Dél., 7 août 1835 ; Cass., 10 janv 1821, 13 mars 1837, 22 nov. 1842, 16 janv. 1855, 21 déc. 1860 ; J. N., 14550 ; R. P., 550, 556, 1440.
(4) Voir les nombreux arrêts de cassation rapportés au n° 9954 du R. G., et J. N., 9084, 10094, 10382, 10598, 10654, 11236, 13811, 14365, 14467, 14473 ; R. P., 982.
(5) Inst., 1802 ; Cass., 27 juill. 1853 ; J. N., 14149, 15076.
(6) Cass., 29 avril 1836 ; J. N., 9242.
(7) D. M. P., 6 juill. 1813 ; Dél., 21 juin 1836, 25 mai 1837 ; R. G., 9962.
(8) Cass., 4 août 1835 ; R. G., 9962 bis.
(9) Cass., 21 juill. 1833 ; R. G., 9963 § 9.
(10) Verdun, 14 août 1847 ; J. N., 13133 ; Meaux, 30 juill. 1846 ; Péronne, 18 mai 1855 ; R. G., 9903, § 3. V. cependant Loudéac, 29 janv. 1850 ; J. N., 11583.
(11) Cass., 20 août 1838 ; Dél., 8 sept. 1832, 9 juill. 1833, 31 janv.

1836 ; Melun, 9 mai 1837 ; R. G., 9960, § 3 ; Inst., 1437-5, 1590-14 ; J. N., 10247.
(12) Cass., 11 mars 1840, 7 avril 1840, 15 juill. 1840 ; J. N., 10604, 10697, 10721.
(13) Garnier, 9994 ; D. N., Enreg., 308.
(14) Charleville, 12 mai 1842 ; Seine, 6 fév. 1855 ; R. G., 9995.
(15) Dél., 14 avril 1819 ; D. N., Enreg., 354 ; Cass., 29 mars 1839, R. G., 9996.
(16) Cass., 17 nov. 1857 ; R. P., 973.
(17) Nomers, 8 juill. 1837 ; R. G., 9997.
(18) Cass., 14 janv. 1836 ; D. M. P., 3 nov. 1836 ; J. N., 9137, 9426, 9435 ; Inst., 1821 ; Dijon, 13 mars 1837 ; Seine, 21 avril 1841 ; Strasbourg, 23 mai 1843 ; Dellac, 11 août 1849 ; Seine, 6 déc. 1849 ; Orléans, 12 août 1851 ; R. G., 9999. Il y a une exception sur ce point en matière d'expropriation.
(19) Loi 22 frim. an 7, art. 61 ; Cass., 11 oct. 1814, 1er août 1831, 2 juill. 1840 ; J. N., 7514, 13791 ; R. G., 9922, 9998 ; D. N., Enreg., 317.
(20) Dél., 13 fév. 1844 ; Cass., 11 janv. 1836 ; Seine, 23 janv. 1838 ; R. G., 10000 ; D. N., Enreg., 375 ; J. N., 11958.

droit à toutes les autres en vertu du principe de l'art. 2249 C. N. (1). — Mais elle est personnelle en ce sens que l'interruption produite au profit de la Régie par la notification d'une contrainte ne profite pas au contribuable, et réciproquement (2).

7566. Ce dernier principe doit être toutefois combiné avec les effets de la compensation légale. Quand une perception contient à la fois insuffisance sur un point et excès sur l'autre, les deux dettes s'éteignent jusqu'à concurrence du montant de la plus faible, à l'instant même où elles existent ; et, au moyen de cette compensation, il n'y a pas de prescription à interrompre (3).

7567. Il faut d'ailleurs pour cela qu'il s'agisse de droits dus dans le même bureau (4), sur le même acte (5), et par la même personne (6). Ainsi, un droit non perçu sur un acte de société, et dû par un commanditaire personnellement, ne saurait se compenser avec un droit indûment exigé sur le même acte, mais tombant à la charge de l'être moral (7).

7568. L'interruption applicable à l'un des droits perçus sur une disposition de l'acte ne s'étend pas aux autres droits (8).

CHAPITRE VINGT-NEUVIÈME.

ACTES PASSÉS A L'ÉTRANGER OU DANS LES COLONIES.

SOMMAIRE

7569. I. *Actes en conséquence.* Il ne peut être fait usage, en justice, d'aucun acte passé en pays étranger ou dans les colonies, qu'il n'ait acquitté les mêmes droits que s'il avait été souscrit en France ; il en est de même pour les mentions desdits actes dans des actes publics (*Loi 28 avril 1816, art. 58*).

7570. La contravention aux règles précédentes est punie d'une amende prononcée par l'art. 42 de la loi du 22 frim. an 7 (9).

7571. Il n'y a point à considérer si les actes mentionnés sont translatifs d'immeubles, c'est-à-dire s'ils sont ou non assujettis à l'enregistrement dans un délai déterminé. Le notaire encourt l'amende dès qu'il omet de faire enregistrer l'acte de l'étranger ou des colonies dans lesquelles l'enregistrement n'est pas établi (10) ; — ou bien d'acquitter le supplément de droit exigible, d'après le tarif de la métropole,

---

(1) Cass., 7 août 1809; Seine, 17 fév. 1854; R. G., 9885; CONTRA, Lyon, 8 mars 1851; R. P., 4584.

(2) Cass., 30 mars 1808 ; D. M. F., 30 août et 24 sept. 1808; Inst., 424; Dalloz, 5618; Seine, 30 juin 1841; Bar-le-Duc, 12 août 1846; R. G., 10001.

(3) Dél., 27 mars 1827; J. N., 6287 ; Cass., 6 fév. 1833, 30 janv. 1835; R. P., 314 et 578; Inst., 2033, § 8: J. N., 15425.

(4) Seine, 30 août 1854; R. G., 10002, § 2: J. N., 15413.

(5) Falaise, 18 janv. 1828; Cass., 17 nov. 1837; R. P., 973; CONTRA, Sol., 10 juin 1832; R. G., *loc. cit.*; le Mans, 9 oct. 1862; R. P., 1698.

(6) Sol., 26 avril 1828; Nantes, 19 janv. 1837; Dalloz, 5435.

(7) Cass., 14 mars 1860; R. P., 1299; J. N., 10817.

(8) Cass., 8 déc. 1856, Montpellier, 16 fév. 1862; R. P., 840, 1684.

(9) Dél., 30 juin 1849; Seine, 26 avril 1842; Inst., 1703, § 2; Garnier, R. G., 798.

(10) Dél., 30 juin 1849 ; D. M. F., 4 mai 1825, 18 sept. 1832; Dél., 18 mai 1840; Thionville, 17 mars 1841; R. G., 798, § 8; J. N., 10954.

sur les actes des colonies où l'enregistrement est institué (1). Cette dernière conséquence a été appliquée plusieurs fois, notamment aux actes de l'Algérie (2).

7572. Le mot *acte* de la loi de 1816 comprend d'ailleurs les jugements (3) ; — mais les notaires ont la faculté de présenter ces actes ou jugements à la formalité en même temps que l'acte rédigé en conséquence (4).

7573. A l'égard des actes passés dans les pays réunis avant l'établissement de la formalité, ils peuvent être mentionnés sans acquitter de nouveaux droits quand ils sont en la forme authentique, ou lorsque, étant sous seing privé, ils ont acquis date certaine suivant les lois du pays, avant l'établissement de l'enregistrement dans le pays annexé (5).

7574. Si l'acte a été passé dans un pays, réuni autrefois à la France, mais après sa séparation ultérieure, ou avant la réunion momentanée de ce pays à la France, on le considère comme un acte de l'étranger et on le soumet aux règles indiquées ci-dessus (6).

7575. II. *Tarif.* L'art. 4 de la loi du 16 juin 1824 porte : Les actes translatifs de propriété, d'usufruit ou de jouissance, de biens immeubles situés en pays étranger, soit dans les colonies françaises où le droit d'enregistrement n'est pas établi, ne seront soumis, à raison de cette transmission, qu'au droit fixe de 10 fr. sans que, dans aucun cas, le droit fixe puisse excéder le droit proportionnel qui serait dû s'il s'agissait de biens situés en France.

7576. Quoique les termes de cette disposition soient spéciaux aux immeubles, la jurisprudence les a appliquées aux transmissions de meubles (7) ; — par exemple au transport d'une rente viagère payable en France, mais hypothéquée sur des biens étrangers (8); — à la vente d'arbres à couper dans une forêt située en pays étranger (9); — à une obligation de sommes hypothéquées sur des biens étrangers (10).

7577. Quant aux immeubles, le bénéfice du droit fixe est acquis à toutes les cessions qui les concernent et aussi bien à celles de l'usufruit ou de la jouissance, qu'à celle de la propriété (11). Mais le droit de 10 fr. n'est exigible que si le droit proportionnel s'élève au delà de ce chiffre, et une vente de 100 fr., par exemple, ne donnerait lieu qu'à 5 50 comme en France (12).

7578. Ce tarif spécial embrasse dans leur ensemble toutes les dispositions constitutives de la convention, c'est-à-dire l'obligation de payer le prix de même que celle de livrer la chose (13). — Toutefois les clauses indépendantes sont sujettes chacune au droit de 10 fr., par application de la loi du 22 frim. an 7. On l'a décidé notamment pour une adjudication par lots (14), et pour une vente dont le prix était payé au moyen d'un transport de créances sur un tiers (15).

7579. Quand la vente d'un immeuble, situé en France et à l'étranger, a été consenti moyennant un prix unique, il faut déclarer la portion qui se rapporte à l'immeuble de France afin que le droit proportionnel soit restreint à cette base (16); — mais ce principe n'a pas été adopté en matière de partage. Si cet acte comprend à la fois des biens situés en France et des biens situés à l'étranger, on procède comme si la masse indivise se composait seulement des biens français, et le droit de soulte est exigible à raison des inégalités dans la répartition de ces valeurs (17), — lors même que les biens étrangers seraient attribués à des héritiers étrangers et les biens français à des héritiers français (18), — ou que

(1) Inst., 1156, § 2 ; Dél., 30 nov. 1822 et 8 oct. 1833 ; Seine, 26 avril 1843; Sol., 28 nov. 1813; le Mans, 4 avril 1851 ; J. N., 11749, 11896, 14476; R. G., 798-5, 887; Inst., 1703.
(2) Seine, 26 avril 1843; J. N., 11749; R. G., 798, § 6; Provins, 31 déc. 1853; R. P., 1868. V. Gaillac, 1er mars 1847; R. G., 798, § 6, en note.
(3) Seine, 27 août 1831; Cass., 8 août 1833, 14 avril 1834; R. G., 798, § 2.
(4) Loi 16 juin 1824, art. 43 ; D. M. F., 4 mai 1825 ; Dél., 30 nov. 1832, 8 oct. 1833; Sol., 30 mars 1825; D. M. F., 18 sept. 1832; J. N., 7905; R. G., 798, § 3.
(5) Cass., 2 brum. an 10, 29 brum. an 12, 8 frim. an 12, 10 prair. an 13, 12 janv. 1814; Dalloz, 3238; Garnier, R. G., 315; Cass., 26 déc. 1865; R. P., 2220.
(6) Dél., 10 oct. 1818; Cass., 16 mai 1830; Inst., 1336, § 4 ; R. G., 316; Dalloz, 3235, 3226.
(7) Cass., 21 avril 1828; J. N., 6507 et 6684 ; Inst., 1256, § 3 ; R. G., 889; contra, Champ. et Rig., 3791-3792; Dalloz, 3238.
(8) Sol., 31 août 1830; J. N., 7232; R. G., 890.

(9) Sol., 17 mars et 30 oct. 1835; Dalloz, 3237; Inst., 1513, § 9 ; R. G., 892.
(10) Sol., 7 mai 1851 ; J. N., 14365; Château-Thierry, 2 janv. 1861 ; R. P., 1502.
(11) Dél., 9 avril 1825; R. G., 898.
(12) Inst., 1136, § 4; R. G., 901.
(13) Champ. et Rig., 3787; Dél., 11 août 1821, 9 avril 1825 Seine, 13 mars 1853; Valenciennes, 24 fév. 1841; J. N., 5092, 11146 ; R. G., 903, § 3. V. cependant Sol., 25 juill. 1822; Champ. et Rig. 3787.
(14) Sol., 27 oct. 1836 ; R. G., 904, § 4.
(15) Seine, 6 janv. 1847; R. G., 904, § 3.
(16) Cass., 24 vent. an 10; Dalloz, 3241; Sol., 16 mars 1827 ; R. G., 905.
(17) Avesne, 3 juill. 1858 ; Cass., 8 déc. 1840, 3 avril 1844, 11 nov. 1844 (chamb. réun.), 21 mars 1855, 15 déc. 1858 ; J. N., 10840, 14966, 12140; Inst., 1634, § 11, 1723, § 5 et 1732, § 6 ; R. G., 906; R. P., 395, 1007, 1432.
(18) Cass., 28 août 1846 ; J. N., 13530; Inst., 1825, § 10; R. G., 9061.

l'inégalité serait compensée avec des valeurs mobilières étrangères (1) non soumises à l'impôt en France (2).

7580. Les actes passés hors du territoire et relatifs à des biens français sont soumis au tarif ordinaire lors de leur enregistrement en France (3). S'ils portent transmission d'immeubles, ils doivent être enregistrés à peine du droit en sus, dans les délais spéciaux fixés, à raison des distances, par l'art. 22 de la loi du 22 frim. an 7 (4). Mais ces délais sont réduits à trois mois quand la convention est exécutée en France et se révèle par l'un des faits énoncés dans l'art. 12 de la loi du 22 frim. an 7 (5).

7581. Les actes passés en France, et translatifs de biens meubles et immeubles situés dans les colonies où l'enregistrement est établi, ne sont sujets qu'au droit fixe de 2 fr. (6). Il en est de même des actes passés dans ces colonies et présentés à l'enregistrement en France (7), sauf, néanmoins, la perception du supplément de droit exigible pour ramener le tarif de la colonie au même chiffre que celui de la métropole.

7582. Une loi du 30 avril 1836 a spécialement affranchi de l'enregistrement les titres et actes de tout genre produits par les colons de Saint-Domingue ou leurs créanciers pour justifier de leurs droits à l'indemnité de dépossession qui leur a été accordée (8). Cette règle s'applique aux procurations (9), aux actes de dépôt des titres (10) et aux cessions ou délégations consenties par le colon à son créancier de ses droits dans l'indemnité non encore liquidée (11). Mais elle ne s'étendrait point aux transports passés après la liquidation de cette indemnité (12).

7583. La loi de 1824 ne s'occupe que des actes translatifs de propriété et de jouissance de biens meubles et immeubles. D'où il suit que les autres actes passés à l'étranger et dont il est fait usage en France sont soumis aux droits ordinaires (13).

7584. Lorsque l'on requiert l'enregistrement d'un acte étranger non écrit en français, il faut y joindre une traduction certifiée par un traducteur juré et la relation est mise sur cette pièce, sauf au receveur à indiquer par une mention inscrite sur l'original que la formalité a été donnée à la traduction (14).

7585. III. *Algérie.* Les lois, décrets et ordonnances qui régissent en France les droits d'enregistrement, de greffe et d'hypothèque, ont été rendus exécutoires en Algérie. — Toutefois, il n'est perçu que la moitié des droits soit fixes, soit proportionnels, décime non compris, qui sont perçus en France, sans que néanmoins, dans aucun cas, le minimum du droit pour un même acte puisse être au-dessous de 25 centimes (*Ordonnance du 19 octobre 1841*).

7586. Les mutations de biens meubles ou immeubles, droits et créances, opérées par décès, ne sont assujetties, en Algérie, à aucun droit ni soumises à aucune déclaration (*Ordonnance du 19 oct. 1841, art. 1*).

7587. Les successions ouvertes en Algérie et comprenant des biens situés en France, doivent être déclarées en France au bureau de la situation des biens dans les deux ans à compter du décès (*Loi 22 frim. an 7, art. 24*).

7588. IV. *Corse.* Le tarif des droits d'enregistrement a été modifié, pour l'île de Corse, par un arrêté du 21 prairial an 9 de la manière suivante :

7589. Les droits fixes et proportionnels établis par les art. 68 et 69 de la loi du 22 frim. an 7, pour les contrats de mariage et pour les donations faites en faveur du mariage par les mêmes contrats, ont été réduits à moitié (art. 2). — La valeur des immeubles transmis à titre gratuit, entre-vifs, ou par décès, est déterminée par la contribution foncière, considérée comme *le centième* du capital, sur lequel les droits de mutation doivent être liquidés (art. 3). — La peine du demi-droit en sus n'existe pas pour défaut de déclaration des successions dans le délai légal (art. 3). Le droit de 4 p. 0/0 fixé par l'art. 69, § 7, de la loi du 22 frim. an 7, pour les ventes, cessions et autres actes translatifs de propriété ou d'usufruit de biens

---

(1) Cass., 15 juin 1847; J. N., 13077; Inst., 1796, § 10.
(2) Garnier, 906, § 2.
(3) Sol., 28 août 1832; Dél., 28 nov. 1843; J. N., 11896; Inst., 1703; Cass. Belg., 6 avril 1843; Dalloz, 3240; Garnier, 908.
(4) Six mois pour l'Europe, un an pour l'Amérique, deux ans pour l'Asie ou l'Afrique.
(5) Garnier, 911, § 4.
(6) Uzès, 20 juill., 1836; Seine, 26 avril 1843; Dél., 28 nov. 1843; Inst., 1703, J. N., 9057, 9342, 11389, 11577, 11749, 11806.
(7) Mêmes autorités.

(8) J. N., 5655; Inst., 1196; R. G., 917.
(9) D. M. F., 1er juin 1827; Inst., 1248, § 7; R. G., 917, § 5.
(10) Périgueux, 25 mars 1830; Dél., 11 juin 1830; J. N., 7258.
(11) Garnier, R. G., 917, § 3.
(12) D. M. F., 17 avril 1828; Cass., 20 avril 1831; Inst., 1212, 1418; R. G., 917, § 3; J. N., 7150, 7427.
(13) Sol., 10 oct. 1818; Garnier, 884; Cass., 7 déc. 1807; Dél 5 nov. 1823; R. G., 682.
(14) D. M. F., 7 mars 1833; Inst., 1423, § 4; R. G., 885.

immeubles à titre onéreux, a été réduit à 2 p. 0/0. Mais à ce droit il faut ajouter celui de transcription à 1,50 0/0 dans les cas prévus par les art. 52 et 54 de la loi du 28 avril 1816.

CHAPITRE TRENTIÈME.

DES DROITS D'HYPOTHÈQUE.

SOMMAIRE

SECTION Ire. — DISPOSITIONS GÉNÉRALES.

7590. Il est perçu, au profit du trésor, un droit pour l'inscription des créances hypothécaires et pour la transcription des actes emportant mutation de propriété immobilière, ou de nature à être transcrits pour un autre motif (*Lois 9 vend. an 7, art. 62; 21 ventôse an 7, art. 19 et 28 avril 1816, art. 54*).

7591. La perception de ces droits suit les sommes et valeurs de 20 fr. en 20 francs, exclusivement et sans fraction (*Loi 28 avril 1816, art. 60*). Hors les cas d'exception prononcés par la loi, ils sont payés d'avance par les requérants. Les conservateurs en donnent quittance au pied des actes et certificats par eux remis et délivrés : chaque somme y est mentionnée séparément et en toutes lettres (*Loi 21 ventôse an 7, art. 27*).

7592. Le conservateur ne peut rien rayer sur ses registres sous le prétexte que les droits de la formalité n'ont pas été acquittés (1). Mais si la formalité n'avait point encore eu lieu et que la remise des

---

(1) Circul., 1589; D. M. F., 28 juill. 1821; D. N., *Inscript.*, n° 659.

pièces fût seulement constatée par une mention au registre des dépôts, les parties seraient libres de les retirer pour ne pas payer les droits (1).

SECTION II. — DROITS D'INSCRIPTION.

7593. Le droit d'inscription des créances hypothécaires est de 1 fr. pour 1,000 fr. sans distinction des créances antérieures ou postérieures à la loi du 11 brumaire an 7 (*Loi 28 avril 1816, art. 60*).

7594. Il n'est payé qu'un seul droit d'inscription pour chaque créance, quel que soit d'ailleurs le nombre des créanciers requérants et celui des débiteurs grevés (*Loi 21 ventôse an 7, art. 21*) (2). — Si un créancier a plusieurs débiteurs non solidaires, ou si une dette unique profite à plusieurs créanciers non solidaires, il faut une inscription particulière par créancier ou par débiteur distinct, et chacune d'elles donne lieu à un droit spécial (3).

7595. S'il y a lieu à inscription d'une même créance dans plusieurs bureaux, le droit est acquitté en totalité dans le premier : il n'est payé, pour chacune des autres inscriptions, que le simple salaire du préposé, sur la représentation de la quittance constatant le payement entier du droit lors de la première inscription. En conséquence, le conservateur, dans le premier bureau, est tenu de délivrer à celui qui paye le droit, indépendamment de la quittance au pied du bordereau d'inscription, autant de duplicata de la quittance qu'il lui en sera demandé. Il est payé 25 centimes pour chaque duplicata outre le papier timbré (*Loi 21 ventôse an 7, art. 22 ; Décret 21 sept. 1810*).

7596. Le droit proportionnel n'est dû que sur le capital des créances et non sur les arrérages à échoir, qu'ils soient ou non liquidés par le bordereau. Si le bordereau désigne et liquide les arrérages échus, ils forment un accroissement de la créance et le droit est dû. Si ces arrérages échus sont réservés sans être liquidés, le droit est dû sur le montant de deux années. Enfin, si le bordereau de l'inscription prise plus de deux années après la date du titre fait mention de deux années d'intérêts sans indiquer si elles sont échues ou à échoir, ces deux années sont considérées comme échues pour la perception du droit (4).

7597. Lorsqu'au capital d'une créance on ajoute, dans le contrat, les intérêts à échoir pendant la durée de l'obligation, et que le débiteur prend l'engagement de rembourser le tout en vingt annuités égales, le droit de 1 p. 1000 est exigible sur la réunion de ces annuités (5).

7598. On doit distinguer également les frais qui forment créance de ceux de mise à exécution ultérieure, et, à défaut de mention spéciale, les considérer comme dus (6).

7599. S'il s'agit d'une rente viagère créée sans expression de capital, l'inscrivant doit l'évaluer (*C. N., 2145*). Lorsque le titre et le bordereau ont fixé le capital, il sert de base à la perception (7).

7600. L'inscription prise en vertu d'un bail et pour assurer le payement du fermage doit fixer la somme pour laquelle elle est prise et sur laquelle le droit est dû (8).

7601. Lorsqu'une inscription en modifie une précédente et augmente la durée de l'hypothèque, il est dû un nouveau droit (9). — Il en est ainsi de l'inscription relative à la même créance, mais frappant sur d'autres biens (10), spécialement de l'inscription prise par un cohéritier créancier d'une soulte de partage sur des biens chargés de la soulte pour en remplacer une autre prise mal à propos sur d'autres immeubles (11).

7602. Le droit est dû sur les inscriptions prises en renouvellement, même longtemps avant l'expiration de la période décennale. Le renouvellement prolonge la durée de l'hypothèque et cela suffit à l'exigibilité du droit (12).

7603. S'il s'opère une novation dans la dette sans réserve des hypothèques, celles-ci s'anéantissent

(1) Dél., 2 déc. 1831, 17 déc. 1841; J. N., 7658, 12218. Voy, D. M. F. citée au n° précédent.
(2) Dalloz, *Enreg.*, 5924 ; D. N., *Insc.*, n° 677.
(3) D. M. F., 16 floréal an 7 ; Dalloz, 5915.
(4) D. M. F., 10 sept. 1824; Inst., 1146; J. N., 4785; Sol., 28 déc. 1846; Dalloz, *loc. cit.*, 5919. Jugé cependant que si les intérêts *échus* ne sont pas *liquidés* dans le bordereau, le droit n'est pas exigible: Corbeil, 7 août 1834; J. N., 1691.
(5) Dél., 4 nov. 1836; CONTRA, J. N., 9478.

(6) D. N., *Insc.*, 694.
(7) Sol., 27 juill. 1824; Inst., 1150; Délib., 11 juin 1833 ; Inst., 1437, § 16 ; Dalloz, 5922; D. N., *Insc.*, 663 ; J. N., 8118.
(8) D. M. F., 29 sept. 1820.
(9) D. M. F., 5 sept. 1809; Inst., 21 avril 1829.
(10) D. M. F., 29 juill. 1806, 28 déc. 1813; Inst., 316; D. N., *Insc.* 674 ; CONTRA, Dalloz, 5933.
(11) *Journal Enreg.*, art. 6204.
(12) Inst., 316, 374; Dalloz, 5931; D. N., *Insc.*, 673.

et l'inscription qui est requise pour les faire revivre motive une nouvelle perception (1). — C'est ce qui a lieu également pour l'inscription prise à la suite de la conversion d'une hypothèque spéciale en hypothèque générale ou réciproquement (2).

7604. Les déclarations de changement de domicile, de rectification ou de subrogation à faire en marge des inscriptions ne donnent lieu à aucun droit (3). Mais si une inscription est prise en conséquence sous la forme d'un renouvellement, le droit est dû (4).

7605. Il a été décidé, à ce sujet, que quand le cessionnaire d'une créance se borne à requérir la mention du transport en marge de l'inscription, le droit n'est pas dû quoique le transport renferme une prorogation de délai, parce qu'il n'y a pas novation de l'inscription (5).

7606. Les inscriptions d'offices prises ou renouvelées par le conservateur ou sur la réquisition formelle du vendeur après la transcription du contrat, sont dispensées du droit (6). — Mais il est exigible sur celle que le vendeur requiert avant la transcription de l'acte (7), ou qui s'applique soit à des créances distinctes du prix de vente (8), soit à d'autres immeubles que les biens vendus (9).

7607. Sont assujetties au droit les inscriptions prises par les agents et syndics contre les débiteurs du failli et celles prises contre le failli en vertu du jugement qui homologue le concordat. Si ce jugement dispensait de faire inscrire, l'inscription qui aurait été requise en vertu de l'art. 490 du Code de commerce continuerait de subsister et le droit deviendrait exigible sur le montant des créances liquidées (10). — Mais si le jugement homologatif du concordat n'a pas été transcrit au bureau des hypothèques, l'administration n'est pas fondée à réclamer le droit de 1 p. 1000 sur l'inscription provisoire prise au profit de la masse (11). — En tous cas, lorsqu'il y a eu un concordat, c'est la réunion des dividendes promis qui sert de base à la perception (12).

7608. L'inscription requise par le même bordereau, contre le débiteur et la caution, ne donne lieu qu'à un seul droit (*Loi 27 ventôse an 9, art. 21*). Mais l'inscription prise séparément et postérieurement contre la caution doit un nouveau droit (13).

7609. L'inscription indéfinie, qui a pour objet la conservation d'un simple droit d'hypothèque éventuelle, sans existence actuelle, n'est point sujette au droit proportionnel (*Loi 6 messidor an 7, art. 1*). Telle est notamment l'inscription relative à une ouverture de crédit (14), ou celle qui se rapporte à une hypothèque légale dont les effets sont retardés jusqu'à la fin de la tutelle, de la communauté, etc.

7610. Mais lorsque le droit éventuel se convertit en créance certaine, le droit proportionnel devient exigible (*Loi 6 messidor an 7, art. 2*) (15) et peut être réclamé pendant trente ans (16).

7611. Cette réalisation résulte de tous actes ou déclarations opposables aux parties. Ainsi, les droits des inscriptions prises pour conserver les hypothèques légales et indéterminées des femmes, des mineurs, des interdits, du trésor et des établissements publics sont dus : 1° lorsque le tuteur est constitué reliquataire par un compte rendu à l'amiable ou en justice, ou qu'il a aliéné les biens des mineurs sans les formalités prescrites ; 2° lorsque la femme, au décès du mari ou après séparation, a fait liquider le montant de ce qui lui est dû ; 3° lorsque le débet des comptables est fixé (17).

7612. Le droit est également exigible sur le montant des sommes dont les héritiers, devenus majeurs, donnent quittance aux acquéreurs des biens de la communauté, du consentement de leur père qui a rendu son compte de tutelle, avec subrogation à leur hypothèque légale précédemment inscrite. La réunion de ces circonstances et les énonciations faites justifient que la somme reçue dérive des causes de l'inscription (18).

7613. De même encore, le jugement qui, en ordonnant l'exécution des ventes des biens dotaux de

(1) Inst., 505 ; Dalloz, 5930.
(2) D. M. F., 21 janv. 1811 ; Dalloz, 5932.
(3) Circul., 1539 ; D. N., Insc., 671.
(4) D. M. F., 28 pluv. an 9 ; D. N., Insc., 672.
(5) Dél., 31 juill. 1824 ; J. N., 4819.
(6) Circul., 1539, 1653, Inst., 371 ; Dalloz, 5935.
(7) D. M. F., 31 juill. 1810 ; Inst., 487 ; Dalloz, 5937 ; D. N., 704.
(8) Dél., 5 prairial an 8.
(9) Dél., 24 fév. et 7 mars 1837.
(10) Inst., 409.

(11) Strasbourg, 4 juin 1832 ; Seine, 7 juill. et 23 déc. 1853 ; Dalloz, 5956 ; D. N., 709.
(12) Dalloz, 5958.
(13) D. M. F., 28 déc. 1813 ; contra, Dalloz, 5929 ; D. N., Insc., 670.
(14) Dél., 24 sept. et 11 déc. 1832 ; Marseille, 7 mars 1839 ; Arras, 17 déc. 1816 ; J. N., 7897, 7954, 13928 ; D. N., 685.
(15) Cass., 12 janvier 1847.
(16) Dél., 25 mai 1844 ; Tours, 22 août 1846 ; Seine, 13 janv. 1847 ; 26 janv. 1850 ; J. N., 12827, 16828 ; Seine, 5 mai 1856 ; R. P. 2354.
(17) Inst., 374.
(18) Inst., 1189, § 11 ; D.N., Insc., 701.

la femme consenties par le mari, liquide les reprises de la femme, constitue une créance actuelle et déterminée dont l'inscription est sujette au droit proportionnel (1). — Quant aux inscriptions d'hypothèques légales résultant de la dot constituée en argent ou en valeurs mobilières estimées, le droit devien exigible par le décès de l'un des époux ou la séparation (2).

7614. En tout cas, l'enregistrement d'aucune transaction ou quittance de payement de la créance ne peut être requis avant que le droit d'inscription n'ait été acquitté (*Loi 6 messidor an 7, art. 5*). Le conservateur doit également se faire justifier de cet acquit avant de rayer l'inscription (3).

7615. Lorsque, dans les cas prévus par l'art. 9 de la loi du 23 mars 1855, pour la subrogation à l'hypothèque légale de la femme, il est pris une inscription distincte au profit du subrogé, il n'est pas dû de droit sur cette inscription qui ne change pas la nature incertaine de l'hypothèque (4).

7616. On considère comme éventuelles les inscriptions prises par un acquéreur pour la garantie de la restitution du prix en cas d'éviction (5) et par un cohéritier contre un cohéritier pour la garantie du payement des dettes dont il s'était chargé à forfait (6). — Mais le droit est immédiatement exigible sur l'inscription requise par un cohéritier pour conserver son privilége sur le prix de la licitation des biens indivis (7).

7617. L'inscription des hypothèques légales est faite sans avance des droits· et salaires. Le conserpateur en suit le payement contre le débiteur (C. N., 2155), dans les formes établies pour le recouvrement vu droit d'enregistrement.

7618. L'inscription des créances appartenant à l'État est faite avec le payement des droits, mais sans avance des salaires du conservateur. — Lorsque les comptables fournissent des cautionnements en immeubles, l'inscription n'a lieu que jusqu'à concurrence de la valeur du cautionnement. Elle est indéfinie (*Loi 6 messidor an 7, art. 4 et 5*). Les comptables n'acquittent le droit de 1 p. 1000 qu'au moment où la créance cesse d'être indéterminée (8).

7619. L'inscription prise au nom de l'État contre un adjudicataire de travaux a le même caractère d'incertitude. Le droit n'est dû que quand la créance se réalise, et on le liquide sur le montant de cette créance, quoique la somme exprimée au bordereau soit supérieure (9).

7620. Quelques inscriptions sont passibles du droit fixe de 1 fr. Ce sont, 1° celles qui sont prises pour transporter sur des biens ruraux l'hypothèque dont étaient grevées des maisons appartenant aux hospices de Paris et vendues selon le décret du 27 février 1811 (10); 2° les formalités hypothécaires concernant le dessèchement des marais et autres travaux publics (11).

7621. D'autres sont même dispensées de tous droits. Telles sont 1° les inscriptions d'office, *supra* n° 7606; 2° celles qui concernent les associations ouvrières (12); 3° celles requises par les agents et syndics d'une faillite en vertu de l'art. 490 C. comm., lorsque l'effet ne se prolonge pas au delà du jugement homologatif du concordat; 4° celle qui ne serait prise que pour rectifier une erreur dans les noms du grevé ou du créancier (13); ou toute autre erreur provenant du conservateur (14) ou des parties (15); 5° ou pour déclarer que celle prise précédemment était en renouvellement (16) ; 6° enfin, celle prise par les titulaires de donations sur les biens des débiteurs de rentes et redevances, et les renouvellements que les conservateurs sont tenus de faire des mêmes inscriptions (17).

SECTION III. — DROITS DE TRANSCRIPTION.

7622. Le droit sur la transcription des actes emportant mutation de propriétés immobilières est de 1 50 du prix intégral des mutations, suivant qu'il a été réglé à l'enregistrement (L. 9 vend. an 6 art. 62, et 21 vent. an 7, art. 25). — Les actes translatifs de propriété ou d'usufruit de biens immeubles à titre onéreux, qui sont assujettis au droit de 5 50 p. 100 par l'art. 52 de la loi du 28 avril 1816, ne sont soumis,

(1) Limoges, 5 déc. 1840; J. N., 10978.
(2) Inst., 374.
(3) Dél., 7-14 mars 1837; D. M. F., 8 sept. 1828.
(4) D. N., *Insc.*, 692.
(5) D. M. F., 31 juillet 1840; Inst., 487 ; 22 mai 1833 ; Dalloz, 5952.
(6) Cass., 23 août 1830 ; Inst., 1347, § 14; J. N., 7294.
(7) Dél., 23 août 1830 ; J. N., 14136.
(8) Inst., 350.
(9) D. M. F., 13 janv., 1824.

(10) D. N.. *Insc.*, 682.
(11) Loi, 16 sept. 1807; Inst., 464; D. N., *Insc.*, 682.
(12) Loi, 15 nov. 1814, art. 1 ; Inst., 1826, § 1.
(13) D. M. F., 15 mai 1806; J. N., 2273.
(14) D. N., *Insc.*, 713.
(15) Dél., 4 juin 1812; J. N., 277
(16) Dél., 21 fév. 1819; J. N., 2927
(17) Décret, 22 déc. 1812.

lors de la formalité de la transcription, qu'au droit fixe de 1 fr. outre le droit du conservateur (*Loi 28 avril 1816, art. 61*). — Enfin, d'après l'art. 12 de la loi du 23 mars 1855, la transcription des actes ou jugements qui n'étaient pas soumis à cette formalité antérieurement, a lieu moyennant le droit fixe de 1 fr.

7623. Comme le droit de transcription pour les mutations d'immeubles à titre gratuit est payé en même temps que celui d'enregistrement, leur transcription ne donne lieu qu'au droit fixe. Cependant le droit proportionnel n'étant pas perçu lors de l'enregistrement des partages anticipés faits conformément aux art. 1075 et 1076 C. N., il devient exigible lors de la transcription effective de ces contrats. (*Loi 16 juin 1824, art. 3*).

7624. Lorsque le même acte est transcrit dans plusieurs bureaux, le droit est acquitté comme celui des inscriptions dans le même cas, *supra* n° 7395. Il est perçu, dans le premier (1), encore bien qu'une partie seulement des immeubles y soit située (2).

7625. La transcription d'une vente en détail donne lieu à autant de droits fixes qu'il y a d'acquéreurs non solidaires (3). Mais il n'est dû qu'un seul droit pour la transcription des différents lots adjugés au même individu (4). C'est également ce qu'on décide pour la transcription d'une vente faite moyennant un prix unique par plusieurs personnes agissant conjointement (5).

7626. Dans les contrats dont les dispositions sont liées entre elles, la transcription ne peut être requise que pour l'acte entier, et il n'est dû, par conséquent, qu'un seul droit. Tel est notamment le contrat de mariage (6) et l'acte d'échange (7).

7627. En général, la transcription est une formalité indivisible qui s'applique à l'acte dans son entier et ne saurait être restreinte à telle ou telle partie du contrat. Cependant, lorsque ce contrat renferme des dispositions indépendantes les unes des autres, telles, par exemple, que les divers lots d'une vente en détail ou d'un partage anticipé, chaque disposition peut être séparément présentée à la transcription. Mais il faut alors remettre au conservateur une copie *parte in quâ*, et non pas seulement un extrait analytique de l'acte (8).

7628. Le conservateur est un agent passif chargé d'exécuter les réquisitions qu'on lui remet, sans pouvoir ni en discuter l'opportunité, ni en retarder l'accomplissement ; il doit donc transcrire les actes tels qu'on les lui présente ; et comme le droit de 1 50 p. 0/0 est le salaire de la formalité, ce droit devient, par cela même, exigible, quelle que soit d'ailleurs l'utilité de la transcription. — C'est ce que la jurisprudence a décidé au sujet : 1° de simples promesses de vente sans effet translatif actuel (9) ; 2° de partages faits sans soulte (10) ; 3° d'actes de société contenant des apports immobiliers (11) ; 4° ou de transactions ne renfermant aucune mutation de valeurs (12).

7629. Mais le conservateur peut et doit examiner les termes de la réquisition qui lui est faite, afin de savoir si elle s'adresse à l'acte entier, ou à une seule de ses parties. Si l'acte présenté à la transcription contient à la fois une transmission de meubles et d'immeubles, il y a lieu d'admettre que la formalité n'est requise que pour les immeubles (13). De même lorsqu'on soumet à la transcription un partage testamentaire qui grève de restitution la quotité disponible d'un lot et comprend un autre lot légué par préciput, le droit de transcription n'est dû que sur la partie substituée du lot et non sur le préciput (14). Dans les hypothèses semblables, le conservateur doit exiger des parties une réquisition limitative clairement conçue (15).

7630. Le droit proportionnel de transcription se liquide sur un capital déterminé conformément aux lois sur le droit d'enregistrement. S'il se rapporte à un partage anticipé, c'est au receveur qu'il appartient exclusivement de provoquer l'expertise du revenu des immeubles donnés ; le conservateur n'a pas

(1) Cass., 2 juin 1863 ; R. P., 1806.
(2) Dél., 19 mars 1825.
(3) D. M. F., 18 mai 1821 ; Inst., 980 et suiv., 13 sept 1861 ; Inst., 2210, § 2 ; J. N., 17340.
(4) Dél., 16 juill. 1819.
(5) Sol., 28 mai 1864 ; R. P., 1634.
(6) Sol., 7 juillet 1824 ; Inst., 1150, § 15 ; J. N., 4952.
(7) Sol., 10 mars 1832 ; J. N., 7749. Voy. Cass., 15 fév. 1813.
(8) Inst., 1560. Voyez D. N., *Transc.*, 189 et suiv.
(9) Seine, 22 juin et 28 nov. 1861, 24 mai 1862 ; R. P., 1322, 1690 ; N., 17177, 17295 ; D. N., *Transc.*, 73.

(10) Cass., 9 août 1860, 2 juin 1863, 10 juill. 1865 ; R. P., 1806, 2140 ; J. N., 16919.
(11) Cass., 26 avril et 10 déc. 1843, 28 mai 1845, 13 avril 1847, 26 mars 1859, 21 avril 1850, 21 déc. 1852, 27 juill. 1863, R. G., 11262 ; R. P., 1847.
(12) Cass., 20 mai 1863 ; R. P., 1801.
(13) Cass., 27 juillet 1863 ; *à rapprocher de* Cass., 6 déc. 1864 ; R. P., 1847, 2023.
(14) Senlis, 12 juin 1838 ; Sol., 15 juin 1838.
(15) Inst., 2324.

d'initiative à cet égard, il se borne à faire acquitter le supplément de droit exigible sur le capital complémentaire établi par l'expertise (1). — Mais lorsqu'il s'agit d'évaluations faites pour le droit de transcription seul, la jurisprudence décide virtuellement que le conservateur peut les contrôler par l'expertise (2).

7631. Le droit de transcription est *solidairement* dû par les parties qui profitent de la formalité et non pas par le requérant seul (3). — Si l'acte a été déposé par erreur, le conservateur qui a donné la formalité peut recourir, pour le payement des droits, contre la personne qui a fait faire le dépôt (4), *supra*, n° 7592.

7632. N'est sujette qu'au droit fixe la transcription ordonnée par la loi du 16 septembre 1807 sur le desséchement des marais (5) ; celle d'un acte n'emportant pas cession d'immeubles, comme une donation éventuelle (6); celle d'une ratification ou de tout acte de complément (7).

7633. On transcrit gratis : 1° les actes d'acquisitions faites par l'État (*Loi 10 sept. 1792, art. 10*) ; 2° les échanges de biens dépendant du domaine de l'État ou du domaine de la couronne (*Décret 11 juill. 1812, art. 7; ordonn. royale, 12 déc. 1827, art. 8*); 3° les actes concernant l'expropriation pour cause d'utilité publique (*Loi 3 mai 1841, art. 58*) ; 4° les contrats transcrits par erreur dans un autre bureau que celui de la situation des biens (8).

7634. Nous n'avons pas à revenir ici sur l'exigibilité et la liquidation du droit proportionnel de 1 fr. 50 c. à percevoir *lors de l'enregistrement* sur les actes de nature à être transcrits. Cette matière a reçu les développements nécessaires dans le cours du présent travail, lorsque nous avons examiné la perception des droits d'enregistrement applicables à chaque contrat.

---

(1) Inst., 433, § 3, 1537, § 2 ; contra, D. N., *Transc.*, 103.
(2) Cass., 2 juin 1803 ; R. P., 1808.
(3) Cass., 10 juill. 1803 ; R. P., 2140.
(4) Vesoul, 21 nov. 1855; J. N., 13719; D. N. *Hyp.*, 670, et *Transc.* 111 ; Périgueux, 27 août 1865; R. P. 2328.

(5) Inst., 464.
(6) Décl., 1er mai 1822 ; Mayenne, 14 mai 1834.
(7) Sol., 23 juill., 1802; R. P., 1723 ; J. N., 17540
(8) Décl., 28 sept. 1809.

TABLE ALPHABÉTIQUE

DU

DROIT FISCAL (ENREGISTREMENT ET HYPOTHÈQUES).

www.ingramcontent.com/pod-product-compliance
Lightning Source LLC
Chambersburg PA
CBHW070525200326
41519CB00013B/2938